荊楚文庫

# 〔康熙三十三年〕潛江縣志

〔清〕劉煥修
〔清〕朱載震纂

荊楚文庫編纂出版委員會
湖北人民出版社

荆楚文庫

# 〔康熙三十三年〕潛江縣志

KANGXISANSHISANNIANQIANJIANGXIANZHI

圖書在版編目（CIP）數據

〔康熙三十三年〕潛江縣志 /〔清〕劉焕修；〔清〕朱載震纂.
武漢：湖北人民出版社，2020.6
ISBN 978-7-216-09835-9

Ⅰ. ①康…
Ⅱ. ①劉… ②朱…
Ⅲ. 潛江－地方志－清代
Ⅳ. K296.34

中國版本圖書館 CIP 數據核字（2019）第 273078 號

責任編輯：姚德海　陳　典　鄭如琴
整體設計：范漢成　曾顯惠　思　蒙
美術編輯：董　昀
責任校對：范承勇
責任印製：王鐵兵
出版發行：湖北人民出版社（中國・武漢）
地址：武漢市雄楚大道 268 號
電話：(027)87679656　郵政編碼：430070
録排：武漢偉創偉業廣告有限公司
印刷：湖北新華印務有限公司
開本：787mm×1092mm　1/16
印張：23.25
字数：318 千字
版次：2020 年 6 月第 1 版　2020 年 6 月第 1 次印刷
定價：118.00 元

ISBN 978-7-216-09835-9

9 787216 098359

## 《荆楚文庫》工作委員會

主　　任：應　勇
第一副主任：王曉東
副　主　任：王艷玲　梁偉年　肖菊華　尹漢寧　郭生練
成　　員：韓　進　陳　亮　盧　軍　陳樹林　龍正才
　　　　　雷文潔　趙淩雲　尚　鋼　陳義國

辦公室

主　　任：陳樹林
副　主　任：張良成　陳　明　李開壽　周百義

## 《荆楚文庫》編纂出版委員會

顧　　問：羅清泉
主　　任：應　勇
第一副主任：王曉東
副　主　任：王艷玲　梁偉年　肖菊華　尹漢寧　郭生練
總　編　輯：章開沅　馮天瑜
副總編輯：熊召政　陳樹林
編委（以姓氏筆畫爲序）：朱　英　邱久欽　何曉明
　　　　　周百義　周國林　周積明　宗福邦　郭齊勇
　　　　　陳　偉　陳　鋒　張良成　張建民　陽海清
　　　　　彭南生　湯旭巖　趙德馨　劉玉堂

## 《荆楚文庫》編輯部

主　　任：周百義
副　主　任：周鳳榮　周國林　胡　磊
成　　員：李爾鋼　鄒華清　蔡夏初　王建懷　鄒典佐
　　　　　梁瑩雪　黃曉燕　朱金波
美術總監：王開元

《荆楚文庫·方志編》編纂組

組　　長：賀定安　陽海清（執行）

副 組 長：劉傑民（執行）　王　濤　謝春枝　范志毅（執行）

參編人員（按姓氏筆畫排名）：

王　濤　李云超　宋澤宇　范志毅　馬盛南　陳建勛　梅　琳

張文静　張雅俐　陽海清　彭余焕　彭筱濈　賀定安　楊　萍

楊愛華　雷　静　劉傑民　潘　玲　謝春枝

編　　審：周　榮

顧　　問：沈乃文　李國慶　吴　格

# 出版説明

湖北乃九省通衢，北學南學交會融通之地，文明昌盛，歷代文獻豐厚。守望傳統，編纂荆楚文獻，湖北淵源有自。清同治年間設立官書局，以整理鄉邦文獻爲旨趣。光緒年間張之洞督鄂後，以崇文書局推進典籍集成，湖北鄉賢身體力行之，編纂《湖北文徵》，集元明清三代湖北先哲遺作，收兩千七百餘作者文八千餘篇，洋洋六百萬言。盧氏兄弟輯録湖北先賢之作而成《湖北先正遺書》。至當代，武漢多所大學、圖書館在鄉邦典籍整理方面亦多所用力。爲傳承和弘揚優秀傳統文化，湖北省委、省政府決定編纂大型歷史文獻叢書《荆楚文庫》。

《荆楚文庫》以「搶救、保護、整理、出版」湖北文獻爲宗旨，分三編集藏。

甲、文獻編。收録歷代鄂籍人士著述，長期寓居湖北人士著述，省外人士探究湖北著述。包括傳世文獻、出土文獻和民間文獻。

乙、方志編。收録歷代省志、府縣志等。

丙、研究編。收録今人研究評述荆楚人物、史地、風物的學術著作和工具書及圖册。

文獻編、方志編録籍以一九四九年爲下限。

研究編簡體横排，文獻編繁體横排，方志編影印或點校出版。

《荆楚文庫》編纂出版委員會

二〇一五年十一月

# 前言

《（康熙三十三年）潛江縣志》二十卷首一卷，清劉焕修，清朱載震纂。先有清康熙三十三年（一六九四）刻本，繼有清光緒五年（一八七九）重刻本，其内封和牌記鐫「潛江縣志　光緒五年夏四月傳經書院開雕」。各卷端撰人題：「知縣事劉焕纂修，知縣事史致謨續刊（纂）。」

劉焕，字文山，陝西清潤人，監生，官至潛江知縣。朱載震，字悔人，邑人，朱士尊之子，選貢，曾官四川四泉知縣，著有《京華集》《東浦詩鈔》。史致謨，字幹輔，江蘇武進人，監生，官潛江知縣。

康熙二十九年（一六九〇），劉焕知潛江縣。「察其井里凋殘於河伯，視其黔首敝劮於庸調，典型淪亡，邑乘漫漶，詢諸二三耆老，乃知潛建邑自宋乾德，迄今六百年矣，志之修輯才三見焉。」劉焕感前任王又旦修志未竟去任，三志（弘治志、萬曆志、康熙王志）不足用。「每逢憲司徵取，但命胥史胡盧鈔謄，應故事而已，魯魚混淆，卷頁倒置，寖假至不可讀。」念朱載震承家學，嘗與其父朱士尊從修志之勞役，熟諳掌故，乃聘朱載震任事。「取新舊三志，損益折衷之，成書二十卷，離其目爲若干。」此志肇始於癸酉（一六九三）春，迄事於甲戌（一六九四）夏，朱載震修志遵王志之法，詳盡審慎，凡事必考其實而後記之，以示不妄。卷首有新序、舊序十餘篇，新序考潛江沿革敘修纂之實，舊序補前志之闕如。有圖四幅，並有圖考，目録、凡例、纂修姓氏總目，能窺志書梗概。後卷詳於賦役、河防，如凡例所言：「邑中庶務雖多，賦役、河防其大端也。故於利弊所在，不憚亹亹詳之。」修志者的用意，情見乎辭。詩文多附於各類，餘則録入藝文志。體例規整有序，版刻精良，惜印刷欠佳。

是志有康熙三十三年（一六九四）刻本，國家圖書館、山東圖書館、南京地理所、臺灣有藏；故宫藏有舊抄本。二〇〇三年《故宫珍本叢刊》據舊抄本影印。此志又有清光緒五年（一八七九）重刻本，卷十河防志有增補，記事至乾隆年間，選舉志、人物志与前志略有出入，今多館有藏。

此次據湖北省圖書館藏光緒五年（一八七九）重刻本影印，藏本版刻工整清晰，印刷上乘，微有瑕疵，就地補配而成。

（楊愛華）

# 目録

# 潛江縣志

光緒丁亥季夏月

傳經書院開雕

# 重刻潛江縣志序

周禮春官小史掌邦國之志鄭注志
記也左傳所謂周志國語所謂鄭書
皆是也自後作史者有志蓋仿諸此
夫一朝之典章制度紀志不明若合
天下郡邑而成一書則自李吉甫元



和郡縣志始近代各省皆有通志均
彙各州邑志而成之然則州邑之志所
繫顧不重哉安陸屬邑有四維潛江地
僻而政簡亦復代有傳人至於山川土田
財賦風尚因革盛衰之故紀志不詳乃
自康熙以後志久不修又皆殘缺漫漶
使人不能卒讀即無以考古而傳今違
通傳之後世耶此固官斯土者之責也陽
湖史君於光緒戊寅受篆斯邑甫下
車即取考鏡得失詳稽利弊苦於舊
志無徵乃進父老而詢之則皆以修志為
請夫志固難於作即修亦豈易易前人具



有成書後來者補其缺漏詳其略更
已非旦夕所能卒事況舊志已閱百餘
年又皆殘缺漫漶是名為修與作無異
然及今就文獻可徵見聞所及與夫官
牘之可據者草創成書俾後來者有所
依據不猶愈於將來抑亦斯邑之幸

也夫此百餘年中官斯土者或有志未逮今吏民受事甫一載即亟亟以此為急閱三月而竣事仍題曰重刻是又不居修之名也則為續編殆啟後來此之纂輯耳於此可以知其為政崇實不崇華務遠不務近之



大端予故樂為之序且以告後之蒞事而成書者

欽加三品銜儘先陞用道知安陸府事

涂水李慶霖撰

# 重刻潛江縣志序

潛邑以水得名俗所稱蘆洑河者即潛水也又有坨埠淵按爾雅江為沱漢為潛地瀕漢而繫以江明古來沱潛故道皆在其地前人命名之義如是按禹貢梁州荊州並言沱潛治經家紛如聚訟蓋



嘗尋究其故潛水性如兗州之濟隱見不常故曰潛又灊潛音義相近酈道元誤引鄭注坿於桑經之灊水益滋疑竇殊不知梁州之潛由漢別出入於漢壽通岡山大穴中伏流至荊州之域而復見一則綴於岷嶓之下一則敘於雲夢之上

蔡氏所謂源流於是而見者經文本極分
明傳注亦復了當後儒不得其解穿鑿
支離蒙蔽千百年之耳目於以知攷
古之匪易易也乎於光緒戊寅承乏斯
邑欲周知民間之利病參酌古今之治
草而志乘闕如莫索旁搜久之始得



咸帙又皆蟫蠹之餘漫不可讀邑之父
老進曰吾邑澤竟陵縣地其後爲安
遠鎮宋乾德中始升爲潛江縣舊志
托始於成化輯於萬歷重修於康熙今
且百數十年未有踵其事者惟君侯纘
成之乎應之曰無以爲此志之繼本乎史

其源出於禮紀傳之外有所不與隻字
片文於斯備錄詎其通博信多淵
海劉知幾言之詳矣蔚宗承祚上掄
南狐搓輟不爲蓋其慎也縣志之最
善者莫若武功之康朝邑之韓靈壽
之陸而近如洪稚存章實齋兩先生且



起而議其後矧以謭陋如予倜然奮其
筆舌是又劉知幾所謂强著一書受
嗤千載者已然以是邦人物風土之
美誠不可任其湮沒惟取舊本重刻
之其忠孝節義科名仕宦與夫田
賦濟渠關乎政治之大者稽考成案

別為續編斷自光緒四年止脫稿授梓閲三月而畢功覈其實不鶩乎華志在傳信兼節縻費後有作者以乘韋先焉可也冉子之言曰如其禮樂以俟君子予於此蓋有俟焉剞劂既成爰書數語於首簡己卯夏五



覃恩二品

誥封花翎知府銜直隸州用權潛江縣事陽湖史致謨撰并書

# 重刻潛江縣志序

嘗謂邑之有志猶國之有史家之有譜也史以載一朝之隆替譜以序一姓之昭穆志則以紀一縣之事蹟為故必備舉其邑之縣紀天文地輿風土饗祀學校賦役隄防河道秩官選舉人物土產藝文罔不著之於冊以行於當



時傳於後世者也言之無文行而不遠固非可以率爾操觚者吾潛自有宋立縣以來前志遠而莫稽迨豐城崔公銓修於前而成化時有志矣婺源潘公之祥修於後而隆萬時有志矣去古猶遥舊章半難詳核至清澗劉公煥承郃陽王公欲修未竟之意而踵成之

筆者筆削者削原〻本〻班〻可考洵無
愧信史焉然而歷今近二百年矣形勢之變
遷政俗之改易有心世道者不得不因時制宜
以草創而鼎新即如一兵制也舊制所無自咸
豐四年兵燹團勇陣亡者恤典昭然烏可缺
視一典禮也祭器樂章頒行各學爲佾舞



所當習者至於忠節孝友代有聞人貞女義
士久則就泯非有以捃摭搜輯而表揚之竊
恐代遠年湮無從徵文考獻斯亦潛之憾事
也欣逢邑侯史公致謨涖任慨然念志書爲
急務捐俸設局禮延劉卝俛孝廉襄校刪
請本學廣文鄭公士元董其事進諸生耆儒

而分任之或籌費貲或備顧問或任採訪或
事編次舊志已載者無庸喙贅舊志所闕者
不使漏遺務令二百年之潛德軼事莫不彰明
豈至崔潘王劉諸賢復見於今日哉特慮人往
風微有所見異詞所聞異詞所傳聞又異詞
者不無疑以傳疑之弊而善〻從長君子樂



道其中女貞一條較舊志似繁然皆四鄉賢紳
故老詣局開報方懼疎漏之貽咎豈敢溢美
以招尤原牘俱在悉可援証茲因剞劂告成
聊述大略以備將來善作者之採擇焉若夫
草創已矣討論修飾潤色端有賴於碩德名
儒指其疵瑕予以裁成點鐵爲金是吾輩之

幸也夫抑亦邑之幸也夫

邑人陳正誠謹撰 時年八十有二



## 潛江縣志續序

邑志者一邑之信史也潛江宋始置縣明始修志說者謂其畧而不詳
國
初康熙時郃陽王公又旦纂修未竟陞工科給事清澗劉公煥踵而成之所載饗祀學校科名職官各條稱美備焉而田賦尤為精詳蓋曩時納糧名色雜出民多乘隙偷隱經王公清丈規制畫一田賦既清凡河防隄塍溝洫數大端亦因之就理焉至兵防僅存其畧以潛値承平無可載之事實其女貞止列數十人非過刻也恐魚目混珠不得不謹嚴如是迄今百七十八年板燬於髮逆境内無完書雖各前憲留心典故諭飭修輯皆有志未逮幸戊寅夏陽

湖史公致謨甫握潛篆卽徧搜邑志合斷簡殘編始得湊成一集慨然曰舊志散佚何以徵風教而考利弊乃分鶴俸設局重刋又慮康熙修志而後時異勢殊變遷不少幽光潛德湮沒良多是急宜續修時也縱去古云遥而徵文考獻父老傳聞尚可旁搜博採及今不修不但往者遺漏即邇



來見聞所及者亦愈久而愈失矣爰命杜君洁澐唐君道顯楊君孫齡與賢身任之或籌資或採訪分職効力不辭怨勞嗣澐赴嘉魚學任又諭吳君德明賀君玉蕭君光宇及賢弟希岳入局供事聘劉叔俛孝廉纂修越二月以春闈赴都致未蕆事復得碩果老成年高德劭者如白公玉紳陳公正誠劉公緒鴻李公孝成協修校訂並擇品端學粹久留心世道之萬公芾修飾釐正出其十年前所採錄者合編之且就正學師郭公士元名曰續志夫邑有志猶國有史應合續志舊志為一書惟舊志巳重刋重刷未便更易乃倣前漢後漢舊唐新唐之例舉田賦隄塍之未大更變者仍



從其舊其餘殘缺者補簡畧者增要皆確有證據續數十册於舊志後異日賢有司出覽是編而採擇之如劉公成王公之志俾舊志新志之分而為二者合而為一是則邑之幸尤賢之厚望也夫

光緒六年歲次庚辰仲夏月

邑人潘希賢謹識

# 潛江縣志序

粤自禹功底定則壤賦成於是職方有志王會有圖而侯甸要荒無不登天府而羅指掌迫乎封建既廢郡邑區分漢興入關爭先圖籍則皇輿所載豈非總核天下者之大要哉我
國家振起維新撫有函夏方今
聖明在御兩葉重熙率土向風巳盡海隅日出之地爰
命幃幄大臣啟天章之秘閣輯一統之成書非徒潤色
太平實臨馭萬方大法大經之所寄也雖然天下



者郡國之所積也郡國者又州邑之所積必州邑之書成而天下之書始不患其無成矣楚地稱雄南紀素爲輿區從來問俗採風過都歷塊者無不致其流連憑弔之意余以茲春銜
命視學此方論文課士之餘時得與賢有司相接見往往挾其邑乘以爲羔雉余爲之展帙披圖蓋不啻臥遊而選勝云無何抵於郢境而潛江固郢之屬邑也邑令劉君亦以其所爲邑乘問序於余余受以卒業始知此卷成帙有年而剞劂未就劉君之志始將竟前人之業而成不朽之盛者乎乃因之有所感焉自邑乘成帙以至於今固巳幾經歲月止浮沈於存亡有無之閒至此始得輯其缺略壽之棗梨非有過人之材識其能若是歟是劉君者固有以佐一統之全書報循良之最績而余當此地方且跼蹐鉛丹無才賦記亦聊藉此一二言以代俯仰無窮之思可乎是爲序

康熙歲次甲戌仲秋

督學使者岳宏譽題

重修潛江縣志序

聞之周禮外史氏掌四方之志大司徒職邦國土地之圖辯其疆域廣輪邱陵墳衍九穀五物之土宜施之十有二教以均齊天下之政焉後世郡邑志乘卽周外史所掌也政府監修卽周大司徒所職也但叙述典而有則紀載信而不誣後之視前不無時代升降之感矣

今上御宇既久窮海臣服黑齒雕題重譯來王文德武功遠媲唐虞



詔直省各以其志上

宣付詞臣彙爲一統志百爾守令揆藻競陳余不敏荷

蒙

簡命來蒞潛士督其井里凋殘於河伯視其黔首敝劬於庸調典型淪亡邑乘漫漶詢諸二三耆老迺知潛建邑自宋乾德迄今六百年矣志之修輯纔三見焉成化則豐城崔廣文萬曆則邑令潘公伯和

本朝則前令王公黃湄崔潘二志其詞畧其義簡質[illegible]之弊難爲兩賢無譏焉王公之志討論詳矣辭采贍矣第視草未屬專家體例遂致互異有複有漏是亦白璧微瑕美錦片纇也王公方欲考閱以成完書而青瑣

命下就徵車以去繼者無暇披覽每逢

憲司徵取但命胥史胡盧鈔謄應故事而已魯魚混淆卷頁倒置寖假至不可讀嗟乎邑乘者

國史之權輿也其可因陋就簡而不爲之改圖乎劉知幾曰文士多史才少發凡舉例任難輕畀謀諸鄉先生博士弟子僉曰朱君悔人學擅三長昔嘗與



其太公石戶先生于役王公之志者也使君以禮延致之承家學修舊典新邑乘三美具焉朱君其必無辭余心儀朱君久矣戚戚有獲亟以朱君名請于

上咸報可爰開局傳經書院朱君固辭凡數往而後至取新舊三志損益折衷之成書二十卷離其目爲若干肇始于癸酉春訖事于甲戌夏豈槩爲是遂遲哉蓋至詳且慎也雖然言志於今日亦綦難矣天官輿地有志保無有引星經而濫書瑞應越

畛域而横稱勝蹟者乎學校饗祀有志保無有釋奠之文弗詳于頻藻祈報之義不講於明禋者乎縣紀志矣而沿革異制建置志矣而興廢異時風土志矣而俗殊污隆產別物利其條分而縷晰者誰乎賦役以經國河防以利民志詎可忽歟顧稅斂不一條疏排不一法求其情關民瘼戒謹衣袽洞然於胸而瞭然於筆者亦未數數見也蒞治之賢否莫重於官師閭黨之勸鑒端視乎先進則秩官選舉人物三者尤宜加詳焉然忠節循良名賢



隱逸稽之遂古概難多得今論吏治則人盡卓魯攷德行則戶是顏曾老而務者以節名貴而休者以隱著甚者耗文一志原以紀地方利病著經濟遠猷是不可濫收也今則視崇庳以爲去取鄙言惡札連篇絫牘人物藝文至今何獨盛也修志如此而欲具裁於史館昭信於來世良亦難矣然豈所以語朱君哉朱君久讀東觀書天下遍志無不流覽義例嫻惡燭照計數故今者槖筆事期乎信議採乎公文法乎古前賢之功在桑梓而湮没者攷諸家譜以表揚之列傳品題而未當者徵諸碑乘而論定之删譌正舛搜索精嚴閒有疑義與余不憚往復質論不市恩不恤怨庶幾古良史遺風焉余承乏潛江閱今五載凜凜焉時負曠官之懼是役也上副
聖天子一統同文之盛下舉數十年微顯闡幽之典余亦藉手朱君可告無罪矣書成余捐薄俸以壽梨棗命吏扃鑰藏弆所望後之君子讀斯志者勿徒視爲紙上空文農桑是課不使有荒蕪之土田生聚維勤無致有虛耗之戶口念民情之愚而化導之恤士氣之衰而興作之剔奸布惠酌古匡時俾荒陬僻壤皆歌樂土將鴻勳駿業與潛之川林原隰輝映不朽豈非厚幸與

皆

康熙三十三年歲次甲戌夏五月之吉

邑令金明劉　煥撰

# 重修潛江縣志叙

清澗劉公蒞潛五年矣本休休惇大之懷而識裕才優振綱挈領百度聿興自公之餘取邑志反覆諦玩見其篇次散漫字句脫誤如蟲書鳥跡之不可讀非所以信當代昭來禩也作而曰邑有志猶家有乘國有史雖記事之書要皆有風厲之旨焉嗣而葺之此最今日急務但其學其才其識非其人莫任博採名宿僉以邑紳朱君悔人對爰治傳經書院三往迎致之朱君通儒也探四部之精蘊



蠟屐晝舫踪跡徧南北爲

輦下諸公所推授書國塾金張小侯多出其門今需次家食屈於大夫聘使乃博蒐遺書周咨故老閉戸澄觀筆削校讐閱寒暑而志成其辨而不華則司馬也其詳而有體則孟堅也其矩矱則一本於紫陽一俊循環之未嘗不流連三歎也

今天子以天縱之姿振斯文之統萬國咸寗徵文考獻豈容或畧若潛之今志凡數十年來政治之得失文質之損益人物之迭興謠俗之屢變數取其詳義歸於確朱君有詞皆大夫命之也行將上之

當宁儼然古名臣陳水旱而奏豳風至於繕寫之工裝載之肅亦深得涑水進通鑑遺意於此見我公事

君之敬焉謹按凡例於修渠墾田興學勸士數大務尤爲加意蓋潛以澤稱淤決利害之故大矣公數馳單車越陌度阡爲民計桑土又以人倫明而人才盛未有不由於學校者以時鳩庀

廟貌煒赫夫隄防固則城池戸口田賦物產舉視諸此學校修則選舉名賢孝義節烈舉視諸此今志所



書孰非公之力與富敎足以法今而傳後者不啻父母之爲子孫計久遠也於此歎我公愛民之誠焉嘗讀緇衣之詩膾炙千古以其虛懷樂善也今朱君雖潔清自好謝絶餽遺而公適館之忱極忠且敬專其委任而不間以人言暇輒慰勞頭證決焉志成以助政教以表風俗人謂言氏之有澹臺今猶夫昔也於此歎我公好賢之雅焉且賢如朱君具有三長復備三善克禅名教益令人歎服不置聞康熙壬子郃陽王公之志潛也延朱君太公

石戶先生共事編摩未脫草而王公擢諫垣去歲迄無完書石戶先生居嘗悒悒今地下之人慰矣若談之有遷虒之有固所以繼父志也朱君之學師承邵陽者也昔邵陽令潛多善政時會遷移漸更故轍朱君理其志而修復之凡所設施俾無隕墜所以闡師學也李子世儒為朱君研席交才逸行端玉樓丞赴名幾湮沒弗彰朱君特微顯闡幽協於公論所以篤友誼也嗟乎文章一道至史尤難家孟季俱忝列史職期是非不謬於聖人常以弗克勝任是懼一俊膺潛鐸幸逢盛典以朱君之學之才之識雖有東里無所施況一俊頁質樸魯其敢妄肆是非於丹黃之下耶惟樂其成而據螽管之所及者質言以書諸末簡若大夫之鴻猷異政他日彪炳海宇自有旂常竹帛與掌

國史者大書特書豈余詹詹小言所能罄其萬一乎

謹序

潛江縣儒學訓導黃岡宋一俊拜撰



## 潛江縣志序

潛江縣新志者君侯清澗劉公慨然有事於前侯邵陽王公垂成之典暨邑大儒石戶朱先生應聘而出其腹笥薈聚揚搉規橅犂然具矣無何邵陽公入諫垣滲黷之氛孔熾朱先生遯荒攝疴無暇命子墨所存藁本僅數卷在架閣者率漫漶無倫脊吾鄉未嘗不太息於斯焉至是君侯以禮爲羅專屬之先生長公吾友朱晦人氏迺克負厥考之重荷師承邵陽公大指恢廓光大之而成是書也君侯蒞惠吾潛閱五稔振興綏乂式謌且舞延登簡在之需時重念潛雖藪澤介江漢之匯支郢髀荆襄者疆事之不虞輸輓郵頓所丞集墟疏而善徙歲歲與蟂獺爭命下農終其鉏耨之車牛遠服之利窶人子乾餱不給或漸於嚚縱掖守佔畢維謹淵源攜染不乏方聞之士而譊譁以煩牘撻者不恆有此其大較也邑誌之弗修自萬歷中葉迄今且八九十年時亟變而事彌滋凡邑土田之俄沃俄磽戶版之倏盈倏縮租挈賤更之或均或賦

先賢士大夫之擘畫指陳者或語而弗詳變故以來毅魄貞媛之扞難嬰荼者或堙而弗燿苟掌故之罕備其何能國君侯之汲汲爲已任也固宜君侯惇敏肅括布施之優裕謐如也迺時時屏騶御就館局中與悔人敷衽細論參伍絜量勿狃於膠柱勿哆於更絃比周勿徇浮聲勿獵凡誌一事必闡發其處置是事之宜誌一人必推見其人歲久論定生平不欲自白之至隱俾司牧者讀之喟與其忠勤利民之志而大書特書嬓慝貞衰之故尤



足以祈進滌濯交勉於善而不勸倘輶軒使者采謠俗以上於

天子昭其戒董風示州郡大小侯事底於由庚無難邑乘之良不誠與左右史相表裏矣乎若作梓材維君侯式樸斲之維悔人式丹雘之展采之實與行遠之文交邕而競爽洋洋焉𡐓𡐓焉昉楚國舊典長沙襄陽諸紀載茂如矣或有獻疑於予者謂章楓山誌蘭谿康德涵誌武功纔百餘版耳到於今稱之文之繁簡宜何居予听然而笑是知鳧脛之不可以續而不知鶴脛之不可以斷也司馬子長記二千餘年事文成數十萬言班孟堅記二百餘年事文成亦數十萬言蓋昉遠者識修短昉邇者辨黔皙非自治之有費與勿費也勢則然也夫文繁簡豈一端而已亦其言之各有當也議者迺欲取降萬以前之葦籥律啟禎以後之宮懸何其固歟海內知言之君子不乏君山玄晏其人者析羽注旌蔚爲弁首非埜人老且眊所克勝任也姑識其端委於末簡云



康熙三十有三年龍集甲戌星虛之次

邑人八十叟莫與先拜撰

# 重修潛江縣志序

嘗記吾師阮亭王先生之言曰海內邑志最善者無踰義烏而黃湄王先生又亟稱武功義烏志出黃文獻溍手武功志出康修撰海手俱以邑人修邑志辭簡而核旨約而嚴蓋謂得其人志其事而始足傳也予質鈍以蒙少曾涉獵經史長游京洛從學於二王先生竊聞其論古今得失上而墳典邱索下而志傳表紀躬承指授十年於茲念入違養兩親鼓枻南歸時邦大夫清澗劉侯令吾邑三



年矣政教翔洽百廢具舉顧邑志之未修謬以編輯見屬予遜謝未敢承侯重辱使命曰昔萬歷間前令潘公修縣志邑副使歐陽公侍御劉公西鄉令李公實共厥事今君拒之爾爾豈不潘令我乎同里諸學士大夫亦遺劄使曰百年典章君所習諳先達名公卿待論定者幾何人興革利病待酌定者幾何事願勿違使君之請先君子呼載震命之曰而不憶邵陽公修志乎於役蒐討老人有一日之勞大業未竟將恐遺憾地下今得賢使君修明自任宿願可售而奈何逡巡不赴乎義不敢再辭侯遂以載震姓名聞之

臺憲郡伯誠期赴局檢舊志尋繹爰知修輯之不易吾潛尤甚焉潛志創輯爲豐城崔公繼輯爲婺源潘公三輯爲邵陽王公崔志紀述弗備闕漏極多始宋乾德迄明成化志僅一帙抑何陋與潘志視崔則進矣王公之志先君子與邁舫向公共事編纂論次精覈例備王公方欲校二家論斷以歸畫一而披垣



命下無暇卒業向公與先君子各屏跡荒村書迄無成夫居今而知上古以有圖史之可稽也今志乘簡略如此一邑之沿革豈能憑虛臆斷乎古人國史之無稽類參家乘吾邑鉅公碩輔代不乏人歲月寖遠孫子散亡無從問其譜牒間有存者而其後什襲之不以示人甚且令子慈孫欲表彰其先世以鴻儒石隱忠節孝義紛紛踵告檄徇所請何堪傳信潛濱河而處其民皆窳鮮蓋藏吏善因緣爲奸蠹斯土者愷悌之績簡不勝書而虐民秕政亦

復不少將錄其實恐涉質直以中所諱顧前事者後事之師不褸晰其臧否後人何所鑒戒而觀法乎予搦管踟蹰深懼有負任使賴侯以虛明之懷精嚴之識時相訂晰其名蹟災祥土風典禮諸條有往事之可徵者則筆之否則寍闕其疑勿蹈附會其士女之懿行往徵諸故籍近攷之鄉評匪是勿收以滋冒濫其歷政之設施某也得某也失孰為廢孰為興必核必信不浮夸不曲諱以侈鋪陳每一卷成侯與予必反覆點勘而後授梓未嘗瞻



顧於楮墨之間閱寒暑而竟事夫潛六百年來其賢侯之炳烜者崑山朱公均徭築城以衛民生邰陽王公清田賦禁協夫以除民害皆萬世利也若夫合累志為筆削著百代之勸懲則清瀾劉公之功德又並崑山邰陽而三之焉所媿者予鹿鹿研北得執筆操鉛以從公不朽語曰蒼蠅千里附騏驥而致之者殆公與予之謂與

康熙甲戌夏五月上浣

邑人朱載震拜手謹撰

## 潛江縣志舊序

記事者必提其要今既因邑以作志凡百皆統於邑必首之以分野次之以輿地其縣治公署物產貢賦學校人材禮樂風俗祀典文獻忠義名節必皆次以書之然後綱舉目張燦然可觀又曰記事失之泛畧則非實錄必事事之顛末考之加詳訂之加密然後滄海不歎遺珠崑山不混玉石予因是承其志復次其事之先後考其事之是非類編以成帙焉將壽諸梓又屬予序之夫修志固賢侯之盛心而作志之綱目務在畢舉事實必



貴綜核尤見其學識之充周顧予安敢辭以固陋乎切惟古之居一里者生男必閭史書之是一里猶有志也況一邑乎邑志合而後為郡志郡志合而後為國志國志合而後為天下一統志從古為然昔我英宗睿皇帝臨御之日萬幾之暇乃命儒臣合列國之志編成大明一統志昭示天下於戲是書乾坤之量包括乎宇宙日月之光照耀乎古今猗歟盛哉顧茲邑志草創不易討論尤核固亦曰備他日郡國之采也然綱目絕無舛戾事蹟頗自精詳非承賢侯之志烏能成此一邑之書乎侯

名華宇文美其操心為政固見於名宦傳中若其大修學校振作士氣裁革弊政休養生民尤其所急故併書之以告將來弘治壬戌孟春潛江縣教諭豐城崔銓撰

又

邑固有志乎曰有晉乘楚檮杌非志也與哉志可為史乎曰不可史具善惡志有善無惡史以年紀月月紀日日紀時時紀事志詳於事而年月日時錯見非史體也然則志遂不可為史乎曰謹祥異悉疆界蒐財賦列人物明時制輯百家衆技採言行之善者著于篇亦古史



遺意也志不史而史也潛為邑弗肇於古禹貢書浮於潛傳云自漢出為潛潛四境皆漢四百里而台於江今之潛由古之潛舊隷於荆為屬邑世皇纂統割入郢遂為郢地郢屈宋故墟也山川錯麗至潛盤迴漫衍人文之盛幾與郢等余至潛甫下車即詢邑乘漫滅無紀慨然請之憲臬既得允則徧就縉紳先生之廬而訪焉因開局延憲副歐陽君侍御劉君令尹李君董其事而以文學李生張生先後校輯自春迄冬越九月成編凡天文輿地建置戶口物產錢幣人物技藝畢舉興革之際間有取裁焉因悉出俸貲付剞劂氏即不敢方之古亦近日之良史也雖然余嘗謂潛有三美五蠹其君子秀而文其小人樸而野其俗質俚而鮮浮僞畏吏議甚於蛇蝎是為三美皇莊王田錯壤而列佃民挾倨縣官不能制北受襄川之流南接荆岷之派春夏水溢防隄稍疏衝嚙為患田廬滌蕪時漂溺於洪濤巨波之間人無百年之業土廣人稀歲歉四方就食歲稔還問里閭輒稱祖墾有數十年之後易姓受戶而爭訟突出有司不察憐其流移輒與收復遂釀成絕戶佃價之說以為是



固當然地接襄郢逼景沔荆江四通之途差使往來絡繹不絕養馬之家什九仆死什八逃移一歲數易給募更替四顧郊坰無高山大阜之隔民易轉徙為奸急則竄匿莫可究詰是為五蠹具三美兼五蠹予欲削蠹以全美而力不能今且搜括四出而民生日耗矣司牧者奈之何其以邑全也噫美者自美是務崇之蠹者爲蠹是務委曲調停之是在良有司耳此又誌外遺意也是為敘時萬歷庚子初冬吉日

賜同進士出身文林郎知潛江縣事婺源潘之祥撰

又

今天下郡國州邑率有志義不過隨其疆土風氣民物
謠俗之常而布諸方冊以爲觀省者據跡爾非屑屑爲
續綴爲耳目張也余觀禹貢周職方則固志邑者權輿
矣今言之抑何其瑣悉而近俚也夫其田賦有高下墳
壚有黎赤九鎮九澤不同區五戎八蠻不同服列而載
之宜也乃若篠簜菌簵淮蠙江鼉海錯之纖繁以至於
男女閭閻村落器賚等物至微至賤有閭井小民所不
能口之公司縉紳先生所不及形之顧問者而二經咸



取而收載之不遺餘力求所謂殊原勝聞魁閎綺麗之
語則寥寥無少概見焉然後知古聖人紀蹟命意無一
非根于方域因乎民生日用而罔所庸浮文美飾也晚
近學士家厭薄一切飲食居處而恢輝之即有事于輯
志者延英分局歷以歲時剞劂而著行豈不亦裒然足
述乎乃覈其中之就實焉蔑如矣故討論疏則掛漏雜
出黨附入則誤貶互乖甚者管窺道聽之見害且移瞇
于城郭陵谷焉余嘗觀水經所紀洪源東駛沿襄郢達
內方折於蘆洑河始知迹而匯瀦爰是爲潛水然則潛

固水之注也今縣以水名田漁相半能無虞於[illegible]粒乎
其區夙隸吾南郡自皇祖龍飛安陸升州爲府割潛而
附之遂號湯沐左臂輿塞之興要視昔更倍顧數十年
以來漢益不用其道民幾爲魚而比者公家漁令日新
中涓虎翼而咆哮於祖宗根本之鄉直弁髦而視之長
民者日兢兢奉行救過爲地方計旦夕之命之不給而
尙及於典籍風教乎是其居地之重既若彼值時之艱
又若此蓋非志邑難志潛之邑難非志潛之邑難志潛
之邑於今日爲誠難也維潘君以制科發家蒞事甫數



月政通民和百廢釐飭乃孳孳封井民社之寄而首念
於斯爰請於監司卜祥設館禮下鄉大夫士之賢者某
某編摩裁潤諸所因革廢置出侯正定者半以紀表志
傳類爲四目起自縣紀天文以第于藝文諸類凡十五
卷余卒業而覽之本末兼備先後有緯其條列若鱗之
次其評確若城之森將令後之按圖而考方里援帙而
欽文獻者若身履而目擊燭照而數計無毫末之爽也
則侯之功詎非卓歟獨媿予不嫺于詞侯乃遺之書曰
潛本荊屬大夫起跡于荊其無忘桑梓幅壤以一言冠

其簡端也嗟夫以荆視潛潛邑而荆則郡以余視荆與潛潛隣而荆則居其劇減遠邇有差矣乃今荆志未歸于當余宜坐視而三緘而侯命之辱顧欲持不腆以塵潛諸君子之成編余則安能不避席而謝不敏哉雖然古者列國均有史世史職之邑之志即國之史也余典在掌故三十載迨今髮日短矣旣無能撥管以鋪陳南郡之風土文物而又不能藉近邑之寵光以抒其違鬱焉是愈曠其職也故因侯之請也聊取衷於禹貢周職方之旨旁鑒於叔季飾靡之非申之以令侯之休嘉終



之以本領之慚缺而脫草以副鋟擇焉已爾如猥云將必假邱里之談而首括斯刻也則中自有合邑諸大夫之記撰在萬歷庚子仲秋月

賜進士第通議大夫禮部左侍郎兼翰林院侍讀學士總裁正史經筵講官江陵劉楚先撰

又

寅昔觀風於大江之南北歷十五郡凡所至咸先以志書呈覽一展卷則山川之形勝戶口之多寡職役之輕重人物之事實罔不畢載燦然如指諸掌此蓋略於周禮小史掌邦國之志而作迺郡縣之不可無者也吾潛江漢朝宗之區爲聖天子湯沐邑鍾和毓秀神化誕敷人文彬彬稱盛矣而志獨缺然萬歷庚子春邑大夫潘公以名進士銜命來蒞茲土爽朗慈祥愛民禮士杜苞苴清訟獄齊以禮教未嘗一切繩之以法甫五月政通人和駸駸然向治矣偶爾詢及縣志乃廢歎曰文獻之邦志胡可少乎此有民社者責也遂請於當道可其議迺開局延賢謬屬寅以編摩之任且曰夫志也往者不書則遺存者特書則諛諸公其愼之寅承委與諸君子



夙夜以與採之遺文訪之故老循其舊章益以新制別欵分目辨疑敘類始之以縣紀天官紀輿地紀秩官表人物表次之以建設志秩祀志學校志土賦志防圍志又次之以名宦傳人物傳貤封傳藝文志二共十五卷閱月稿就大夫取而視之喜曰是志也事核而不浮例確而不虛淑慝以著往美刺以誨來潛其可觀矣乎大夫復親爲釐正潤色之俾益詳盡與雅於是付之剞劂以成一邑曠世之典然是編也可以信今傳後亦不過紙上陳迹耳大夫之誠愨孚於士庶美意通於艮法端

本出治要不在於言語文學間者志天地則思所以經緯之焉河防則思所以保障之焉土賦則思所以封殖之焉學校則思所以作興之焉秩祀則思所以感格之焉名宦則思所以匹休之焉鄉賢則思所以崇禮之焉忠孝節義則思所以表揚之焉不徒爲虛文而皆見之於躬行不徒爲今日之美觀而爲將來之取法此大夫之志也亦大夫之所優爲也用以維持世道保乂黎庶而聲施於後世者不朽昔子游仕魯而武城之名彰邑有大夫吾潛之名不益重耶斯時洪濤爲殃榷稅繁重



大夫禦災捍患薄斂緩征城垣護之磚石門庭爲之改觀諸凡鋪舍隄院漸次修築而於民無擾四境藹然春風而堂以內則湛若秋水此潛民一時之幸百年之奇逢也因此併及之而敘諸末簡萬歷庚子歲仲秋日中順大夫江西南安府知府前南京都察院山東道監察御史奉勅巡按直隸兼巡視京營京倉邑人劉寅頓首撰

又

古者列國有史自秦罷侯置縣畫疆而理令之分土視諸侯於是縣各有志志卽列國史也相沿舊矣潛志遲無論已卽明興二百餘年亦浸浸文物而志獨未備豈載筆之難孔子所稱闕文者耶抑當事者視所履遽廬而姑置之也昔人謂史闕世運隆替豈以志而無與於政哉先是明山朱父母蒞吾潛興廢舉墜會慨邑志之久缺而欲事纂編未幾聞擢以去事遂寢至於今今新都潘使君之來也下車問俗卽謀之衆鄉大夫曰某忝茲土不察於方域之故輒諏諸掌故無聞焉語曰不習爲吏視已成事今茲邑志之無稽也何所審已事乎惟



諸大夫其圖之於是諸鄉大夫自相可否僉謂憲副歐陽君侍御劉君西鄉尹李先生長年博聞宜共授簡更屬二三文學相與校讐而共成之侯亦時出意指躬親訂正蓋閱數月而有全書矣立凡起例別類分門總爲若干卷以披輿圖則奠麗析矣以綜建設則保乂明矣以診禨祥則時恒辨矣以謹秩祀則明禋昭矣以稽食貨則役斂有經矣以列職官則鑑戒有別矣以覈人物則美刺有章矣以錄選舉則揚勵有據矣以採藝文雜記則述作有徵矣一展卷而上下數百年往跡遺聞居

然目前命後來者考古鏡今可信可傳而無不足無徵之歎侯之此舉真擴前人所未有哉程伯子曰爲政須要有綱紀文章侯之謂矣乃愚手斯志而重有感矣蓋聞長老言往邑中人苦力作雖椎魯少文而生事饒邇年閭里蕭條什倍曩昔蓋城郭是而人民非矣何重困若是也往邑中俗近龐其民靜而守禮或老死不窺縣門邇年混沌稍鑿漸知訟漸亡等亦有敗羣梗類如賈太傅之所痛息者何漸靡若是也易曰剝其復語曰旣雕旣琢還返於樸其在侯之今日耶昔天子省方則命



太史陳風用以觀民情而設政教侯加意民故加意於志愚乃覩志之成而述所聞於父老者若此愷悌若侯未占有孚行且振今日之潛以還復故老所聞所見則此志豈惟因侯以成亦因侯以重矣

賜進士第文林郎兵科右給事中邑人劉道隆撰

又

吾邑舊有志也歲久而逸先是明山朱公銳意更新未竟也越二十年得今新安潘侯侯淵識博學外明中融涖政未幾吏習而民安之乃自公委蛇日綜簡編思夫邑志弗新而謬漏踵襲烏在其爲文獻之邦也者設局公署萃諸大夫暨文學輩若而人揚搉今古幾閱月而志成覩左氏三春搆思十載而就抑何穎捷也顧余因有感焉夫志猶史也以識見聞亦以垂誡勸以攷往蹟亦以風後來昔王澄問陳留人士吏舉蔡子尼江應之其他官位弗及也澄歎曰舊名此邦風俗今小吏亦爾蓋古人所謂土風以道德爲重如此吾邑風俗素淳謹樸茂今雖不無小異然田家作苦冠帶之族暮禮朝詩鮮訾窳奇衺黠僞之習眎他邑差勝焉一變至道要在



長吏率先訓植之而里中士益兢兢名行爲衆庶倡將不稱是愳不朽是圖則邑之所爲重而聞風興起者多茲志之覽鏡爲侯之加惠吾邑寍有量耶其地湘漢襟環廨宇廢置藝文風雅沿革變遷即備錄靡遺文具爾矣何當於訓世礪俗而更新爲侯聞而善之曰是吾志也夫是吾志也夫萬歷庚子秋月邑人柴恪拜書

潛江縣志卷之首

知縣事劉　煥纂修

知縣事史致謨續刊

圖考

圖先於書古人不事搜討簡冊而山川疆域城郭宇廨河渠村市千百世往蹟如指諸掌此酇侯收圖籍而知强弱阨塞之數也潛江建邑非古控帶荆鄂聯絡漢沔圖其創置復故更新者一寓目而識廢興守土之功大矣作圖考



潛江縣志目録

知縣事劉　煥纂修

知縣事史致謨續刊

# 潛江縣總圖

# 潛江縣境總圖

張截港
柴林灘
大樂庵
東岳廟
北門
排沙渡
深江站
儒學
朝宗門
東城烟柳
鮑頭湖
大東門
禪堂
仁義坊
鐵船臺
小東門
南門
班家灣
如如庵
下觀
觀音堂
總口
拖船埠
教場
自在庵

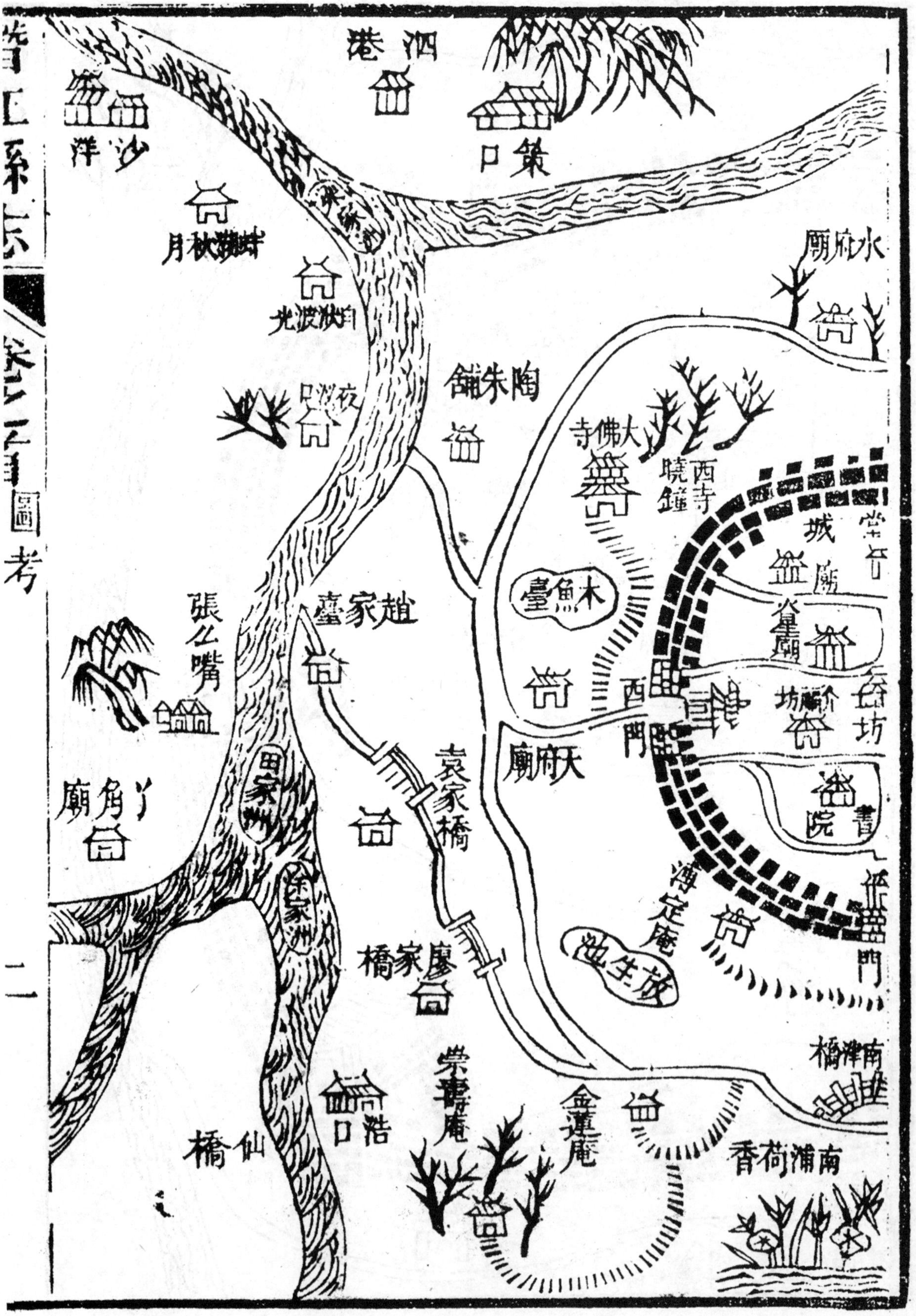
圖考
二
泗港
策口
沙洋
水府廟
陶朱舖
大佛寺
西寺曉鐘
城
木魚臺
趙家臺
張幺嘴
西門
天府廟
袁家橋
丫角廟
田家洲
廖家橋
海定庵
放生池
書院
南津橋
崇壽庵
金蓮庵
浩口
仙橋
南浦荷香

# 潛江縣城池圖

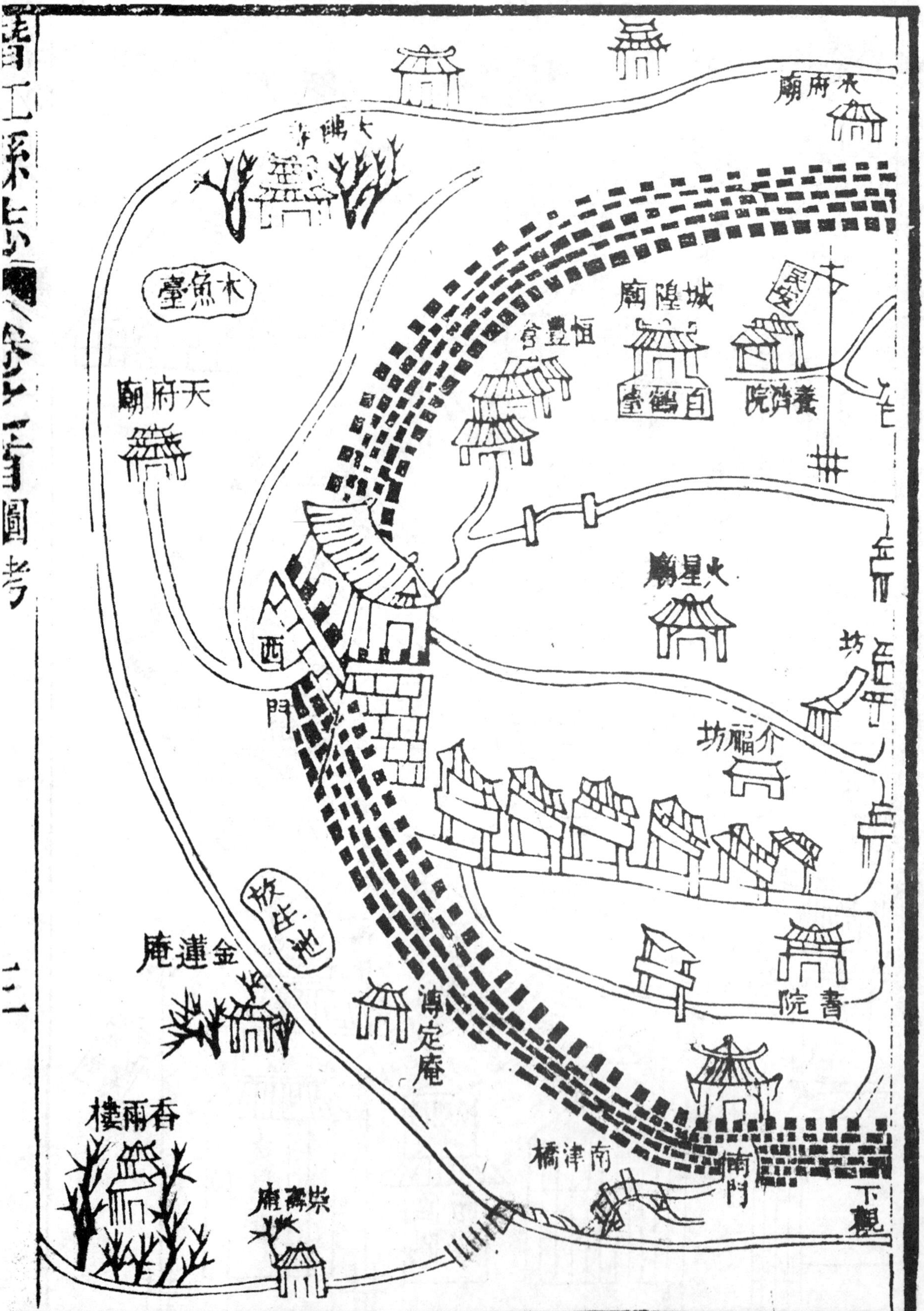
潛江縣志城池圖考
三二
水府廟
城隍廟
恒豐倉
民安
白鶴堂
養濟院
木魚臺
天府廟
西門
火星廟
坊
介福坊
放生池
金蓮庵
淨定庵
書院
香雨樓
南津橋
南門
下觀

# 潛江縣治圖

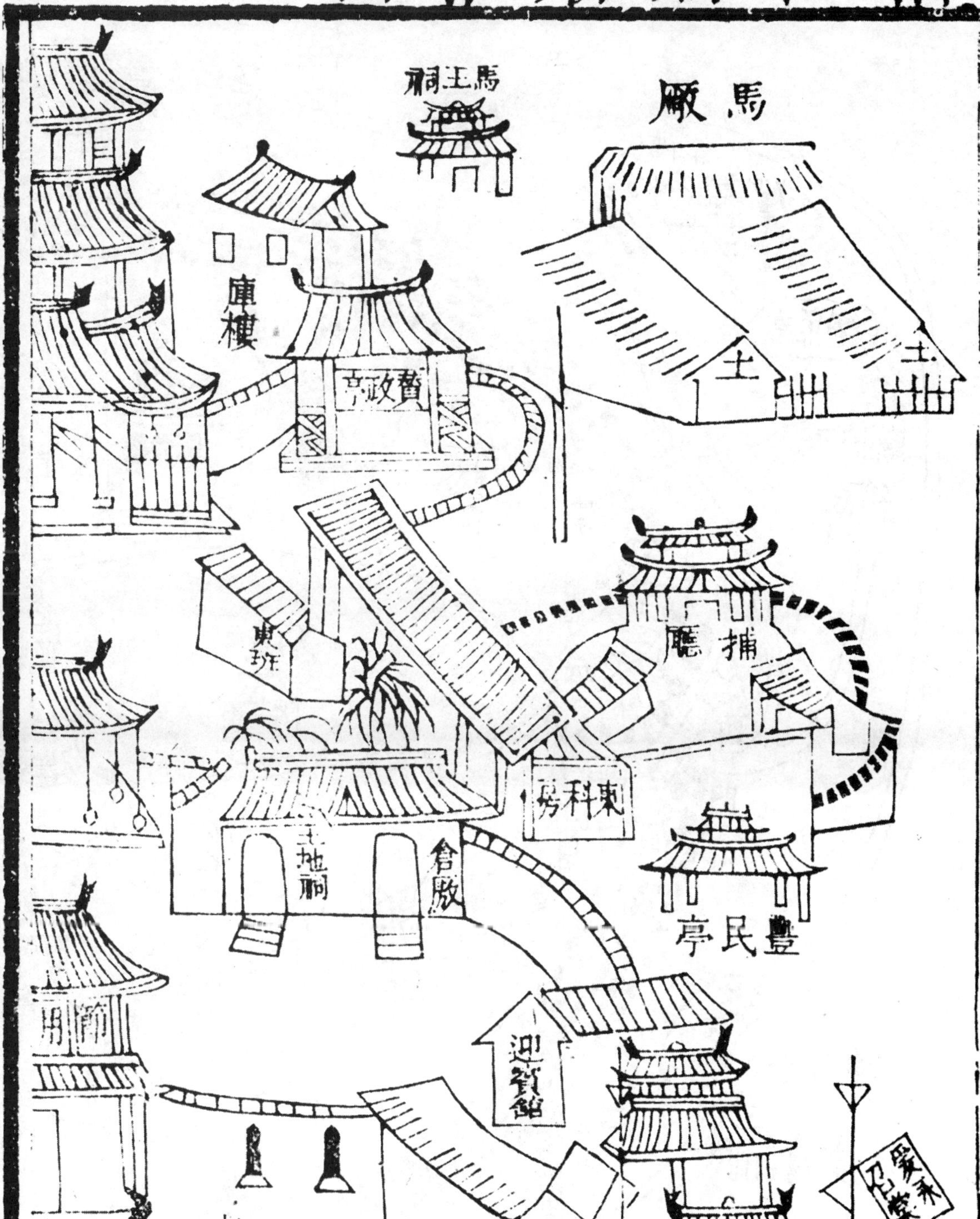

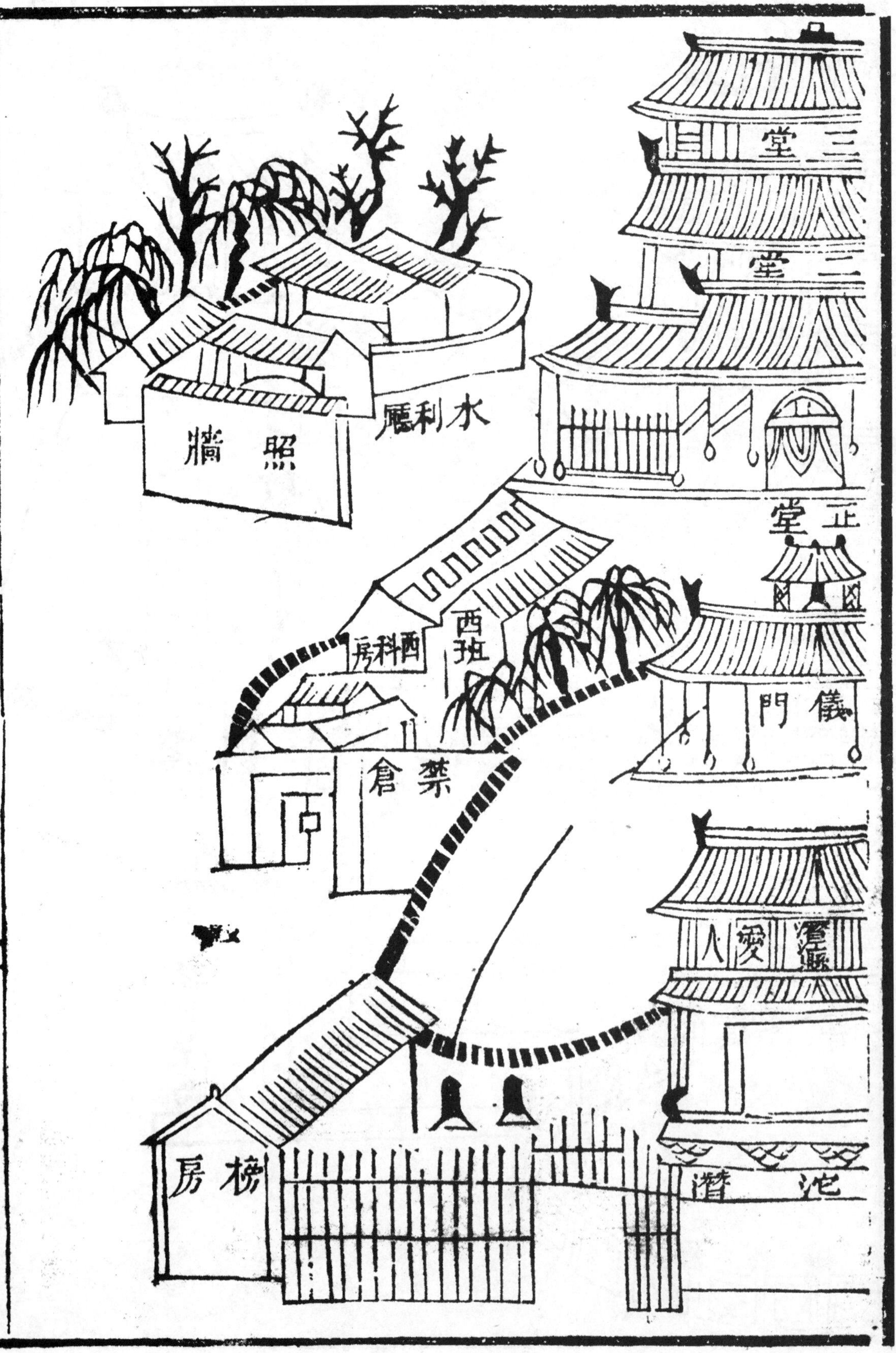
三堂
二堂
水利廳
照牆
正堂
西科房
西班
儀門
禁倉
愛人
榜房

# 潛江縣儒學圖

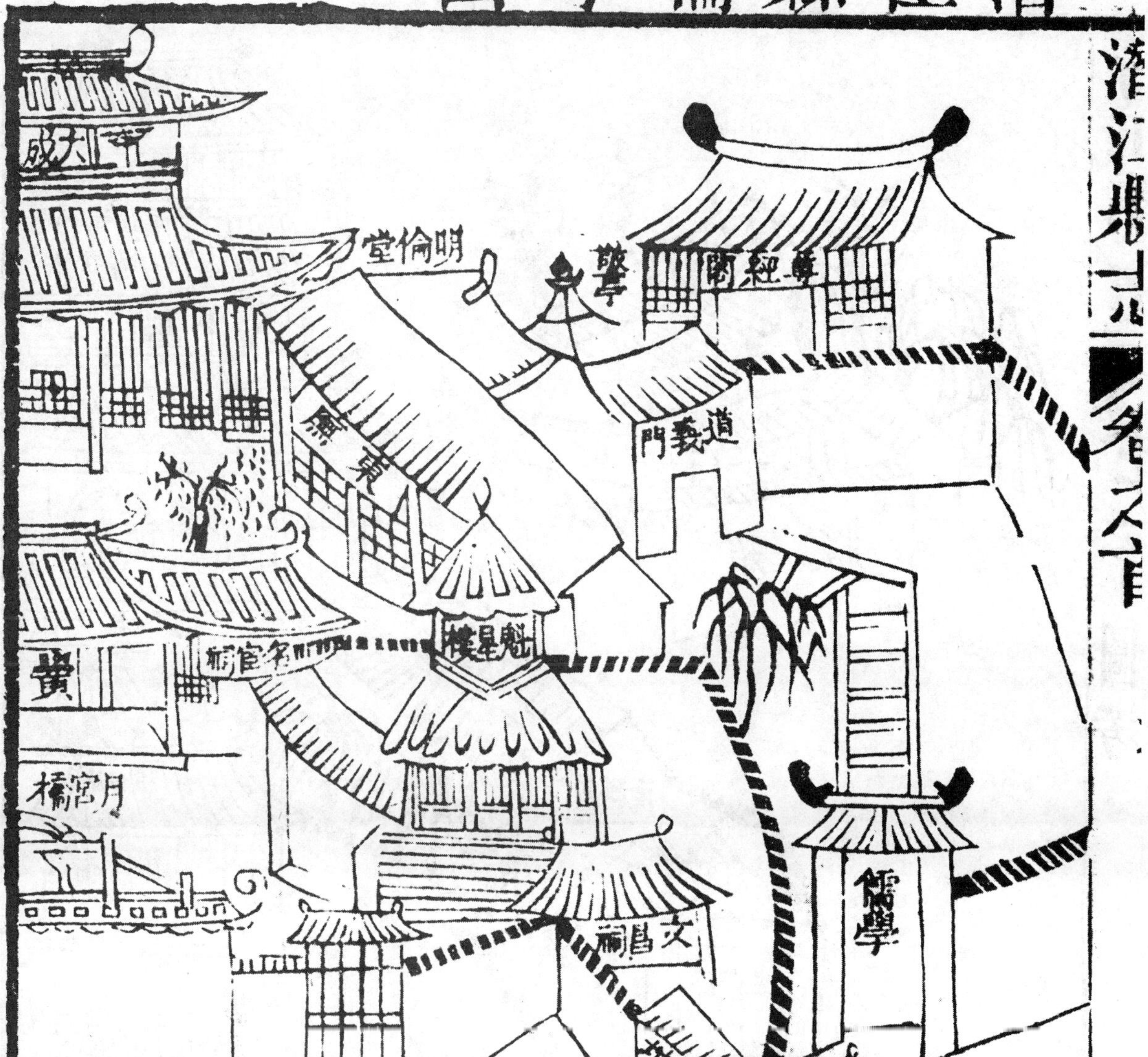

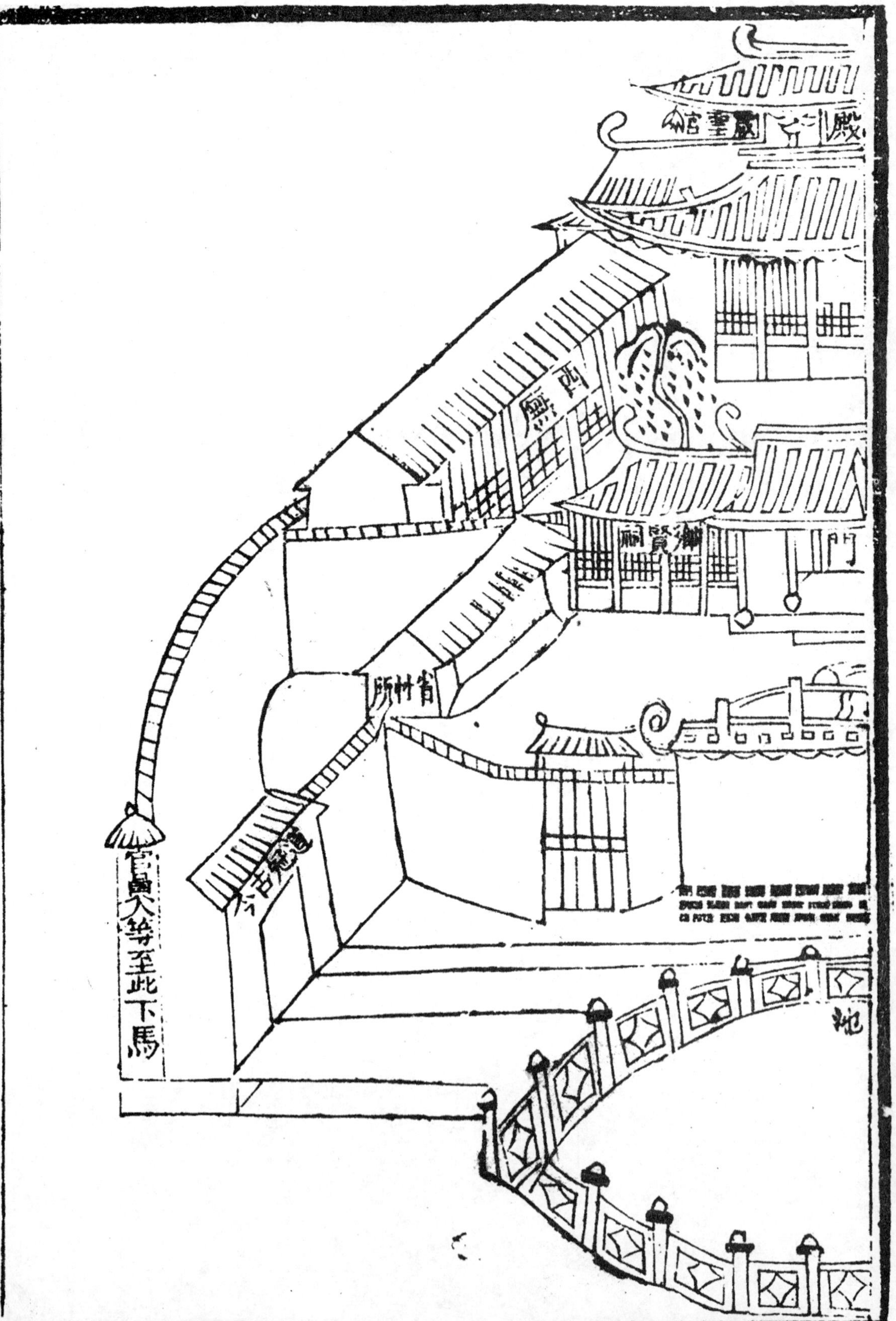
殿
西廡
鄉賢祠
門
省牲所
官員人等至此下馬
池

凡例

一輯潛志者始則廣文豐城崔君紀成化以前事嗣則邑侯婺源潘公與鄉先生歐陽副使劉侍御李西鄉三公紀萬歷以前事繼則邑侯郃陽王公與先君子洎懷遠向公文學李子世儒余小子載震紀康熙庚戌以前事崔潘二志久巳無板予家舊藏有崔志雕本潘志則鈔寫流傳文義簡陋字畫訛舛王志纂修將成值軍興蠭午王侯旋奉　內擢卒無完帙故體例未全由萬歷庚子至今九十五年間事蹟缺如邑



侯清澗劉公慨然創修屬載震編輯之任數百年因革損益極費搜討徵實補畧彙成二十卷蓋亦述者之事耿耿苦心讀者尚其鑒諸

一邑中庶務雖多賦役河防其大端也故於利弊所在不憚亹亹詳之其裕　國郵民之意不免深憂過計情見乎辭豈敢曰垂永久之鑒戒乎譬如醫者之集古方聊使後之治療者可資討論云

一名賢蒞吾潛者良法美政大書特書不一而足其瑜不掩瑕者亦不能曲諱焉或曰居是邦不非其大夫且如其後府怨何余曰不聞孫盛書枋頭之敗吳兢拒張說之請乎知耶罪耶庶其聽之

一選舉無論官爵崇卑概登名氏有遇
特恩異數者獨表出之至貢士原非一項有歲拔恩選之異名自辟舉外次進士次舉人次某貢次監生次武科次廕生蓋
朝廷設科既殊自不得不區分之若云前後有所軒輊則司馬相如獨非貲郎郭令公獨非武舉李太尉獨非任子乎



一舊志人物如張總制師載之功業初御史杲之忠直歐陽太僕東鳳之清德張徵君承宇之文學默石子之隱逸此兒童所能口其軼事其爲序述不待搜求嗣後前輩名公卿固自不乏然世遠年湮必其後人以譜牒家乘行狀墓志不吝見示始有所徵信爲之紀傳否則人雖齊聖亦不能憑空結撰非敢私意擇取于其間也識者諒之

一女貞舊志所載外新列傳者十有五人豈濫費筆墨皆博士弟子鄉耆里族公論呈請于邑侯覆勘於儒

學送付志局始得命管呈牘具在可爲左證

一封贈榮及先世所以寵勞臣也　龍章天語誰能假易今封贈志皆確有　誥敕實據者卽經追奪亦列其姓氏不然雖久膺顯秩而　覃恩未被亦不敢妄爲紀載以滋欺罔冒濫之譽

一疏議書記古今體詩必其關切地方引證人事始酌而存之或附見于本人本事之下其古蹟别墅憑弔游覽名賢題詠備錄其佳者地以人重也餘則彙爲藝文志二卷匪是雖雄文大篇昔經採取今皆僭爲删去蓋志乘與名家專集不同若但賞其詞翰一概均收寍止汙牛充棟

一潛地平衍舊志有靈壽山今弗仍載以爲附會至漢壽亭侯之劍潭城姚文公之讀書臺先聖賢遺蹟足爲地方增色詎聽其湮沒失攷與若他景間有曠廢相沿已久姑因其舊

一斯志不揣愚謬獨抒管見以成一書邑侯劉公時相討論鏤板之費悉侯所捐功德鉅矣後之賢者踵事增華續輯甚易但板宜典守收貯戒其翻刻私改庶



能歷久傳信至其博訪碑乘旁搜事實以備選述劉生遑俊之勤不可沒也法得備書

邑人朱載震謹識

# 纂修姓氏總目

明

成化壬戌年

纂修 史華 字文美陝西渭南人知潛江縣事

編著 崔崟 字道岑邑教諭江西豐城人

萬歷庚子年

纂修 潘之祥 字伯和江南婺源人知潛江縣事

編著 歐陽柏 字惟承邑人　劉寅 字敬甫邑人

李鳴 字和載邑人

校正 張鎬 邑士　李秉仁 邑士



國朝

康熙辛亥年

纂修 王又旦 字幼華陝西郃陽人知潛江縣事

編著 朱士尊 字偉臣邑人　向大觀 字望淵邑人

校正 李世儒 字次山邑士　朱載震 字悔人邑士

康熙癸酉年

纂修 劉煥 字文山陝西清澗人知潛江縣事

編著 朱載震

校正 劉逴俊 字遐矚邑士　莫扆儲 字韓農邑士

# 纂修潛江縣志姓氏

纂修

知潛江縣事劉煥 清澗人貢監

編著

邑人朱載震 貢教習候選知縣

參閱

儒學教諭王沂生 武陵人歲貢

儒學訓導宋一俊 黄岡人歲貢

提調

水利主簿劉麟趾 濟南人



典史郭嘉瑢 安陽人

校正 劉逴俊 邑士　莫扆儲 邑士

彙次 莫鸞倅 邑士　朱秉銓 邑士

向天樞 邑士　朱石鉉 邑士

督梓書吏雷逵辦事 胡文陳廸

謄錄書吏王加珍 陰陽生龔鼎

梓人 戴持珣介儒效安

蔡聖思 戴恭仁

# 潛江縣志卷之一

知縣事劉　煥纂修
知縣事史致謨續刊

## 縣紀　沿革

肇造隨時所宜爲沿爲革因代以著故一邑而今昔易名分隸異郡史氏之所必詳粤稽赫胥氏起於潛三代未有郡邑獨禹貢荆州紀沱潛旣道則潛爲江漢輿區得名最古宋以前不具論終歷元世以逮明初詎無紀載而邑乘散亡空託隱顯疑似之歎爰溯正史旁蒐他乘參核彙次作縣紀



### 沿革

禹貢荆州之域虞夏時貢道也（禹貢浮于江沱潛漢逾于洛至于南河）

秦昭襄王二十九年秦將白起伐楚拔郢置南郡始皇廢列國置郡縣改郢都爲郢縣荆古郢都潛江古南郡地是潛故爲郢邑

漢武帝置荆州刺史南郡隸焉潛江江陵地屬南郡

唐大中間置征科巡院于白洑屬荆南節度使（白洑今縣西四十里）

五代改爲安遠鎮

梁太祖賜荆南節度使高季昌爲王鎮江陵築隄防于潛江今爲高氏隄（詳見河防）

宋乾德三年改安遠鎮爲潛江縣屬荆湖北路（文獻通考載是年升白秋廵爲潛江縣考舊志唐置征科廵院於白洑無白秋地名秋疑卽洑之訛今并存之）

元初改江陵府爲中興路領潛江併隸河南行省

世祖至元二十七年庚寅大水圯三十年癸巳徙今治

順帝至正末僞漢陳氏遣僞將姜珏僭據其地



明吳元年甲辰旣克僞陳改中興路爲荆州府領縣九潛江其一　世宗入繼大統以安陸州爲世廟舊邸陞安陸府爲承天府附郭縣曰鍾祥外爲京山縣割荆州府之潛江縣荆門州當陽縣沔陽州景陵縣凡州二縣五皆增屬爲湯沐邑

本朝順治二年改承天府爲安陸府潛江仍隸焉

按漢水出嶓冢歷襄郢經內方至縣北三十里蘆洑河東折一支達今縣治左是爲潛水自潛折三支達沔匯于白湖入三江口（詳見河防）漢由潛一道入江故名

潛江一統志云漢水循源而下經本縣入大江是也
宋始置縣治在縣南道隆鄉豆子湖今坊井遺址尚
存元徙斗堤即今治



# 潛江縣志卷之二

知縣事劉　煥纂修
知縣事史致謨續刊

## 天官志　分野　災祥

太史公志天官言二十八舍主十二州唐僧一行曰星之於土以精氣相感而不繫乎方隅其占測以山河爲限而不主乎州國稽分野以察禨祥馮相保章氏之辨可弗備與蕞爾潛於楚爲駢枝乃其地通荆蜀直接上游亦中原重邑參諸五事驗厥庶徵天垂象見吉凶占測感應星土相麗之故尺土皆所不遺作天官志



### 分野

史記天官書吳楚之疆候在熒惑占於鳥衡正義曰熒惑鳥衡皆南方之星故吳楚之占候也鳥衡柳星也

列國分野楚地翼軫之分墅今之南郡江夏零陵桂陽武陵長沙及漢中汝南郡後陳魯屬焉

石氏星經南宮赤帝其精朱鳥翼翮軫尾皆麗於巳在天北斗二星主楚分

皇甫謐帝王世紀自張十八度至軫十一度曰鶉尾之

次於辰在巳謂之大荒落於律爲夷則斗建在申今爲
楚國分野（爾雅邢昺疏僧一行志魏陳卓書蔡邕月令章句起張終軫俱同）
象緯考自張十七度至軫十一度爲鶉尾於辰在巳楚
之分野屬荊州（費直起張十三度蔡邕起張十二度）
翼軫楚荊州（南郡入翼十度）
皇明通紀　志南郡入翼十度正德二年卿雲見於翼
軫世宗肅皇帝誕降斯土入繼大統占者曰此楚分埜
也
按邑應翼軫當鶉尾之次省志云自襄陽宜城南漳



歷荊承二郡西盡三峽東盡竟陵析以岳之華容東
境皆古南郡地凡入翼十度漢天文志翼軫星曰鶉
尾朱熹註楚詞鶉鳥無尾以翼爲尾魏太史令陳卓
曰南郡入翼十度春秋元命苞曰軫散爲荊州今志
所稱星應蓋統荊楚云

## 災祥

元成宗元貞二年潛江水
順帝至正九年七月潛江大水（以上據荊志收）
明天順二年水決高家塲湮縣治流爲東河

成化六年七月白洑決一千餘丈
成化二十二年大饑遣侍郎畢行縣議賑募民出粟
至二千石者予官
正德十一年丙子水大饑人相食
嘉靖元年壬午八月水決柘林垸壽衙西城浸縣治
官民騎屋以免知縣敖鉞念秋災不過九月特疏
于朝得從輕派（詳見牧民奏議載藝文志）
嘉靖四年乙酉秋大熟漢漲漂沒民無以生知縣周
延疏于朝獲免租（疏載藝文志）



嘉靖七年戊子旱民食土石
嘉靖二十五年丙午水決東河隄入縣治往來以舟
嘉靖二十六年丁未夏大火自巳至申焚民居大半
死者數人
嘉靖二十八年己酉漢決沙洋邑西南洪濤數百里
民盡轉徙
嘉靖二十九年庚戌沙洋又決
嘉靖三十一年壬子江決黃潭沙洋並漲漂田廬萬
數

嘉靖三十二年癸丑夏五月大雨至六月民訛言
嘉靖三十四年乙卯冬十二月地震有聲自西來
嘉靖三十八年己未六月夜雨泥七月園竹盡華
嘉靖三十九年庚申夏秋大雨高下盡没歲大祲
嘉靖四十年辛酉正月大雪至於三月民大饑殍相
枕于道冬地震
嘉靖四十一年壬戌春大疫
嘉靖四十三年甲子冬十月桃李華有實
隆慶元年丁卯築沙洋隄下流夜汊隨決



萬歷初年大水破護城堤有鐘影影有聲浮來止于
大佛寺門
萬歷元年癸酉四月大火日數發五旬内市民露宿
以避
萬歷六年戊寅冬大雪彌月地裂
萬歷八年庚辰夏五月夜汊水大漲没禾七月復漲
決白鶴寺大浸稽天經旬不消歲大饑野有殍
萬歷十一年癸未四月漢水大漲城潰壞官民廬舍
萬數

萬歷十三年乙酉水
萬歷十四年丙戌八月十五夜深江站隄決民居林
木盡汨爲淵
萬歷十五年丁亥水
萬歷十六年戊子大饑斗米百錢民有殍
萬歷十九年辛卯夏大旱
萬歷二十二年甲午旱
萬歷二十五年丁酉八月河水震盪池井俱溢
萬歷二十七年己亥十一月大火西北城樓燬



崇禎六年癸酉大饑村民周肖河等聚衆搶奪旋捕
殺之
國朝
順治七年庚寅春地震
順治十八年辛丑民譌傳雞兩翼生足殺之盡
康熙四年乙巳元旦日無光二月初彗再見旋没夏
秋之交星晝見
康熙六年丁未五月楊萬屯營隄決
康熙七年戊申七月二十五日夜地震

康熙十年辛亥西城內居民吳姓家有一物自屋上墜下其形似龜有兩翅不能飛頭有一角四足如人指色如羊肝以刀刺之不能入其殼非骨非肉以足踐之有聲似雄鴨

康熙十一年壬子班家灣决撼我城壖民居蕩析盡

康熙十一年壬子十月虎至西城大佛寺

康熙十五年丙辰元旦大霧四塞晦冥竟日

康熙十八年已未新豐堤李漢口俱决歲大饑

康熙十九年庚午大水入縣治逼會門城樓圮居民



溺死無算

康熙二十八年已巳歲大饑安陸府同知鄭潤中署縣事奉檄賑救躬詣各鄉村設粥給米民得實惠全活者萬數

康熙三十年辛未桃李華

康熙三十一年壬申元旦日食移時復

康熙三十一年壬申二月自襄流至縣河四十餘里水半赤半清經旬日始復故

# 潛江縣志卷之三

知縣事劉　煥纂修

知縣事史致謨續纂

## 輿地志

形勝　疆域　山川　鄉區

禹貢職方分州而後代多沿革置郡彌多土宇彌狹禹跡已不可復考鄭夾漈曰州縣之設有時而更山川之形千古不易以山川定經界乘勝據嶮奠厥井邑其鄉其遂爾宅爾止化理張焉核土田之虛實紀圖中之編除前後規畫利弊較然可觀矣作輿地志



### 形勝

西扼巴蜀之喉北枕襄鄧之臂南亘洞庭之險東連江漢之會三國關羽屯兵于劍潭元季姜珏竊據于縣郭胡文定曰欲固上流必保漢沔矧夫湖陂吞納一葦四通萑苻青叢突圍倏散嘉隆以來三湖重陽之間嘯聚出沒震驚鄉郡崇禎之末邋遢黃荊諸汊千人竊弄翱翔上下深為保障憂

按潛江一望平源廣野無天險四塞之固水陸交衝實全楚上游易曰王公設險以守其國邑猶國也然

則言形勝者固不徒恃乎山川邱陵之險厄而會通之區即爲要害防衛詎可弛與

## 疆域

幅員廣袤道里攸分南北西東疆域斯辨稽程限徵事功達乎四境四至八到附列焉

廣三百二里

袤四百八里

東至沔陽州界之上西湖三十里

西至江陵縣界之三湖一百二十里



南至監利縣界之蘇湖八十里

北至京山縣界之泗汊湖六十里

東到沔陽州治一百四十里

西到江陵縣治一百八十里

南到監利縣治一百八十里

北到京山縣治三百里

東南到監利縣界九十里

西南到江陵縣界四十里

東北到景陵縣界二十里

西北到荆門州界一百二十里

自縣治到安陸府城二百二十里水路三百六十里

到武昌府城三百六十里水路五百四十里

京師二千八百七十里水路五千八百五十里

潛故荆僻邑自割入郢北至府二百餘里夏秋水漲繞道倍之馬卒一役輒逾旬按籍番更去者未返亦勞止矣私嘗過計白洑原設水驛而無隻航臼口驛去縣一百二十里去鍾祥亦百里則併白洑爲水馬驛議他僻邑濟之不惟利吾潛即鍾祥亦少甦也舊志



## 山川

潛江境内無山王謙大佛寺記云荆之潛江有壽靈山卧佛禪刹一統志邑志俱無惟省志有之荆州志亦載壽靈山舊志註云疑即寺基勢若隆起實本非山今不復載以遺附會之誚紀實也

清溪嶺　在縣西南長樂鄉六十里

道隆嶺　在縣南五里

柘陂岡　在縣西南六十里

棠林岡　在縣西南六十里有漢壽亭侯屯兵故蹟

沱潛水　在縣北三十里

按爾雅水自江出爲沱漢出爲潛故曰諸河皆潛也今縣東河卽潛水沱不可考城西沱埠淵爲西河故道經龍淵爲馬市潭仰受江流舊與潛合流卽吾邑沱也一統志直江在荆門東南百三十里入潛江平塘湖達三湖合沔水今一線之派尚納江張去縣差遠不與沔合並存之舊志

漢江　在縣西北卽大襄河舊志漢水經襄而下得名繞縣東北兩岸夾峙至蘆洑分流爲潛



按襄河源出嶓冢山弁州集十道志荆楚之地水駕山而上者皆呼爲襄故襄水之上流亦名襄江卽書云懷山襄陵之義也今俗疑爲襄陽而來名爲襄水按陸澄地理記襄陽無襄水襄陽城枕大江卽漢江水非襄水所自出也

蘆洑河　在縣東北三十里

馬市潭　在縣南三里大江自郝穴等口析入數道流枝江湖分東西二港環柳家洲匯爲一潭明萬歷間漸淤尚有小河今盡爲平田失其道

洛江河　在縣東四里蘆洑河流至排沙渡一里復分一支經深江站入沔有洛江渡今堙

按韓詩外傳鄭交甫遊于江漢遇二女妖服佩兩珠交甫與語曰願請子之佩二女解佩與交甫懷之去十步探懷中則亡矣回顧二女亦不見相傳沔陽州城西四十里瀕漢江范瀩市卽交甫遇二女處或曰二女者湘洛妃也洛之名由此

恩江河　在縣東嘉靖元年知縣敖鉞因襄水衝縣奏開此河以殺水勢高岸築隄民甚德之今堙



祭酒魯鐸恩江河記　潛之爲縣以水名地本下是故水易爲災也夫漢水至蘆洑支出爲潛自排沙流經縣之北西向南折以達荆通沔天順間北流淤塡乃決高家塆流經治東孝廟時受決處又漸淤爲洲可田以畀興國正德中洲益廣水益擠而東而西齧縣治危若亡唇矣前政一諉諸無所爲力民病焉嘉靖改元之八月敖侯知潛甫三日漢水大至四境艤舟縣衙懇災市人騎屋以居公私廨宇盡壞向齧處復善崩侯禱之尋已遂發庾賑民憑高望淤洲激水

曰此不河之乃使河我縣治魚鼈我民乎父老曰洲屬官家奈何侯曰吾爲若請之乃上疏其畧曰捐官莊一洲租以永除一縣之患惟聖朝圖之時又有疏乞以重輕帶辨蕪荒逋負及蠲本歲災租道民情甚哀上悉可之下藩憲臣議行於是逋人歸者相望於塗閭開河之役爭持畚鍤而至侯復從父老源委水道得爲淤爲齧之谿乃傍洲劃黃漢之礙爲河七百丈直亘排沙因土爲隄趾之圍工於明年二月十四日以四月四日訖工水乃帖然安流近治無復崩齧



百壞修治復厥舊民用生生乃相與歌曰轉危爲安兮敖公有江公如可借兮我終無殃蓋欲以敖名江也侯聞而諭之曰恩若屬自朝廷宜名恩江以志不忘吾於是乎何與未幾以外艱去潛人莫能留復相與介其里者洎諸大夫庠之師若弟子於予請記夫儒之爲貴其學有用也學誠有用則獲上治民大至裁輔贊參胥此在也否則雖多亦奚以爲今敖公之救敝興理其敷奏中務當亡矜從獲上也窮迫舒甦亡逋親附得民也水從其道邑固人恬裁輔贊參之功也非夫有用之學能至是哉余嘗謂治理莫先乎擇守令而重之今天下郡邑敝瘵豈獨潛哉使盡得如侯者分布焉豈以不卽大治爲憂然吾聞之始侯之來白巖大宰實擇使乳保潛人則愚意白巖蓋先得之但復周且重焉斯至矣侯名鉞字秉之高安人其學以詩領鄉薦都積溪嘗典文順天擢宿松令所至名在薦剡在潛之政惟民是務安不知其他潛人均之爲其民也或呼父母稱神明惡有悛心孱無抑志去之日皆攀卧涕漣不能已遠慕之而詢諸其境



者則無異聞君子曰此在古所爲循良吏其由守令擬臺省者皆此類也當有爲立傳者能詳之

泗港河　在縣北四十里逼景陵漢川後塞萬歷二年巡撫趙賢奏開洩水疏載河防志尋因景陵請於上復塞

梁家灣新河　在縣西明隆慶間知縣梁棟因夜汊隄決於對岸梁家灣開小河七里引入策口大河以緩其衝今淤

策口河　在縣西北漢水歷襄而下接荆門之新城經縣境內方之下流也

東河　卽今縣河明天順間高家塲決流爲東河西河
遂塞俗名乾河口
沙口河　在縣東南十里經蓮華寺普護寺白龍灣至
姚家口入三湖今塞
潭口河　在縣東南二十里經新興舖李梅舖蚌殼灘
馬家莊峭步頭入龍灣市今塞明萬歷二年委官議
開未成又潭口河對白馬廟前爲便民河今堙
西河　潛故道今塞自策口南經巴家套廣濟橋東轉
乾河口迹尚存



夜汊河　襄河支流經趙家臺西南入江陵
文昌河　在縣境西南經柟角廟匯長湖達江陵
逼順河　康熙五年開在縣東排沙渡左逕深江站出
仙桃鎭入於漢
班灣河　在縣東二十五里康熙十一年決匯沔陽之
西湖入於漢
許家口　縣東南小河分二支流一逕蘇湖出楊林口
一逕千辛口出栢口達新隄
直路河　在縣東南五十里逼官口小河逕沙磯長河

匯洪湖出沌口入江
枝江湖　縣西南二十里江入潛境所匯四通八達之
藪也後淤爲小河數道今盡成田
鄭家湖　在縣北六十里長樂鄉
青陽湖　在縣西百里中港鄉今淤
東西白湖　在縣西南五十里逼三湖匯倚北湖入郝
穴今爲平田
張蓼湖　在縣東南十里逼馬市潭今淤
𡑈塌湖　在縣東北十五里今成田



豹臺湖　縣東十五里黃漢院湖中有臺豹隱焉故名
抱頭湖　在縣東南五十里紅花院
平塘湖　在縣西南逼江陵三湖
黑老湖　縣南十里崔家院
巴家套　縣西十里西河故道
沌埠淵　在縣西五里西河故道與陸家淵相對今淤
茭灣湖　在縣南十五里
平灇湖　在縣西南四十里
蝦子湖　在縣北五十里

北池南池　縣東南二十里黃漢垸二池相連

觀前池　妙庭觀前道士王蓬遠鑿以豬水種蓮

淨水池　城西大佛寺前明洪武初僧普知掘土得泉甚清冽取以供佛因名

鄉區

潛江縣治編戶五鄉一坊編治二十三里

按潛江坊區之設宋元以前無考明成化二年因流逋附籍增編新附一鄉分五里嘉靖中裁革爲鄉五其西曰長樂鄉縣西六十里北曰太平鄉縣北六十里南曰道



隆鄉縣南五里西南曰中港鄉順治十五年易名長安鄉縣西南一百里東曰下東鄉順治十五年易名太和鄉縣東六十里凡五鄉爲坊一坊在城內廂在城外曰坊廂康熙十年易名畢公鄉知縣王又旦以縣始宋時里先賢畢漸爲紹聖元年狀元舊有坊在縣儒學左廼易坊廂爲畢公鄉凡六鄉

長樂鄉三圖　　太平鄉四圖

道隆鄉五圖　　長安鄉二圖舊名中港鄉

太和鄉八圖舊名下東鄉　　畢公鄉一圖舊名坊廂

康熙二十三年禁革里排徵糧按垸歸鄉以五鄉垸內之沙水老荒田畝盡編入畢公一鄉名曰尾糧鄉圖之名存而籍非其舊矣

長樂鄉垸田

長堖一垸民田三萬一千三百二十畝五分九釐一毫更名惠地一百四十五畝六分八釐三毫

長堖二垸民田八千九百五十三畝一分九釐八毫更名惠地九十七畝六分二釐三毫

長堖三垸民田一萬七千三百九畝七分三釐一毫更名惠地六十四畝三分四釐六毫



長堖四垸民田二萬五千九百三十五畝五分一釐九毫更名惠地三百二十三畝二分二釐三毫

光澤洲民田四百二十八畝八分一毫更名官莊地二百五十一畝八分五釐三毫更名光澤地一萬四百三十四畝九分三毫

古埠垸民田一萬五千一百八十一畝六分六釐一毫更名惠地一百六十畝一分五釐六毫

坦豐垸民田二萬六千四百十三畝八分四釐一毫更名惠地三百七十畝五分七釐八毫

獐湖垸民田一萬五千七百三十三畝一分八釐六毫更名惠地七百四十九畝
六分五釐六毫
荷花漁池民田二千六百四畝八分八釐一毫
栗林垸民田七千三百一十四畝一分九釐五毫更名官莊地一十三畝九分
四釐二毫更名惠地五十七畝四釐三毫
蘆花北耳垸民田八千一百四十三畝九分九釐五毫更名惠地八十二畝
七分二釐七毫
丁家捲簾垸民田七千五百六十畝六分五釐三毫更名惠地三百四十
三畝二分五釐九毫



青洋垸民田一萬七千七百七十九畝三分三釐三毫更名惠地三百九十三畝
九分五釐三毫
長安鄉垸田
南湖垸民田一萬四千五百三十二畝八分三釐一毫更名惠地四十六畝七釐
三毫
七里垸民田一萬一百三十畝二分二釐四毫更名惠地五百四十一畝九分
九釐二毫
田家洲民田二千二十二畝二分九釐二毫
三台垸民田一萬二千九百七十畝八分八釐九毫更名惠地二百一畝四分

九釐九毫
棠梨垸民田八千七百四十二畝六分四釐四毫更名惠地三百五十三畝四分
一釐五毫
社林垸民田一萬三千九十一畝九分八釐一毫更名官莊地三百二十二畝
三分二釐更名福地九畝九分一釐更名惠地七十五畝九分一釐
雙家垸民田三千七十四畝二分二釐八毫更名官莊地三十六畝九分七釐
七毫
毛陶中洲垸民田一千四百一十三畝七釐一毫更名惠地一十八畝二分
四釐四毫



坨埠中洲垸民田四千六百六十六畝三分七釐三毫二絲更名惠地七十
一畝一分五釐四毫
花籃垸民田三千八十九畝一分六釐五毫
董家垸民田五千七百九十八畝八分三釐一毫
白洑垸民田一萬三百九十五畝五分八釐更名官莊地三百六十七畝六分二釐
白洑套更名官莊地六百六十八畝八分六釐一毫
白洑外套更名官莊地三十三畝六分五釐九毫
白洑灘更名官莊地四百一十畝六分四釐五毫
黃灘套更名官莊地一百九十六畝五分五釐八毫

梁灘官洲民田七百二十四畝二分八釐六毫更名官莊地二千九百一畝八分一釐五毫更名福地五百六十二畝二分四釐四毫更名蘄水地六千三百六十五畝

黃景垸民田六千五百二十畝九分四釐九毫更名惠地二十八畝五分七釐九毫

新豐垸民田四千四百九十四畝一分四釐三毫更名官莊地內院四千七百五十畝五分一釐八毫更名官莊地外院一千四百四十二畝五分四釐四毫更名惠地一千七十二畝二分六釐一毫

感林垸民田四千七百五十畝一分一毫



永靖洲民田五千二百五十八畝三分二釐二毫更名官莊地一千一百二十五畝六分四釐一毫更名惠地四十二畝七分二釐一毫

官莊垸民田八千六百三十八畝八分九釐六毫更名惠地一百二十七畝五分二釐四毫六絲六忽

彭仲垸民田三千二百四十七畝六分四釐三毫

長泊枝江垸民田四千二百三十六畝三分二釐一毫

白湖垸民田九千二百六十四畝三分一毫

淌湖垸民田二萬三千八百七十七畝一分九釐三毫更名惠地九十一畝一釐八毫

蝴蝶嘴民田一千二百七十三畝七分八釐三毫

浩口曾家埠民田五千四百七十一畝九分六釐更名惠地五十三畝二分三釐一毫

柴林顏家垸民田一萬二千二百七十四畝八分九釐四毫五絲更名惠地九百四十八畝三釐七毫

返灣垸民田一萬二千六百七十一畝一分六釐更名福地八千八百三畝六分七釐六毫六絲更名惠地二千四百七畝一分九毫

陳王垸民田一千九百一十四畝三分五釐七毫

太平鄉垸田



古隄垸民田二千三百七畝三分四釐更名官莊地一百八十八畝五分五釐七毫

東湖垸民田三千五十五畝四釐五毫更名官莊地一百六十五畝三分八釐五毫

丁家垸民田九百六十畝七分六釐三毫更名官莊地四百二十六畝七分五釐七毫

白測垸民田一千五百一十畝八分八釐七毫更名官莊地六百九十九畝四分九釐七毫

陶和垸民田一千二百九十八畝四分八釐更名官莊地一十六畝三釐一毫

磚橋垸民田二千九百五十六畝三分二釐五毫

紅莊垸民田二千四百三十五畝五分三釐九毫更名惠地二百七十六畝九分九釐九毫

鄉林垸民田四萬六百四十八畝七分九釐更名惠地二千四百九十畝一分一毫

龔家渠民田七千七百二十五畝九分四釐三毫

永豐垸民田一萬四千五百五十四畝一分一釐七毫更名惠地二百六十畝二分九釐

涂家洲民田二千一百七十二畝七分三釐更名惠地一百二十八畝七分七釐九毫

中務垸民田九千三百三十二畝三分四釐九毫更名惠地五百四十畝二分三釐六毫

長湖垸民田八千五百八十八畝三分九毫更名惠地四百七十三畝五分五釐三毫

邊江垸民田三千四百四畝七分九釐五毫更名惠地一百六十七畝一分二釐七毫

范家垸民田四千七百一十四畝一分一釐四毫更名官莊地三百七十七畝八分一釐三毫更名惠地三百畝二分一釐五毫



木頭垸民田七千一百八十一畝九分四釐一毫更名惠地二百九十三畝八分四釐二毫

直橫垸民田一萬三百一十六畝八分八釐更名惠地七十三畝四分一釐九毫

紅花垸民田一萬四千二百三十七畝五分九釐更名官莊地一千四百三十一畝二分六釐八毫更名惠地二百八十六畝八分四釐七毫

長亭垸民田一萬二千七畝五分四釐二毫更名惠地二千四百四十九畝四分七釐九毫

紅水垸民田七千一百六十五畝四分九釐九毫更名惠地三百六十八畝八分二釐

菱芭垸民田二千三百二十五畝二分五釐三毫

菱灣垸民田九千二百一十九畝八分四釐五毫更名官莊地一百六十畝一分四釐三毫更名惠地八百八畝八分三釐一毫

太和鄉垸田

仁和垸民田一萬四千六百五畝三分六釐五毫五絲更名官莊地五百八十九畝二分三釐四毫更名福地一十五畝三分三釐

新興垸更名官莊地六百八十五畝五分四釐

荷湖垸民田一萬三千六百九十四畝二釐五絲更名官莊地三千一百五十九畝九毫更名福地四百四十三畝五分一毫更名惠地二百五十二畝七分

八毫

董家灘更名官莊地四百二十四畝一分二釐四毫更名福地一千三百八十一畝一分一釐六毫更名惠地四十畝三分八釐

葛柘垸民田九千一百四畝九分一釐五毫更名官莊地一千六百一十九畝五分三釐九毫

葛通順更名官莊地一千八百一畝四分八釐五毫

皇莊府垸更名官莊地一千八百六十畝九分七釐

楊家嘴更名官莊地四百一十二畝一分九釐一毫

戴家垸更名官莊地四百一十七畝一分八釐四毫

黃漢上耳垸民田四千五百一十四畝九分七釐四毫更名官莊地五畝三分六釐九毫

何家套更名官莊地二百一十四畝八分四釐四毫

黃漢垸更名官莊地一十二畝六分

洛江河更名官莊地五畝九分九釐

黃漢中耳垸民田一萬三千四百四十畝八釐七毫更名官莊地一百四十六畝七分六釐八毫

黃漢中垸民田二萬五千六百七十一畝一分六釐六毫更名官莊地二百八十八畝四分八釐更名惠地六百一十一畝九分九釐九毫



黃漢下耳垸民田九千八百九十九畝八分九釐六毫更名官莊地二百五十六畝六分八釐九毫更名惠地六十畝五分四釐

道仁垸民田八千八百二十七畝一分三釐四毫更名官莊地七百八十一畝七分七釐九毫

團湖垸民田六千七百七十四畝五分七釐三毫更名惠地二百三十九畝六分九釐九毫

平灩垸民田八千六百八十七畝二分七釐五毫八絲更名官莊地三十四畝四分二釐七毫更名惠地二百二十三畝七釐二毫

虱祖垸更名官莊地五百七十三畝三釐五毫

長溝垸民田三千三百五畝五分八釐九毫更名惠地一十二畝一分一釐五毫

夾洲垸民田二千六百九十三畝三分六釐三毫更名官莊地一千一百三十三畝六分七釐四毫

中府垸更名官莊地二百三十七畝五分九釐二毫

牛角垸民田二千四百五十三畝七分八釐三毫更名惠地一百三十八畝九分二釐五毫

牛埠垸民田四千一十五畝九分四釐一毫更名惠地二十二畝九分八釐五毫

羅楊垸民田三千九百九十六畝七釐七毫

東灢垸民田二千五百七十六畝四分二釐七毫更名惠地六十一畝一分六釐

二毫
河汊垸民田四千八十六畝八釐七毫更名官莊地一百八十五畝五分
二釐九毫更名惠地七十四畝四分八毫
蘇湖垸民田五千二百四十畝五分九釐九毫更名惠地四十一畝八分三釐
張家湖民田四千四百四十一畝四分五釐六毫
涅泥湖更名福地四千二十五畝六分九釐四毫
砂磯長河民田六千七百九十九畝二釐三毫更名惠地三畝一分八釐八毫
獐雞西灣垸民田三千三百七十二畝六分七釐三毫更名官莊地九千
七十七畝一分八釐五毫更名惠地三百四十一畝七分五釐五毫



白汊西灣垸更名官莊地七十三畝八分二釐二毫
江陵荷湖更名官莊地五百九十二畝九分二釐一毫
江陵龍湖更名官莊地四百六十一畝二分二釐五毫
江陵長湖馬湖更名官莊地三百二十二畝七分九釐一毫
院灣并東耳西耳北耳垸民田一萬一千一百七十八畝一分二釐一毫
更名官莊地三千七十五畝二分七釐七毫更名惠地九十一畝九分五釐
一毫
後灣垸民田六千一百八十四畝四分二釐四毫更名官莊地四畝九分一釐
六毫

上江汊垸民田九千五百七畝二分六釐九毫更名官莊地九畝二分
下江汊垸民田七千九百二畝二分六釐一毫
柴林垸民田三千四百三十五畝五分九釐二毫更名官莊地一百二十五畝
一釐七毫
梁泗白水垸民田一千八百九畝三分三釐一毫
雙豐垸民田二千三百八十四畝二分二釐三毫
邋塌垸更名潞地二萬一千五百一十七畝八分八釐四毫九絲
外又荷湖垸籌餉民田二百二十一畝七釐五絲
道隆鄉垸田



楊湖垸民田一萬五千九十九畝一分更名官莊地一百三十四畝四毫更
名惠地六百四十八畝三分二釐九毫
中泗河更名官莊地一千五百四十畝一分
坨埠垸民田二萬七千六百七十四畝二分二釐二毫更名官莊地五十五畝
三分二釐五毫更名惠地一百七十四畝六分七釐九毫
新監垸民田二千五百九十二畝六分九釐八毫更名官莊地二千二百九十
九畝七分四釐二毫
馬家灣民田一千一百七十九畝七分一釐一毫更名官莊地四百二十二畝
七分八釐四毫

泥伏垸民田八千八百三十三畝八分一釐四毫更名官莊地一千六百七十八畝七分七釐七毫

顏家垸民田五千三百二十畝四毫更名官莊地三千八百五十九畝七分九釐五毫

喬王垸更名官莊地三百二十七畝九分七釐一毫

劉家嶺更名官莊地二百八十九畝八分二釐

江家垸更名官莊地二十八畝五分二釐三毫

崔家垸民田一萬五千三百七十一畝七分七釐九毫更名官莊地三百八十三畝三分九釐七毫更名惠地二百二十三畝三釐



在城馬昌垸民田二千一百八十一畝四分三釐一毫更名官莊地九百四十二畝七分五釐七毫

太平垸民田九千四百九十八畝八分五毫更名官莊地二萬五千七百一畝二分四釐八毫

義豐垸民田八千八百六十三畝九分二釐更名官莊地九百五十七畝二釐一毫

獏獐垸更名官莊地七百九十七畝七分三釐三毫

計家垸民田一千六百五十五畝一分二釐六毫更名官莊地六百三十六畝五分六釐八毫

小伏垸民田三千八十七畝七釐二毫更名官莊地五十二畝一分一釐九毫

小官垸民田七百九十四畝三分五釐一毫更名官莊地二畝一分八釐九毫

荻蓬垸民田三千四百七十五畝六分七釐二毫更名官莊地一千七十八畝九分六釐四毫

沙洄垸民田一千九百七十八畝三分八釐五毫更名官莊地四百二十七畝六分四釐七毫

車墩垸民田二千六百一十七畝五分八釐四毫更名官莊地六百四十四畝五釐

唐家湖更名官莊地九千四百九畝五分五釐一毫



沿江垸民田三千九百四十畝五分三毫更名官莊地一千三百九十四畝八分二釐四毫

鄭浦垸民田九千七百二十一畝六分九釐八毫更名官莊地五百一畝三分二釐一毫更名福地八百七十六畝三分二毫更名惠地二百二十三畝二分六釐四毫

黃家方灘民田五十七畝九分七釐二毫更名官莊地九百六十六畝三分七釐三毫更名福地一百七十六畝二分二釐二毫更名惠地一畝五分一釐一毫

黃獐垸民田三千九百七十一畝六分九釐七毫五絲更名官莊地一百四十

三畝五分一釐四毫
克成垸民田二千四百六十二畝七分三釐八毫更名官莊地二百七十六畝一分四釐七毫
馬湖垸民田二千五百一十三畝六分九釐九毫更名惠地一十六畝四分七釐一毫
泰豐垸民田一千八百九十六畝四分五釐九毫更名官莊地一百四十八畝三分八毫
汪二港民田五千七百三十畝七分六釐四毫更名官莊地一千七百六十二畝六分九釐二毫



楊伏垸民田二千五百三十六畝五分九釐更名官莊地二百九十三畝五分三釐二毫
楊林垸民田六千一百八十二畝六分六釐更名官莊地二千六百二畝八分五釐七毫
郭文祥垸更名官莊地二百六十二畝二分二毫
中洲垸民田三千二百五十二畝二分六釐三毫
中洲嘴民田一千二百六十二畝四分八釐四毫更名官莊地一千五百一十二畝三分三釐五毫
諸通口民田一千四百六十五畝七分三釐七毫更名官莊地一千八百二十八畝六分一毫
蝦子湖民田三千一百一十一畝一分四毫更名官莊地七千八百二十二畝四分二釐九毫更名惠地二畝四分九釐二毫
浦潭垸民田一千一百九十四畝五分二釐三毫更名官莊地四千五百三十九畝三分七釐一毫
樂豐垸民田三千三百八十一畝五分八釐八毫更名官莊地三千八百六十三畝四分七釐四毫
三汊垸民田六百八十三畝一分一毫更名官莊地一千四十五畝三分七釐六毫



李文匆垸更名官莊地九千七百九十九畝六分七釐二毫
檢子湖更名官莊地五百六十七畝八分九釐六毫九絲
金淌垸更名官莊地五十畝八分五釐五毫
吳家灣民田一千二百九十七畝二分五毫更名官莊地二千九百五十一畝七分五毫
磨盤洲更名官莊地五千二十二畝三分七釐四毫
趙林垸民田四千八百九十六畝八分二釐二毫更名官莊地一萬五千一百八十一畝八分三釐五毫
彭家灘更名官莊地四千六百一畝四分四釐七毫

沙窩垸民田二千二百七十二畝一分五釐九毫更名官莊地三千三百二十三畝三分八釐九毫更名福地二千九百二十七畝八分五釐四毫更名惠地七十八畝六分九釐四毫

楊林洲民田三百七十一畝二分一釐更名福地一千三百三十八畝二分九釐七毫更名惠地三畝七分七釐一毫更名官莊地五百三十五畝九釐一毫

畢公鄉尾田

長埫一垸田八百五十八畝四釐五毫長埫二垸田一百三十四畝七釐九毫

長埫三垸田一萬七百一十七畝四分二釐五毫長埫四垸田一千三百九畝六分二釐八毫光澤洲田二十畝七分三釐三毫古埠垸田一千三百畝九分三



釐三毫坦豐垸田八百七十一畝五分一釐獐湖垸田三千二百四畝五分二釐三毫荷花漁池田五百六十二畝七分四釐八毫粟林垸田一萬一千三十二畝九分四釐蘆花北耳垸田六百五十五畝七分八釐丁家捲簾垸田一千三百九十八畝一分四釐青洋垸田一千一百九十三畝二分五釐八毫南湖垸田一千六百二十五畝五分二釐四毫七里垸田一千八百二十六畝五釐七毫田家洲田一千八百四十二畝五分六釐六毫三台垸田三百九十四畝四分六毫棠梨垸田四千八畝四釐六毫社林垸田三百一十九畝四分一釐八毫雙家垸田一百四十七畝六分九釐三毫毛陶中洲院田三百一十四畝二分九釐九毫拕埠中洲垸田三百四十畝二分六釐五毫花藍垸田二千三百八十八畝八釐一毫葦

家垸田六百二畝七分六釐四毫白洑垸田一百六十五畝五釐八毫梁灘官洲田二十畝五分九釐九毫黃景垸田一千二百九十二畝八分六釐三毫新豐垸田九百一十六畝五分五釐六毫感林垸田二千二百八十八畝三分九毫官莊垸田一百一十八畝五分一毫彭仲垸田四千三百七十二畝八分三釐二毫長泊枝江垸田二千九百九十畝三分一釐二毫白湖垸田三千九百二畝九分九釐五毫淌湖垸田二千七百六十五畝七分四釐八毫蝴蝶嘴田三百六十畝八分四釐三毫浩口曾家埠田一千九百九十八畝一分七釐柴林顏家垸田一萬四百八十六畝三分三釐八毫返灣垸田七千一百三十九畝四分八釐四毫夜汊河田六百四十七畝九分八釐六毫古隄垸田一千六百四十八畝七分三毫東湖



垸田一千三百七十二畝二分三釐六毫白渕垸田一百三十五畝三分九釐五毫陶和垸田七百一十七畝四分八釐八毫紅莊垸田一十八畝四分九毫鄉林垸田二萬六千五百八十四畝五釐龔家渠田二百九畝八分六釐三毫永豐垸田五十一畝二分涂家洲田一十一畝四分中務垸田一百一十八畝七分二釐一毫長湖垸田二百七十二畝八分一釐九毫邊江垸田六十七畝五分二釐八毫范家垸田七百九十五畝九分一釐四毫木頭垸田一百九十五畝六分七毫直橫垸田二百七十九畝五分八釐五毫紅花垸田三百二十九畝六分八釐四毫長亭垸田三百六畝六分一釐九毫紅水垸田一百七十一畝五分四釐二毫茭芭垸田二百二十五畝九分一釐七毫茭灣垸田一千二百四十六畝四分四釐九毫仁和

垸田三千六百七十五畝九毫荷湖垸田三百一十畝一分三釐八毫葛柘垸田一千九百四十九畝二分三釐三毫黃漢上耳垸田五百一十四畝二分九毫黃漢中耳垸田一千四百三十三畝七分一釐四毫黃漢中垸田一千八百九畝二分黃漢下耳垸田一百五十一畝五分四釐四毫道仁垸田二十一畝八分二釐一毫團湖垸田四百五十九畝五分四釐八毫平灠垸田八十九畝五分二釐二毫長溝垸田三十七畝六分五釐四毫夾洲垸田二十畝二分三釐五毫牛埠垸田二千二百三畝五分五釐八毫羅楊垸田六十三畝二分六釐七毫東灢垸田七百一十八畝二分四釐四毫河汉垸田四百五十畝二分六釐一毫蘇湖垸田四百九畝四分八釐六毫張家湖田六百四十六畝五分一釐四毫涯泥垸



田八百五十六畝八分三釐七毫砂磯長河田一百七十二畝三釐四毫垸灣並東耳西耳北耳垸田二百一畝三分三釐一毫後灣垸田一千八百三十五畝四分五釐三毫上江汉垸田三百七十七畝五分一釐五毫下江汉垸田二十六畝三分三釐二毫柴林垸田三十九畝八分一毫雙豐垸田一百八十八畝七分七釐一毫楊湖垸田一千一百八十九畝八分三釐七毫坨埠垸田一千八百一十二畝一釐三毫崔家垸田三千九百二十二畝七分四釐一毫在城馬昌垸田六百三十八畝七分二釐七毫太平垸田五百畝六分三毫義豐垸田三百六十九畝九分六釐荻蓬垸田四十九畝六分六毫沙洞垸田一十畝五分車墩垸田一百七十二畝三分四釐四毫鄭浦垸田一千六百一十三畝八分四釐四毫

黃獐垸田五十八畝三分五釐馬湖垸田五百一十一畝四釐二毫泰豐垸田一百八十七畝三分一釐五毫汪二港田九十五畝七釐五毫楊林垸田九百畝九分九釐二毫諸逼口田六百四十七畝九分二釐九毫蝦子湖田二千四百畝九分七釐七毫蒲潭垸田九百六十七畝一分四釐六毫樂豐垸田六百四十三畝六釐五毫趙林垸田四百二十三畝五分九釐九毫蘆洑河二千五百四十畝一分四釐四毫

論曰今之鄉區非昔矣潛瀕漢江下流地勢窪瀦土田崩淤不常故民無百年恒產而家無歷世素封每水漲隄潰陵谷倏更所謂我疆我理者已不可考按



荊州府舊志潛江湖多於田民夾隄以居成化以前舊設五鄉一坊垸止四十有八嘉隆間沙洋夜汉繼決陂澤漸成高隴沿河為隄垸幾半於舊厥後疆畛盡易糧漁冒亂賦逋民憊又粟地漁田民田三等起科頭緒棼錯黠民猾吏互倚為奸萬歷五年崑山朱侯熙洽請清丈更三等為一則改桑絲於稅糧代派通計實在科糧田一百一十萬二千二百七十畝三分以五小畝三分六釐一毫四絲八忽折為一大畝按升定畝糧一升為一畝不分等則一例起科田有

定形賦有定額田若畫一焉侯自爲記（記載後）相沿既久弊積害生康熙八年郃陽王侯又且痛切民艱復詳請允丈爲文告於城隍（文載後）量地畝清隱占編戶平里其徵收分六鄉民困以紓康熙二十三年邑人彭峻齡等力請於上禁革里排（詳見賦役志）税糧按戶隨田田歸各垸垸歸各鄉民無催徵代收之擾二十九年清瀾劉侯煥來蒞吾潛仍舊籍守成法多方撫綏徵解有序又清抵虛租搭逃畝除吾潛數十年大害侯之功德百世不祧矣嗟乎由前而論富庶之風不



可復覩由今以觀法凡屢變其間良法甫立而虐政旋施仳離興嗟樂郊安在民亦岌岌乎殆哉夫戶口之登耗視乎村墟之盛衰流亡滿目而徒執紙上之空言曰某某稱沃壤某某堪孳牧何怪乎王成之受上賞而陽城之甘以下下自署者未易覯乎長民者務爲久大而與民享其樂利崑山郃陽清瀾三公斯可謂先後一揆者矣

知縣朱熙洽清田記　或問田必有畛制也惡用清曰爲畛之不明故清耳曰畛何以不明曰楚故多水患而潛于楚振土也襄漢會流決口數四已而渾沙漸積湮沒界址民惟視强弱藝治而田額紊矣且漁湖徙入民田漁稞輕富者利糧之輕非漁田不收而鬻者亟于求收則以糧田假漁田以售卽存糧不顧也是以有田者無糧糧多者尠田而糧額又紊矣又有王府太府官莊之田顯承等衞籽粒之田亘邑之中十居三四以蕞爾之地供朝廷宗廟陵寢與夫山川社稷百神之祀餉邊養士班俸給驛之需咸取足于田而田復不清民何以瘳余用是傷之也請于當



道而當道亦憐而從之于是竭二年之力冒燠寒之禁涉履詢計規復原額而豪强者惡其害已也謗議百出幾成貝錦余喟然曰此非余事民事也彼讒者直病余耳如罷民何天若愛民必濟此事而今果幸而告成以復原額之舊甚哉天之愛民深也余何力之有焉

知縣朱熙洽請清丈詳文　職自念才識寡昧到任未久目擊時弊雖皆有慨於懷而極拯民難惟在去其太甚其諸可言而不可行者不敢冒昧以瀆清聽

切見本縣之獘莫甚於錢糧之不清而歲稞之虧實始於田地之相混豪强乘利便連阡陌而賦無升合之輸貧民以賠賦無立錐而歲受誅求之苦耕者因無界段而互相爭攘輒以小忿而搆大獄役者因無恒產而終年逋負積以數兩而至數千每逾限期則瑣尾充庭而推究其原多甲逃而乙代按稽册籍則業產開載而夷考其實皆產去而額存甚至戶口仍洪武之舊而數人共頂一戶得躲閃以遂其奸謀淤田冒漁糧之名而沃土接畛連坵避重就輕不輸租



賦差民無計可免則以逃竄爲良圖奸民有隙可乘則以投獻爲上策竊觀全楚之獘未有如茲邑之甚者也是以承奉德音思欲清丈然積獘已久一旦更新小民之所深欲而大姓之所不便流言易動怨讟朋興事未發而釁已滋功未成而任已改所以志節之士欲自奮以圖功而遷代之餘鮮克終而奏績也伏望主持在上斷然必行使信令不阻于奸豪而規畫不撓于羣議則職得效尺寸之勞而潛民永沐生全之賜矣

又請清漁糧詳文　漁糧之設各該州縣湖池多者設河泊所而隣境州縣湖池少者以其稞就近附于各所本縣地界窄狹湖池間雜西南則遞江陵縣倚北湖河泊所東南則遞監利縣分鹽河泊所正東則遞沔陽州到河河泊所東南則遞景陵縣葫蘆三灣河泊所歲有常稞載在赤歷但稞雖屬于各所其地皆在本縣腹裏强有力者據爲己業享利無窮且自夜汊水渰之後地名三湖一帶淤成膏腴一望漫瀰莫知頃畝而糧不滿數石民心因已不平矣且乘便買產專務便宜買者非輕糧不收賣者非輕糧不售



貧民追呼救急則以秋糧捏作漁糧者有之豪强肆爲巧詐則以漁糧覇占民田者有之甚至田在腹內冒名漁田而秋漁二糧兩無輸納者有之藉以業甲包占民田而逋戶糧差全然不辦者有之是以田連阡陌者無擔石之糧而貧無立錐者多賠賦之苦生民日困逃竄日多田地日荒逋負日積皆由于此本職蒞任以來目擊斯獘具由通申院司道府已蒙批允將通縣界內田地逐一丈量又經覆丈抽丈磨算

明白攤糧外至如漁田一節除界外湖池不屬本縣者本職不敢預知其原在界內與糧田相間者責令各民自丈自報據各業總開造舊額新買人戶姓名糧石數目及坐落地名册籍呈縣又據續買人戶呈遞糧石手本逐一查對與册相同仍復對衆細審俱稱倚北漁糧每糧一石遞年連春鈔徵銀一錢五分此外并無別差與秋糧田大異除原湖水聽辦本稞外每漁糧一石加高田一十三畝低田則二十畝完納漁稞不派民差此外餘田係是無糧地土方派秋



糧又查逃絕人戶該此遞年無徵者除各總分認數猶未足則有何七老没官田一千八百畝坐落本縣地名白龍灣與該所相近土民徐京告領前田出辦漁稞已經申明批允議將無徵稞米坐于前田其田荒熟不同照十三畝二十畝例總計一千八百畝認漁糧一百二十石地與該所相近既便徵收而虛糧皆有實田永無虧兑又查本縣地名邋遢湖原坐有沔陽州景陵縣葫蘆三灣所漁稞及縣民曾本洪等買該州刵河所漁田皆坐本縣腹內原係報有糧畝今該照數除田與各民完稞又查縣民謝勤張伏善等買有沔陽州刵河所監利縣分鹽所湖池亦坐本縣界內該油麻銀二十兩八錢八分每兩扣田五十五畝與完前稞又查縣民闞善慶等原辦葫蘆所水面銀三兩九錢三分每兩扣田五十畝出辦稞銀各項多餘田地方攤民糧在該所田有坐落糧有實在按籍了然無隱没之患在本縣收拾剩田均攤糧稅取諸羨土無額外之求此誠兩利俱益之道亦足國裕民之圖也



京山知縣鄭阜清田記　明興稽古定制詔天下有司墾田以聞大司徒則壤等其賦載在尺籍藏之天府以其副下所司風諸天下布信黔首至彰明較著矣薄海內外世奉法惟謹以給公上罔敢媮且承平日久民益殷富規田常累鉅萬賦每失額爲彫窶因府庫尺籍漫漶卽胥吏抱策莫能聚始慨然發憤慕古均田之議思畫一籌以維之而楚方爲急楚之屬潛尤急蓋潛地卑衍當漢水建瓴之勢歲墊輒齧田廬舍經界遂不可問邑多積逋民或從而避役以故

嘗損歲輸爲司牧憂至勤璽書督課莫能辦有由然
哉居亡何吳郡明山朱侯來主是邦邦之父老薦紳
士咸加額曰吾聞朱大夫天才綺練以文名今舉進
士來知吾潛將以學盡究於政而潛爲軔首潛吒其
丞有賴乎潛故環堵而城無樓櫓堅壁之固邑人常
患之謂潛雖蕞壤實金陵上游扼塞則荆郢襄鄧可
以無事議者欲奠金陵莫若安荆郢襄鄧欲安荆郢
襄鄧宜莫如城潛一日父老相扶攜以城請侯驩然
曰勤哉諸君之軫念於桑梓也顧政有要焉有宜城

者有所以城城者不可以無審昔孟夫子子輿譚仁
政先經界而謂城郭不完非國之害此豈誠緩自衞
耶蓋經界正則分定分定則役均役均則民力裕力
裕則有其衞矣雖不城郭庸何病即欲修而城郭徐
而舉之鱗集易辦斯政之理也父老唯唯退明日以
其事白當路當路稱侯賢允其議始約法下令閭閻
環潛之疆土而度之遴公正劉爾宇肩其任各受戒
以往計畝分步衍沃埤壚悉入版圖之數無敢欺嫚
者頃之咸以其籍上侯侯坐嘯曰得無屬乎何成之

捷也時復出不意歷荒陬窮壤閱覈田畝咸如籍乃
親總潛之賦而均之俾與畝稱田無浮於糧者撫流
民業其土民咸願輸貲以佐成役侯惻然復廉其直
以請當路當路曰可其聽民便遂布爲令令出吏民
罔不懾神明歌來暮謂數百年之蠹賴明侯一旦釐
之矣而所輸益饒於是始庀工爲城守計且視糧額
上下其役而以民之輸貿木與石出納惟明民乃私
相戒曰曩者大夫履畝勞在足民今舉城役勞在衞
民大夫職其勞以遺吾逸奈何復自愛乃民無少長

踊躍赴工委土壘障增陴飾雉惟恐不亟甫四閱月
且竣事當路益賢侯政踔躒獨惜其用之小爾假令
朱侯秉軸主事以均潛者均四海以城潛者城九關
無異理焉然亦自潛始矣夫孟子子輿不獲正經界
於滕漢儒董膠西師丹輩屢肇限田議亦不竟其施
越六百年而李安世始僅僅行於魏又四百年而宋
倣之爲方田均稅法當時稱便迫今去宋五百年而
我明山公傑然自建試於潛輒效甚得黔首歡心明
興一百禩稱均平吏材一見朱侯耳詎不焜燿史册

哉余與侯諮連逼籍又幸偕吏玆土樂二政之告成而欣邦人之塗詠也於是冐昧敘諸末簡若侯之善政皭然爲世程余不容言二者最著甚故特表而出之餘俱類此矣

邑大參袁國臣清田記

高皇帝郡縣天下授民常業田與稅埒焉率土皆然吾潛地方百里稅僅僅以萬計玆云不清而復清者謂之何蓋潛之爲邑當漢流下自嘉靖以來漢水數漲漲則田沒而民徙田沒則經界淆民徙則故業失猾里豪右往往乘此蠶食



之間漁田屯田與民田犬牙錯如而民田之稅較漁屯所輸不啻十之七八小民欲紓目前之急率影射以售以故阡陌其田者無升合之稅稅至數十石者地鮮立錐儆也久矣前令歲更代易比至邑故不悉又不有籍可稽咸承訛襲舛濫觴獄訟而國計之逋民用之詘日甚焉且潛爲輿邸湯沐故無城當路移文城之爲保障而疲瘵之餘公私罄懸相視莫敢發猶然據賦稅額數而坐派焉意謂覩于吾身可幸免夫緇及矣其如民何頃明山朱侯至甫視事諸司築

城之檄急於星火侯召見父老問財力所出狀父老具告前議且刺刺稱不便侯曰公家一切緩急何者不倚辦田稅乃潛之民田者不稅稅者不田若此竊慮溝中瘠罔所蘇息復執此爲勿亟之役是猶宴人楊腹猝責以肩重鮮不仆矣顧成案已具勿庸議城且議田稅於是決策當路請清之既得請乃屬部下民令曰爾惟彼疆之正毋爾越吾有罰又令曰爾惟自報之悉毋爾隱吾有罰又令曰爾惟互察之詳毋爾縱吾有罰侯則又斤斤焉持三尺法日驅手足耳



目以從之雖時炎暑暴行赤日中未始有厭勌意亡何恣睢者流鑠金之口道塗騰沸盆撓之也侯曰吾信吾無他腸已耳安能快彼羣囂以魚肉我民哉晝夜矻矻手持田稅大較而袁益其間他如陂池林莽稍從寬等漁稞籽粒不失舊額以萬歷丁丑十月而計籍成按其籍行之匪直財力適均城成不日而獄訟斬然熄兩稅應輸者至擁公庭不得遣境內喁喁頌說平治若重覩高皇時也嗟乎如侯者難哉難哉今之人抵掌而計天下無難爲者及當事變紛綸首

尾犖制靡不遂巡徼步爲自全計乃侯破百年積弊與民更始羣射四至一不爲動如砥柱然要之守以見定才與誠合爾爾不然幾何而不爲所中格哉夫犖舊無過循故遠非一恒人能辦矣侯豈好爲多事以趨赫赫者耶弊則掃而更之且爲來者張本所願後之君子朝夕修之以保有終則召父杜母後先焜耀豈惟潛民之休不佞幸矣

邑學使劉垓清田記　潛爲輿都重地當江漢上流頻年洪水爲害田是用圮疆塍井溲戶移賦易有無



田而糧者有無糧而田者有田與糧不若者且也豪民鬻田不鬻糧豪民利貧民病矣橫民藉田以增糧橫民利平民病矣其或民則隱田以負賦也而敢於賦上上則計賦不計田槩民而征之而敢於賦下上下交相病矣嗟嗟仁政始經界經界不正仁政謂何然潛民病潛民安之有創爲畫一之說者卽民用駭何以故樂因循而便私圖也今上加意舊邸愼選守令乃以明山朱侯來令潛侯下車首詢民利病謂清田均賦爲吾潛第一務始謀之左右左右難之告之齊民民猶有譁者侯曰吾不能爲吾潛長子孫顧獨不能爲潛子孫謀乎且而徇一時之好以矯民譽孰與建百年之利以貽民安也彼民何知安與慮始乃毅然行之上其事於監司於御史及御史大夫咸報可於是選於衆得公正劉爾宇者總其事先理邑隣界彼我疆理犖然森然不得淆吾境也次理邑中界曰府田軍田因其舊勿籍制也曰漁田淸其奪吾民者以歸民而存其爲漁者法也家各爲丈丈畢則受成於里里各爲丈丈畢則受成於公正懼公正之或



蔽於里也捲簾總丈丈有餘田者罰懼公正之或私所好也履畝抽丈丈有餘畝者罰又懼田之不能以一則齊也沃壤水澤糧各有差而藉僞以亂眞者罰時且奉詔建城垣民力告匱乃遂其田之兼於豪猾者悉輸官令得入錢抵業以爲建城費蓋於清畝中且寓繕城法法具令行意周事舉故不朞年而城工完又不踰時而田事竣舉向之難而譁者咸欣然悅翕然誦舉手加額慶千百年之美利而歌樂土焉經始於萬歷丙子之夏成功於次年丁丑之秋功成問

記於余余始不難侯今亦豈能誦侯雖然侯以利吾民也侯利在吾民功在國家豈嗣余誦顧民利而民忘之而吾不以播告如後事者何因謂有非常之人然後有非常之功故曰非常之原黎民懼焉藉令侯雖民是悅優游月日而無所事事豈不足以獵聲華取上秩顧如吾民何侯懼不傳舍吾潛而父母潛也故以身任事以事抵怨而事之成也衆利興矣何也田均則賦平賦平而人爭輸焉上以裕國計而基化理利一里各爲戶戶各有籍即勢猾奸究不得以逞



竊併忞影射于以安民生而杜爭端利二鬻人者計田爲糧計畝爲值值不得損糧不得增彼奇貨乎富民者雖欲爲增益糧價之說安施乎而世可無子孫憂矣是富民得免於他日患利三鬻於人者田去則糧去糧去則役去無田利亦無田害舉懸磬之民皆安堵焉而貧民得免於今日患利四昔限田均田之法不行久矣有能憫昏墊之民懲放析之弊而與民更始即古循良吏奚過焉偉哉侯之是舉可與古人均茵茯矣或曰賦清宜損何家丈而家益之此不睹

其全而見其偏也夫賦不患多患不均也昔偏多者七八少者二三是害衆而利獨也今一洗而平之衆舉輕矣不亦可乎或曰田清宜增何家丈而未必家益之此舉其偏以病其全也夫田不患寡患不清昔也擅利者七八輸國者二三是私多而公寡也今舉而歸之官矣脫漏者誰將焉逃乎余獨念國家多事在處爲然潛其小者也歙有絲絹之爭徐海有紹徒之苦三晉有地折之虞沿邊有清屯之議安得侯而人者以張主廟謨而利厥民乎噫上方嚮意吏治



旌任事臣侯當往膺之且天旣以侯畀吾潛未必不以侯畀天下顧侯非吾潛之可私而潛則先利之彼不習吏治視已成事今日之事可視哉乃記之侯善政縷縷茲以清田記不他悉

知縣王又旦清丈告城隍文　維康熙九年歲庚戌八月朔乙酉越十三日丁酉涖潛令王又旦視潛事兩年矣憫天災之無已傷田畝之變遷察賦徭之偏累思爲上安下全之道前歲七月已以清田均徭諸務請于院司道府各憲台檄曰可至今年七月田漸

次就清將有事于編撥乃具牲醴告于本縣城隍之
神方南郡全盛潛久矣爲污澤水草之所滋魚鼈之
所宅也西山之役死徙者半而陽侯之虐乘之則此
地之不爲邱墟幸矣人民轉徙田疇淆亂有人去田
存者有田已沈塌無可究詰者有貧弱之田爲豪右
欺占者有貧弱鬻田遺租存戶者有以田轉售勒已
之別租與人而自存無賦之田者有以本戶不毛之
土推入他人逃戶者有以他人已逃之腴産踞爲已
業者有以本戶之田妄指僕丁詭名以爲逃田者有



父子兄弟之租互推不認者有以本戶腴産詭名尾
糧以避差徭者嗚呼殆哉奸人之利貧弱之害也田
畝之恩國賦之憂也此天子所不知執政所不聞院
司道府已知已聞勢難屈其尊爲下邑清釐是長吏
之責也夫是長吏之責也夫夫田畝清則多寡自出
歸併明則隱匿自除照畝受糧則偏累自消秉公執
法則賄託自遠如是已矣嗚呼旦自束髮授書于古
賢豪者流私淑頗久至今以區區微秩薄遊江皋然
受朝廷一命之榮竊欲自附于委吏乘田之義豈能

以七尺之軀畚韝鞠膝奉豪右之悅乎自今以往如
有快已之私洩已之憤受人之託畏人之勢編僉不
公乘亂取利伏願明神立加誅殛以爲作吏徇私之
戒如有奸胥舞文增減任意或猾里詭奇多端冀望
巧御願神節行發覺使得立寘于理開百年之樂利
祟奕世之聲香富在是也尙享

黄里清田記　善養民者必先於治地治地之法自
經界始也古者賦準於田田晝於井井別於鄉於以
奠民生而成風俗王道之大端具是矣兼并之害起



飛詭之弊滋於是有田無畝或有畝無田無畝之田
不足於賦無田之畝有餘於科又或賦非其畝則越
疆而跳役或畝止存其戶則貿主而賤差天下之通
患也昔潛之民有不願爲里之長者矣且有不願爲
里之戶者矣不願爲長里之窮也不願爲戶甲之夥
也里之甲十其役以次爲差皆長也其制不易十年
以前於一甲之戶復僉甲首十人計一里爲甲首百
人合一邑鳩之則且數千人矣里長十年一役故有
待年之期甲首每歲在公竟無寧家之日朔望之朝

直卯赴比籍縲敲撲喧閧盈庭振古迄今未之有也小民岌岌如蹈湯火有鬻妻子獻田宅幾倖一脫徙者甲脫則乙復承訖無窮已哀哉此一方民盜就猛虎不近碩鼠矣若夫窮里之害則又同于甲也郃陽王公以名進士來涖茲邑甫及下車邑勢民情列如觀火爲治朞月百節釐舉里之長甲之首有號於庭者公曰是不得問之民也視賦役之所自出者而已於是謀之紳士謀之耆碩因以告於憲長誓於隍祠乃申儆六役爰釐爾成區畫疆理檢定戶籍土著者



必核其人逃亡者必詳其地原隰墳衍川澤之汙體形惟肖凡漏弓匿畝改形滅等析名詭戶擿發如響鄉以內量度勾股之所及有神明式之如公之履畝而稽也事既竣擇吏之能書計者若干人扃置公廨朝晡放衙躬自編校以鄉規田以田均畝以畝定賦里準於田長準於賦凡爲鄉者五爲里二十有三而更坊廂之三爲畢公里以處薦紳之在城市者畢公者宋紹聖狀元畢漸也於以景先達詔後進猶曰鄭公鄉云爾册既定榜於四門里長之窮而無告者甲首之欲鬻妻子出田宅者皆落其名籍如解倒懸如說桎梏於是貧弱者以起逃亡者以復歌舞嬉遊之風達於四境酒食慶勞之節洽於比鄰蓋至是而潛民始克有盜宇也自井田之法壞儒者輒思復古終以不得要領徒滋煩苦耳今使田不越鄉賦不出里卽鄉田同井之制也里之長甲之戶鱗次而居非其親識則其鄉黨邑有徵斂朝發夕徧不煩裹糧而趨重趼而復也父與父相狎子與子相優緩急有無足以相貸賦有定額輸有常期取派不至多寡其數稱



收不至上下其手揖讓而入歡踴而出卽百姓親睦之理也無浚溝深洫之勞有越陌度阡之樂公之法孰謂非井田之遺意乎公爲治悉本經術而體之以誠周之以識行之以敏達之以強故事成而民不擾其善政載邑乘不可殫述而清田一事條分理擘織悉詳盡其均里豁甲又軫民之大者也公名又旦字幼華號黃湄陝西西安之郃陽人順治戊戌進士康熙戊申來爲邑宰今甲寅冬以廉能最　召試南省勳業未可量也所著有蔚庵山中集漢渚近稿行於

世塈乎潛之爲長令者前之人吾得聞之矣吾得見之矣後之君子宰斯邑也怙斯民也善斯法也舍斯人其誰與歸



# 潛江縣志卷之四

知縣事劉　煥纂修

知縣事史致謨續纂

## 建置志

城郭　縣治　公署　官宇　倉厫
鋪舍　驛司　關廂　街衢　坊表
井　橋梁　津渡　市鎮　兵防

先王經理天下分疆畫邑崇墉濬隍以固封域城郭建四民有攸居矣經制詳於職司縣治者職司之守也飾以堂室亭樓錯以公廨驛司邑之觀瞻繫焉倉厫以贍積貯鋪舍以達禁令重門擊柝利涉致遠郊關橋渡次第畢具列坊井於交衢環市鎮於境內兵防以除戎器而戒不虞規制靡不盡善矣潛自建邑以來成蹟尚在圮者繕之毀者因之變遷者謀諸衆而肇造之經營修舉詎一手一足之爲烈哉古不可稽則闕焉廢而未久雖久而遺址可尋者備錄以俟創興之君子作建置志



### 城郭

潛江舊爲土城高一丈五尺袤四百餘丈名田舍城東臨河　此遷縣築城之始

明成化七年大水城壞縣丞李鏞修築

嘉靖二十三年分巡僉事柯喬檄修四門東漢濱西郢郊南迎薰北望洋此城門之始

尙書湛君水新修城門記　嘉靖十九年皇帝詔可撫臣之議以潛江隸承天府承天陵寢重地其以承德二府立分巡道於沔陽以爲捍衛時靑陽柯雙華君喬由御史來爲憲僉膺是任出按於潛環視形勝喟然而歎顧謂潛尹黃子學準曰斯地實邊於江而通於荆以爲捍衛可以無城郭乎曰不可曰城可以無門乎曰不可重門擊柝以禦暴客蓋著諸易無城



是無人民也無門是無城矣無城無門曷禦焉有門斯有城矣成門所以成城池也於是作四城門雙華君素定區畫計丈尺揣高低議財用措餱糧不傷公帑不勞民財於是四門先後告成民若不知有興作官若不知有鞭撻念三年六月朔迄工君子曰使公治天下以事治事行乎無事而天下治亦如此矣於是榱棟連雲丹靑麗日縣治百餘年來公有依附民有寍宇衆皆懽喜昔者形勝斯何今者形勝斯何其東曰漢濱之門漢水支流經縣東而入沔也西曰郢

郊之門承天爲郢縣西護之言郢之郊也南曰迎薰之門以祈阜財解慍以爲民悅也北曰望洋之門排沙河北環如帶蒙泉道岸凡以作士也雙華子曰門成即城成可以責成豐年矣君子曰此門猶形勢之在外者耳聖人之政治亦有四門焉聞之乎曰請聞焉書曰闢四門夫四門闢然後可以去耳目之壅蔽壅蔽不除則聰明不廣張乎何之雖有形勝不能自治聞者喜曰然吾言城門得政事之門敬聞命矣曰此猶四門之事者耳惟心亦有四門焉聞之乎曰請



聞焉曰惻隱之心之端仁之門也羞惡之心之端義之門也是故四端不擴則四德不達四塞如圜雖欲發政施仁無本不生聞者喜曰吾聞政事之門又得心術之門敬聞命矣甘泉子曰形勢不如政事政事不如心術在乎學聞大道夫雙華子者志聖人之道遊於陽明甘泉之門聞天理良知之學者也潛尹黃子政暇之所講聞必將以宇宙爲家以天地爲城郭以四方爲門戶當不疑於吾之言矣因爲記以歸之書諸石告東西南北之人云

嘉靖三十年知縣夏泗增築舍城西南北三隅高固勝前輪八百餘丈覆以瓦

教諭涂堅夏侯築城記　王者建邦以分治維邑焉設險以禦暴維城焉邑有城則民有所藉而安社有所依而固百制有所附麗而飭也古語以盛而釋城之義其所盛者豈外於民社與百制也哉我承天迺聖天子嚴奉宮寢之地故諸下邑藉以拱衛于外若潛江則又當承天之南上通神京下通江浙諸省誠一方之都會四達之衷庚也舊以苟簡相沿未有爲



城池之謀者四隅各設垣門一座旁無蔽日之牖且邑之後遂聯荒墟間有寇盜則索索而震矍矍而視莫克支焉侯來牧于潛甚病之蚤欲爲之經略以學宮頹廢鄉士大夫請新之亟侯則致力於是又不欲二工並興爲民病乃遲之明年相地之宜量民之力周邑而環之是役也費不出于公帑力不勞于居民唯于營力于市者限其功以程之卒而好義之民鄉士大夫之家相率而趨事矣自經始以抵畢工不逾月而告成不獨爲民社百制之盛而且爲帝鄉之重門天府之外牖也嗣是而旱澇頻年盜賊紛作城之内遂無震驚之患誰則遺之民於是大侯之功而德侯之深也侯初志蓋欲甃以甎石高以數仞爲永久計其始也以建學而褫其力其終也以改沔而褫其時竟孤所期使復假之朞年可以適觀厥成奈時勢之艱竟以沮之也民以泯其功爲懼僉謀伐石以紀之適少屏楊公署邑事樂成厥美且于侯之遺制垝者新頹者振未備者補雖作興士民固其夙志而亦有功于侯居多也因請記于予予謂潛之城自有邑



以來未築也而侯築之功誠偉矣其所以保民去後之思若赤子之於慈母無以解于其心匪直一城也弗縱而惠流用誠而刑省信禮而用節侯嘗城民以仁矣端習以散訛張威以斂暴剗惡以康良侯嘗城民以義矣工役省厥勞征輸省厥億約與省厥欺侯嘗城民以忠信矣之三者在民已有以維其心若金湯之固故康我之功重有感于城之成也不然則築城鑿池在有官者爲常務而何以繫民之思若是哉雖然侯之德政固足以繫民之思而潛之風俗亦於

是而可占也夫頌人之美紀人之功必其人有顯爵與子孫之貴盛者而始爲之侯雖工於爲民而不工於自爲少忤于時尋已恬退而高尙之志確乎不可拔矣是舉也實無所爲而爲之也侯之功固于是而益彰風俗之厚與楊公樂善之公不亦具見也哉侯諱泗別號月池蜀之大足人

萬歷五年知縣朱熙洽新甃甎城周圍九百二十八丈高一丈七尺厚一丈五尺增建城樓五東曰襄渚東闉西曰潛陽西郭南曰漢別南關北曰沱圻北鑰西



北曰萬象歸辰（卽鎮縣樓）水門二曰百川環注（卽朝宗門）曰三楚周行（卽通會門）縱堡十有四洩水石𥓓三（一在城隍廟右一在通會門右一在南門）晝邑以來雉堞自是稱壯矣（此甎城之始）

知縣朱熙洽修城記　余始謁選得潛潛有宦京師者謂余曰潛政無他二事急耳曰築城曰清田余駭曰此非易事也豈一令可辦乎抑豈一令可竟乎旣而至潛則築城之議頗亟而城之具無一有也不得已而徵諸糧民曰糧故多虛數卽正供且不給矧額外之徵耶余因是而究其原糧之不實由田之不清也田清則糧無赝糧無赝則人不逃逋可驅而役耳余是以決清田之議說者曰二役並舉可乎余曰清田所以築城也彼以爲謬而余持之益堅履閭境之籍勾校其畝而又覈出逃絕戶田昔爲里排隱占者民爭願出直于官以世其土而因以民之直購城之需鳩木石甃甎甓蓋經略者一年而城之用裕如也巳迺率其民以事畚築閱四月而工始竣樓櫓雉堞翼然可觀而門板啟閉足備暴客潛至是始有保障之固而議者亦始信二事之果合而爲一也城成矣尙有羨金復請于當道以抵宿逋以充內帑藩祿之用此一舉也吾民有三利焉而彼謂余有所私于內者則出入之籍在天地之鑒明也



萬歷五年知縣朱熙洽置乾河口石𥓓洩環城之水七年置朱家灣木𥓓洩巴家套鄭蒲十三垸之水二十八年知縣潘之祥重修長閘倍之

嘉靖六年知縣蕭廷逵築石磯以固縣治（卽百二雄關地俗名中磯頭）

萬歷二十六年知縣曹珩於北關水府廟石磯上流增

築石磯俗名上磯頭萬歷二十八年知縣潘之祥自水府廟下至乾河口計一百二十五丈築石磯俗名下磯頭

舊志曰吾邑水徙無常今日之勢西高而東下數年後危在邑治矣

國朝康熙十一年水決班灣湍激迅駛三石磯悉沈於河蕩洗北城城樓圮知縣王又旦重築輒城名其門曰楚服奥區後連歲巨浸自朝宗門東至通會門盡崩頽復移築城於縣市之中起妙庭觀前至東南隅



東闉通會仍舊名原城僅存甕門兩土阜而已康熙三十二年劉侯煥議設排障於北關朝宗通會三處分殺水勢於妙庭觀址亘築長隄繞城東以禦泛溢縣治庶無衝嚙之患矣

按城郭營建為政之所先務記曰有其舉之莫敢廢也易曰悅以先民民忘其勞夫事至於不能廢然後知其不得不舉不舉則終廢矣勞民而民悅然後知其不得不使不使則永勞矣吾潛城郭與河伯爭此土歷今三十餘載苟弗急為補救乃猥云時詘舉盈勿勞民以傷財而一切憚不敢行沓沓之害其能免乎

縣治

縣治在城北負郭嚮明中為正堂堂前為捲廳為露臺堂後為穿屋舊題曰集思堂康熙八年知縣王又旦題曰風垂雲抗又後為習蓼堂知縣王又旦題後為宅門門內為仕學堂為縣廨寢室左右廂小房及包廚之所後為樓

正堂東為庫又東為幕廳廢康熙三十二年劉侯煥重建又東北為縣丞衙廢西為版册房廢又西為主簿



衙

露臺東西序為吏廊東首承發房次吏戶禮房西首兵次刑工房廢康熙三十二年劉侯煥重建

兩班房　在捲廳前東民壯房西皁隸房

堂南甬道中為戒石亭至正十年中興路潛江縣達魯花赤兼勸農事明安達耳立石銘曰爾俸爾祿民膏民脂下民易虐上天難欺洪武初知縣史純一修萬歷二十八年知縣潘之祥建亭

戒石亭之南為儀門門內西南為獄室門外東南為土

地祠又東南爲典史衙

迎賓館　在儀門外東南館宇三楹題曰廣益堂萬歷六年知縣朱熙治建康熙三十二年劉侯煥重修

官箴石　在廣益堂萬歷十八年知縣曹珩立箴曰行朝廷之公法不行左右之私情畏君子之清議不畏小人之橫謗恤良善之冤抑不恤豪强之怨恨懼鬼神之檢察不懼刁蹹之汙玷求百姓之利益不求一已之便安積無窮之陰德不積有限之凡財論人品之高下不論官爵之崇卑爲上古之循良不爲今時



之俗吏

直南爲大門舊於門前六十步爲譙樓正統二年知縣陳敏政建隆慶元年知縣黎一龍徙改爲今大門

大門正南爲古沱潛坊前正中立奉聖旨碑大書錢糧官徵官解夫馬官當官養左立奉憲永革里排文案碑右立　憲示碑大書永革里長排年花戶自封投櫃俱康熙二十四年闔邑紳士耆庶公建

申明亭洪武元年詔建凡民作奸犯科者書罪揭亭以寓懲惡舊在譙樓前六十步左嘉靖間知縣夏泗改立今大門左

旌善亭洪武元年詔建凡民孝子順孫義夫節婦書實行揭於亭以寓勸善舊在譙樓前六十步右夏侯改立大門右　舊制旌善高申明二尺

按縣治自明洪武元年知縣史純一創立天順五年知縣呂文成化六年知縣汪志十七年知縣胡璘弘治十二年知縣史華嘉靖間知縣敖鉞周廷蕭廷達俱重修隆慶四年知縣梁棟增建邑都御史張師載



有記

張師載重修縣署記　國朝自公卿以下至抱關委吏凡受一命之職者莫不有居處以爲聽治之所若因時修葺則存乎其人焉彼黷貨者假公以濟其私無足論巳矯情之士欲收安靜之功以無所與作爲賢或所居不能蔽風雨甚至葦覆木支猶泄泄然安之不以爲意吁亦過矣吾潛初設於豆子湖至正癸巳徙置今治諸凡草率國初知縣史純一始事創造未備也成化十七年濟陽胡璘以御史改調乃成史

公之志備其所未備弘治十二年渭南史華復增飾之於是廳堂廨宇儀門譙樓森然列具矣至嘉靖初高安敖鉞吉水周延潮陽蕭廷達先後繼治各有修葺易故更新雖有定觀而因陋就簡未底於固迄今五十餘年矣即非葦覆木支之舊而剝蝕相仍亦其勢然也隆慶三年銅梁培東梁公棟蒞任之日顧瞻室宇喟然歎曰敝陋如此何以出政令而示下觀耶亟圖新之因沙洋夜汊二水交衝爲患民不安居復歎曰民且不能庇奚自庇爲朞年隄工漸舉荒者闢逃者歸政平訟理四境晏然遂捐俸金相居之朽者



易之缺者增之修儀門三間廳前增詹房三間幕廳三間庫房一間右册房三間穿堂一間後廳五間衙正廳三間週圍俱以甎封地之卑者高之廳三尺五寸露臺一尺五寸儀門二尺穿堂五尺甬路自譙樓至儀門寬二丈儀門至露臺寬一丈高二尺左右寬損三之二高半之兩墀皆以甎砌經始于四年六月二十四日訖工于五年十月二十日向之湫隘者今爽塏矣向之傾頽者今巍峩矣向之滲漏者今翼比而鱗次矣工成梁君謂不可無記伐石於堂徵予文于上予謂君子之居官譬人之居室門戶弗戒堂奥弗飾未可謂幹蠱之子居官者若視爲傳舍而漫不經心尚得爲賢令乎吾潛二百年來志於修舉者僅數人其以賢稱者亦惟數公焉所謂有其舉之莫或廢之殆政理之當然也

治內亭堂

廨後舊有覽秀亭成化三年知縣呂文建又有東門草亭呂文建又氷玉亭知縣胡璘建　俱廢



越勤軒　在仕學堂左一曰氷心亭一曰泠然亭順治十一年知縣柯賡昌建

得樹草堂　在縣廨東榆柳數株清蔭層坦皆百年物舊棄廢圃中康熙九年知縣王又旦擴基鑿池種蓮移竹臨水葺館爲政暇觴詠之地題曰得樹草堂蓋取杜少陵老樹空庭得之義也侯去不踰年廢爲馬廄矣惜哉

景陵胡承諾同莫大岸飲得樹草堂詩　深村顧洄叟鄰境石莊翁人逺柴車集署清羽爵同嚴更交甫

澍霜鬢瞻爐紅互有鍾期賞縱言興不窮

胡承諾再飲得樹草堂留別王劬華明府詩　春深寒未遣殘雪在城樓皎月軒徐上芳樽夜最悠不堪紆禮數靡暇及歡游耕釣隣花縣相傍老一邱

邑人莫與先得樹草堂新成邵陽王明府秋夜招集詩　寡營信所宜疲俗徵理靜方塘翼一邱山輿乃暇整小築示人樸植援通杜權晩馬畧汎愛豁落有何盼吾道今華黍中寫匪虛耿大雅孔懷姿清切更端引涼露稍欲泫漾月相與永巡檐數行疏橫亞離



離影野夫釋倚薄延曠百慮盡

東齋　在廨樓左庭院邃敞傍植花竹康熙三十年劉侯煥建

## 公署

察院司　在縣治東洪武初知縣史純一建後知縣呂文汪志史華朱熙洽皆重修今漸頽圮

巡按御史顧豹文題廨壁詩　明星照征騎嚴霜覆廣野我行敢自逸先民矢夙夜

布政分司　在縣治南正統三年知縣陳敏政建成化間知縣汪志胡璘史華萬歷八年知縣朱熙洽皆重修今廢

西分司　在縣治西今廢

府館　在縣治東後改爲白洑驛今廢

## 官宇

稅課局　在縣治南後罷局署亦無考

陰陽學　在縣治東洪武十七年建成化六年遷城隍廟街萬歷二十八年知縣潘之祥遷建縣左久廢康熙三十二年劉侯煥重建於舊址在今文昌祠左



醫學　在縣治東洪武十七年建景泰三年府推官符節成化六年知縣汪志弘治間知縣張昺史華俱重修萬歷二十八年知縣潘之祥併入陰陽學內李鳴有記（文載後）久廢康熙三十二年劉侯煥重建在今文昌祠右

邑人李鳴合建陰陽醫學碑記　邑明府潘公蒞政甫五月度便與利與民休息誦者載途暇則磬輸作之羨繕諸公署邑治東舊有陰陽醫學歲久官廢署鞠爲圃明府廉其可者請官之合兩學創一署居焉

懼其久又益廢也屬不佞鳴爲記嗚惟昔在周官自
馮相保章而下設眡祲中士貳以史徒醫師掌醫之
政令凡邦之疾病疕傷者造焉兩者胥統之天官蓋
甚重也春秋列國乃有梓慎裨竈倉公和緩諸賢循
職叙事爛然青簡國有觀察之豫民鮮夭札之凶有
以也今令甲私習天文有禁業官矣曷私云醫則郡
邑有學故明府茲舉也上遵朝除中一職守下弘利
濟蓋三才之義備焉陰陽天地之紀醫者生人之命
三才本一又明府合署意也抑余願有進焉夏政典



先後時者無赦太宰歲終稽醫事以制其食十全爲
上十失四爲下茲且官而署之矣焉知夫邑無輿起
有如梓裨倉和者出而副盛名嗣徽音者乎即不然
而時作歲稽當不至肆居而充浮冗已也明府自文
章政事外博學多能必有以處此者明府諱之祥別
號泰符徽之婺源人戊戌進士

僧會司　洪武十五年設在大佛寺內

道會司　洪武十五年設在妙庭元妙兩觀內輪僉道
會一員

養濟院　舊在縣治南大十字街右洪武初知縣史純
一建後改遷縣西城隍廟左今廢

接官亭　在縣西北十五里策口今廢

鄉約所　在妙庭觀內舊無定處因寺觀祠宇爲之乃
即妙庭觀前署小木坊爲會講之地

按明初每里設一鄉約所講讀六諭仍設木鐸一人
家諭戶曉即周禮六鄉之法也
本朝化民成俗之道遠軼往代頒
聖諭十六條至詳且盡其課吏之法尤以講諭教民爲



實政先務潛俗日趨于澆蚩蚩之氓悍然好行其非
懼刑辟而罔所顧忌自劉侯煥來每月朔望集僚屬
紳衿庶民會講潛邑風尚頓異矣更議於境內各村
鎮廉舉老紳宿儒或公正耆老授以刊行
聖諭善本隨地設一約所于月之朔望率眾習儀講解
數條疏引痛切發明律例以動其天良而生其畏敬
率以爲常何民行之不興而風化之不登于郅隆哉

倉廒

廣儲倉　在縣治左儒學街內有驗糧官廨匾曰豐民

亭洪武元年知縣史純一建萬歷七年知縣朱熙洽重建分里列廒計三十六間今廢

常平倉　在縣左大十字街洪武間知縣史純一建弘治十四年遷建於便民西倉之右今廢

預備倉　在常平倉左正統四年知縣陳敏政建今廢

便民南倉　成化七年縣丞李鏞建十五年主簿劉秉學增修後并入預備倉內今廢

便民西倉　在縣西城隍廟池左成化二十年知縣胡璘建今廢



恆豐倉　康熙三十一年劉侯煥捐俸買基鳩工鼎建倉房凡十六間在正西街侯自爲記文載後

知縣劉煥新建恆豐倉碑記　蓋聞州縣之有倉也上則儲秋糧以輸　天府下則廣積貯以備荒年其關係　國計民生者豈尠尠歟故廩人見于周官常平創自漢代倉廒之制古綦重之匪若堂隍臺榭僅足筌氛祲容宴豆而已也潛江便民預備諸倉舊志班班可攷然而兵燹洊更陽侯疊虐有僅聞名者矣有僅存地者矣世遠年湮建置寖毀前之司是土者一切徵收之糧捐輸之穀俱假貯佛宮道宇無論地勢卑下紅腐堪憂而且零藏寄儲典守難[illegible]嚴蓋藏不謹其爲雀鼠之耗者實甚多而不可究詰余庚午蒞任諮詢洞悉卽欲新爲創建時値旱魃念此凋瘵之子曷堪土木之勞況舊址窪瀦審曲面勢僉曰非宜雖暫寢厥役而余心實鰓鰓焉慮之會辛未秋聞西城劉氏以其居出售余命工相度其基巋然隆起可以拒河伯之侵其室爽塏來風可以免蒸濕之患倉莫善于此者爰以價購之庀材鳩工塗其



剝落者易其腐敗者增其闕畧而未備者廒舍凡十有六楹功竟顏曰恆豐倉是役也余未竭民絲粟勤民胼胝而

朝廷積儲之府頓成不朽之基余雖不敢以爲功而溺職之譽或者其可免夫因勒石而紀其緣起至購買之價值倉基之抵界廣袤之丈尺例并書之以杜後之侵占而紊越者是爲記

鋪舍

鋪舍洪武初知縣史純一建成化間知縣汪志史華主

簿劉秉學俱重修各舖司兵徭編共五十九名

縣前總舖　在縣治大門西永充二名徭編八名

永興舖　縣東十里永充六名徭編二名通河陽州路

北池舖　縣東二十里永充三名徭編三名通河陽州路

班家舖　縣東南三十里徭編一名通河陽州路

總口舖　縣東南四十里徭編一名通監利縣路

祝家舖　縣南十里舊在楊胥橋後移建梅家嘴徭編三名通荆州府路

新河舖　縣南三十里徭編二名通荆州府路



白湖舖　縣西南五十五里徭編二名通荆州府路

劍潭舖　縣西南七十五里永充一名徭編一名通荆州府路

陶朱舖　縣西北十里原名忠義舖改今名永充二名徭編二名通荆門州路

七丈舖　縣西北十里徭編一名通荆門州路

王家舖　縣西北三十里徭編一名通荆門州路

白洑舖　縣西四十里徭編一名通荆門州路

三條舖　縣西五十五里徭編一名通荆門州路

車老舖　縣西六十五里徭編一名通荆門州路

新分忠義舖　縣北十里徭編三名通安陸府路

擢頭舖　縣北二十里徭編四名通安陸府路

攸暨舖　縣北四十里永充一名徭編三名通安陸府路

楊湖舖　縣北四十五里永充二名徭編二名通安陸府路

驛司

白洑驛　舊署在泗港洪武初知縣史純一創成化七年知縣汪志復創立正廳耳房鼓樓十三年水圮弘治二年知縣張昺令驛丞郎進重修增置站船四隻夫四十名正德十四年徙建策口後廢萬歷二年知



縣李之珍以府館改爲驛增設官廳廨禁萬歷八年知縣朱熙洽議裁

按舊志云自白口驛而下至乾鎮驛三百餘里僅此驛何可廢也

邑人向大觀曰舖遞公文驛司差使廝役之食養馬匹之價料歲有常額惟往來不時事速星火夫馬輿儓之賤操緩急之權制人生死之命民間至有一石糧雜費可以支數十年之正賦而有餘倉卒用之郵

傳而不足此其多寡贏縮之數司命者提而較焉又能與時權宜吾儕小人庶其不踧踧同喘馬斃道上矣乎嘗考額夫之人數額馬之匹數常支工料之多寡與奉撥協濟石城郢東豐樂三驛之額項詳見全書載賦役志總邑圖四至道里計之潛江西至江陵縣一百八十里東至景陵縣九十里北至本府鍾祥縣二百二十里南至沔陽州一百四十里方今駐防在荆潛爲孔道使者相屬于途民僕僕水陸遞矣馬少路遥其不困斃道上者宜幾希今天不棄敝邑俾子孑遺甿



邀惠仁明減留協濟總核鋪驛人馬支應常數請復驛站設丞董之人更番差遣馬更番騎遞皇華之使當無有滯周道者繼一歲之中馬不無瘠仆大率十去其四以今年之舊育入明年之新畜其不足額者幾雙蹄耳卒夫輿儓之賤何至濫藉凌人鞭笞里甲苛索恤馬乎今潛民溝中瘠矣後來蘇我功德何有加兹

## 關廂

潛江自元時徙今治城郭未繕先立五坊區分方隅以專守衛之任厥後規制大備坊街仍舊名

到口坊　元時建在東城内自樊家巷口東轉至大東街抵城止西轉至大街口止南出樊家巷轉小東街抵城止北沿城至馬家街口止

介福坊　元時建在西城内十字街口東轉自大西街至南部坊止南轉至小西街至逼政巷止北轉上火星街止西轉直出西城至天府廟止

仁義坊　元時建在南城内十字街口東轉至小東街南園止西轉小西街至逼政巷止北轉正街至四牌坊止西又轉大西街至南部坊止南轉直出城外至



石橋止東又沿内城至南園止

通沔坊　元時建在北門外百二關南直由城外自朝宗門過大東門又過小東門至磁器街轉老教場至潘家到止西入北門轉縣衙後至城隍廟止又南沿城内至朝宗門轉西察院司過儒學至沱潛坊止又南沿城過上觀過馬家街西轉至中洲書院止

朝元坊　元時建自城隍街東至惠石橋北轉至沱潛坊止南下正街至四牌坊止東又轉至忠義廟郭氏

祠止東又轉至妙庭觀止

街衢

正街　自縣治前直達南門

一字街　縣治前萬歷二十八年知縣潘之祥開左之

儒學右之城隍廟

觀街　在縣治東妙庭觀前

十字街　在正街中東爲大關廟街西爲火星廟街南

至南門城外直街通趙家臺往荊州北至縣前古沱

潛坊



東街　直達東門城外縣河

西街　直達西門城外通夜汊口往荊門當陽

前東街　直達東南通會門外至乾河口通監利沔陽

前西街　直達西南城隅

北門外街　通策口往安陸襄陽

東河街　在東城外亘南直北市肆肩摩商帆霧泊昔

有富庶之稱今盡崩沈河心東闉通會二門且不可

保城亦移築市中

坊表

觀經制科貢以下旗匾賀禮外例有坊金表厥宅里非

第爲觀美也朝廷旌別之旨與閭里激勸之機寓焉近

制裁減不如古亦無建坊者但表其門閭而已前代坊

表存者什一耳其巳廢而名存者攷舊志備錄之

儒林坊　在儒學左知縣夏泗改題尊聖崇道朱熙洽

重修改題江濆式化

文昌坊　在儒學右知縣夏泗改題教育賢才朱熙洽

重修改題皇國作楨

貞肅坊　在按察分司左舊曰駐驄



激揚坊　在按察分司右舊曰澄清

狀元坊　在儒學前爲宋狀元畢漸立知縣李之珍朱

熙洽潘之祥俱重修後燬　崇宝坊　在十字街

愛民坊　在縣左　宣化坊　在縣右

和義坊　厚生坊　科甲題名坊俱在縣前八燬

仁慈坊　福慶坊　孝義坊　俱在東河街

通津坊　敬賢坊　樂安坊　俱在西河街

進士坊二　一爲章瑛立一爲嚴賓立

恩榮坊二　一爲張本濟立一爲初杲立

登雲坊三 一爲陳庸立一爲周盛立一爲昌安立
丹桂坊 爲袁允行立 青雲坊 爲周以清立
攀桂坊三 一爲章瑛立一爲王銘立一爲初珍立
步雲坊 爲周瑜立 飛黄坊 爲余敬立
擢秀坊 爲張海立 騰霄坊 爲馮溥立
煥文坊 爲嚴賓立 折桂坊 爲李鑑立
乘鼇坊 爲曾貫立 雄飛坊 爲朱志和立
紱錦坊 爲劉正立 奪魁坊 爲彭倫立
冲霄坊 爲范瑛立 鶚薦坊 爲王禧立



勅贈坊 爲贈御史初珍立 步武坊 爲曾旭立
致政坊 爲照磨鄭俊銘立
以上四十坊載成化舊志今俱廢並建坊地亦失考
四牌坊二 一在縣治南正街爲贈給事中郭世朝推官郭嵩知州郭岱給事郭嵩立 一在縣西門內爲贈郎中隗滋知府隗邦衡立今燬
褒封三代坊（在縣治前今廢） 大諫議坊（在西街今廢） 大中丞坊（在正街今廢） 督撫三關坊（在中丞門左今廢） 總制三省坊（在中丞門右存） 俱爲張師載立

青瑣近臣坊 在大關廟街東爲郭嵩立
監察御史坊二 一爲胡鑰立今廢一爲劉寅立
名登天府坊（西街） 爲田大用立 孝義坊（西街） 旌表田勛立
發祥坊 爲贈知縣李鑾立今廢
經元坊 爲李鳴立今廢
滄海騰蛟坊 在西街爲田助立 皇恩優賜坊（田助墓立）
世承天寵坊 在西街爲袁允行袁珦袁紀袁國臣立
天台司憲坊 在大關廟街爲郭之幹立今廢
世署清華坊 在西街爲劉巨秀劉勲劉核立



累朝錫命坊 在西街爲劉勲劉埏劉若金立
世受國恩坊 在東城外河街爲樊王家立今沉於河
貞節坊四 一爲劉堪妻胡氏立一爲梁宣文妻蔣氏立一爲初薦妻李氏立一爲郭鏘妻張氏立

## 井

古井二 一在縣市正街一在通沔街
新井 在縣治內戒石亭左知縣史華開今廢
儒學井一 大佛寺井一 西街井二 獄中井一
綠潤井 在東街歐陽宅內歐陽塀開

劉公井　在西街劉大司冦第前劉若金開

橋梁

楊胥橋　在縣西六十里古埠垸知縣陳敏政創建成化六年汪志重修

通仙橋　在縣西南八十里蒿口元時建相傳呂巖曾經此因名知縣呂文汪志胡璘皆重修弘治五年安福義民劉佐遷建於白湖舖之前十四年知縣史華重修

永興橋　在縣東十五里成化六年知縣汪志修萬歷



六年知縣朱熙洽重修

利涉橋　在縣西南郊蕭公廟東廟祝艾剛募建成化十五年知縣胡璘重修今廢

廣濟橋　在縣西五里成化十年知縣胡璘創弘治十二年水衝知縣史華重建

普濟橋　在元妙觀左　王家橋　在雙家垸

南橋　在南門外通荆州　西橋　在西門外通荆門

袁家橋　廖家橋　俱縣南坨埠垸通荆州

永涉橋　在縣西黄獐垸通安陸府

陶村橋　在縣西南傳爲江陵張太師遺石所造

邑人張承宇江陵張相遺石詩并序　邑有陶家村有橋其石頗巨余怪問土人有老父攢眉太息曰此水舊通荆州張相當國時治其塋墓載巨石連艘而至忽沈一艘石不可起遂棄之水落石出鄉人取以爲橋也不數年而相公死難作抔土且不可保矣嗟乎相公爲政時姦豪斂手吾儕小人安堵無虞也噫嘻我生晚不獲知相公長而聞眾論紛紛多不同怨數相公罪恩稱相公功今覩老父色變貶恐在中刑



書鄭國政楊權韓子法昔也用此道火烈奏功捷賢聞王孫裸愚笑桓魋椁夫何賢達士而爲世俗縛終馬祉稷臣雨露新復爵

張榮橋　在縣西栗林院　胡家橋　在縣西白洑院

津渡

東河渡　在縣通會門外一名乾河口

北關渡　在縣朝宗門外

排沙渡　在縣西北五里通景陵縣

箕口渡　在縣東北十五里通安陸府

夜汊渡　在縣西南十五里通荆門州當陽縣
張義港渡　在縣北三十里
竹根灘渡　在縣西北十五里
沙窩渡　在縣西北十里
趙家臺渡　在縣南十里通荆州府
横隄渡　在縣西南
棠梨岡渡　在縣西南
新口渡　在縣西南五十里
周家磯渡　在縣西南二十里



奈家口渡　在縣南十五里
梅家嘴渡　在縣南二十里
蓮花寺渡　在縣南二十里
許家口渡　在縣東五十五里
陽家場渡　在縣東十里
班灣渡　在縣東二十五里
潭口渡　在縣東二十里
總口渡　在縣東四十里
張要嘴渡　在縣南七十里

雨畢而除道水涸而成梁舊典也舟楫之利以濟不通因其成蹟隨時補苴所利大矣哉潛邑橋梁津渡有設自官者有作於民者據舊志書如右新建者附之

## 市鎮

長樂市　在縣西六十里
蚌湖市　在縣南五十里
祖師殿 卽長垴四垸　在縣西六十里
深江站　在縣東十五里 半潛江半景陵



大有市　在縣東十五
拖船埠　在縣東南四十里 半潛江半沔陽
蓮花寺　在縣南三十里
康家場　在縣南三十里
竹根灘　在縣東北十五里
柴林灘　在縣東北十五里
張義港　在縣東北三十里水路要衝
興隆鎮　在縣北十五里卽大策口水路要衝
蘆洑市　在縣北三十里今廢

泗港　在縣西北四十里
趙林灘　一名朱家場在縣西北三十五里與泗港近
　邊襄河水陸要衝
楊家場　在縣南十五里
龍灣　在縣南三里今廢
馬市潭　在縣南五里今廢
蒿口市　在縣南七十里半潛江半江陵
張要嘴　在縣南五十里
丫角廟　在縣南七十里



王家場　在縣西三十里
新豐場　在縣西四十里
黃家灣　在縣西三十里
高家場　在縣南六十里
夜汊口　在縣西二十里水陸要衝
紅壁剅　在縣南五十里
鑵頭尖　在縣西北三十里
排沙渡　在縣北五里水陸要衝
郭家場　在縣南三十里

周家磯　在縣南三十里
涂家場　在縣南十里
郭家嘴　在縣北五十里
彭家場　在縣西北五十里
毛家嶺　在縣北二十五里
陽家場　在縣東南十里
刁家廟　在縣東南十里
班灣市　在縣東南二十里
梅家嘴　在縣南二十里



總口市　在縣東南四十里
化家溝　在縣南六十里
熊口市　在縣南四十里
王東港　在縣西六十里

## 兵防

武備廳　在縣治東教場周圍一百五十六丈天順五年知縣吕文翙成化十六年知縣胡璘弘治八年典史張京嘉靖十二年知縣周洪範俱重修萬歴二年知縣李之珍左右各增一室設欄置守植柳築隄後

地漸窪下操瘍甚苦泥淖遷南門外今廳亦久廢

國朝兵制

安陸府城守守備一員　把總一員

荆門州城守參將一員　守備一員

千總二員　把總四員

按潛江城守營兵始自康熙四年奉撥德安營兵五十名旋撥安陸營兵康熙六年奉撥荆門營千總一員把總一員三月一更著爲令

塘汛　縣治後　乾河口　大策口興隆鎮　耀頭尖



張截港　長樂鎮　趙林灘朱家塲　蚌湖市

夜汊口　趙家臺　周家磯　新豐市　張要嘴

論曰有文事者必有武備思患而豫防之兵衛之設所以固城圉禁暴亂也古者無事則驅之爲農而力稼穡有事則調之爲兵而任征戰寓軍政於蒐苗獮狩之中秦漢發閭左選六郡唐府兵之法猶然宋懲五代之後分遣禁旅率一二年而更欲使往來道路足以習勞苦南北番戍足以均勞佚兵漸與農分矣潛舊隸荆州爲歷代用武之地元明以前經制無考舊志云縣無衛所而有民兵歲隙縣令督捕屬於演武廳訓練之兵壯原出編氓邏卒輪僉市井歷久視爲故事此斬揭之奸所爲竊笑曲徙之哲豫有隱憂者也嘉靖間猝有竊發知縣夏泗募集勇敢深隍峻堵厚饗而謹備之亦權宜之術非復經久良規也崇禎十七年闖賊李自成陷承天犯獻陵分遣僞將陳良寶攻破潛江土兵悉力捍禦死者無算蓋邑置民兵即古鄉遂訓練之遺除他役外充捕卒者僅百餘手不閑矢石耳不諳鉦鼓一旦有萑苻之警奚恃以



爲守乎有城無守與無城同爾今海内車書一統伏莽潛消於郡邑要害之地設防增鎮星羅碁布於境内安攘之策度越往代守之萬世可勿替也

# 三學校饗祀

潛江縣志卷之五

知縣事劉　煥纂修

知縣事史致謨續纂

學校志　廟制　附書院

建國君民教學爲先師儒者先聖人俎豆所世守也人才於是焉出唐柳宗元曰仲尼之道與王化遠邇

國家右文崇儒郡邑無遠邇小巨靡不立學校明禮教者潛江亦文獻舊區學宮隨縣遷徙以來君師教養之地代有崇葺矣學校之興廢教化之弛張守令攸繫焉



今廟貌固儼然也苟庠序弗修而徒嚴廟祀覩几筵而念羹牆豈先王廣厲學宮之義哉記曰君子欲化民成俗其必由學乎爰考歷代褒贈

先聖先師之首末及學宮刱始更新之規模詳其事而紀述之備往制錄賢勞傳職司知所重也矧乃棠蔭多名德鄉士大夫之賢沒而與祀於廟守先待後是皆教之大者學廨射圃遺址具在書院所以勤講肄社學義學所謂始基也附書於左作學校志

廟制

名位　周敬王四十二年魯哀公誄孔子曰尼父

按邱濬曰此後世追謚孔子之始蓋孔子儒教之宗師所謂爲天地立心爲生民立命爲往聖繼絕學爲萬世開太平者也自哀公誄之之後後世帝王屢加褒崇尊其人所以尊其道也

漢平帝元始元年追謚孔子曰褒成宣尼父東漢和帝永元四年封孔子曰褒尊侯北魏孝文帝太和十六年改謚大聖尼父後周宣帝大象二年封孔子爲鄒國公隋文帝開皇元年贈孔子爲先師尼父唐高



祖贈孔子爲太師改先師配享周公高祖武德時以周公爲先聖南面坐孔子爲先師西牖坐太宗貞觀二年從房玄齡議別祀周公陞孔子爲先聖坐仍舊十一年尊孔子爲宣父高宗顯慶二年復尊孔子爲先聖乾封元年追贈孔子爲太師周武后天授元年封孔子爲隆道公開元二十七年追謚孔子爲文宣王次年始正南面（邱濬曰文宣之謚始此亦孔子封王之始）宋真宗大中祥符元年加謚孔子爲玄聖文宣王五年改封爲至聖文宣王元成宗大德十一年加封孔子爲大成至

聖文宣王明太祖洪武三年詔封孔子爲大成至聖
文宣王世宗嘉靖九年詔改稱爲至聖先師孔子
國朝因之爲不易之典焉
按有若曰自生民以來未有盛於夫子者也豈一言一行之善可以節惠立謚也哉書曰作之君作之師君師一體尊無二也唯曰至聖先師以見聖人所以爲萬世尊崇者不在乎爵位名稱而於君師並尊之道斯得矣

先師木主　明嘉靖九年從禮官議撤孔子塑像改制木主爲至聖先師高三尺三寸七分濶四寸厚七分其座高四寸長七寸厚三寸四分朱地金書

四配主高一尺五寸濶三寸二分厚五分赤地墨書　按魏廢帝正始七年始定配享

復聖顏子　唐高宗總章元年贈太子少師睿宗太極元年加贈太子太師開元二十七年加贈兖國公元文宗至順二年加贈復聖兖國公明嘉靖九年改稱復聖顏子今因之

宗聖曾子　唐高宗總章元年贈太子少保睿宗太極



元年加贈太子太保開元八年以曾子大孝特列於十哲之次開元二十七年加贈郕伯宋徽宗政和三年贈武城侯度宗咸淳三年加封郕國公祀享孔廟元文宗至順二年加贈宗聖郕國公明嘉靖九年改稱宗聖曾子今因之

述聖子思子　宋徽宗崇寧元年封沂侯度宗咸淳三年加封沂國公與曾子同配享元文宗至順二年再加贈述聖沂國公明嘉靖九年改稱述聖子思子今因之



亞聖孟子　宋神宗元豐七年詔封鄒公配享次於顏子徽宗大觀三年加贈鄒國公元文宗至順二年加贈亞聖鄒國公明嘉靖九年改稱亞聖孟子今因之

十哲主高一尺四寸濶二寸六分厚五分赤地墨書

閔子　字子騫　唐開元二十七年贈費侯宋眞宗大中祥符二年加封瑯琊公度宗咸淳三年改封費公明改稱先賢閔子今因之

冉子　字伯牛　唐開元二十七年贈鄆侯宋眞宗大中

祥符二年加封東平公度宗咸淳三年改封鄆公明
改稱先賢冉子今因之
冉子字仲弓　唐開元二十七年贈薛侯宋眞宗大中
祥符二年加封下邳公度宗咸淳三年改封薛公明
改稱先賢冉子今因之
宰子字子我　唐開元二十七年贈齊侯宋眞宗大中
祥符二年加封臨淄公度宗咸淳三年改封齊公明
改稱先賢宰子今因之
端木子字子貢　唐開元二十七年贈黎侯宋眞宗大



中祥符二年加封黎陽公度宗咸淳三年改封黎公
明改稱先賢端木子今因之
冉子字子有　唐開元二十七年贈徐侯宋眞宗大中
祥符二年加封彭城公度宗咸淳三年改封徐公明
改稱先賢冉子今因之
仲子字子路　唐開元二十七年贈衞侯宋眞宗大中
祥符二年加封河內公度宗咸淳三年改封衞公明
改稱先賢仲子今因之
言子字子游　唐開元二十七年贈齊侯宋眞宗大中

祥符二年加封丹陽公度宗咸淳三年改封吳公明
改稱先賢言子今因之
卜子字子夏　唐開元二十七年贈魏侯宋眞宗大中
祥符二年加封河東公度宗咸淳三年改封魏公明
改稱先賢卜子今因之
顓孫子字子張　唐開元二十七年贈陳伯宋眞宗大
中祥符二年加封宛邱侯徽宗政和三年改封潁川
侯居東廡之首度宗咸淳三年加封陳公陞十哲位
明改稱先賢顓孫子今因之



兩廡主高一尺四寸濶二寸六分厚五分赤地墨
書其座俱高二寸六分長四寸厚二寸有差
先賢　澹臺滅明字子羽武城人　宓不齊字子賤魯人　原憲字子思宋人
公冶長字子長齊人　南宮适字子容魯人　高柴字子羔齊人　漆雕開
字子若蔡人　樊須字子遲齊人　司馬耕字子牛宋人　公西赤字子華魯人
有若字子若魯人　琴牢字子開衞人　申棖字子續　陳亢字子禽陳人　巫
馬施字子期陳人　梁鱣字叔魚　公晳哀字季次齊人　商瞿字子木魯人
冉季字子産魯人　公孫龍字子石楚人　漆雕哆字子斂魯人　秦商字子
丕魯人　漆雕徒父字子期魯人　顔高字子秀魯人　壤駟赤字子徒秦人

任不齊字子選楚人　石作蜀字子明成紀人　公良孺字子正陳人　公夏
首字子乘魯人　公肩定字子牛　后處字子里齊人　鄡單字子家　奚容
箴字子晳魯人　罕父黑字子黑魯人　顏祖字子襄魯人　榮旂字子旂魯人
秦祖字子南魯人　左人郢一作左郢字子行魯人　句井疆字子孟衛人　鄭
國字子徒宋人　公祖句茲字子之魯人　原亢字子籍魯人　縣成字子祺魯
人　廉潔字子庸衛人　燕伋字子思　叔仲會字子期魯人　顏之僕字子
叔魯人　邽選字子歛魯人　樂欬字子聲秦人　公西輿如字子之魯人　狄
黑字子晳衛人　孔忠字子蔑魯人　公西箴字子尚魯人　步叔乘字子車齊
人　施之常字子恒魯人　秦非字子之魯人　顏噲字子聲魯人



先儒　左邱明公羊高穀梁赤伏勝高堂生孔安國毛
萇董仲舒后蒼杜子春王通韓愈胡瑗周敦頤程顥
歐陽修邵雍張載司馬光程頤楊時胡安國朱熹張
栻陸九淵呂祖謙蔡沈眞德秀許衡今增薛瑄王守
仁陳獻章胡居仁共九十人
按家語弟子解凡七十六人史記仲尼弟子列傳凡
七十七人漢文翁石室圖凡七十二人以家語視史
記其同者凡七十三人其異者家語多公伯寮秦冉
鄡單顏何四人以家語視石室圖其同者凡六十四
人其異者家語多公西輿懸亶原亢公肩公夏首句
井疆邽選縣成八人石室圖多蘧瑗秦冉林放奚容
箴四人以史記視石圖其同者凡六十七人其異者
史記多公伯寮公夏首公肩定鄡單勾井疆縣成原
亢籍邽選公西輿如九人石室圖多琴牢陳亢蘧瑗
林放奚容箴五人夫三書相去不過數百年間而異
同已若此故考而識之

崇祀　漢高帝十二年過魯以太牢祀孔子明帝令郡
縣通祀孔子於學校桓帝給酒米牛羊詔春秋享祀



孔子宋文帝行釋奠禮後魏文帝勅有司行薦享禮
北齊顯祖制春秋二仲釋奠於先聖隋文皇制國子
寺每歲四仲月釋奠州縣學則春秋二仲月唐太宗
貞觀二十二年始以外州縣守令主祭玄宗開元二
十八年詔祭孔子以春秋二仲月上丁日宋眞宗頒
諸州縣釋奠儀注圖仁宗詔釋奠用登歌徽宗更撰
釋奠樂章明太祖洪武四年更定釋奠孔子祭器禮
物孔子之祀像設高座而器物陳於座下弗稱其像
其來已久至是定擬各為高案其豆籩簠簋悉代以

磁邱濬曰宋蘇軾謂古者坐於席故豆籩之長短悉與人均今土木之像既巍然於上而列器皿於地使鬼不享則不可知若其享之則是匍匐而就食也十五年始詔天下儒學通祀孔子孝宗釋奠用太牢加幣世宗嘉靖九年議正孔子祀典

祭器　自唐開元中釋奠孔子座上用犧尊實醴齊象尊實盎齊山尊實朋酒宋祥符中用犧尊四在殿上以爲酌尊用太尊二山尊二著尊二壺尊二設而不酌元用犧象尊各一設堂上太尊山尊著尊壺尊各二設堂下明成化中議孔廟祭器豆十二籩



十二嘉靖中釐正祀典尊六爵二籩十豆十簠二簋二登一鉶二俎一罍一洗一篚一蓋以孔子身備四代之法物不如是不足以崇隆也

樂舞　北齊以太牢釋奠孔子設軒架之樂六佾之舞唐用宮架之樂宋設登歌之樂不用軒架而用判架不施堂下而施于堂上于其庭又不設舞焉有歌而無舞非樂正習舞釋菜之意矣明洪武釋奠用登歌堂上堂下之樂咸備初用六佾舞成化中以侍郎周洪謨議加八佾舞嘉靖九年從張璁議改正先師祀典樂三奏舞六佾樂章仍舊

迎神　大哉宣聖道德尊崇維持王化斯民是宗典祀有常精純並隆神其來格於昭聖容　奠帛　自生民來誰底其盛惟王聖明度越前聖粢帛具成禮容斯稱黍稷非馨惟神之聽　初獻　大哉聖王實天生德作樂以崇時祀無斁清酤惟馨嘉牲孔碩薦羞神明庶幾昭格　亞獻　終獻　百王宗師生民物軌瞻之洋洋神其寧止酌彼金罍惟清且旨登獻于三於嘻成禮　撤饌　犧象在前豆籩在列以享以祀既芬且潔禮成樂備人和神悅祭則受福率遵無越　送神　有嚴學宮四方來宗恪恭祀事威儀雍雍歆格惟馨神馭還服明禋斯畢咸膺百福

立學　漢武帝命天下郡國皆立學校明帝永平二年命郡縣行鄉飲禮於學校靈帝光和元年置鴻都門



學宋眞宗大中祥符二年就闕里文宣王廟立學高宗紹興間令府州縣置學明太祖洪武十五年詔郡縣學徧天下賜學糧增師生膳本朝順治初詔郡縣修學其興崇學校文化翔洽振古爲昭矣

謁廟　漢高帝十二年詔諸侯王卿相至郡先謁廟後從政北齊制月朔祭酒至諸生階下拜聖郡學如之宋高宗紹興十四年勅州縣文臣到官詣學謁聖方許視事寧宗嘉泰中詔武臣一體謁廟

聖替　唐睿宗太極元年御製賛一章章八句宋太祖建隆三年御製賛一章章八句真宗大中祥符二年御製賛一章章十二句徽宗宣和四年御製賛一章章十二句高宗紹興十四年御製賛一章章十二句理宗紹定三年御製賛一章章八句明太祖洪武二十六年御製賛一章章四句賛曰德配天地道冠古今刪述六經垂憲萬世今釋奠用之

今上康熙二十三年甲子冬

聖駕東巡



幸闕里有

御製詩古檜賦二十四年乙丑

御書萬世師表四大字頒行天下製扁懸大成殿中

潛江儒學在城內東北隅元世祖至元三十年癸巳隨縣遷建於今縣治之東前校官楊磬濱創始仁宗延祐六年己未知縣阮伯顏建禮殿兩廡繪

先聖像元末燬於兵

元校官李惟中記　荆州古名郡其邑有七潛治獨濱湖澤間隄防衝決民罹水厄屢矣至元癸巳之春學隨邑遷教官磬濱楊公實草創之至今日阮公伯顏被命來宰是邑殿謁之日慨然歎曰學校雖設而宫牆廟貌之弗稱匪闕典歟于是謀諸同僚復請于分按僉憲納刺及李廷珪乃率縉紳之士相助金穀再新斯宫己未秋舁土埕基鳩工輸木不旬月而禮殿落成越明年春又命工改爲夫子先聖神像四配十哲廣以兩廡繪素宫牆煥然一新而又選弟子員入學肄業復增贍學田糧令師生可以繼守既工畢用牲牢僚屬而祀於是邑之士民請書其事于石用



敢紀其時而書焉延祐庚申孟春月十有五日

明洪武初知縣史純一創建殿廡齋堂景泰三年荆州府推官符節同知縣李堅重建時縣尚屬荆州成化十六年知縣胡璘重建弘治十三年知縣史華重建大成殿基地加舊高三尺廣七尺棟梁楹柱俱更大木重簷覆霤飾以黝堊丹漆金碧龍鳳堂陛階級甃以甎石丹墀左右列植松柏制度宏偉門徑垣墉皆一新之嘉靖初改大成殿爲先師殿六年知縣蕭廷達建三十一年知縣夏泗再建

祭酒鄒守益記　昔在洙泗之上祖述憲章上律下襲其敦化川流直與千聖同堂而兩儀並位然舉趾發軔實自志學始志學者志不踰矩之學也所求乎子天然之矩也能以事父則不踰矣所求乎臣天然之矩也能以事君則不踰矣故庸德必信庸言必謹一毫不敢放過至於相顧而慥慥則禮儀三百威儀三千質鬼神俟後聖舉幽明古今而無二矩世之學者記誦詞藻儼然宗孔氏矣飾輪轅資羔雉以徼爵位甚者遺親後君偭規而改錯將孰從而新之我高



皇帝之訓曰學者將聖言體而行之敦尚孝悌廉耻庶得真才而大狩之諭承天拳拳盡孝訓子撫幼敬長之間宛然洙泗模範也雲龍風虎聲協氣應部使者至於郡邑翕然鼓舞翕然勸相頖宮縣縣籩豆有楚咨爾多士洗濯舊習其果忘食忘憂以不踰矩爲志乎其果事上使下從前先後絜斯矩以御家邦乎古今真妄毫釐千里正辨志第一義也爾雅有言漢出爲潜皤冢微涓潴龍淵會峽石沛然以朝宗于海其闇然而日章乎瀇滾暴注奔放四出幾若雲夢不旋踵而涸繼之是爲的然日亡而已矣繼自今師嚴其訓士厲其業官稽其課俛然請事忠信之學不失義不離道俾稽休運者曰邦舊命新壽考作人式與周室比隆於新宮永永有光幸慎無負

萬歷七年知縣朱熙洽重修

邑人袁國臣記　吾潜舊有學前令夏侯嘗修之越茲垂三十年廼殿廼廡廼堂廼舍胥日就圮且也欞星門耳垣向繚以土每夏秋暴雨則傾傾則汲暨浣嫗直趨泮池敝也甚矣明山朱侯以甲戌上第來令



爰諏廟重歎壓焉時方議清田稅創城守未之有暇然尤不敢以爲緩圖廼捐俸約費得金若干因謀之邑薦紳郭古岡氏又欣欣出資佐創費侯遂諏日庀材首文廟次櫺星門次明倫堂次兩廡兩齋外及坊牌咸更其腐朽新之復繚門垣以甎甃泮池以石國臣適以使事過里門學博黎君屬言爲記記曰嗟乎世之顯者孰非起家黌序顧一綰綬立民上幸旦夕簿書對期會是憂視俎豆直如土苴奚問章縫侯獨雅意殷殷是邦人士之幸也國臣不佞請因侯之修

學漫中夫士所以自修者夫國家治安托重乎人材學也者所以養士而待用者也士方髫時其父若兄遣就外傳稍稍談藝有司則拔而置之學舍所以養之也其平居讀孔孟書質之師辯之友發之爲文辭固以爲制科之應要之砥節礪行策勛建名斤斤焉冀之異日者若操質劵而責以償也今海內人文甚盛或卑卑者糾纆佔俾以綺靡相高藉爲賈譽干進之資邦之無當於任使家之無重于鄉評若而人者國家亦何所賴而養之吾潛故號多賢其文行往往



有闘惟郎所爲文而日敦勉於實行使國家坐收養士之效他日覩宮牆而興思者曰潛之學某侯所嘗修者也潛之士某侯程督而興起者也不惟士得侯爲有成而侯之功尤得士爲不泯詎不謂兩相遭歟余也齒髮種種無一足稱於世竊願士欲酬遇于侯則勉于自修不容已已國臣不佞謹與多士共勉之以酬侯云

萬歷十一年水圮知縣王建中重修

國初漸圮康熙十九年知縣韓可興謁文廟生員郭于岸謝煥楊昌張先瑞周郊吳善彥謝熿劉脩等以重修大成殿請公慨任捐修自三月迄六月工將竣旋值大水入城漂圮殆盡公仍命于岸等督工更葺明年正月廟乃告成

兩廡　在大成殿前東西各七楹成化十六年知縣胡璘建康熙四年水入城圮教諭馮雲傳重修

前中戟門三楹成化十三年五月爲猛風摧裂縣丞李鏞教諭曾愷訓導葉善捐俸重建

按宋太祖建隆二年詔廟門準儀立戟十六枚徽宗



政和元年增立三十四戟

名宦祠　在戟門左萬歷元年知縣李之珍建祀名宦九人　又奉檄入祀者二人

明

史純一 知縣　人洪武元年任　史華 知縣渭南人監生弘治十四年任

敖鉞 知縣高安人舉人嘉靖元年任　周延 知縣吉水人進士嘉靖三年任

任良幹 教諭桂林人舉人嘉靖九年任　周洪範 知縣漢州人進士嘉靖九年任

朱熙洽 知縣崑山人進士萬歷三年任　徐熙 知縣南昌人舉人天啟元年任

國朝

韓國璽知縣茌平人舉人順治三年任

督學副使蔣永修江南宜興人丁亥進士康熙十七年督學全楚公明愃大文教事興允稱人師焉

湖北巡撫都御史楊素蘊陝西宜君人壬辰進士擊吳逆於未萌定夏賊之猝變康熙二十六年由安徽巡撫調補湖北時值旱荒公疏請緩徵發賑楚北諸郡邑咸尸祝之

按名宦入祀者惟德惟功繫思乎民以永食於有廟敖公鉞周公延開河請蠲朱公熙洽清田繕城潛百世利也其他築防修學貞廉慈惠諸賢侯之遺皆使潛人嘗不能忘者若王公又旦承貪殘顛額之後丁



軍役水患之餘潔己盗人均田賦與學校禁協夫實綏我邦善政於今稱之功德盛諸公下哉顧祠祀闕然捍患禦災之謂何此典亟宜修舉以慰輿情俟采風焉

鄉賢祠　在戟門右萬歷元年知縣李之珍建祀鄉賢凡二十二人

宋

畢漸紹聖元年狀元膳部員外郎知荆南府事

明

李宗信貢士交趾按察使前御史　初杲進士雲南參政前御史

袁允行舉人鉛山知縣　張師載進士巡撫浙江都御史

胡鑰進士廣東參議前御史　隗滋貢士名山教諭贈工部員外郎

劉勳舉人工部員外河東鹽運同知　劉垓進士雲南督學僉事

袁國臣進士山東參政吏禮刑科給事　歐陽柏進士雲南副使前吏戶刑科給事

郭之幹舉人慶遠知府　歐陽東白舉人德慶知州贈刑部郎中

歐陽東鳳進士太僕寺少卿　柴恪進士兵部職方司主事贈尚寶寺丞

朱宗望貢士江安知縣以播功晉四品封刑部員外郎　吳從誠舉人雲南參政

劉道隆進士通政司右通政前吏兵刑科給事　郭之藩貢士永安知縣



何薦可進士廣東道監察御史　劉若金進士刑部尚書前閩廣軍門

國朝

劉肇國進士翰林院教習庶吉士學院學士

按禮有祭鄉先生於社之文謂其節行足以師表後進軌範薄俗者固在鄉國之所祀於以列侍聖門乃其所宜夫豈相飾以貌相緣以故相欺以所不可見而罔攸徵以幾於諂且竊乎是故君子之於斯必難且慎焉前之聞人尚矣後賢蔚起立仁義之道著孝弟之行雖布衣之士傑然樹立昭令譽於天下後世

而終未與於斯典果簪紱限之與至若直方文學之通儒致命遂志之忠烈清白勿忝於作吏端懿夙重於鄉邦落落諸賢允堪俎豆者而采風有待盛無闕然

神厨神庫在兩廡北庫房在兩廡南正統間縣丞李鏞建康熙四年水入城盡圮

內泮池在戟門前萬曆四年知縣朱熙洽加石甃

致齋所三楹在池東萬曆十八年知縣潘之祥建康熙四年水入城盡圮



邑人柴恪記　今危冠方領綬步詳視彬彬稱章縫士以及釋褐而通籍大者列鼎鉉次者綰銅墨詎非孔氏之徒與國家稽古建學崇儒重道國有學鄉有校所司以時典祀事俎豆孔嘉牲牷肥腯歌雍舞象而進之則爲之徒者安得不慎重其事顧規制堂宇潤色弗備往往憚更始以俟夫來者又復俟焉大都蘭綵急則簠簋爲緩期會先則登降爲後執爵捧幣不過以春秋舉行故事而已而博士弟子員亦遂泥羹塵飯以爲戲初不識柴燎爲何物駿奔爲何事此俗之漸久矣又何能使比閭族黨之民家絃戶誦風易俗移曉然策于仁義道德之途乎邑侯潘公以進士高第來宰吾邑神明愷悌百廢具舉而尤加意黌序蓋計侯之至也始五閱月而塗墍丹堊之役漸以改觀宮則屹如廡則翼如芹香于泮鱣集于堂禮樂其有興乎而侯又謂禋祀之先宜有內舍以便齋沐乃復葺堂三楹于學宮之側而屬不佞爲之記嘻吾始見侯之才今乃見侯之心矣治莫大于禮禮莫重于祭祭莫先于敬敬莫嚴于心心者何精白是也東



鄰殺牛不如西鄰之禴祭禴祭誠薄而精白在則心在也凡侯之簪弁而入執瓚而灌者無以異于人而洞乎其敬屬乎其敬享在于物先志存乎禮始登斯堂也履斯室也束帶矜莊端冕從事羹牆筵几如或見之所謂過宮闕則嚴畏之心生覩高壤則欣喜之情集也黍稷非馨明德惟馨彼弁髦者勿論矣卽以春秋舉行故事旅進旅退取辦文具者視侯顧何如哉夫幽明異境而理同人神異趣而感同以此崇師卽以此報主以此歆神卽以此範俗率是道也侯安

進而不善耶昔文翁以文學治蜀蜀人化之比于齊魯今攷其政固督責詳而于潤色明禮之義猶未遑也侯于是加文翁一等矣至于役不妨民財不損下良法美意未暇更僕數記其大者侯名之祥字伯和別號泰符新都婺源人

欞星門　在戟門前成化十三年教諭曾愷重修嘉靖四十三年署縣教授周宸易以石柱

外屏　在欞星門前萬歷二十六年知縣曹玠重修康熙十一年知縣王又旦重修屏內栅欄王又旦重修



泮池　在屏外萬歷二十六年知縣曹玠重修石欄周圍百丈

邑人郭之幹記　昔思樂頌僖環橋修漢竊惟此盛世事也故人心嚮慕如是不佞髫齔父老傳邑侯夏公興學眾口膾炙迄今紱綬鼎盛歸功焉然則人心何日不三代耶頃邑侯曹佩廷父母嘉與青衿凡學舍齋廡繕葺更新而又銳意斯池鎮百年盛舉哉學博賀君廷洲仰峯朱君鳳儀高宇朱君紳書菴孫君應雷養靈同弟子員屬不佞紀其事余唯前此未聞注意于池也者往往憚規畫慳縻費又不其然時曰蹙之若侯蒞吾邑已長子孫籌策種種目無全牛而各中窾以故一建置上弗格而下樂趨卽今所造池意何周哉堅石而欄重其防也洪源必濬澄其本也淤莽必除尙其潔也眾流匯之大其蓄也池面袤延凡六十五丈有奇縱橫疊石總二千四百餘丈周環規制各井井有條經始于丁酉六月告竣于冬其費則當道助修六十金邑縉紳弟子員樂輸者倍之邑侯捐俸薪并設措者又倍之工成不日人士咸欣詩曰無小無大從公于邁其今日耶學博三先生曰觀



已具是可紀郭子進曰是池也豈直美觀視已哉邇惟興學如文翁于蜀常袞于閩陳公襄于毗陵非不盛創造然史載蜀之化也以文雅閩之化也以風俗毗陵之化也以經義似不顓區區創造間者今侯加意陶成必有所以變化多士者防耶本耶潔耶蓄耶顧晩近學者輕名檢防斯潰矣畧身心源斯竭矣嗜聲華潔斯污矣侈矜誇蓄斯洩矣自修功虧其謂池何故今日所急務遵循禮義以閑出入之防講究身

心以濬衆動之源敦循樸素以堅純白之守博收廣取以擴厚蓄之衷防固則氣不仆源深則用不匱本潔則流必清蓄厚則施必礡如是文雅以馴風俗以粹經義以醇斯學也質之聖賢無愧見之經濟有用思皇多士美不勝書誰不曰自修泮以來人文孔張固如是哉猶之巨鯉活鱗化爲神龍一旦乘雲沛雨覩者謂是從天池中來也侯之功何啻曩昔之頌夏侯即周漢所稱載何多讓焉故因泮成而爲之記

康熙四年水入城石欄傾廢學地漸侵於民間康熙



二十七年安陸府丞鄭公潤中攝縣事見道路偪狹泮水穢濁檄教諭劉在和訓導宋一俊同紳士秉册清釐爰復舊址於屏外築高垣爲左右翼車馬往來咸迂道於泮池外康熙三十一年劉侯煥復疏泮池重修石欄於外屏左右建豎下馬禁牌廟貌一肅焉

儒學門　在櫺星門之東成化間知縣周相重建

大魁門　在儒學門内東南康熙二十六年教諭劉在和訓導宋一俊生員李詵喬葉有聲同闔縣紳士各捐資重建

道義門　在儒學門内其外有魁字牆萬歷七年知縣朱熙洽建康熙四年水圮

明倫堂　在大成殿後高二丈五尺深三丈廣五丈凡三間隆慶六年知縣梁棟以生徒日衆左右各增一間堂前面牆内横石有隨處體認天理六大字爲邑人袁國臣草書

存心齋　在明倫堂東

養性齋　在明倫堂西俱天順八年僉事沈靖建弘治十三年知縣史華重修爲水圮今廢



會講堂　舊名會饌堂在明倫堂西成化間改今名久廢

文昌祠　在學門左弘治間知縣史華建康熙四年水入城圮教諭馮雲傳重修

敬一亭　在明倫堂後嘉靖六年知縣蕭廷達建有明世宗御製碑

啟聖祠　在敬一亭後嘉靖十年辛卯創建

名位　宋眞宗大中祥符元年追封叔梁紇爲齊國公元武宗元年封叔梁紇爲啟聖王明世宗嘉靖九年改封叔梁紇爲啟聖公孔氏　三獻禮俱同聖廟惟

無舞生合舞及飲福受胙
配享　先賢顔氏　曾氏　孔氏　孟孫氏
從祀　先儒程氏　朱氏　蔡氏　周氏
按洪邁謂顔子之父路曾子之父點乃在廡下從祀之列子處父上神靈有知何以自安所謂子雖齊聖不先父食也嘉靖中別祀啟聖公配以先賢顔無繇氏曾子晳氏孔伯魚氏孟孫宜氏先儒程珦朱松蔡元定從祀萬歷二十三年入周輔成從祀



尊經閣　在啟聖祠後明萬歷三十二年甲辰安陸府推官署縣事李天培創建
翰林編修石首曾可前記　今天下郡邑皆有學學之有尊經閣者十而七也潛江楚巖邑介于鍾祥爲肅皇帝龍飛地人材彬彬盛矣學獨無尊經閣甲辰冬司理李君來署邑篆政以次第舉間周視黌序距其北意若未愜者曰是不當有閣耶詢之縉紳大夫博士弟子僉曰宜顧其後迫掌博宅柰何司理君曰可徙乎問得射圃隙地乃議徙宅以建閣遂捐俸金以倡而又謀之李封翁集同儕度土石甃木之需邑孝廉諸生率同志佐之已而郡守李公新君曾公各佐之封翁曰可矣卽不足者請獨任乃涓辰鳩工屬耆儒李君秉仁圭出內太學生蔣君化董其役于是掌博之宅徙計日基就閣成基高六尺袤十之環甃以瓴閣高二丈五尺袤如其基前東西牆高丈二尺中甃石爲甬爲階累七級上崇臺飛甍峙于玄武之方不獨黌序生色卽一邑形勝若爲增壯云封翁介邑孝廉方君登郭君之祜屬余爲記余謂經之尊存乎其人何必閣然閣有不可廢者高皇帝稽古定制



以經學齊一海內士非此不得進而自隆萬以來文教衍濫醇醨之極變爲奇詭唾拾諸子膚剽二氏險覓冥搜驚心炫目而視六經茂如也高皇之訓士曰六經布帛菽粟也士不由此無以知理道洋洋聖謨有深慮矣夫經者常也布帛衣之常卽有火浣弗貴矣菽粟食之常卽有麟脯弗貴矣乃士厭常而趨異若江河不返謂叛經何今年春南宮大比士禮臣議一大創之請一切語不典則者黜報曰可于是計偕之士乃有格于禁不獲竟試者天子宗經範士之心

甚盛而閣之成適遘其時然則是役也體上指端士趨所關宏鉅巳哉余生于楚習知楚士性情往往氣銳而才穎與之爲叛經則決裂繩墨不後于海内而與之爲窮經亦能窺其奥而抉其微自此潛江士綜且誦于閣者仰而觀頫而察必其遵制軌道丕然革趨異之習人材益倍疇昔則諸君子之功宏遠矣司理君名天培陽江人爲余甲辰闈中所得士郡守今觀察李公名仙品高陵人新令曾公名可立豐城人李封翁名鳴戊午以書經魁吾鄉爲少參之皡父邑



人

學署　舊在尊經閣址萬歷三十二年移建於明倫堂東北隅教諭廳一所訓導廳二所俱康熙十二年崩圮於水今亟議擇地修建

明初詔置教諭一人訓導二人齋夫六人膳夫四人門子二人學書一人洪武十五年令縣學二十八給廩膳仍免差徭二丁宣德中增廣員數如正額不給廩膳爲增廣生正統十二年復選俊秀附學肄業爲附學生

國朝初置教諭一員訓導一員生員無定額後奉
旨裁訓導一員歲科並一考大縣生員十五名復奉
旨大縣止五名今奉
旨復訓導一員科歲兩考大縣生員每考各十五名武生員無定額

號舍　東西各五久廢知縣夏泗曾會射於此東爲民居即今學稞地康熙十一年崩一千三百四十餘弓於河

射圃　在號舍前成化十五年知縣胡璘重建置有射



具弘治十年十月爲猛風所摧十一年知縣史華重修今俱廢亟議復

學基　文廟一形東抵察院司西抵預備倉各一百一十三弓南抵泮池北抵城各三十八弓四尺計丈量地一十八畝八釐八毫三絲　泮池一形東二十七弓西二十二弓南北各二十七弓計丈量地二畝七分五釐六毫三絲康熙十二年水嚙城圮知縣王又旦修築北城移尊經閣於啟聖祠後截閣基於城外學廳基亦爲新城址

學田

學田　紅花垸田三十畝明隆慶三年知縣梁棟置

邊江垸田三十三畝萬歷二十八年知縣潘之祥置

邑民陳輔鄉佃種今崩入河　道仁垸黄漢下耳垸

田共一百三十畝零邑人劉垓買捐取租以給寒士

長堖垸田四十畝　紅花垸田六十畝邑民朱希

顔捐　鄉林垸　太平垸共田一百畝取租給文廟

相禮生　鄉林垸田四百七十畝康熙二十七年安

陸府丞鄭公潤中攝縣事查有鄉林垸張祚沛絶戸



逃田四百七十畝傳諭闔學生員張先瑞等具領送

學除完賦外餘租備　聖宫修葺之費康熙三十一年三月内臬憲王詳院看語云其送學之地原係張先瑞等公領仍付張先瑞管業辦糧所餘花利修葺文廟可也奉　督　撫批允有案

學稞　明嘉靖六年知縣蕭廷達見河水衝學之左召

居民沿河築室環繞學宫量徵租以給生儒學藉民

以衞民藉地以居民無租苦學有租利其惠溥矣固

未嘗覈數于縣令而上討于督學也隆慶三年貢士

謝嘉會具呈督學顔鯨遂檄縣查前租知縣梁棟丈

增租銀六十四兩零以半給學費半聽督學支給彼

年學縣公議酌令將學費爲教諭立水夫一名傘夫

一名出門挑夫一名共給工食十五兩其餘作本學

旗匾周濟等事康熙四年教諭馮雲傳查租節年崩

塌入河前官減租已少十兩康熙九年知縣王又旦

清丈弓口冊在縣康熙十一年崩塌入河今成潭水

者一千三百四十餘弓其租所存無幾矣　又北城

内外學宫隙地招佃取租永作膏火之資亦康熙三

十一年有案



社學　一在縣西河街一在縣城内大關廟前明成化

十五年知縣胡璘創今俱廢亟宜修建

義學　設無定所亟議創建

書院

石橋書院　在縣治西龍淵市元泰定間學士林士淵

建久廢

學訓葉善詩　昔人有志紹先賢搆得藏修屋數椽

煖席春風懸絳帳寒燈夜雨對青編事同嶽麓千年

著名並匡山萬古傳今日題詩追舊跡餘光還耀石

橋邊

白鶴書院　元湖北提刑副使姚燧建今城隍廟其舊址也

按姚燧許衡弟子衡字仲平河内人幼有異質七歲入學授章句問其師曰讀書何爲師曰取科第耳曰如斯而已乎師大奇之稍長遭世亂既逃難徂崍山始得易王輔嗣說衡夜思晝誦不稍懈後從柳城姚樞得伊洛程氏及新安朱氏書尊居蘇門日與樞及竇默相師友甲寅世祖出王秦中以姚樞爲勸農使



召衡爲京兆提學秦人新脫于兵欲學無師聞衡來莫不喜中統元年世祖即皇帝位召衡至京師時王文統以言利進爲平章政事見衡與樞並入侍患之乃奏以樞等三人爲太子師保傅陽爲尊用而實不使數侍左右也將入謝衡曰禮師傅于太子位東西鄉師傅坐太子乃坐公等度能行此乎若不能則師道從我廢也樞以爲然乃相與力辭改命樞爲大司農默翰林侍講學士衡國子祭酒未幾衡亦謝病復歸河内至元六年命與太常卿徐世隆定朝儀儀成帝臨觀之甚悅又召與太保劉秉忠定官制八年以爲集賢大學士兼國子祭酒親爲擇蒙古弟子俾教之衡聞命喜曰此吾事也乃請徵其弟子王梓耶律有尚姚燧劉安中等十二人爲伴讀十年權臣屢毀漢法諸生廩食或不繼衡請還帝以問翰林學士王磐磐對曰衡教人有法諸生行皆可使從政此國之大體宜勿聽王磐氣概一世少所與可見衡獨曰先生神明也衡卒謚文正詔從祀孔子廟庭後姚燧官至湖北提刑副使解官卜築于潛建藏書樓曰讀書



其中有白鶴巢于上遂以名樓今城隍廟址臺屹然外臨池水石橋問之鄉人從父老言至今呼白鶴臺云

教授孔克學詩　集賢辭老向南州萬卷圖書百尺樓何處飛來雙白鶴結巢相與訪林邱

訓導葉善詩　誰匾書樓作鶴樓幽棲卻有鶴同儔聞琴影舞朱簾月警露聲傳玉篳秋常喜五車充鄴架不思萬貫到揚州而今一去緱山遠無處登臨爲訪求

陽春書院　在縣西門外明萬歷元年知縣李之珍建今廢

同仁書院　在縣治西邑督學僉事劉垓建今廢

都御史安福鄒元標記　督學劉達可氏吉郡人也其尊人朝列公寓潛遂居潛自滇歸惟以明道爲事捐俸闢館時集同志顏曰同仁且學且教㞐有書文江之濱屬鄒子爲記鄒子蓋嘗與達可同官夾鳩氏以學相勗誼不可辭謹爲之記曰昔夫子設教多術矣有言孝者有言性者有言敬者其說不同獨言仁



之旨不一而足後世儒者遂以夫子之學惟仁爲宗至宋儒輩出曰識仁曰體仁曰求仁皆兢兢遵洙泗遺矩而不敢悖尺寸不知夫子所謂仁者欲人自得其本心耳苟得本心併六合通萬古千聖之心皆我之心仁不必言不得其心曰識曰體曰求未免以己合彼去仁之旨愈遠達可其旨在斯乎以我之仁同于人是分所有與之不知人自有也以人之仁同于我是分人所有以與我不知我固有之也以愛之理爲同仁愛仁之一端也以萬物一體爲同仁世借一體之說而卑論儕俗者不少也然則將何說之歸夫子曰仁者人也識仁即人人即仁則海以內海以外千百世之上千百世之下無智愚無賢否無貴賤惡乎同惡乎不同其說嘗辨于易與書矣易之同人曰于野亨利涉大川利君子貞于野者無然畔援空洞無涯之謂也君子者正也故曰惟君子爲能通天下之志至同于門于宗于郊而一曰先咎一曰吝一曰志未得則以其有域也書曰無有作好遵王之道無有作惡遵王之路無偏無黨王道蕩蕩無黨無偏王



道平平無反無側王道正直非知仁者不足以語此蓋必如是而後可語同仁之旨登斯堂者門耶宗耶郊耶作好作惡耶偏耶黨耶反側耶可惕然思矣楚故有嶽麓石鼓諸院有先賢之遺蹟在焉予將次第訪之而及同仁謹書膚見勒之碑陰以當請事

禮部主事安福劉元卿記　丙申之夏予卧病山中年友督學劉君自潛江以書抵予曰予本安福人也習父師之教夢寐復古復真之間而不得以身遊輒于僑寓創同仁書院其前爲廳事後爲義倉又後爲

堂堂之後有池羣同志日聚其中子盍爲我記之予曰予未識仁安所得仁人之言而稱之雖然予嘗聞之矣夫求仁爲學之主謂也而同仁則所以求仁者也然有方焉此其說在立達之章矣子貢求仁者也而未得其方故求之博施濟衆博施濟衆堯舜之所同仁也而非孔子之所以同仁也夫欲立則思立人欲達則思達人此人之本心也吾如是人亦如是此不可近譬而得之乎故立一人則人不立者斯人將立之矣達一人則人之未達者斯人將達之矣以一



人施天下則用力甚勞而其施不得不竭此堯舜所以病天下立達天下則操術甚逸而其濟不得不博此孔子所以不病病者賢乎不病者賢乎斯宰我所以獨高孔子也而要之孔子之所獨賢誠得其同仁之術之巧者耳孟子之贊孔子曰智譬則巧其深知孔子者乎蓋昔者伯夷用力于清則至乎清柳下用力于和則至于和清也和也然而未仁也伊尹近乎仁矣然而爲仁之術尚倚于施濟故必就湯說之乃可以拯民自伐夏之外未有仁天下之方也夫至于伊尹非不可言同仁然能以一人同仁非能使衆人自同故孟子但曰伊尹樂堯舜之道而已蓋至是益知孔子之爲巧孔子之巧于求仁能使人自爲同而已今天下譚學者誰不言同仁哉然試問以孔子爲仁之方則莫不茫然矣仁必博濟則孔子抑何所施乎而不知孔子之立人達人其施皆有大焉由求公西赤猶然博濟之術也而曾點見趣乃獨在舞雩三三兩兩之間是以孔子喟然與之其微意可識矣奈之何二三子囿于孔子教學之中而默契其術者鮮



也爲仁之方之言隱然以其術傳之子貢而子貢卒亦莫悟第曰夫子如天之不可升如日月之不可踰而不知夫子之不可及正在操術之簡易耳嗟乎向微孟子則孔子之術之巧孰能寓于目乎元不佞何能智及孔子之術然嘗朝夕耿先生得聞其說竊歎孔子之不遇豈獨七十二國之君相即七十二子之中自顏淵而下莫之能識也莫知我也夫誠傷之矣予今故因記同仁書院而著其說如此潛士日遊書院之中尚亦究竟此義使孔子同仁之術大明于後

世庶幾立達無窮心傳不盡不負吾劉君所爲創書院之本意斯其爲同仁也不亦大歟

中洲書院　在大關廟街東邑人郭世朝建內有椿桂堂環翠亭講經所大本達道齋

都御史趙釴詩并引　五經自漢武表章之後一時學者先後輩出說詩者多至數百家至紫陽先生詮註之後漢說盡廢豈千百年以後之聞見獨得其眞於千百年之上耶呂東萊云註詩而詩亡知心之語何可多得不得與中洲先生互相辯說臨書慨然



五經羽翼漢儒多疑異千年幾勘磨爲問經生傳誦日可會重訂宋儒譌（講經所）亭中幽人悟道蚤六義終朝恣尋討至今飛翠撲簾來堦下遍生書帶草（環翠亭）竇氏山前古樹奇何年移向楚江湄綠陰滿地書連屋不見匡公來說詩（椿桂堂）大本達道本無功只在吾人喜怒中要向自身尋位育好從齋裏問申公（大本達道齋）

傳經書院　在前西街康熙十年辛亥知縣王又旦建內爲傳經堂堂左爲說詩臺右爲操縵軒後爲藏書樓樓東西爲文場

知縣王又旦傳經書院約　潛之書院見于舊乘者四曰陽春曰石橋曰白鶴曰同仁今皆廢故老莫能識遺址夫潛爲江陵地宋始建縣洎至今未百年而講習之地多于隣邑亦足以見此邦人士之好學也地處汙下隄屢決罹大浸士有逃水者多館他郡余至潛按其所學大率喜浮名鮮實效思所以移之乃建傳經書院于市南門四楹南向入門西折爲傳經堂堂後東西屋爲文場北有樓可貯書堂之東偏曰



說詩臺臺東有隙地可爲圃堂之西曰操縵軒設琴瑟柷敔于是選長開講使諸子各以所業進其大要尚實行絀詐僞究經之義反其所喜而導其所可安夫當其可曰時不淩節曰孫余于古人之訓固未能逮也而竊有志耳申七約

其一課期約　凡課文用月中甲日及期諸生侍門外俟令至升堂然後立階下揖聽名乃進授卷畢則趨而入三伐鼓乃坐課文二篇畢一揖退

其二講期約　凡講期以四仲月春秋用上丁日先

期隨令宿于廟次早盛服行釋奠禮畢乃詣書院凡講前十日擇經明行修者一人爲之主至期中坐餘皆侍東上爲縣令次廣文次佐貳西上爲縉紳以齒序諸生以次就坐三伐鼓檢姓名冊隨意出諸生五人各講經一章問難析義俱聽主者畢乃退夏冬用二至出諸生五人各講四書一章畢乃退餘如春秋例

其三先志約　官先事士先志昔賢懿行簡策不乏當各就質分擬一二古人以爲程如其志雖葛帔練



裙有所不棄非其志雖聯騎鳴鐘有所不取

其四辨非士約　服儒者服粗知文字不察其行未可便命曰士與人相疾誓相貿首東郊之雞也誦訾奇詼捷捷便便夸言蠱政江中之短狐也干求無厭俛首帖耳分一葉之影冀歠滴之泉山莊之餘態也初習聲律掇拾遺藻託言風雅以造公庭市門之駔儈也有一于此者非士非士者勿入吾門

其五明戒約　茲堂之興以行不以言以實不以名以靜不以躁以公不以私以言者如無當之卮雖寶非用以名者如秋林之槁葉行將霣之以躁者如駑無縴牽不能致遠立見其覆以私者如投步羽淵欲覩日月而覩青天故申明昔人學規之九損示士之有志于學者　九損比昵狎玩鄙也黨同伐異僻也假公行私賊也或評有司長短或議鄉井曲直或訐自己不平浮也或談曖昧及瑣屑怪誕妄也文過飾非不思速改恬也揚人之惡悻也問答之間或阻抑或執拗滿也人是人非道聽塗說畧不及求莽也

其六治詩約　漢魏以來諸家之詩古詩之裔也方其寄懷託興高出太虛之表深入不測之淵有境必窮有感斯通覺性情之外別無長物治行之餘所當



吟誦此人德之門也且博依固古人所不棄也

其七習樂約　古樂失傳器亦殘缺人以全學之無攻也因並棄之夫羅縠綈錦不以缺一而不衣黍稷稻粱不以缺一而不食獨于樂則疑之知養身而不知治情抑何謬耶夫戴逵之琴導德宣情傅玄之箏推故引新馬融之笛通靈感物謝仁祖琵琶有天際眞人想王褒洞簫使貪饕者聽之而廉隅昔賢有工一器以自賚者願與志士共勉之康熙十年歲辛亥八月二十五日

邑人向大觀引　農不有畔乎不十千耦乎工不州
萃處乎不肆成事乎彼其庾廪謀目巧營也且若是
大千人而俊小百人而乂其自爲之所孰與比詹詹
者如之何衎言笑則羣居敬正業則渫去也書同文
字日所當灑然振變者君侯王公來治我土之四年
綱目張舉政清民和其明年
天子當出知貢舉大比士于鄉侯雅志經學謂綴文之
士思以文章寵其身顯聞于當世必經義修明博物
洽聞通達古今乃可補世用議築傳經書院于孔衢



效漢時儒者選高才生時時受學其地邑人士蒸蒸
起將無治易精天人如王輔嗣妙年蚤器于何吏部
尚書者治孔壁上蝌蚪古文將無官遷太傅受詔撰
論說不爲章句破碎如夏侯勝者將無弱冠誦左氏
傳及五經本文綜貫其義天子勑蘭臺給筆札使作
頌又詔令撰齊魯韓詩與毛氏同異並作周官解故
及他古文異同如漢衛士令賈逵者惟胥宇之墨未
食卒後之礱未與脫大令之俸錢無以召土司空無
以召土司徒殷殷更番計之大觀等僉以議上曰

今天子崇重教化侯以經術倡士類適逢其時兹邑人
者疇爲伯巳疇爲什巳疇爲若巳敢不先後至操書
杖以朝於門下至請席之何嚮此邑父兄弟子事不
敢以煩執事侯曰邑舊有陽春書院非若先令李公
遺址乎大觀等復議曰作始者必謀其終今日大夫
士作之郎異日大夫士守之侯作之疇守之守之奈
何請計曰因經有院有院其可無經乎有院有經其
讀經弟子晷膏可無繼乎請又計曰三月之糧不聚
宿舂其可飽乎梓氏之官不具賜札其可給乎夫傳



經行遠使四境內外有所風示非剞劂不爲功人知
名義之傳則廉節重廉節重則利祿苟且之徒不勦
而自去侯之所以廉立百世者將與潛土亘綿邈也
今日土田塹隘一二父兄尚能供億惟侯一指麾使
世世倚千城耳何屑屑薪木計爲侯曰若議果是乃
告諸我土君子疏姓氏于東手醵其金數次對揚我
侯之光命

邑人朱士尊記　元世祖置州縣儒學官教授諸秩
外設立書院皆有山長院長之屬以統之故經明行

修之士咸得模範于一方而人師亦易覯矣邑治書院有四石橋陽春白鶴同仁惟同仁尚存廢址殘碑餘俱古蹟莫考康熙辛亥歲郃陽王公又旦捐俸創建傳經書院于南城內後西街院門三間中爲傳經堂堂左爲說詩臺築基高一丈上翼以亭秋可邀月冬可眺雪也堂右爲操縵軒基稍遜左亭亦如之設琴瑟柷敔于中用以導和也堂後爲文昌閣上祀帝君併藏經史若干卷明主敬也閣東西號房各七爲諸生月課處唱名受卷師嚴然後道尊也課期以



中甲期科名也說書以釋奠之次日崇聖道也說經以二至重專經也皐比擇夙儒敦實行也由是後生小子始知有聖賢薪傳而于帖括之文無取也閣前古柏一株老桂一株俱蔭十丈許綴天香勵晚節也院基爲黌士朱戴震之舊宅故喬木鬱葱也

# 潛江縣志卷之六

知縣事劉　煥纂修

知縣事史致謨續纂

## 饗祀志上　壇壝　廟祀

王者秩祀事以修禮經自朝廷達於郡邑崇德焉則有祀酬功焉則有祀凡以爲民也九土百穀民之所天社稷者祈報所自出也庇之以壇壝虔告明禋用以邀福於上下神祇春秋凡二舉示不瀆也祀首乎孔廟導民以敬先聖先師明人心道心之防綱常名教之所繫也



城隍式臨乎有土神與質默佑夫彰癉矣厲獲依罔恫於公族矣勤勞之大夫儀型之鄉老咸馨明德俎豆尸祝之弗諼固其英爽未替秩載舊典代有闡揚者矣香界琳宮亦得附著蓋以創建多自朱元爲祝釐衍儀之地禮教在斯非若習尚相沿楮錢爲市以愚其氓翕然宗之而爲淫祀者君子所不道也作饗祀志

### 壇壝

社稷壇　在縣治西洪武三年知縣史純一立成化元年知縣呂文重建宰牲神廚庫房及壇門十五年知

縣胡璘增修久廢

洪武二年奉禮部勅每歲春秋二仲上戊致祭按地官大司徒設其社稷之壝而樹之田主祭用上戊重土功也今人遇初十日祭文廟乃于十一日祭社稷是次戊矣似于會典之儀未合如丁在初十須初一祭社稷此非臆說也邱瓊山程篁墩亦云然各郡皆于上戊祭社此獨不然不知何倣

風雲雷雨山川壇　在縣治對河南岸洪武三年知縣史純一建每祭或遇風雨水漲渡涉甚艱成化元年



知縣汪志遷於縣治東南建宰牲神廚庫房十五年知縣胡璘增修舊志謂縣河南岸蓋天順以前西河今已失其故道歲久僅有壇壝而無房舍

洪武二年例以城隍合祭於一壇

邑厲壇　在縣治東北水圯成化六年知縣汪志遷於縣北建廚房庫房及壇門十五年知縣胡璘增修復水圯今遷於縣治西

按清明日七月望十月朔致祭以城隍主之

鄉厲壇　舊二十三里俱有今隨鄉村各便祭以九月九日

按厲祭自三代以來有之明洪武命京都王國府州縣於城北郊各立厲壇每歲三祭春清明秋七月望冬十月朔在內命京尹主祭在外則守令主之先期牒城隍神至日祀以爲主幽明之間各得其所阜康所由臻也

廟祠

文廟　崇祀至聖先師孔子以四配十哲配亭以七十二賢及左邱明以下二人從祀兩廡



啟聖祠　祀啟聖公

名宦祠　祀名宦十一人

鄉賢祠　祀鄉賢二十二人　俱詳學校志中

按二祭相沿已久而肅怠叢生有視爲故事者矣有藉爲蕪餘者矣知縣王公又旦恪遵禮典精白乃心詳考法物做豆籩簠簋尊罍之制而新之每于上丁之先則齋戒祭所質明釋奠昔子路祭質明而始行事晏朝而退孔子曰知禮惟公爲得古意焉

城隍廟　在縣治西北隅明洪武初年知縣史純一建

天順七年知縣呂文重修

職方主事盱江方嵩記　楚之潛江舊有城隍廟在縣治之西歲久傾圮邑令尹古汴呂公廷樞欽承上命釋褐來知是縣謁祭之日周視祠庭榱桷腐敗階宇圻陊登降俯伏若罔克施大懼觖民望貽神羞慨歎久之迺謀于縣丞臨卭蕭彥魁主簿石泉景思齊典史鉅鹿于清曰國家設官分職所以治民凡府州縣皆建城隍祠以祀之者所以爲民也有災也欲其捍之時歉也欲其豐之今廟貌傾弊若是上旣不足



以妥神靈下又不足以起人敬皆吾司牧者之過也願與諸公割俸以修葺之可乎僉曰諾於是各捐俸若干不浹旬衆材以集羣工偕作傾者直之顚者扶之朽者易之仆者撤而新之廟寢煥然門廡巍然經始于天順七年九月而告成于次年仲春越明年爲成化紀元夏主簿景思齊部糧來南畿乃以其事告于予且曰我呂公之德之功不貲于官不勞于民而盛事告成不可無紀述以垂永久敢假筆于執事願無靳也予辭弗容故爲直書其事于堅珉以侈呂公之功

成化六年知縣汪志弘治五年知縣張昺重修萬歷二年知縣李之珍增修前殿前楹十廟萬歷十九年知縣曹珩重修

邑人劉垓記　余觀曹侯之新城隍廟其有裨民教者哉夫天下有三權賞罰之權在朝廷是非之權在君子而禍福之權則在鬼神顧賞罰法也得無有逃于法者乎而賞罰窮是非理也得無以其理而迂之者乎而是非窮自非鬼神司禍福之柄默尸而陰憚之何以使人之以勸以懲哉故莫尊于賞罰其權疏莫公于是非其權隱莫嚴于禍福其權爲不測三者



未嘗不相須而先王之神道設教有以也乃鬼神夥矣以語祀典之正關繫民生者則孰與城隍吾邑之有城隍舊矣其神最爲靈應無論旱潦疾厄與夫雨暘愆期者輒往禱之卽民有善而被枉者曰吾將理于城隍有惡而倖免者私嘀指戒曰不畏城隍知耶夫善豈必福而其福善者恆也惡豈必禍而其禍淫者恆也不賞罰而嚴不是非而公使王法常存而天

理之不泯也微城隍孰與于斯䜀乎大哉其權爲匪測哉顧其廟在縣治西國初史侯純一創建之嗣是汪侯志張侯昻李侯之珍曾遞修之未備也茲又逾二十年于茲矣匪惟湫隘弗展而且棟折榱朽風雨莫蔽當事者豈不顧瞻力詘謂何耳曹侯甫下車謁神廟而慨歎曰吾與神非分幽明而理者與吾將藉神以輔吾不逮而神廟不肅其何以棲神明而答靈貺也乃捐贖鍰佐以俸餘不煩民力一舉而新之前爲大門三楹入爲拜殿又入爲兩廡十廟又入爲神殿弈弈嚴嚴廟貌壯而神威赫矣不三月而工告成



視前四侯之功有加而二百年之祀典再肅其幕高君請記以告來者余嘉侯之能爲民事神也乃不辭而爲之記嗟乎國保于民民依于神彼以傳舍視其官而以土苴視神者豈其祀典之不修抑亦民隱之不恤耳侯惟孳孳焉蒼赤是念而因借神貞教用意誠深且厚哉或謂邑有神君安事城隍夫城隍常有若侯之神君不常有崇城隍而寄以不測之權而後神君之權愈尊故曰侯之新城隍裨民教也侯善政種種不具書書其功在神廟者如此侯名珩蜀劍門人嘗典山東文衡若谷簿謚臨川人高幕科蕪陰人皆與有勞于廟者徐司訓采夔開縣人龔司訓縉浙龍游人皆樂觀其成者例得並書

按城隍之名不經見惟唐李陽冰有當塗縣城隍廟記明太祖始有勅封鑒察司民城隍制詞京師命京尹主其祭府州縣守令主之新官到任則俾其與神誓而又付之鑒覸糾察之責使有民社者不敢以非禮厲吾民也其與周禮司民之祭相彷彿歟城隍與山川皆土地之屬也祭典以之附山川之祀



邑治蚌湖去縣西六十里有城隍廟不知創自何年豈舊縣遺蹟耶

八蜡廟　按八蜡先嗇一司嗇二農三郵表畷四貓虎五坊六水庸七百種八所以報本反始息老送終聚萬物而饗之非特八神也而所重者八以其獨有功于田故也仲尼曰百日之蜡一日之澤今廟祀缺然似宜創舉焉

東嶽廟　一在龍淵市明成化四年知縣呂文選於縣

河南岸萬歷二十六年知縣曹珩重修一在白洑一
在縣北石磯天啟三年知縣陳夢琉建康熙十年水
崩圮移建於北郊外二里許
景陵中允劉必達記　頌賢令者必曰神君明乎神
與令之並尊也神如水在地方疏汙而茹清分膏而
溥澤無之而非民利者按祭法咸得有祠而潛之祀
獨巋然磯上蓋漢水自蘆洑而下西折入潛奔騰喧
豗勢若建瓴實惟磯砥柱之磯不敢恃則顧徼神貺
以恃無恐故祠與磯相庇如唇齒焉邇歲磯流震激



祠址懸岸神聖露處歆蠹侵宮節潛之簾社室廬岌
岌乎將不自保士紳暨父母每過其下輒心悸神搖
不忍近睇顧念時儉費繁安得當事者慨然任之爲
潛邑造祉乎屬不佞年友陳大夫以忠臣世裔筮仕
入潛甫下車謁祠見頹垣斷桷陋不可儀旋集里耆
詔之曰爾潛闔邑之大墉崇櫛比誰爲表鎮者乎迺
使神棲靡奠上雨旁風萬一神怒欲徙潛又安能晏
焉而已里耆謂欲葺祠請先以磯商磯安則祠安此
萬世之利大夫曰次第興舉爲費奈何父老逡巡不
敢應大夫曰若曹固叢任于我矣雖災氛頻仍廪庾
蕭然計誠無所出第吾爲若邑長神弗歆民有司之
罪也遂慨然捐貲若干聽諸慕義者稍佐之度可布
工爰簡里胥之勤慎者董其事隨鳩匠庀材構前後
殿六楹東西各五楹負殿而峙者爲子孫祠大夫衆
人之母而騶虞麟趾化被南國也一爲福祿祠大夫
受祿于天而飲食五福敷錫庶民也遠至僧舍賓居
醑廩若廚靡一不具繚以垣樹周飾丹碧輶軒之使
紀綱之僕凡經行斯境者望而知爲奇觀焉自是上



帝稱享馮夷靖戢秋水偶至不復敢與磯抗惟邐迆
循磯而去百堵安萬室盈先王因成民而致力于神
大夫致神以及民其揆一也蓋大夫東牟人泰岱在
其封內者維嶽降靈所助者順此與受金簡玉書于
蒼水使者絕相類不然前此葺祠之議竟成築舍大
夫纔五閱月而告成豈人力哉不佞達典在掌故竊
欲取大夫之功置之西門豹史起殷褎之中恐大夫
尚夷然弗屑矣大夫諱夢琉宣城靖獻公後
按鄭子產曰山川之神凡水旱厲疫之災于是乎禜

之皆有功于境内者也朱熹亦曰非境内山川與我不相關自不當祭之今東嶽行祠徧天下而四嶽則各祀于境内豈非以觸石而出膚寸而合不崇朝而徧惟泰山者乎

馬神廟　在縣治儀門左小雅云吉日爲戊既伯既禱注謂伯爲馬祖將用馬力以吉日而禱之則茲祀爲典所載也康熙三十二年劉侯焕建

土地祠　在縣治儀門左

關帝廟　帝之祠徧天下幾與尼山並即邑境内立廟



祀帝者凡數十處據縣城内及縣西北縣南三祠有碑記可傳者具載餘不悉錄　一在縣治南十字街東明正統三年知縣陳敏政建天順七年知縣呂文重修燬於火弘治二年知縣張昺督民蔣灝等重建嘉靖二十五年復火三十一年僧如靜募建崇禎十年邑人郭鋕重修　一在縣西北忠義舖萬歷二十七年知縣潘之祥建公自爲記崇禎十二年崩圮

一在縣南三里萬歷間邑御史劉寅建

邑人陳一奇忠義廟記　邑治以東爲文獻里蓋郭氏聚族之所簪組舄奕故名焉里有關帝廟剏于正統三年邑侯陳公而火燬者再呂公張公後先葺之然規模草創陋弗可儀至世宗朝有僧如靜者請于諸檀議闢其庭址而艱于貲賴郭司理公暨刺史給諫兩公樹義捐金爲邑先神庶乎有寧宇矣厥後雨風摧震門徑湫底邑大夫婺源潘通許安慨然思焕其制而捐鏹易礱鮮可慮成于時太守恭岡郭公解所懷之帶爲塗塈費而太守對岡公方在孝廉亦樂與襄之殿高而楹頫平列三門如左右翼廟乃裒



然壯焉獸以位寘諸僧訖無曠地爰是列屋而居者陊剝黝昧幾不睹漢官威儀矣我元爵公自山陽守還顧睇其中輒愀然曰吾祖若父奕代相承萃匯茲里所徼神之靈者渥矣按祭法德施則祀廟貌弗康謂酬貺之儀何且祀典有百而關帝獨以丹誠著丹誠者帝生平所自矢即吾家之仕譜也敢弗式欺乃不諂邦族不煩里旅鼎搆正殿三間其崇數仞廣延倍是又爲圓通殿與殿相屬又爲門二重最後建庵顏曰證聖以處諸僧之祝釐帝座者皆累石爲基繚

以墉垣飾以朱碧凡入廟而登拜者如畏如慕如神聖之憑臨而綏以百福也經始于癸酉春越八閱月而工竣其住持僧明禎輩屬言爲記嘗考古之爲良吏者多致謹于神故王世安之守韶州也祠廟之隤圮悉與更新及詧王君爲政則廉嚴伉爽宇下奉若神明焉倘所謂至人合德者非倖祉于回也元銘公在東海其能聲異治不亞韶州而事神恭謹則今古同揆已朱考亭之言曰廟祀有靈皆山川之精氣所運然諦觀斯廟昉始于初年而聿新于兹纘悉郭氏



之祖孫父子綿衍而增拓之是氣運匪繫山川而奄爲郭氏有矣昔人建時致祥者如玄鶴來翔如五色雁集如殿上感鐘音寢中見燭光事至靈異而非幻渺也矧帝于文場爲樞柄廟成之會衆儁雲蒸繼是者更繩繩其未艾則帝之大有造於吾邑而仁人之澤且與俱永矣書之以爲來兹勸謹記

邑人劉昌吉詩併引　昌自兒時受漢書先中憲爲解說先中憲未成進士時於余鄉太安寺感夢事絕奇其後官比部數抗言奏彈權貴中涓雪理冤獄幾不報荷帝數垂慈庇佑頗有跡得從請且獲生錄十數人憶先中憲初每於五月十三日必提抱昌往肅拜昌積今未忍忘第數十年未敢效贊頌今兹就養城中偕長孫寅俊入廟瞻禮漫誦李温陵詩有我心無所敬只是敬將軍之句敢肆僭和頂首陳辭　憶自兒時尊所聞敬初惟有漢將軍君臣兄弟奇忠烈天日人心大義文一燭光何關異節孤刀威豈遂殊勳武侯千古風流鑒髯在曾先美絕羣

知縣潘之祥漢關夫子祠記　潛北舊有水則歲久湮塞民患沮洳其上有官舍門廡廢鞠爲草圃矣余



始過其地惻然亟命修則操畚鍤具磚木不踰月告成水道復通余因卽故官舍地建祠爲楹者六爲廊者二爲門者一周以牆垣左爲水廚右爲精囷而易官舍于其旁榜曰忠義其祠以祀漢關夫子時奉府檄趨景陵止于西寺僧舍愛其山水秀麗大類西湖曳履登眺久之因取其僧四人以歸使居祠奉祀事而里民郭紘原捐田二百十三畝余因籍入祠命僧歲收其利具饘粥捐俸買近祠田五畝使種蔬菜設

鐘鼓磬鐸而諗之曰而知余建祠之意乎夫潛苦水耤刓以洩之刓壞則障溢茲之刓城郭近焉修之亟而使守者弗勤猶弗修也余故命爲刓而即刓之地爲祠朝夕諦視水之消息出入又念關帝舊守荊潛爲屬國潛之子姓其先世皆奉帝之教令至于今粒食皆帝之賜而無以報德非所以隆重其本故奉關帝而舊之官舍榜曰陶朱于義無當易以忠義以帝之耿耿大節猶可風天下殄其素所居守者乎是祠以帝建帝以刓立刓之疏塞係帝之興廢帝之興廢



係祠之有無祠固不可已也雖然帝之神如水在在皆是何獨私一潛乎獨慮潛之民被水之患欲假神之靈以福我潛使魚鼈之場皆禾稼之地而人人歆神之惠于無疆也則帝之澤于潛者大矣祭法曰能捍大患者則祀之帝檝曹落吳既沒而精英行宇宙拯弱扶危翊運濟困往往人能道其事是能捍大患者祠之立豈虛哉既成而幕僚曹公懋砌石若干丈倅劉公啟業具什器曹四川黎州人先世籍新安劉四川成都人

邑人歐陽柏關夫子祠記　帝大節磊磊英勇冠世自縉紳先生與里夫巷婦稱述不去口實自都會至四方井聚鄉落肖其像而祀之漢建安迄今二千餘年猶一日也夫帝之始也心知吳爲漢賊奮然絕其婚罵其使而不與通吳固欲甘心於帝矣以昭烈之明孔明之智計不及飭兵備爲帝聲援而令其武功不就墮遜蒙之狡謀此非人也數也數雖奇而其節概雄勇聲施後世不隨人與骨而俱朽焉直菴劉君爲御史以風節著聞歸田以來每坐起修談帝之生



平又歎陳壽志帝而事多略夫亦與帝臭味相似爾頃爲帝建祠城南祠與贈公神道碑東西相望御史過帝祠則起敬過神道則起孝起孝仁也起敬義也仁與義以身先之繇今以往風起後人爲仁人義士而必稱述尸祝於帝也者其在斯乎其在斯乎

火星廟　在縣治南十字街西五行之生序次曰火天地之大用萬物永賴焉天順間知縣呂文建

火星樓　在縣東河街先是邑多火災萬歷元年知縣李之珍禱修今崩入河

水府廟　舊在縣治正街成化六年知縣汪志遷建於東河岸嘉靖二十四年知縣黄學準遷建於北門外河岸以鎮石磯萬歷九年主簿劉鶚改增爲樓今崩入河

楠桐廟　在水府廟左知縣黄學準建自爲記今崩入河

知縣黄學準記　郎官黄學準氏曰予遊江湖間晩始知楠桐神之名江湖人凡稱楠桐皆虔心致歸依詢知師巫無可憑准其言神在江湖變化顯異能司



風浪弘濟舟船普救急厄默相大工皇木後先至不誤欽期壘壘不能殫述大抵皆奇奇怪怪可喜可愕者鬼神之理容有之矣予海濱之人聞諸海賈事天妃峻靈王諸神爲甚謹曁壯仕楚楚俗尚鬼名號紛錯蓋有搜神記所未載者宜乎知神之晩也職忝牧潛縣址逼襄河先任茲者率支持目前衝嚙日近去民居僅三五尺大成殿與分司直丈餘耳予嘗建石磯一所河隄竹木排障九十餘丈隨圮于水僉謂厥土浮壤無力不能負載木石下有潭穴水物所居卒難成功嘉靖戊申歲郡侯又洲劉公偕二守昆池張公實來相度始議添三磯頭爲支水計分守小洛何公分巡太乙張公相繼臨工示以要旨予謬承重委竭力盡心與同主簿李君壁典史劉子時仁率公正人等躬荷畚鍤磯將成忽析凡再更之而始定時已六月大水踰期不至乃爲速成之而漲忽暴至河堤水不沒者數寸所賴石磯砥柱風浪相撞勢甚危殆予輩與學博陳君倫袁君奎周君文晝夜坐水次覘消長以占否泰居民鳴鼓聚衆勉強從事實令其壯



丁徙家貲他往也予爲杖而復之既乃相率叩拜水府祠又相與呼曰楠桐救我行當别廟祀爾神請予父母刻碑以銘爾神功神或降筆連書保字衆心少安或曰水再加尺則越磯破隄入市矣適上流數里仁和義豐之隄決水勢漸分川水忽漲壅其下流月餘不消既退則沿河陡岸皆澄積泥沙漸洲渚矣老稚欣欣舉手加額曰微神吾其魚乎學準氏曰夫人定勝天國與聽人固也嗟夫磯之始建也而析而固卒遇洪濤駭浪水石相犯千態萬狀竟以無虞雖人

謀之已臧非有物以呵護之不可予敢貪神功以爲己功哉所謂大水踰期不至與夫滿不加溢退不遽涸者神耶遇邪不可得而知也抑有說矣潛江郢都屬邑帝居伊邇二聖玄宮在望金玉相輝則夫山河擁護百靈効順以翼千萬載之皇圖者理無後先楠梅又忍略諸神之功以專己功哉祭法曰能禦大災則祀之能捍大患則祀之神之血食茲土固非淫祀無福者矣宿願既存公宄或奪民率造庭稽首曰大夫忘疇昔之慮乎凡民有約相與詛質於神以成其



信況面與神約而背之哉背惠不祥食言不信誑神不義大夫共圖之予曰方慮若等忘之也乃擇日建祠而鐫記焉

三元閣　在水府廟後萬歷二十四年知縣曹珩建康熙十二年崩入河十三年知縣王又旦遷建馬昌院內十五年隄決復圮於水十六年知縣周元愷重修今瀕河漸淤僧普憪於二十九年募建仍舊基

蕭公廟　一在縣治南弘治七年知縣蕭瓚重修一在縣治北二十五里成化三年知縣呂文建今俱廢省志有高興廟西北九十里今不知所在

漢馬伏波將軍祠　舊在縣七里河東黃漢垸久廢明隆慶四年邑同知李崇信重建

邑人李崇信記　漢新息侯馬伏波將軍祠荊郢古道間在在有之意其征南時都人沐其過化久而祠之以識弗諼與余邑大河東長隄蜿蜒數百里舊傳高季昌所築名高氏隄渡河循隄五里許亦有將軍祠其創建所由來不可考已先贈君讀書其中誅茆闢宇重爲畫像久亦就圮余自漢上歸間一至焉則



蓁棘莽蘙茅茨鬱鬱鄉有禱祀輒文葦成禮而已歎曰嗟乎是何足以棲明神哉遂有鼎新之志以余婚嫁未畢弗逮也隆慶庚午諸子俱能析火自食余暇得拉親知出郭課農徜徉泉石而祠去小莊僅數十武岡勢聳邃木陰彌望倦遊小憩亦自奇勝因與祠祝包相形卜宅鳩工計材先爲殿三間中刻木爲將軍像旁列侍像若馬武耿舒等聚金爲爐鐘鼓各一命祝朝夕考節以祀神史稱將軍美鬚眉整儀表今瞻對儼然若覩殿後中爲眞武宫以俗不眞武不祟

也祝無藉以爲食左右爲寢室祝主之周遭皆甎圍四固殿前又爲拜殿一間亦夾起女牆最前爲戟門一座題曰漢馬伏波將軍祠旁有隙地左爲廚右可蔬也更爲繚垣護之蓋雖故址依然而規制宏厰金碧燦落巍然成大觀矣鄉人無遠近聞者慕見者悅祭享較昔益加虔毖則又籍居民歲輸香火以歆神月儲米粟以餉祝將爲經久之計焉以隆慶庚午春二月起工逾年而畢先後計費殆百金云嗟乎將軍英聲偉烈振耀漢京南服馳驅老且益壯千載而



下想其裹尸之語據鞍之壯猶足以激凡起懦凌然九霄我贈君少負雄才晚厄奇數其有事於祠也盜無意耶故余之卒是役也一以妥將軍之靈神一以發先君之隱志非徒張觀侈費重繁土木爾也後之孫子世以及世時葺其舊或圖其新神之聽之降福孔皆其將未艾哉

邑人喻曉詩　高氏隄邊漢將祠具瞻猶見漢威儀豐功不獨題銅柱遺愛于今載石碑古木凌空風葉落寒煙滿地夕陽遲將軍已歿千年後尚走村童伏

臘時

文昌閣　在縣東仁和垸邑通政劉道隆建

夏王廟　在縣西四十里新豐市屯營隄工告成建祠以祀大禹

周邑侯祠　祀知縣周公公諱延字南喬江西吉水人進士嘉靖間建今廢

潘邑侯祠　祀知縣潘公公諱之祥字伯和江南婺源人進士萬歷間建祠於忠義鋪今崩入河

陳邑侯祠　祀知縣陳公公諱夢琉字允孟山東蓬萊



人進士祠舊在水府廟後圮於水康熙五年邑人莫若玉移建於元真觀左

三原孫枝蔚題陳侯祠呈莫藿峯詩并序　莫翁藿峯名若玉年已七十矣以應試之文受知于邑侯陳則童子時事也一日之知而終身不能忘于心乃重新祠堂丁郊居之左歲時率子弟拜跪供祭祀又慮祠久而或毀也于祠內更建文昌閣庶幾邑人士有敬神而因及侯者慮甚周以遠也且翁家固貧一瓦一木破產而後成之有足感者矣陳諱夢琉字允孟

壬戌進士癸亥筮仕潛江甲子分考楚闈所取皆知名士丁卯擢南壐丞靖難間有陳尙書迪者成祖欲降之不屈斷舌噀血罵不止以死卽公先世也壬戌闈中閱公卷者方躊躇取舍夜夢偉人肅謁不能言但張吻而已似有求者數夜皆然閱者某公疑之遂取公卷中式出闈徧詢諸門生公言先世狀某公驚歎傳其事余獨以爲忠義之靈豈知富貴爲何物不應如世所傳瑣瑣愛其後人乃自屈下如此主司頭腦豈别有物焉憑之耶于次章專闡此指用抒景仰



當亦莫翁所樂聞也　壺飱惠亦徵感激固難已鄙哉越石父責備在知已陳侯有祠堂乃自莫翁始無以酬知遇終身肅拜跪此意勝王商但厚嚴與李商爲嚴君平李弘立祠嚴李雖鄉賢鄉賢竄止此子雲與文翁如何闕祭祀至于知我者德與生我比誰能敦古道一使薄夫恥莫翁誼誠篤陳公名亦美吾不慕陳公慕公門下士翁夙抱奇志腹中富文史使其早登朝樹立見風軌蹉跎及暮景遭逢記童子驥老最可傷士貧亦常耳　昔當成祖時靖難事忍論矯矯陳尙書烈烈光星辰罵聲不絕口舌斷義乃伸誰暇慮苗裔一死成吾仁皇天眷忠義食報在後人科第尋常事公然勞鬼神未必公之靈區區私所親主司誠冬烘得失云有因明日諸門生附會到傳聞疑或張吻者必是噀血臣正氣竊所依誕罔竊所嗔作詩掃雲霧庶用表嶙峋

羅邑侯祠　祀知縣羅公公諱萬象字仞菴江西南昌人舉人建祠在北門外今崩入河

朱邑侯祠　祀知縣朱公公諱熙洽字鴻甫號明山江



南崑山人進士邑知府隗邦衡記舊祠久廢康熙五年邑紳士里民重建於縣治前正街之東崑山大司寇徐公乾學爲之記

邑人隗邦衡記　明山朱侯諱熙洽字鴻甫崑山進士令吾潛六年被擢命下父老子弟不忍去侯侯亦不忍去俾父老子弟悲也無何竟解履以行越明年父老子弟思之而不能忘僉謀立石用記厥思而龍山趙侯以言屬不佞或曰侯何得民易哉噫侯之得民易正侯之所以難也侯性果毅剛直凡事之所當

爲與情之所欲爲卽風雨跋涉弗顧或有憾其不能遂已之私者一切置之弗問縣治舊無城侯始下車曰清田修城邑誠首務哉然有兼濟之道焉狀其事請於撫按藩臬諸大夫以田之有餘給民之無田者估其直用以佐城費不踰年二者各就繼以條編例請飭爲定式而田而丁而賦役大約視戸口阨塞以己意裁之下吏不與焉數苦襄漢沮洳弗克有秋侯曰噫吾安忍魚鼈我百姓哉亟修緝河防時或親至其所所至未有不如令者夫侯以嚴明清白之操當



衝繁疲獘之邑當其時呼呵敲朴安能必民皆我諒哉迄去之日乃父老子弟若有一日不能寘諸懷者其故何居蓋侯以己之艱苦勞瘁繫民之悲歌感慨是故今之去而思皆昔時之敲朴而呼呵者其得民之易也不可謂非得民之難者所致也譬若父母之於子漸以歲月撻以箠楚不能保其子不號且泣也爲之子者至立身成名則曰欲報之恩昊天罔極是父母之勞其子貽其子以可思也古之論守令者曰君子爲政不嶄訶責而感恩懷德終不以訶責而遂已於情其侯之謂與先是不佞忝部郎侯以賓興入試遂與不佞交不佞知侯最深侯不飾名譽不著聲華卽夙夜不遑蓋曰吾行所宜然固不意民有今日之思亦不意民之被其恩者至垂之不朽也嗟夫侯以其可思責諸己而不以有思者望諸人此侯之去所以無愧於思也維時趙侯代侯爲令聿觀厥成而佐貳而博士皆後先共濟者例得勒諸石因併及之以置侯祠之左云

大司寇崑山徐乾學記　古之君子其爲政也非沾沾取悅於一時之耳目必將規畫設施大爲興革以繹其永久而弘其利賴是以其民始有所不便而其



後遂以人服至於身歿而謳思不衰歷歲久而廟祀不絕豈非其入民者深而惠於民者遠歟昔者子產爲鄭辨章服伍田疇鄭人咸怨且謗其後乃歌曰子產而死誰其嗣之夫生而憂其誰嗣則死而不忘其德可知也使子產沾沾爲取悅一時之計雖其始無所謗怨然當世而忘其德者衆矣又安望其身後哉潛江故邑侯朱公在明萬歷初令於潛距今百有餘

年矣潛民之思公如其在時舊立公生祠中毁於水康熙五年潛民請之官願復爲公建祠以永厥祀維時給諫王君又旦方宰潛邑因民所欲改建公祠於縣南正街之忠義廟左民趨事者雲集恐後未朞歲而祠成於是潛民以公崑山人實子同里先達因介其邑之賢者朱君載震來請余記余按公之令潛多善政其大者清田築城二事潛當漢水之委累土爲城垣數崩潰居民常患昏墊公至欲改築難其費潛之田有王莊有軍屯有漁課有民田棼不可理豪右



乘民急多占膏腴遺重租賦爲貧民累民以逃匿公熟計久之慨然曰吾知所以築城矣遂請於臺使者行清丈之法履畝晝界始令民自丈已抽丈已覆丈若藩若屯若漁各歸其籍於是民田盡出令民得入貲自占積鏹萬餘乃築城易土以甓凡四閱月竣厥工又以其餘代貧民完逋賦民始時譁以爲非便至是具帖服羣感悅謳頌雖其姦豪亦以爲朱公實愛我也公旣改官去邑民攀留不獲乃立祠像公以致慕思世異代遷而遺愛在人廟食勿替甚矣公之爲政合於古君子之道非因循小補希效旦夕者所可方比也余祖父與公爲世戚聞公才識明練精神强固常語人曰吾三日不視事則神不凝日課數十事則手足矜奮腰膂有力故服官任事幹辦有方凡他人所難公皆優爲之公諱熙洽字鴻甫號明山萬歷甲戌科進士後歷官刑部郎貴州按察司副使孫日燦前壬子舉人仕至參政元孫而錡壬戌科進士今爲臨淄令附書之以見循吏之必有後也

王邑侯祠　祀知縣王公公諱又旦字幼華號黃湄陝



西郃陽人進士康熙十三年建祠於西街傳經書院內

江陵王文南記　遡古至今之懿蹟凡爲天下者期平治爲郡邑者貴乂安爲民生計者期教養爲艱巨任者期整暇若無事此古君相之所禱祠而求而黎民子孫所思尸祝而享也若夫眾孅完備于一身純嘏重生夫一邑百年富敎徑返舊觀萬姓仳離卒成般庶

朝廷必特簡以彰酬庸報德之公地方必崇祀以伸攀

轅卧轍之念纔知爲人上者甘勞心之憂始食勞心之報而亦使他時之爲人上者鑒盛德之弗諼勵永終譽無替則儆也漢治稱文景文景最治行其循良卓異若龔黄若卓魯在外則郡邑入朝卽卿貳天下之民舉安然後天子之願畢協故前代大賢有官臺司而憾未作守令者曰仁恩所布朝發而夕可訖也卽吾楚忠宣文忠忠靖三先生爲名卿相宰理斯語允洞然斯語可以得一世治平之故矣請言楚吾楚視九州省郡爲疲而荆爲最疲郢次之蓋荆郢則舊



同一祖父者也逮建安爲郡而後以潛隸於安潛於郢荆誠爲甲邑然以人文科第甲非能以財賦甲也財與賦則米與魚外渺無一物然又必一邑之隄埄無礬始粗給米魚隄一不守而民盡爲魚矣豈惟無米將一之歲無米二之三之且流移逃亡並無所云魚民矣蓋潛以千里皤冢高山建瓴歷安郡而下上直射于沙洋郢荆共其利害中則潛又幾得其半至更下則直射夫邑治邇年邑城且半沒江心矣吾輩行其地履其險者可爲寒心蓋猶記前茲六載之連

潰潛民之挂瓢持鉢以行爲乞其負釜抱兒散於四方者蓋不惟男也漸至女不惟農也兼至士念以人文物華之甲邑求稍存豹鞟而尚不得寒心哉公之涖任則正是茲時於時潛之民幾無半在潛之賦都無半着而我公方至矣乃公仁心天賦清骨天挺下車謂其耆老曰

朝廷沛仁爲爾潛罹茲大患蠲征至三乎更爲爾請于

上潛賦較他邑稍緩以俟麥稻惟征例有耗羨今無毫髪愛不一月紳士稍可自給者咸縮食節用以爭



先納而斯民則無不身作傭婦作織鄰邑鄰市作稱貸主以圖貿遷匹夫慕義潛士民有馬猶憶公涖任之三月政聲聞吾江陵文曰潛其有賢父母矣又轉爲父毋念之謂潛以鄂嶽衡逵荆襄要路上座與使星絡繹不絕爲令者卽薪蒸餼牽之何出而公則與民共作此隄隄成乃有歲向年最多之潰口難集之險工潛民不惟不之畏不之避競子來父事以趨之一時民鑒其誠者蒼天亦鑒其誠而潛舊如許之潰隄自公不潰矣公又爲之立書院以課士設重席以

優賢一時風雅文章之士盡入藥籠比至昨歲則屈勉以辦軍需繇役芻茭應時而濟上臺倚毘焉乃更不惟是公之好古性成每率作之餘則奇書數卷退食之暇必朗誦千篇其觸興爲詩卽事成賦言飢溺一則字字血腥寫景物則章章典雅豈遜公鄉當年之太青帶如諸先輩哉公之懿德奇才不可勝記文又井中之蛙然觀自古名賢之循良臺輔者若鄭僑若寇萊若韓范歐陽功績言語文章蓋不啻數十端公堪台輔　簡命安得不遠及廉吏也哉公行矣潛之



士民率其本心無辭控

帝其如廊廟之更需台輔器潛烏能留也哉而紳士父老則又曰吾終能留我父母也父母莅潛以來百種憂勤百種撫字與夫百種興革勸懲之懋績口碑載民猶古治行所易企獨是父母以誠正爲學羽翼六經續千聖之薪傳而能得此于簿書錢穀之臣則未易企也故擇于傳經書院之說詩臺尸祝無替將與左史朱程有功聖門者並存天壤又奚翅桐鄉哉于是八十耗人敬盥手拜香而爲之記

文昌祠　在縣治古沱潛坊之東康熙三十二年邑紳士耆庶商民公建前爲門三楹左陰陽學右醫學內爲正殿奉祀梓潼帝君後爲樓塑劉侯煥像於其上侯自庚午秋來莅潛江滌除前令之繁苛守潔政和迄今四載如一日民比於嚴霜肅殺之後繼以陽春焉至如抵補虛租清搭逃畝葺學宮修隄防皆善政之久且大者潛人愛戴之切謀所以永侯功德爰卜吉建祠勒績貞珉託俎豆於千秋云

邑人莫與先記　自郢而南潛當荊鄂之衝士風朴



茂民殷殖有禮讓固咽頤之地也廿年以來河伯馮陵土德不固茫茫陸海歲走黿鼉而潛異矣西山南服頻稽　王命禁旅討逆雲集渚宮芻茭糗糒供億烝仍胥于潛悉索焉而潛又異矣前政或刻覈或惛弱城之狐社之鼠土之陽鱎與爲釜鬵以嚙吶此一方畢赤而潛又異矣語曰盡馬之力者馬必蹶潛民昔之田疇不時修繇賦不時給橫豪不虘之聲者此豈潛民之咎也哉君大夫清潤劉公奉　簡書來莅茲土瞀其簿書棼如絲視其胥隸沸如麋召詰其土

子眊然如醒登進其耆老藹然而疲公噫貽戾久坐而歎曰昔曹參相齊以獄市爲寄而民歌寍一今四封赤子囙父母我而苟赭踊之無度侵牟之不改是國家之章紱祇資荼苦而俾吾民終衽席之不登與吾身痌瘝等爰咨爰度悉民疾苦革羡餘庶正供裕乎修倉廩庶蓋藏謹乎薄罰鍰庶獄訟儆乎詳鞫讞庶刁誣懲乎他如急隄防則禁拳協彌盜源則嚴保甲崇忠節則修邑乘惇民風則講鄉約士民驛其聲而吟之名杜之頌洋溢洞庭南北矣然未足以殫公



也邇公之異政則有抵虛租清逃畝二者之利被最溥且大而民之飲德爲弗諼也虛租者何有地畝則有賦役制也今歲輸惟正之供而不得蓬顆之土胥足焉告之上則曰籍久定也奈何有田者田售而賦徙彼虛租誰則售之其爲厲也未可以歲月計也公傷之而故額又不可闕也則勾稽瀕河淤洲泊地之脫漏版册者抵之補之此去其籍而彼任其租請于上報可不朞年而潛邑相沿之秕政窮檐無告之劇患一旦氷解霧散矣逃田者何人徙而田荒者是已

前政給民墾種以辦租庸而桀驁民譎誣影射詭冒撟捎腴在民而瘠在官于是隨田議起舉凡領逃畝者悉以未盡之荒逃攤而隨之蓋本周禮一易再易之法亦政之無病于民者無如高下轉移權由椽吏有領甲隨乙者有領一隨十者有領熟隨熟者有領荒隨荒者宿猾益利貧民重困矣公廉得要領手實逃徙土田而鱗次之籍爲三等較多寡均美惡而後授之不任隨者鐫骨銘恩卽任隨者亦帖耳頌神明矣二三父老念潛民萬子孫被公之賜其何敢一日



忘公欲生祠公格于律令乃庀材鳩工建文昌閣于劇驂之衢奉文昌而貌公像祀其中以志孔邇之感余聞古之生祠石慶之齊朱仲卿之桐鄉此其炳燿者然漢近中古敎令弗密太樸未鑿其展布見德猶可契戾致也若夫信可孚下而不虞以詐來誠能格上而不慮其掣肘如公今日則爲極難而余以爲古今之循吏非耶其配以文昌也則亦有說天官書斗魁戴匡六星曰文昌宫爲上將次將貴相司命司中司祿公之太先生關西世胄建牙持節爲　國家雄

鎮者有年公秉家學性仁明而嚴肅有扞法網者雖舍中兒亦繩以三尺不貸春露秋霜四時之氣備焉則上將次將之說也潛士苦水苦貧苦庸調多弗精其業應制舉而售者曠若晨星矣公興文教嚴督課修黌宫濬泮水近者兩科登賢書者且四五人拔茅連茹蒸蒸未艾則貴相司命之說也恒情莫不欲富然上無以利導之富曷由哉公承儆劾之餘勸耕作警游惰寬商旅之征平均輸之價百貨蠭屯六工麇聚其不歌眾母而咏五袴者誰哉則司中司祿之說



也噫嘻民雖至愚是非甚神其祀公而必先以文昌也蓋有脗合而不可易者豈貿貿焉無所證據而云然哉祠成屬余爲記余也八十眊人久邀福于博大長者其何敢以固陋辭乃質言其梗概勒之于石以竢考風者之採擇云公諱煥字文山陝西清澗人祠地廣輪一畝而贏有室有門有閣至捐輸之姓名護作之匠役俱列碑陰茲不具載

# 四 飨祀风土

# 潛江縣志卷之七

知縣事劉　煥纂修

知縣事史致謨續纂

## 饗祀志下　　梵刹　道院

梵宮道宇非秩祀也自漢而後其教滋盛崇飾莊嚴至與天闕帝宮埒美俾民日譸張於生滅輪廻之說而卒莫知其所以然而然者而二氏之廬又安得不久存於世與秩祀並垂乎境內寺觀據川原秀麗之區雖金碧交輝亦無腴民崇奉之弊猶有敬而遠之之遺意焉舊



志所列恆多舊蹟其間興替湮顯感慨所寄選勝怡情題詠斯存詳創造圮廢之歲月附書於後亦見二氏之流風餘韻積久弗泯以備參考焉

### 梵刹

大佛寺　在縣城外西北創自元泰定間吳元年建草庵洪武元年重修十五年設僧會司於寺中景泰三年重修大佛殿弘治九年建廟厨眾僧共爨十一年建方丈十三年建法堂十四年建山門嘉靖五年建禪堂於法堂後嘉靖二十八年建圓通閣天啟三年重修康熙二十五年寺僧慧熹募眾重修山門三十年僧慧熹募建韋馱殿於彌勒殿後

浮鐘　嘉靖初年大水破護城隄巨浪中鐘聲隱隱自上流來止於寺門水中如有蠕動形僧駭不敢近尋復有聲探之得鐘置於殿內其鐫文曰大元國湖北道江陵路潛江縣長樂鄉梁王莊土地施主周與旺造大鐘一口捨入本邑陽西廣佛寺延祐二年六月

大常卿王謙記　荆之潛江壽靈山有卧佛禪刹東臨沔水西對大岳南則龍灣赤穴北則京山蘆溪肇



自漢唐以來為叢林勝處曰幽谷師者為開山祖始更名曰大佛元經兵燹殿宇頹圮國初設僧會司主之太宗文皇帝時縣尹陳翔李禎相繼修葺其廢推護國禪寺妙惇上人者領其事惇後退居東隱郡侯符公復請居本府圓通未幾退於潛江遂命其徒道瑛道璽於蜀採巨木歸僧今僧會曰妙忻者竭力重建大雄寶殿聚徒千指以闢厥規聖天子改元天順之二年惇發大誓願不謀於眾不干於人以己之衣

鉢詣京師請大藏尊經六千三百五十卷分爲六百三十有八函護以金幢歸鎮山門率其徒朝夕諷誦上祝天子萬壽下祈大衆蕃祉俾一方之人有所皈依瞻仰復勒石徵言圖傳永久介禮部郎中李公慶來請予因與言曰西方之法自入中國愈傳而愈盛者由其立教空虛度門廣大誘人甚速感人甚深而妙惇又能持心堅忍發願宏慈謀事甚遠爲事甚固也若惇之用心使之任職居官從事公家其謀爲必有可觀者焉惇窮歷金陵詢求正教引慈雲於西極



注法雨於東陲茲經流施並日月而無窮斯福遐敷與乾坤而永大俾聖教之無墜庇蒼生於有慶因郎中公請故爲銘記於石著惇輩之用心以勵徒衆保守云銘曰惟荆之陽壽靈鬱蒼中有梵宮勝冠一方龍灣沔洛京蘆大岳東西亘延南北拱阜幽谷開山時實偉觀宋元多壘甍棟摧殘國初起廢爰設僧會慈雲渺漫法雨滂沛修創曰惇心堅志勤發宏誓願集大乘文寶函勝固金幢擁路永奠法筵陰翊皇度朝晨夕披祈福祝釐人天交相神物護持刓珉劖記以敬以勵億萬斯年毋失毋墜

華容黎淯詩　潛水東流賴禹功水環蕭寺亦朝宗郊原有路通車馬城郭無山礙鼓鐘佛大比天誰廣闊僧閒與月共從容明朝我復趨朝去又隔雲山幾萬重

沔陽童承叙詩　旃檀遙憶梵王宮來聽三車演法宗日落華筵開上界月明蘭槳擊昏鐘林中樓閣橫雲影沙上鷗鳧護水容總爲松蘿更桑梓臨風不發意重重



邑侯羅萬象詩　照水孤城百雉迴東離野色菊花開僧知有客焚香待君是何人載酒來爽氣清秋頻看劍高才作賦共登臺中原戎馬征夫別無限西風唱七哀

邑人張承宇詩　蒲團枯坐起頓使愛心生弱柳遭風媚春衣去絮輕池清魚有影阜細履無聲來向長楊下蹦跌聽鳥鳴

邑人朱之佩詩　禮足空王耳目恬伊蒲饌給水精鹽閩鐘定後諸天色漚缽開成佛子蓮了義歸時無

字句選根圓後曷酸甜袈裟未著鬚鬟落在在香雲繞畫筵

景陵胡承諾詩　高閣出宮牆下人望上方舞衣凝暮色列燭儀虹光檻外彌花甸樽前接醉鄉君歡卜銅史聽彼漏聲長王紉華明府招飲圓通閣

常樂寺　在縣西南六十里坦豐垸宋紹興間建僧靈濟開基

廣化寺　在縣西南六十里宋湻祐間建僧海會開基

邑人初言詩　初地何年建乘槎偶一遊眠鷗依曲渚巢鶴穩高邱禮佛殘燈在參禪老衲休市朝歸去晚香茗洗新愁



白鶴寺　在縣西北八十里宋嘉定間建僧普定開基明萬歷八年七月水圮

蓮華寺　在縣南三十里宋湻熙間建僧善積開基

華容黎湻詩　誰能火坑出碧藕誰能陸地開紅蓮老禪種花比君子百千刧外名猶傳江盤遊龍繞庭院樹張壁障遍原田範金作佛化愚俗躡雲飛蓋來高賢焚香酌酒暫時坐一鶴沖霄忽飛還

太安寺　在縣北二十里元泰定間建僧靜安開基明弘治十二年重修順治初水圮

龍巢寺　在縣西六十五里宋嘉定間建僧普靜開基

清河寺　在縣南五十里唐武德間建僧道詮開基

邑人朱之佩詩　星河欲落赤雲西高柳叢篁響不齊入夜光深根自靜迎風漏咽聽初淒穿檽止止虛僧硯側枕瑯瑯刮膜筬坐久知來孰是幻天霜甬曉粲招提

新洲寺　在縣西十五里策口明天順間知縣呂文因



水漲倏成一洲遂創觀音閣以鎮水勢成化九年春華容學士黎湻更名新洲寺順治初年崩入河遷建於隄內

華容黎湻詩　邱阜俄生百丈淵果會滄海變桑田沙填鰲極中藏寺地鏁龍宮下有天琴劍萬千餘里客帆檣七十二灣船江靈識我題詩意岸草汀花散滿前

普賢寺　在縣西四十里元至正間建僧普慧開基

白湖寺　在縣西二十五里元至正間建僧安靜開基

二聖寺　在縣西八十里未詳創建時代

萬壽寺　在縣西南二十五里明萬歷初府通判屠炳然建知縣曹珩邑御史劉寅重修

邑人劉寅記　余觀今之佛教徧於中國而佛寺亦徧於中國凡所在因地著名種種不同吾縣北去城十五里策口有小寺獨曰萬壽寺從來遠矣顧名思義豈直爲佛氏設哉蓋聖天子在上百官懽呼萬歲祝聖壽也此一寺也構以棲佛若爲無父無君之教而萬壽以寺名則有忠君愛國之意矣豈區區空門



可同日語乎寺久頹敗至萬歷元年癸酉夜汊口隄決府別駕屠公承兩院委築詢之父老咸曰非藉神力不可公乃遷此寺於夜汊口余施地五畝公爲殿奉東嶽神於中後草房一所居佛公往來於此住宿久之亦廢萬歷癸巳邑侯曹公爲之鼎建山門余亦捐貲修飾東嶽殿今庚子歲余於佛堂復更新之僧人給田一井以供贍養此地大江環繞一望平原野花芳草四時競秀樵夫牧子日夕謳歌雨中烟樹夜半鐘聲囂然於塵俗之外亦夜汊之奇觀也彼挂帆而過者望之呼曰萬壽絡繹而往者仰之呼曰萬壽伏謁而禱者叩之呼曰萬壽夫草莽之間四方之人信口稱謂若頌祝者然百姓固日用而不知也古云畝畝不忘君此其暗合之乎且佛氏主於慈悲東嶽司乎生命彼神之在天地間猶水之流行於地中無在而無乎不在也有其崇之未有不獲應者自有寺以來夜汊無洪水之殃鮮旱澇之苦少癘疫之災此固徼福於吾君之大造而神之默佑不可謂盡無者祭法曰能禦大災則祀之能捍大患則祀之祀之則



寺之也禮固宜耳又何諂之有

南河寺　在縣西楊洑明隆慶初年建

潮音閣　城東河街乾河口萬歷四年建康熙十年隄決班灣水囓岸崩十一年移建於泰豐垸內

邑人脩曉詩并序　邑東南隅乾河口乃漢河之津隆慶初倏生洲阜邑中好事者建閣其上余登覽賦此俾後之人知此閣所由始云　丹閣凌霄倚夕陽白雲渺渺樹蒼蒼半江沙壅成初地下界閻浮出上方月滿中天時擊磬烟生寒渚夜焚香往來湖海孤

舟客郤喜登臨望故鄉

大樂庵　在縣北傍護城隄崇禎九年邑迺政劉道隆建

金蓮庵　在縣城南隄外萬歷二十二年建

觀音閣　在縣河東黃漢垸馬伏波祠後萬歷二十八年邑人李鳴建

溥定庵　在南門外康熙十五年建前有放生池

雲慧庵　在縣南四十里張家湖明隆慶五年邑人莫汝嘉建



自在庵　在縣南泰豐垸邑大司寇劉若金建

如如庵　在縣城東乾河口

邑人莫與先募疏　夫薰禪所憩洞谷是名靄別會心濠濮未遑故熙連禪河聞獻供之旅質多羅樹示迦聚之端所從來矣有淨梵招提如如庵者涔水經其北恩江縈其南對閣譙以開鼓鐘登津筏而背闉闍豈必覓心少室度嶮分雲遮眼白華飛濤別雨者哉頃巨浸溷湏息壤陁汭演唱則淵螈入坐施食則梁鵜棲牀涉澤求蹊披榛覓路聽香林之振錖見白足之濯泥而已常住定恆老上人雲衲久磨霜鬒不鬅警鐘晨發軟語夜闌身飾芻摩之衣心解杜多之業割身奉鬼聞半偈於涅槃賣髓祠天能供養於般若將汲引四流周圓五怖波提東度祇夜南翻杖鳴秀麓還登說法之堂拂樹香山更對安居之剎雖然椎落藤枯事歸何有果爾愫捐緣起象復胡妨昔之遯詢玄交遣潛心訂餅惠人之芋火逃瓖骨於衡巔攀老智之危巢樂醉吟於越水莫不莊衿古帶沐浴棱腸幽練冥施破滅底栗烏有棘生愛路燎發慳田



銕鑫銅魚莢由嗅仰者乎固宜乘法唄而會闍崛接天衣而成窣堵千柱蓮花之墖義殿鵰翔由旬紫紺之園禪棲郤月檀林春乳浥露珠幢芳洞秋房迴風瓔蓋況復條肆斷礎舍羅因緣莖粒銖錙毘耶懽喜白骨微塵自悟石頭滑路仍前寂照境中之人鏡空堂上之客爰疊貝多之帙摘琉璃之卷證結制者不廢五盥補尊位者亦假開粥茶筍與沚藻同芬杉柏共風蘋作饗龍鄉嗣其睆照象駕妥以高閑云

崇壽庵　在縣南馬市潭康熙三十二年僧元悅重建

邑人郭春詠詩　蘭若春風清晝長汲泉新煮紫茸
香遊蜂不解幽尋意繚亂趨衙鬧夕陽
藻月庵　在縣南五十里牛埠垸嘉靖四年邑人謝燧
建康熙六年邑人朱士尊題額二十八年僧超來重
修
海蓮庵　在返灣三湖順治二年邑人周廷彬建十五
年水圮康熙三十一年子鄉重修
淨土庵　在縣河東乾河口
紫竹庵　在河東仙人隄康熙二十七年邑人郭耀宗建



月波庵　在縣南十里康熙二十二年邑民萬邦官建
度生閣　在縣北荷湖垸崇禎初邑人劉達善建
正果庵　在縣河東曲柳邑太僕歐陽東鳳建順治十
五年隄潰沈爲潭
慈慧庵　在縣城南五里康熙二十年邑人郭耀宗建
庵爲幽賞園地曲逕清溪松竹環翠臺沼亭館舊址
依然爲祇林名勝
景峯庵　在縣北三十里張巖港康熙九年僧雄峯募
建

邑人朱士尊募疏　古剎精藍或肇開唐代或創造
宋元潛封百里內凡數十所而七層浮圖惟古郇墖
灣有焉用以鎮鎖三澨距太安寺二千肘誌載蘆洑
寶塔者也隆萬間水齧陵岸墖亦隨沒因憶那迦邏
國佛蹟窟東大佛手作浮圖高十丈云此浮圖陷入
地佛法當滅雖非概四大而何以墖沒之後三澨旬
匌襄褒比歲唐初太安寺亦遂沈沙泥中旃檀瑞像
委諸林莽風動沙合游者謝路夫非邑之陽九佛之
百六乎而或謂佛力浩大蛟龍護持不知佛行化時



龍王瞋恚作大風雨佛僧伽梨表裏通溼刼運所在
水火有時而王佛法有時而窮然勝蹟不終湮釋教
不長淪百年之後應有大德名僧轉世作念結信成
緣搆堂殿復勝概與往因合符記予甲午之冬泊舟
待月父老告予沈墖處並言近有漁人每得甎石上
有鐫字歲久滅磨不可識豈此墖尚有重興之日乎
予曰昔後魏時晉處士趙逸過杜子休宅歎曰此中
朝時太康寺也龍驤將軍王濬平吳後始立此寺本
有三層浮圖用甎爲之指示故處子休掘驗果得甎

數十萬遂捨宅爲靈應寺所得之軌還爲浮圖人間興廢大率如是況神物乎焉知此㩁之不重與也歲戊申秋忽有眞武鑄像一軀從上流來止於茲岸土人迎之椽竹誅茅聊蔽風雨禱輒響應庇茲境土佛愛招提先遣開山昔之毁於水者今復成於水奇去幻來莫測其輿有智僧者誓發宏願爰舊址而新規之仍閱梵唄力繼芳蹤求資境内請續炊沙其地東連漢浦西接郢襄南通荆監北達景河舟楫停橈之區車馬憩息之地學士大夫農工商賈罔不絡繹造



無而有布金實難聚十爲千持鉢猶易況天方休否佛現宰官此日之頹垣斷瓦其卽雕梁粉壁青鏁綺疏浮圖高百丈寶鐸聞十里者哉

邑侯劉𤇆記　潛江距縣治北三十里有鎭曰張𧢈港俯漢水之濵爲荆郢襄鄂綰轂之區而魚鹽商舶聚集之所也先年禁旅討逆戰艦絡繹江干芻茭輓運居民力不能支市幾爲墟邇來
聖天子德被遐荒各上憲休養生息全楚凋瘵頓起此村野聚落亦皆流亡復業煙火蕘蕘不減五都之市其市之巽方舊有草庵一區以祀眞武藤瓦蓽門僅蔽風雨土人救生之不暇尚能議安廟宇乎康熙九年春有雄峯上人者與其徒默持雲遊經行斯地見殿宇湫隘發弘願力毅然任式廓之塌駐慈雲披除忍草敦請邑紳朱石戸先生草疏募化先成瓦殿三楹丹堊金碧非復向之一把蓋頭茅矣方思增飾而雄峯隻履西歸默持念師志之未竟再募於四方薦紳檀護咸鑒其誠愨法施財施源源踵至默持庀材鳩工陶土冶鐵日不笠雨不蓑爨伊蒲犒執藝不數



易春秋遂成大雄殿三楹毘盧閣三楹以及三身寶座千佛慈容無不具備功成石戸翁顏其額曰景峯庵門外之定水常清上方之月輪自滿粥鼓鐘魚時聞梵響無論赤髭白足之侶樂此化城卽秉旄之達官探勝之名宿亦皆解轡維舟留連淨域以釋塵煩默持復取其三衣一鉢之餘銖黍而積之次第置名田數十餘畝以供往來僧雛參學之士遂可飽坐安禪無煩乞舍衛之食矣余夙膺
簡命來蒞潛邑每以公事走張𧢈港卽憩庵中鞅掌勞

人聊倫竹院暑刻之閑一日問菴之緣起默持具對余聞之起而歎曰彼釋子之祖庭非卽吾儒之宮牆乎釋子之師徒非卽吾儒之父子乎釋子之大衆非卽吾儒之朋友乎夫吾儒奉　先師之教入其閾者立致通顯見黌序之傾頹聖學之湮沒鮮能修復而倡明之者視釋子之勞胼胝聚資財崇隆其浮圖而夸大其象教者何如耶幹蠱之父式穀之什此吾儒所家知而戶曉者然問有生能竭力歿能盡禮承先緒而善讀父書者千百之中或難十一僂指也視釋



子之崇信其師囊瓢負衲跬步不離燈燈相續畢世守其說而不敢移者何如耶吾儒朋友一道往往以契密而凶終金蘭而隙末視釋子之不別貧富不分人我合天下如一父之子粒米不私施不任德受不任感者何如耶此釋氏之徒崇其教而躬行者反勝於吾儒而余於默持不禁其感而有取也景峯之功德已成默持之願力已畢所望後之僧徒不存我相不立房頭俾此方丈十笏地凡湖海善知識皆可居之結制開堂永爲叢林法席庶不負雄峯默持三十年頭陀苦行矣至潛邑田土例有夫徭今默持援衆祠田不欲與濁界疆理同應力役之征爰命豁其夫役默持復言郡司馬莆田鄭公昔攝潛篆時亦有豁免之諭仁心仁政先得我心之所同然所慮者歲月寖久豪猾之徒去其故籍奸弊叢生默持因礱片石請余紀其始末以垂永永至田畝之多寡經界之抵止豁除之案牘列在碑陰可攷也

法雲社　在縣河東岸明嘉靖三十七年僧濟空創建圯於水崇禎五年僧戒敦重建康熙十二年復爲水



廢十四年僧常維重建

邑人歐陽烝募疏　天台大師曰欲安三種三昧必須善地善地有三一深山遠谷二頭陀抖擻三蘭若伽藍夫佛子既成道之後一切宮室飲食衣服皆其法力所現而時在薰修則必緣境起情因情移境神聖以此在囿引化不可得而易也邑中古刹禪堂久湮諸釋子祇能了有爲法所謂威儀整齊器鉢無聲者阿閦示現而四方高衲亦且望枝棲如竹影豈前此遂無一二志於道者與抑無開發儆悟而使然與

亦憚其煩難知其不能爲而遂不之爲與今比邱逼如夙有願力慨然約合緇素輩締社追匡山故事於河之東岸闢草壘土欲爲閣爲殿爲堂爲藏爲佛像爲廚爲庫爲鐘鼓樓爲山門爲路爲渡期以次第有成猶疑此非獨力所能贍也徧就高門懸簿而叩焉嘗計人間世不過閒忙兩地名利忙地也公則爲朝市私則爲田廬井宅極生平之力以營之而尺寸不得捐彼我莫肯相爲也僧之處地則閒在世外人無肯輕就而實一切妒恡所不及精舍祇林每合衆志



衆力以成而猶恐後我也閒者不能代忙者易其苦而忙者反爲閒者助之適是遵何義哉意以爲朝市之中道所不止也聚茲大衆而居之閒地必將有有意乎道者焉聚有意乎道者而居之閒地必將有有得乎道者焉在世法則世喪道久矣何幸而遇其人在佛法則一人發眞歸元十方世界悉爲淨土是固朝市田廬井宅所以銷歸眞實而人我爭奪所以平也此區區者尚何容惜乎至若今日以邑中待與之曠舉而逼如首倡其議諸檀越相與共了其局而不

倿又以言慫恿其閒則茲一事種種功德始者終者力者才者言者爲僧爲俗爲男爲女爲本土爲異邦咸有因緣不可思議所期力破慳貪搆思希有而施之多寡蓋無論也昔西國有佛鉢貧者以少華投中便滿富人以多華供養正復百千萬斛終亦不滿此固我佛平等觀而施者之因若想也

邑人劉昌吉序　自漢與西方佛入中國國王大臣其國有大祲則以其姓名自賣佛寺以厭之其時亦有爲言者然遂多以此獲福報又久則許諸王諸公



侯以下民間各立菴事佛至社事之興則始自諸好學善屬文弟子或諸朝臣放廢後長者富人自感生平無狀心身口業未除老而好空其名抑好爲醉餘逃禪其實際則似不無懺沮也而一時老措大則謗稱兼半夫稱佛固無裨益佛謗佛亦所以廣大佛佛固不顧向愚頑老信人說法甚矣韓昌黎燒佛一書何詎不爲後世道學家功臣迺其遷潮陽以還渡海必禱過神祠必下拜致祭去卽其與大顛辨佛骨一書儒者或不信然上古往今之文抑何辯著也又無

以則陶靖節違公社事又無以則宋蘇端明佛印還往辯說間夫靖節膜拜遠公卽以爲歡喜作佛事昌黎千古孔孟家人何先後懸殊也乃有謂昌黎先後絕無懸殊者其燒佛一書卽可與禱海拜神祠諸文相表裏端明則千古學士大夫畏愛一人則今試取其書詳之間人生平大要無過父母與其身生死之際端明事其母太夫人必捨其簪珥衣服資其冥福其易簣一命則必勅其子以西方阿彌陀佛一畫像殉乃後世猶有謂蘇謝社中無眞實義者噫嘻佛亦



安能徹兩輪日月功徧諸四大爲茲大心凡夫日夜放衰山天半光散海潮燈相與拳拳諮告哉夫志節文章聰察知辯不古人而競排詆古人事佛僅以爲文字讀卽謗亦未有如古人善謗者夫是不亦可以已乎無已且姑試數年力枯心斷髯其間覩其所以爲佛者何爲而後稱謗佛未晚也梁皇非事佛亦安能以弑殺簒奪之一人主於五代十數年中獨享國長久獨老壽也哉況其所爲報梁者則必以餓業償其餓死沿海之數百萬人以太子綜償其先朝革命人主至寶卷侯尉生死同時其施報又何的歷不爽也夫後儒未有不嘖嘖梁皇者豈壓壓陽節一論臺城不救一案遂足謬佛報哉余潛古楚事佛國也今玆大社肇成佛恩載啟以逼公之眞實堅固脈公之知識圓通而復有大檀主如歐陽湘茹李筠城左右之卽今讀其所著社約已可想見其神明證嚮之一端其一時社中諸子咸以大歡喜精進心內向其最大者以大家門戶材人長齋修課又其甚者英年秀質至青精鹽酪不以御而一時行大士竝克弘普賢



大願種種莊嚴夫是可謂非今日之潮海衰峯白蓮花放大車輪光時哉願其各自距踴三百其悉心瞻禮不惜諸眼花中所有俾久永此護持道場無有怠

邑侯王又旦詩　我遇已可知我懷屢驚魘陋巷應吾分一官夙所忝時窮始任數憂來恆自檢星緯諸家言奉之豈敢貶厥生本在巽躔次屬瑕玷占曰撓于風枝葉合摩颭勞形豈遑恤飄零懼有漸澤國比年饑官舍食常歉奮飛知無能戢翼更退斂大師號不羈千里來自剡憑軾談浮屠夜鬼畏語險我欲從

子遊薰蕕盂共染低檐曝魴鯉晴溆摘菱芡開篋繙
三車高坐端且儼永言絶攣拘莫之或辱點我馬時
當秣我舟時當刻東望指海岳西去念關陝雨荒隴
中禾草上崖頭广兩端互攢觸日月甘荏苒

邑人劉瑨詩　棲山何必選山棲拜佛何必見佛拜
一鋮一縷有來處一刹一塵無邊界雞午鳴鐘雞亦
呼龍晨洗鉢龍先怪舌業豈必盡鬼封聲緣是處皆
佛債衣生寶樹宏七覺座踊芳蓮閩八解山空鬼哭
天竺一峯漢水沱江權析派我來古德上堂時千二百



眾神光灑須臾殿上法鼓鳴盡虛空際天人屈海岸
流香雜霧煙葉覆金沙色無敗瓶頗齊稷分行次整
暇秘密警先儕四座羣指不聞喧有意無聲交相勸
問誰簌簌涕橫生光在隙間露在薤髮墻喜圍咫尺
間肯令嘉種纔黄稗我夙有懷今拜師我觀受我拜
者爲癩疥

邑人朱士尊詩　文字緣中問佛胎閙移幢節到蜂
臺雲生樹杪皆香篆閣俯河流有渡杯禮樂在堂思
太古鬚眉于我識重來玉毫發處迷方照無量花枝

次第開　東林慧叟自梯航曾許淵明索酒嘗（是日遲大岸不至）梵唄聲高羣鳥寂鑪烟晝散百花香天琴觸夜
安獅子海水騰波拜象王欲藉祇園春廣大六時作
禮白雲牀

邑人朱載震詩　層林披烟靄河流帶郭明招提臨
彼岸梵放度遠聲幽徑草茸茸苦竹籬邊萌階空雲
影淡境閴聽覩清繩牀振錫立龍象此經行心淨參
白業寒光徧水精揭來第一義蹴蹋濟奔蝱　我生
未學道進退嬰世網習苦豈性成幽棲幸能養夙聞



人天際淵泊自深廣大智見水月愚者終塵壤浮雲
搴寶幢獅座擘一掌爲說雙林諦春雲萬壑朗閒心
付卧輪靜觀菩提長靈籟此俱寂輕風高柳響

無學菴　在縣東南四十里總口康熙十五年邑人朱士尊建

華嚴菴　在縣東南總口康熙元年建

印心菴　在縣東南四十五里江汊垸邑人劉肇國建

康熙十五年子劉侊重修

鎮樂菴　在縣北三十里張巖港崇禎十年邑人朱之

玉建火燬康熙十五年朱士尊重建

青蓮菴　在鄉林垸劉申口崇禎四年邑人周廷彬建

福慧菴　在縣河東楊家嘴康熙十年邑民劉長裕建

海嶽菴　在縣南四十里平瀊垸康熙三十一年邑民朱登鳳建

## 道院

妙庭觀　一名通明觀在縣治東北隅元時創舊志李司空記云肇自五代蓋指晉縣爲言歷兵燹後無考明洪武初道士曾師明再建十五年設道會司於觀內仍創三清殿景泰三年道會胡道可重建天順八年道會宋弘仙重建玉皇閣四聖殿成化七年建鐘鼓樓兩廊及元眞堂以爲習儀之所堂後建法堂弘治二年俱燬八年弘仙督道士陳仁琸重修正德十四年道士王仁現改建玉皇閣爲蓬萊閣萬歷二十八年道士王通春重修元帝祠三間累石爲臺高丈餘

工部侍郎李浩記　潛江縣妙庭觀粤自晉宋以來梅隱性齋開創至我國朝初野雲樂善處士始遷於



縣治之東度地之形勢山環水繞不啻蓬萊仙景之若也邇者三清殿宇年久傾壞住持郭道源設心鼎創惜乎天不假之以年弛而未立前道會吳道可偕今道會宋弘仙住持李弘倫輩議疏徧謁多方得金銀布帛菽穀之物付木工胡叔紀鳩而新之經始於景泰癸酉春落成於甲戌歲首弘倫乃詣京師請予爲記潛江與吾郢接壤妙庭山舊號通明觀爲潛陽琳宮第一前有石橋書院後有白鶴樓洛江古渡環於左邑治據於右卉木葱青烟霞縹緲仙流道侶清修其間每遇節旦上祝聖皇之壽下祈生民之福是以元風日振大道聿興弘仙輩旣勒名於石俾後之繼者尚益新之以垂不朽云

吉安羅善記　潛江在江漢間禹治水荆州曰沱潛旣道卽其地也四無山阜曠然平地沱潛之水環繞合流於其下縣治在焉距縣治東南數百武曰妙庭觀舊名通明觀相傳肇建於五代晉漢時迄今數百載矣世更代易屢興屢廢我皇明道會吳道可去其舊宇建三清殿規制頗宏大正統景泰間荆門宋弘

仙學道於此持心顓靜戒行清潔爲羽流之翹楚以其名舉於有司達於天官考中遂拜命爲道會官日久不遑寍處謀於道侶何弘儉輩汲汲焉以修建爲急務弘仙茹素淡服粗惡不憚劬勞以謁近遠檀郍及四方往來好事者捐貲施財不計多寡日積月累久之乃有獲於是購材木陶瓦甓筮吉日命良工師大興修建之功殿之後建通明寶閣範金肖玉皇像以崇祀閣之後建元真堂以延官客堂之後爲宴居以藏修建鐘鼓樓於殿東西以鳴昏曉建中儀門以



通內外建大門以臨通衢以至道僚之室庖湢之所靡不完備丹漆粉飾藻繪五彩輝煌掩映霞綺金像莊嚴儼乎如在而又繚以周垣蔽以竹樹使人望焉不啻如蓬萊閬苑在咫尺間其棟宇崢嶸規模廣遠前此未之有也仰荷親藩衡陽王賜宸翰書匾以揭于楣誠足以今當時而傳後世其光榮不亦大矣乎是觀也豈徒爲老子之宮於斯上祝皇圖之鞏固下祈生民之福利於悠久也稽諸觀之初建梅隱性齋其徒野雲樂善處士今之集其大成者道會宋弘仙也縣侯廬陵周公視事於此覩其成功深嘉賛之命弘仙請予記其事之顛末俾勒石以垂永久閣建於天順八年門建於成化七年鐘鼓樓建於成化十一年記作於是冬也

漢川王諫詩　通明殿上列仙官鸞鶴朝元振佩環甲子已聞超劫外蓬萊應只在人間三花樹底清風轉五粒松間白日閒欲訪真仙拂塵土茅山東望妙庭山

皖江李楫詩　飛觀淩雲雲盪胸水漫郊邑駐孤蹤



晦冥風雨郍巢鳳流落江湖此卧龍鄭俠有圖登魏闕（時以災疏故及）禹功何日奠堯封懷鄉去國無窮意幾度蓬萊閣上鐘

邑侯黃學準詩　漢水周環百尺樓塵蹤竟日此淹留牛橫牧笛雲生隴艇卧漁蓑月映洲吟院碁聲驚鶴夢石壇幡影逐人游憑高忽憶蒓鱸味緑樹微涼正報秋

邑人喻曉詩　閒登高閣入層霄目極煙雲萬里遙江上漁人來舉網岩前仙子坐吹簫應憐清景紅塵

遶郤歎浮生白髮飄往事覺來渾似夢但將醒眼看

同潮

邑人劉垓詩　空中樓閣隱雲窩爲避炎蒸載酒過望去山川連紫極摘來星斗控銀河檻前影挂三江棹天外香分十丈荷剩欲凌風飛且住杳壇誰與赤松多

元眞觀　在縣城南二里明正德十四年道士李通慶募建嘉靖二年水圮道士劉地載重修萬歷二十八年知縣潘之祥移三元閣改建元眞閣殿後玉皇閣



燬於火康熙二十六年邑人朱士尊重建道士李功應督修　觀門左普濟橋明弘治初建歲久傾圮康熙三十二年道士王高詮重修橋西古樹二株枝相糾錯其下連根亦觀中巨觀

學使蔡潮詩　千里平湖見此樓孤帆暫爲夕陽留禾登高壟雲連野鷺下晴空雪點洲羽客候門疑好事萍踪隨寓記曾遊羈懷觸物能生感落葉歸鴻一片秋

邑侯黃學準詩　何代琳宮楚水頭名公會此約清遊穿花聽鳥人人得背郭臨邱事事幽一宦忽驚千里別六年無假片辭留不堪回首成塵跡日暮雲生杜若洲

忠義廟　在鄉林垸阮家灣順治十五年邑人周廷彬建廟東有周氏家祠

長春宮　在縣南二里邑人劉杜國建

眞武廟　在鄉林垸周家磯明天啟四年邑人周廷彬建

岱宗廟　在縣北四十里趙林垸明崇禎元年邑民朱



希顏建康熙三十年孫朱國柱重修

馬新息侯廟　在縣東北二十里邋遢垸與景陵縣分界元末年建

# 潛江縣志卷之八

知縣事劉　煥纂修

知縣事史致謨續纂

## 風土志

風俗　古蹟　墟墓　別墅　義阡
物産

凡民習尚攸殊繫乎水土之風氣君子以居德善俗剛柔質文因其勢而利導之上作斯下應矣潛爲楚西一隅地其間遺蹟墟墓園林勝概可考而紀也顧世異年湮滄桑屢易曠地幽境蹊橋崖閣與感題詠寄人弔古之思者讀名賢遺文能不爲之三歎流連耶利蓄於藪



平原巨瀦之區以佃以漁生人所需迹其物宜任土之義在焉作風土志

### 風俗

民性湻樸恥尚華靡士業儒民習農漁舊志

尚文藝勤本業其地沮洳畏潦不畏旱省志

耕尚鹵莽呰窳婾生而鮮蓋藏歲稔營田屋不計費一再歉則輕售而徙故富厚盡歸商賈而土著無素封之族乃士人婚必奠雁喪必家禮齊民畏官奉法則他郡所不及成化舊志

成弘以前邑俗樸俚尚義有太古風恨不生其時頃雖稍易世變固然不獨潛也然至今重質少文士重清議村農有老死不識吏者畏官府無敢梗拒寧餓死不俛伏齷齪婚喪用文公禮間有佛葬鼓喪鬬筵競訟則市野小民爲之儒紳未有也萬歷舊志

論曰潛之爲邑自宋元明以至於今其風俗所著非一日之故矣予嘗聞先生長者言前輩遺事大都崇孝弟尚廉恥畏刑辟習儉素鄉之長老多厚重謹飭導子弟讀書敦本不以虛文相炫飾稍縱恣輒以規



矩繩之其仕進率砥礪名節能建立於時待聘之耆宿遺世之高士清修芳軌爲後生矜式雖鄙暴者亦知所敬禮農工商賈勤力本業不敢犯非其分婦人嫻閨訓而修女事嚴內外以示禮別斯昔之潛俗其有足稱哉乃今特立懷古之士則猶不忘其初凡民敗俟俗尚漸改江河日趨風斯靡然傷今思古其可慨惜者良多吾潛壤瘠而善貧兵燹後陽侯繼虐流離載道輕徙鄉井農苦矣橫經之子迫於追呼奔走公庭學不殖而落矣長民社者匪撫字之是務而失

其表率渲靡者浸以漓矣宮室有制服食有等憲典也前代承平之末侈或有之今儉且不支烏庸侈然有士大夫祿不蔽褐不完菽不飽而販豎輿隸且有丹堊牆壁錦繡珍錯以至妾媵僭擬僮僕驕恣奢則不遜者矣冠婚喪祭禮之大也邇乃婚惟論財貧輒棄於富矣喪祭尚彌文信二氏以糜有用之錢廢古儀而儉其親矣田有佃役有僕分相維而法相守者今則飢附飽颺尾大背馳而不可問矣紳士異於編氓士著異於外籍善類異於才頑明有別也今乃是



非淆雜親疏倒置等威蕩然矣子弟狃於傲惰羣居逐嬉以妨業小人習攻訐恃拳勇好爲犯上之行比黨譎激踵於途幾如學之有塾焉尤甚者結鄰境奸貪不逞之徒錯壤而居凡邑有興除良法少不便於已者輒謠詠而議其後賢令長教化漸摩而未能卒變嗚呼此前之君子所以切世道日下之慮與夫民情之從於君上者謂之風民習之繫於水土者謂之俗予考前之君子之所以志吾邑之風俗而爲推其流弊之極於今日挽其頹而進於道轉移之機非薦紳之彥飭躬範俗力行古道與吏化宜民之君子振興而匡其未失奚賴乎董子曰教化行而習俗美易今日之衰以成異日之盛蓋庶幾焉

古蹟

劍潭城　在縣西南八十里棠林岡劍潭鋪漢關帝屯兵處今遺址尚存

四營臺　在縣西南三十里關帝屯兵處

仙人隄　五代高季昌築濱洛江仙妃之所常遊名仙人隄



畢家樓　在儒學前宋狀元畢漸故里明萬歷元年燬

白鶴壁　宋度宗咸淳十年元伯顏侵郢州潛入漢破沙洋新城壁兵白鶴寺中在縣西六十里長堤垸舊有伯顏題壁詩碑刻在寺山門

伯顏題壁詩　水戲輕提百萬兵大元丞相鎮南征舟行漢水波濤息馬踐吳郊草木平千里陣雲時復暗萬山營火夜深明皇天有意亡殘宋五日連珠破兩城

白鶴樓　元姚燧建以藏書今燬

勝景舊載八景

東城煙樹　南浦荷香　僧寺曉鐘

蚌湖秋月　蒿口仙橋　蘆洑佛墖

清溪山色　白洑波光

教諭王禎蘆洑佛墖詩　墖建蘆溪自古今冰虬長浸碧波心畫櫓金鐸風霜古石齎丹梯歲月深清夜佛燈明耿耿半空星像燦森森登臨回顧乾坤廣不許塵埃半點侵

曹胤昌南浦荷香詩　得住香光卽往生好風吹夢



六橋行涼颯自放蕭山焰火樹齊燒不夜城月下羽搖騷鬼笑雨中妝打綠衣爭眞成淨侶元牽曳鄭重污泥未了情

教諭曾愷南浦荷香詩　太華移來玉井蓮花開南浦綠荷鮮風生四岸清香遠日上千枝翠蓋圓絕勝芝蘭沾化雨不同桃李鬭春妍令人幾度來遊處惹得餘芬滿袖邊

曾愷僧寺曉鐘詩　上方月曉度疏鐘聲徹閭閻處處同鴉噪松林頻出定香焚石鼎漫談空響回銀漢星初落催起扶桑日漸紅欹枕教人清省聽此身渾在梵王宮

教諭馮雲傅南浦觀蓮詩　暗香不度野雲奢一月風清柳半斜未許塵心觀色界西池自在白蓮花

焦穫寓樓　在縣治前正街崑山朱公祠後康熙八年己酉夏六月邑侯郃陽王又旦題并書今燬

孫徵君豹人作十五國詩志將有事於楚風康熙己酉過鵠磯泊潛渚止於茲樓凡三閱月憫滂憑弔遊覽讌集之什百餘篇蓋一邑詩史也豹人與王侯稱



石交侯之顏斯樓其亦懷李白於天末標沈約之八詠爾遯翁先生曰自有宇宙卽有此溪山還有此佳客否豹人名枝蔚陝西三原人流寓揚州康熙十八年己未以布衣應博學宏辭試

上因老文學授內閣中書舍人職還山

孫枝蔚寓樓雜詩　仙人愛樓居而況老腐儒樓居有何好可以讀我書不坐新豐市不釣淮陰魚安飽賴故人舍此復焉如　男兒生世間他事無所求不買千間廈亦建三層樓廈以庇寒士樓以望神州此

志今已矣三歎不能休　作客厭朝眠樓高天易曙
欄杆立饑烏不忍打教去覩物因自悲依人成相恕
田間水瀰瀰求食爾何處　叩門聲剝啄此邦多佳
士過從無晨夕討論先經史相如客臨邛作事亦可
恥吾嘗師子雲得酒心懽喜　黑貂初脫體黄鸝正
饒舌晴夜見飛蚊便來乘微熱寓樓非眞宅不久須
遠别仍如中風走豈爲西日烈（樓西向故云）　楚騷氣不
平楚歌聲不懽楚天四時雨楚水浩漫漫潛江復何
如居人餬口難救汝有賢令汝勿常悲酸　村居近



湖水大半化魚鼈山中復難住豺虎肆饕餮我行歷
四方對此但哽咽長飢已多幸歸與妻兒說　怪風
勢拔屋梁塵墜滿案呼僮急收書已愁緗帙亂此時
江湖裏危舟誰相看儆倖歸平土愼無忘大難

## 墟墓

孔子過季札墓而與思感其人也瞻彼周道纍纍而名
不彰固比比巳邑有賢者勳業爛熳史册盛德流傳鄉
里百祀後父老猶能道古即不墓不忘之矣矧墓即傳
有云墟墓之間未施哀於民而民哀則其過墓而相與
欷歔憑弔不忍去者夫非愛慕之念使之然與顧時移
世遞隆替踐更馬鬣雖存樵牧誰禁昔賢墟墓其滅沒
於荒烟寒雨者曷可勝道爰志墓而太息言之庶景先
型者知所興感焉奚啻備考覽之足云

春申君墓　在縣西南九十里舊傳黄歇冢碑久字蝕
土人訛稱春甲塹

邑人張承宇過春申君墓詩　歇也穿窬盜胡然列
四雄脅弱姬一綫滅之以爲功帥衆函關下束手奔
還東秦禍未及楚李女先伏戎不用無妄人負乘致



瞶聾竟罹無妄禍艮由天道公云此是其冢蕩然無
高崇相傳古有碑缺折塗泥中身應束縛至冢亦號
朦朧我來春夏際唯見麥芃芃

### 宋

狀元畢漸墓　在縣西南八十里

### 明

都指揮僉事佘隆墓　在縣東北荷湖洪武八年奉勅
欽葬

都指揮僉事佘威墓　在縣北蘆洑洪武十四年奉勅

欽葬

指揮鄭忠墓　在縣策口洪武十年奉勅欽葬

交趾按察使李宗信墓　在縣西門外有碑

舉賢良方正主簿初灝墓　在縣西門外

贈御史初珍墓　在縣南丙濱蒿陂湖之原有勅命碑

巡撫都御史張師載墓　在縣西北巴家洲諭賜祭葬有碑

御史嚴賓墓　在縣西門外子孫式微墓亦湮入園林宜表之以志前賢

潛江縣志　卷之八　風土志　墟墓　九

鉛山知縣袁允行墓　在縣西六十里廣福鄉長樂寺

參政初杲墓　在縣南崔家垸

太僕寺少卿歐陽東鳳墓　在縣東黃漢垸　大學士孫公慎行誌銘

德慶知州歐陽東白墓　在縣東黃漢垸　大學士賀公逢聖誌銘　大司馬熊公廷弼表子簡州州同爌葬同垸

永安知縣郭之藩墓　在縣東黃漢垸

工部員外郎劉勲墓　在縣東北二十五里景陵古垸御史劉公陽表子學使劉垓祔葬

慶遠知府郭之幹墓　在縣西七十里荊門彭家山

副使歐陽柏墓　在縣南木家嶺　大宗伯李公維禎誌銘

御史胡鑰墓　在縣東黃漢下耳垸

大參袁國臣墓　在縣南崔家垸　大冢宰周公嘉謨誌銘

通政司劉道隆墓　在縣東北仁和垸

張承宇哭舅氏劉納言公詩二首　朝野人情盡黯

潛江縣志　卷之八　風土志　墟墓　十

然晨星那復墜名賢門庭縞素初蕭寂池館清幽忽棄捐漢代校書身易退晉朝繞指志空懸居官前後纔三載枉卻科名四十年　當時老父病燕中襁褓嬰兒託付公只道有甥酷似舅何期此子不如翁吟哦巳困身將隱骨肉相依數忽終想到九原重會處行行血淚凍寒風

御史何薦可墓　在縣西栗林垸

贈文林郎朱侃墓　在縣北六十里景陵青山山北翰林洗馬鄒公德溥誌銘

參政吳從誠墓　在縣西門外　方伯周公士昌誌銘

戶部郎中李鳴墓　在縣東黃漢垸子大參之暤祔葬之洵依葬墓北刑部呂公愼多誌銘

漢中知府劉應同墓　在縣東北荷湖垸子孝廉黃陂教諭昌春孫南康同知瑁俱葬同垸

刑部員外郎朱宗堅墓　在縣東北義豐垸　王給事鳴玉誌銘銘曰人莫困於不知已莫辱於不知止公之出而爲廉吏也無貴賤近遠孰不有公之名灌其耳處而稱達尊也實不但以其爵而重其德與齒乃



所稱一言而終身者不過曰有恥今義豐之原一抔之壘公所取諸地者廉而所徵於天與人亦以侈況夫志而銘之者其弟子之子曾槖筆而爲史

海豐知縣喻曉墓　在縣東北泗河嶺

喻曉自撰誌銘　釣叟姓喻氏名曉字子義别號覺菴其先綿州人也祖諱武勳父諱經翰自蜀如楚過潛江見俗醇土沃遂家焉母徐孺人生釣叟年十四補邑庠弟子員三十六領鄉書三上春官不第年四十三署浙江嵊縣教諭事越三年陞山東海豐知縣兩受簡命知愛民好士而已不善奔競以諭罷歸欣然解印挂冠作鸚鵡喻歸田之日年五十矣有别業在泗河上日垂綸自娛與漁夫爲侶鷗鷺成羣性嗜酒喜吟詩作歸來草堂紀年稿年七十明府性南王公以儒學謬舉鄉飲嗣是杜門謝客不履城郭蓋十四年於茲矣釣叟無他長惟視死生得失之際泊如也萬歷乙亥營菟裘於泗嶺與胡孺人同其穴建小坊於前自題曰止邸今年春秋八十有四歎人生之似寄安能久於人間世邪一日坐友鶴亭吟小詩一



絶云竹裏編茆遠俗塵日將琴鶴自相親已知垂老身如客漫向林中作散人吟畢呼酒而飲因自撰爲墓志銘曰富貴浮雲於我何有寄迹江干樂而且久長笑而歸死且不朽

嘉興知府劉應鈳墓　在縣東北仁和垸　總憲鄒公元標誌銘銘曰鍾于吉温以純守吳越惠以循少年而專城方强未艾而乞身勒我銘湘水之濱論世者曰此吉之人吉之人君神弈弈江楚如生孫聞喜知縣珏依葬墓右

廣文隗滋墓　在縣西巴家洲

兵部職方柴恪墓　在縣西七十里荆門青冢　大宗伯李公維禎誌銘銘曰令六年而郎衆不謂榮薄爲常郎十日而尉衆不云絀名乃貴莫有桐鄉楚有畏壘子孫繩繩世濟其美疇表新阡維舊史氏猗歟柴公沒不朽矣　太史焦公竑表

副使歐陽熠墓　在縣東黄漢垸　學士劉公肇國誌銘子通判增孫知縣瑊俱祔葬

廣文朱之瑚墓　在縣北太平垸子司理士達葬同垸



御史劉寅墓　在縣南棠林湖　公自爲誌

御史劉寅自誌　略曰昔華容劉忠宣公國朝名臣也不欲子孫求名言爲墓誌表恐鋪張太過則有愧地下乃自述履歷以勒諸石公之至誠如此可師也予何人斯無一行之可取亦敢效先賢以自叙耶恐後人妄徼作者盛美之詞以重吾不德故不揣僭妄而自志其始末云予先世潛之土著編民始祖仕生彦奎奎生暹暹生瓚瓚生鏞鏞生吾贈君廷貴行四娶先太孺人吕氏生二子余居長父命曰寅字敬甫直庵其别號也予八歲入鄉學十七充邑庠生娶先室李孺人漢中貳守李豹臺翁第三女予年二十有二適遭沙洋之水里役差重贈君既老弟尚幼予一人支撑十載辛苦艱難與李孺人蓋備嘗之嘉靖甲子倖登賢書萬歷庚辰選北直隸鉅鹿學博居三年五薦八奬癸未春推陞華陽令四年間薦者二奬者三皇上浩蕩之恩予父母兩室人皆得襃封自揣過分矣戊子二月奉欽取考選南京山東道監察御史凡所建白俱蒙聖上俞允奉勅巡視鳳陽倉辛卯秋



復命回道復奉勅巡京營京倉越月陞江西南安府知府遂决意告歸年五十九不復有功名富貴之念矣歸來天賜以清閒之福予亦斤斤自守不干求有司與人爭競貪圖田産卽親友宴會亦未多赴於城南十里許祖塋之左作爲壽藏周圍覆以甎石李孺人先遷祔於此予自愧鄙薄之人所得於造物者已厚天下無不盡之數生寄死歸何憾之有故自述其履歷誌諸石俾後世子孫知所自來如此繼室蔣邑庠生蔣儒之女以予官受封如李孺人子三策援例

補國子生娶庠生郭之寶女女一適監生歐陽東鼇
并附書馬
桂林知府朱之玉墓　在縣北太平垸　大司寇劉公
若金誌銘
徵君張承宇墓　在縣東道仁垸　郎中歐陽烝誌銘
徵君張承宇自祭文　崇禎己卯季秋之杪張子以
其將盡之神爲人將幻之軀爲物以神告其物曰天
之於汝有意乎無父母皆塟乃遇于吳越人爲娛以
誕此軀孕于母腹十四月餘乃娩厥身五歲而孤十



歲自命何詩何愚顯則稷契隱則巢許逸氣翩翩豪
翰栩栩三十不第決意違舉神情放達煙雲吞吐十
有八載不出不處聖主徵賢良朋薦汝未肯輕卽尋
其故步再事棘闈舉而仍錯人欲用之天必欲錮汝
病既深汝形將去物無不盡行無不住一恨所學十
未得五二恨蕩平目所未覩三恨城市有負林嶼我
覸此天于汝何酷凡世憂苦無不汝逐自幼至老病
骨疥肉水沒爾田火焚爾屋但見汝告未見汝福生
如斯人如斯已乎已矣已矣付諸千古

孝廉朱士完墓　在縣北蝦子湖
盱眙知縣歐陽燧墓　在縣東黃漢垸
遂寧知縣劉孚墓　在縣東班家灣
本朝
贈按察司僉事涂起鵬墓　在縣南沱埠垸
順治十七年七月奉
旨祭葬　諭祭文　維　大清順治十七年七月十七
日
皇帝遣湖廣布政司堂上官一員分守荆西道宋之屏



諭祭於原任廣西平樂府平樂縣知縣今　勅贈廣
西按察司僉事涂起鵬之靈曰同仇者義士之壯懷
殉城者貞臣之亮節惟爾職司守土偶嬰賊氛乃能
抗志靡他以死明義聞訃痛之特賜祭造墳旌爾風
烈九原不泯尚其歆此
翰林庶吉士朱士冲墓　在縣東黃漢垸
吏部郎歐陽烝墓　在縣東黃漢垸
翰林學士劉肇國墓　在縣東江汊垸
刑部尚書劉若金墓　在縣東東沙港　大中丞郭公

都賢誌銘　明時人錯志於此
保寍同知周廷彬墓　在縣東葛柘垸
懷遠知縣向大觀墓　在縣北唐家湖
處士劉泌如墓　在縣南磚橋垸　張公汝瑚誌銘
丹徒知縣李睍墓　在縣東黄漢垸
甲午貢士朱士尊墓　在縣北景陵青山山南

## 別墅

周禮天官園圃以毓草木過此則有洛陽名園記蓋因寄所託各有幽思游屐所經率多題詠地志及之不獨



爲觀也亦有文獻焉遇其人則一邱一壑亦足以傳不遇其人雖疊巘迴溪亦荒榛宿莽叢之矣語謂陟其故邱昔人與遊睇於道周今人與諏者信名園爲盛衰之一候與

秀野園　邑通政司劉道隆別業在西郭外

邑人張承宇過故舅氏劉公秀野園詩二首　依舊芳菲出院牆無情落日照清觴可憐池畔烏啼樹似向人前唱渭陽　溇水欹橋坐小舟三年路欲斷西州當時手植青松樹枝掃高簷瓦墜樓

一枝齋　邑太僕歐陽東鳳別業在河東亭樹參差臺沼逶迤環古木千章建三層閣以藏圖史公休致後學易其中著我乾飛霞閣草諸書順治戊戌傅家灣隄決沈爲潭僅餘公自題曲柳銘一石於斷隄間銘曰誰鑄爾形鞠躬道周含煙拂草迎颸弄柔爾游爾釣我綸我鈎意不在魚愛爾風流

邑人柴一德陪羅訒庵明府遊一枝齋詩　小邑希案牘春風清訟庭寇氛聞暫斂四壘幸少寍使君自公暇褰帷至郊坰頗厭騶從繁步踏野花馨追陪二



三子相看眼俱青素園弔先達竹樹存儀型曲柳卧道傍苔蘚剝其銘魚鳥江天散印月留空亭從容揖苛禮修爵瀉醁醽絲肉禁勿奏林幽籟可聽几筵再徙倚雲物幻蒼冥微言送斜日能使醉者醒

萬元書屋　在城內西北邑知府郭之幹別業中有桃花洞五老峯翠柏亭琅玕塢天鈞洞長春隄芙蓉岸蓮花池天香道匯清亭諸勝題詠甚眾

袁宗道詩　君家漢水曲相近武陵源分得武陵花春雨燃山園　桃花洞　崚嶒踞虎豹碧翠積莓苔疑是

廬山石風雨忽飛來五老峯白日起寒濤長夏何森爽中間安鹿牀趺坐絕塵想瑱玕塢偶踏長春隄涼風吹解帶班荆數過颿沙鳥飛雲外長春隄

郭正域詩　何處移來石堆成五老峯五老相對語石丈今成翁五老峯滿池種荷花紅妝照淥水白鷺不驚人立在荷花裏蓮花池

王禹聲詩　匯清亭搆草堂陰書幌從教翠竹侵樹杪夜深巢一鶴池邊月落靜孤琴風吹菡萏陶公社佩冷芙蓉楚客吟不淺王猷幽興在春來花徑轉深



深匯清亭

讀易山房　邑西鄉知縣李鳴讀書處

無錫高攀龍題詩　止足身方貴遺榮道所珍李君才不世未老卧江濱早歲看藏豹文場羨獲麟青雲高欲掇白雪調誰倫時論推匡鼎何知後郤詵廿年埋繪藻百里屈經綸彭澤門惟柳萊蕪甑有塵訟庭啼鳥靜官舍落花春美政方馴雉高情忽憶蓴結茅當翠巘閉戶遶青蘋楊子立經奧孫登易說新書聲清薜荔翰墨長松筠無意看車馬非關慕隱淪素心安伏枕聖世許垂綸已見芝蘭秀寍須龍蠖伸幽人湖海吉靜者性情眞一室全吾道三湘得此身逍遥叢桂裏好植百年春

松雲閣　在東城內祝世祿記曰余同年李君之皥有閣去先壟一水而近蓋其大父奉政公崇信孺慕不置所創創而燬厥父西鄉公鳴新之歲時登眺松楸鬱鬱在白雲隱見間

蠡園　邑尚書劉若金別業也在縣西門外二里

宜城邱瑜寄題蠡園詩　水國人家冰鏡裏蘭堂深



向鏡中開歸雲似愛庭柯邑閒鶴偏依花徑苔豈謂明時堪大隱暫將幽事試清才逃喧知爾能疏放日上蓮舟去幾回

景陵曾其傳寄蠡園主人詩　每向松邊想勁風嵯峨獨砥眾流中千秋照史天為永一日從王地有終閩海披緇霜皎皎沱江垂釣月憒憒故人猶有梁鴻在若問行藏應與同

紫霞莊　邑處士默石子朱孔昭躬耕處瀕河築室流水繞舍嘉樹千章庭植紫薇一本八榦榦俱二十丈

許中可置几七八人環坐吟歗花時蔚蔚若紫霞故以名莊相傳昭遺事昔河水泛漲忽嚙三面之堧大半昭仗劍墜五小石鎮之嚙者卽墳起昭入山後莊亦隨没

邑人張承宇訪默石子詩　清流抱短籬細雨幽長晝白髪主人翁把鋤親種豆

幽賞園　在郭南五里邑別駕郭鈷搆

漢陽李昌祚題詩　陟兹東嶺有石若瀞梢羅出雲觸花當管林叢毾毾疆里曈曈拱揖竦竦論説偘偘



主耶賓耶名豪座滿或歌而笑或舞而瘖或醉而臥或袖而短老人潦落稚兒曲款白衣酒至藍谷詩纂晉代參軍朱室皇躋以覗厥樂亦既云罕我客停旌賴此以衎來思詠思忽聚忽散命彼僕夫薄言還館驅車軸牽征衣路亶遥望原草與秋旋幹既見君子利金爲斷

邑人王啓遠詩　雨過花添輕豔霜驚葉著初紅勝地名流佳會清歌雅謔雄風

止園　邑刑部郎中朱宗堃別業在縣東洛江河畔公昔賦遂初時闢地爲圃園唯古栢數株茅屋數椽子文學之佩因舊址爲邃壑崇巖竹徑松塢構索笑堂引桐居墨粟齋雲聲閣卽心庵經營數十年爲邑中勝地武陵楊公嗣昌有記順治十五年河决高家㙇沈爲潭

麻城曹亂昌客止園詩　沱潛不肯山止園不矜水河影非園中水氣侵園裏竹樹以波行草木若風徙白雲懷小亭林燈曳水底滔滔萬里中主人曰予止梅尊坐典型竹嘉展君子涼吹翦生壙聲聞止音旨



北夢零星言南郭折鐵几野老社者英青松締黃綺聞君實嬰姹馬用餐菊杞坐隱足消閒耘花必躬理少年裘馬兒往往恣譏毁潦水落霜冬洶洶安在矣蘭芽既以長種豆落可耳孤桐壁立秋營營古人恥

又同止園先生憩坐詩　主人深類柏來坐淡如桐不厭年年綠欣聞旦旦風竹牀飢去鼠瓦鉢餉遲童掃迹觀苔徑蕭蕭更幾朋

景陵吳贊題止園墨粟齋詩　竹林初闢地棐几石牀連墨似金壺汁書成雨粟天琴聲動晝壁雲氣染

茶煙堪寄南窗傲無煩草太玄
邑人劉肇國集止園賦河濱七章　涉彼河濱黍庥
茂茂燕燕羣飛雉于朝雊嚶嚶鳥語維節維奏扣角
而聽黃鐘滿胆　桃宿莽蜂柳棲麥蠶寸晷漸移云
胡不察如金斯敲如玉斯戛靜言思之巳什七八
亦有葛衣何必方空亦有勁弩何必雕弓培塿巃嵸
淵涓㴱㴱濯濯覓翁穆穆清風　江漢雖廣方之航
之泰岱雖高登之荒之白雲在天勿曰遠而水石粼
粼勿曰淺而　菡萏未敷荷引其先敢云舌脆而謂



齒堅蟲有巧拙酒列聖賢玉豈甘碎瓦豈終全　啁
啁啾啾爰飲爰啄篠蕩嫂娟如檽如幄物無機心人
無彫琢洞庭之野可以張樂　有客既嘉有酒且醴
魦鱨鰋鯉以釣以炙可以袒裼可以岸幘我思古人
我心實獲
景陵李祚哭止園主人穉玲先生詩　楚澤風煙斷
含淒過潛川百雉荒日色冰花縈素咽慘澹寫大招
凍筆窸芊芊高懷弄流霞爽氣秋浦煙我見時不冠
飄然古偓佺闊論戛金石燠寒不可牽知我薜蘿深
去住任其天飲我薇花下鼓缶撥么絃不以洛下英
黜彼後輩玄譙涙本大道締交以忘年忽焉何所之
夢遶閬都袼天人一漚耳海國幾迴然垣曲冷壘粟
齋名屋舫旋月泉凍合開亭柱光搖固霜筵舍名猶聞侍
史鑰別館上客延痛哭霜樹裹水落石田田旱秋執
我手後期勑無愆追懽來茲日恭製大椿篇百斗洞
庭春纈眼字如椽日月不相待輓歌侑豆籩圖窀司
空宅沙牀王孫埏兩朝隱君子曹石霞以此五字爲先生題墓於公
何蘄焉娓娓老僧話執手泗以漣逍遙負杖日皮閣



度屢躚自昔曠心人不隨俗情研令聞國有彤懿行
家有箋劄用漢唐制神道表墓阡納納三世好磨石
嵌層巔
朱士尊止園雜感二首　濃陰十畝地能有幾株遺
如立洞庭岸忽驚風雨時新蟬愁翳窄夕鳥怨巢危
追憶經營苦攀條可勝悲　先子煙霞癖枝枝手自
栽亭看霜後竹窗臥臘前梅煮茗汲流水得魚上釣
臺盤輿經過客重覽棹舟來
紺珠園　邑別駕歐陽墉所居在東沙港子知縣瑊易

名衍園謂園當潛水之千江漢所匯魚所產也蓋於雅之南有嘉魚嘉賓式燕以衍之義有取焉自爲序康熙十一年毀於水孫貢士錫疇仍結廬其地

邑人張承宇過歐陽若木紺珠園詩　園門深鎖叩方開覓火溫將攜酒來草色漸封春後徑禽蹤時綻雨餘苔聊爲互奬傾樽興代與先商種樹才須乞天晴多幾日途中不礙主人回（若木時在秦中）

武進毛會建過歐陽巢青兄弟紺珠園詩　東沙不知里曲江潛之東沆漭三濙外煙樹交龍葱中有歐



陽氏淵源本醉翁高密吾故友（介庵高密令）　大暢乃祖風二子皆英絕千莫還爭雄結廬元邱側讀書孤島中我來數晨夕追懽事不窮泛舟出前浦溪回樹幾重壑魚驚墮網沙雁忽橫空駿棹任所往花木夜濛濛渾如輞川曲疑與仙源通翻恐迷歸路燒燭比高舂到門且一笑洗盞話從容蘇子懷渺渺彌生鼓鼕鼕大都豪士氣語默皆心胸老子意不淺牢落將無同一詩聊紀興明日示陶公（謂郃陽王明府）

謾園　在南城外邑貢士郭鋏構帶水設橋中有四面閣環古梅百餘株園爲鋏祖給事公嵩所創故橋木壽藤錯列樓榭間

邑侯郃陽王又旦梅花亭歌　野夫日日愁不醒河隄已壞亦堪哀岸柳傾側麥菽死十里轟輵聲如雷里中勝蹟僅存者北郭蓮花南郭梅南郭主人如避世獨居樹下絕塵埃入門一溪繫畫舫紆徑雜樹鬱不開西偏老榦最輪囷愛惜寍忍使摧頹野浦月出照屋角千枝萬枝落莓苔對此徑須貫醇酒唯我與爾寡嫌猜春風二月繁英發一月直看三十回



又王侯過歲十日簡謾園主人詩　過歲十日生意微奔走東西受人譏傳聞南郭梅有花熠耀寒雪生光輝主人好我邀我看過時不去葉漸肥郢南園林君家好繞屋千株皆十圍野性夙昔好留連未招嘗往往不歸況逢金巵催玉柱翩翾歌舞對夕暉隔岸燈光遠灼爍中庭火樹亦芬菲直須多沽市上酒坐待月落更漏稀卻思催租今日嚴昨宵羽檄急如飛若得長官不嗔我酩酊日日欵君扉

雋穫孫枝蔚梅花亭子歌　自笑生平寡遭遇與客

看梅但看樹雖然不見花開時亦省卻傷花落處載酒昔遊鄧尉山千枝萬葉春已暮正如師雄在羅浮醉醒夢回想態度蓮花香滿西湖中弔古初臨處士墓水邊落落數株存復似松風亭作寓今年五月客潛江遶郭洪濤礙杖履舊時歌舞今已無誰家臺榭尚如故天寶年間樂事繁白頭老翁聞古語郭君相見獨何晚不緣水退失歡聚三日兩日勤相邀自造一船臨古渡翠竹蒼松色總佳更愛老梅種無數徘徊徙倚綠陰濃恍然重入江南路只對根株與已飛



莫言蕊朵香紛布恨我不如倒掛鳥嶺南村裏客來去憐我不如階下石曾墜殘香分縞素合向深林領百罰又別幽姿堪再誤潛江之遊頗不惡潛江高士復可慕高士終朝邱壑間浮名難奪煙霞趣何遜當時亦可憐題詩只坐揚州署那及此亭面水開朗吟驚起雙白鷺

邑人朱載震梅花亭子歌　謾園主人識趣舍謝卻時名存樸雅十畝濃陰負郭南數椽茅屋臨曠野叢篠縈迴小徑通老梅橫影映清瀉春至花開待客遊我亦頻過憩其下爽拂莓苔碧侵衣風翻殘蕚香浮斝今同孫公坐三伏梅葉盡肥梅子熟參參伍伍幾十株疏處猶然補修竹縱不及見花滿枝綠暗陰層已繞屋廣平曲終杳難聽襄陽有客醉未醒昨夜月明水如練主人嘯歌梅花亭

又孫枝蔚謾園宴集詩　深園堪避暑水闊欲迷汀搖艇煩童僕開樽待客星林逋多種樹劉向早傳經許坐高齋裏休教醉不醒

邑人莫與先前題　進艇溪斜抱過橋磴曲通戲魚



蓮葉北奇字壁書東六逸人傳白多愁友藉紅枕流狂未滅吾亦有園公

邑人朱士尊前題　南郭園林好渾無剝啄聲入山誠徧性諧俗見深情堂藉濃陰暗窗分落照明翻憐縱眺處十載未春耕

郭鋏次前韻三首　樹裏斜開岸扁舟繫柳汀園非小有洞座見少微星雅令窮花史（豹人以花名作觥律）高談罄酒經一朝疑義晰斗覺宿酲醒　掃榻延三益橋欹徑未通小舟迎舍北濁酒過橋東竹水連窗碧葵榴

照檻紅鳴鶯如舊識吟咏侯與公（鶯語吟修竹與公句）座繞松筠氣亭環騷雅聲但能恬志意便有好心情爪徑高蓬隱平疇遠水明談諧忘歲儉操筆佐農耕

宜莊　縣東南四十里東浦之東康熙十三年甲寅宜莊花農朱士尊移家焉瀕河搆圜廬列卉長隄種蓮曲渚茂林修竹約五十畝有編柳堂爲讀書處又有盟霜舍祝秋齋汲堂晚翠軒覽輝閣悟牧居月韻樓爲課耕遊息之地

邑人莫與先宜莊花農傳　宜莊距吾邑一舍而遥



潛水東南流之隈水樹明瑟大有佳勝處甲寅春石戶朱先生避亂胥宇於此因其先世蕪田數十畝刈蓬藋編槿籬而卜築焉其言曰吾將以無用爲用經吾莊甚宜其經世有用之用吾悉授之其人矣蓋謂長公子友悔人也由是稱宜莊花農矣顧弗爲稼圃之學而花農自命者何先生志潔行高以名位爲徽纆譽處爲蘧廬雖涉未流之溫蠖曠然弗滓于躬製芙作裳餐英當糗茲薰而蕕不入誦橘而枳不移其天性然也花農於書無所不讀嶽負川渟莫闚崖畧而於物產理性特爲詣絕睎根撥而辨媺惡詧蓓蕾以決盛衰他人雖精心學之終莫能及凡種植家有好花往往請花農鑒別至則手自翦揉溉壅不憚勞勤經數日而萎灌者起攣躄者舒主人歎服多掇所愛相遺者而吾友悔人雅遊所至必搜訪遠致以供晨夕歡中州牡丹之盛甲天下石固王氏園最著商邱宋相國文康公家園牡丹備五色又王氏所未有也悔人入成均爲四姓小侯師今大中丞宋牧仲先生尚居郎署與悔人忘年壇坫交一日謂之曰君能



過吾梁苑者當割奇花代縞紵以貲君孝君何悔人敬起謝未幾南旋迂道五六百里至商邱得奇花數種及牡丹黃綠數色不討任車儭直之費踰淮泗溯江漢以歸花翁對之色洒然喜也亟招予輩二三逸老揚觶酹花神傍相與屬和中丞漫堂綠牡丹詩成帙蓋前此宜莊花品稠麗未能定甲乙自是遂以牡丹爲冠冕焉花農治花與稼師治稼等擾之剔之薅蝸蘊祟之欲長其兄而去其弟也覘土膏疏穢壤祓以牡鞠之煙滌以蘭氏之瀡欲使䒚不化蝶而柎不

穴蠋也向背之方早晚之候燠宜敞軒沍宜複屋谷
產者避暵澤產者防霪欲其秪彊而氣遂也精微者
可以養生博大者可以理世用志不分迺凝於神花
農之沈冥於斯藝也而寻以爲古之有道者非耶宜
莊內別館數處皆因勢匠意不爲方幅而花之蒙茸
敷豁若與之相夤緣連蜷者繚移延曼者被徑森而
立者可幢縈而綴者可幄尺埒畚土皆花宅昔耶垣
衣皆花塍也寻時時從花農遊坐汲堂靚爽處前爲
平臺方塘衙之如玦凭欄下窺毛髮可鑑魚鳥游泳



蒹蒲離披繞塘數百武煙樾霍靡雲蘿藹鬖繚青凝
碧紫姹紅嫣泣露欲笑者與目謀裊風如吟者與耳
謀花發無虛日賞會無虛旬落英藉席流觴在手詠
言似綺吐屬成珠及出莊外則如從白雲綠嶂間瞥
爾墮地不知向所自入嘻亦異矣吾嘗疑洞天之說
之有無久矣緱山之桃邛都之橘所稱豪且樂者當
復有加焉否耶花農經營垂二十年讀書對客之暇
輒筆記花之所產所移種蒔之柬取喜忌色香之遷
換異同與夫榮瘁成毀之可喜可愕及今昔人題詠

都爲一編博而韻典而核眎草木狀虞衡志諸書蔑
如也凡著書十餘種有遇鈔十卷異鈔十卷史畧八
卷治平要錄五卷行世編柳堂全集則商邱中丞所
鑒定又鈎纂歷代大部書有裨經濟實用者如歷律
兵農屯漕鹺鑄旁逮醫卜壬遁相馬種樹之書莫不
審端竟委指掌析毫一一可見諸施行也悔人手鈔
其什二三公諸海內汲古深思之士常炳然懸日月
矣宜莊錄特緒論之一斑云花農名士尊字偉臣號
石戶順治甲午恩選高隱不仕宜莊其別號也



又詩一首　潛水東南匯淪漪散成綺迤西絡橫塘
菰蒲森稠委風物待所闢雅尚迺經始結廬河渚曲
高揖仲長子曠哉撫皋衍異矣交霍靡激流植其援
列卉如莊士榮木亞牆東貞松盤石倚坐石鈎新證
研牀亦時徙著書得練要羽陵受條理盪胸高文發
湣深積根柢齋也以葦名亭亦用考氏授簡庭之楹
雒誦復鱗比我學類搏沙宕軼隨手指經旬再三過
有疑豁如洗上堂忘客主詎謝漢陰里
邑侯王又旦詩　清溪一道水縈洄高樹千章繞屋

栽亂世避人君始築春時繫馬我曾來堂通橘刺眞
編柳客啟蓬門欲看梅陂岸關心防潰決西風是處
有奔雷
景陵胡承諾寄宜莊詩　往年殘雪對金虀一卷食
經拚醉泥坐上新詞傳鉢響夜深刻燭散烏啼春瞰
吐翳寒山外岸柳舒容野水西五色大雲其下隱江
皋橋柱待君題
景陵戴祁宜莊信宿詩　幾曲緣江徑千重繞舍林
門閒花自落庭寂鳥時吟坐裏衣冠肅階前接引深



連朝風日美未便起歸心　全家移出郭習靜舊雲
莊得食馴禽下回春古木蒼莊側社樹數百年久枯復榮機忘情
共適人壽物同昌問字宜頻過扁舟一水長
邑人李世儒宜莊杏花詩　南客傷春春不同嫣然
春色似江東池塘柳葉已浮綠庭院杏花初綻紅坐
閱芳林煙裊裊預愁繁蕊雨濛濛及時展席須罇酒
醉倚斜陽聽緒風
宜莊花農朱世尊自詠詩　位置無穿鑿誅茅此正
宜延賓呼石丈抱甕灌蹲鴟樹古安巢穩林深下月

遲治畦蕢蔆翦芳杜與葳蕤　春風催茂草秋髮伴
勞人戶鍵翻成腐差繁不讓貧緗書藏鹿革蹋壁走
龍賓誤識青門叟耘瓜說故秦
又絕句三首　草沒長隄水滿塘晚風竹笛度雲莊
月高夜起看牛犢絕勝銀鞍錦瑟場　茸母初生百
卉芳雙柑斗酒卧斜陽漢書一卷懸牛角又聽林中
夏尾忙　莫將粲粲詠南山消受荷風水半灣聽唱
一聲牛背穩悔教文錦列犧班
月沂　邑進士莫與先所居也在許家口下流其形如



月平疇綠樹聚族比廬上下三四里誦讀之聲相聞
公卜築贍君墓側躬耕養母作南陂詩後棄官歸杜
門息交短籬茅屋僅蔽風雨日與諸子弟嘯詠其中
舍東清波洄洑公顧而樂之弄釣自適晚號顧洄老
人
莫與先南陂詩并序　僕年踰彊仕尚無升斗之祿
仰佐尸饔思古人力畊而養寔不能爲須也學者自
潛受漢委昏墊十年求可畊之田不得歲己亥洒人
以潛水之口勢處建瓴譬諸禦寇不于室于門艮便

乃諱于上而塞旃庚子春雨澤不優土人將旱是虞
無虞水矣家有藪澤百畝在先壟之南千步命曰南
陂至是涸與下田等老農謂可芟闢遂從事焉畎澮
未修薙除不力驕驕維莠爔爔其旱鮮不嘆余農道
之弗精維余亦安夫耕之將繼以餒也六月漢水驟
漲巇潛所塞隄如腐齒予鄉距決口纔百里幸免爲
魚異哉秋之穫雖不償傭饁費視比壤爲京坻矣閔
拙者之驗歌勞者之事亦如伐木邪許相杵鳴唷其
悱惻曠適之旨曾無當于古人聊以告余耦云爾



閒居治我懶學耕南陂曲負耒媿無能合耦洛爾僕
首種今未收肩豆糝園菽宛轉餉力子驅策亦已悉
及此澤中乾表畷舊潢瀆嫋嫋芙渠莖色比春秧綠
腰鐮罕差擇薙翦行相續譬如非所用殷杜高閣束
剡彼萑葭徒羣小愼勿蓄　周農紀土化茲理久未
論渴澤兼鹹潟安得鹿與貆窪中喘健犢以人代輓
轅其耕不及尺芟草有陳根所憂土不膏使我苗也
髡且無安鹵莽相與尋水源　孟夏草木長秧旗風
徐徐分栽及未節（秧老則節生如竹）一一受爬梳老農誨我
言本壯行欲疏壯以衞竊草疏行畚其餘更拙數尺
苗布之魚梁瀦酒醪慰勞苦青蕢裹臙脯嘗其旨與
否安用飾巾裾　五月北風涼土潤違其時豈惟嘆
原溼澤腹裂于龜可憐雙轆轤數斗芹根泥昨夜原
上雨潤過一鋤餘曉望遠平疇翠羽炯參差霢霂無
久潤相告謹堰陂天施詎不均勤怠爲盈虧　溉禾
適溉莠莠長倍于禾暑熱如沸湯鉏水當奈何摩踵
休農力不治時已過莊莊我禾士孤特不媕阿神瘦
而貌悴負汝材已多兩存非善計太息對阿娜　促



織婦未驚鳴蜩農乍喜穗雲耀金色蕊蕊紛徙倚往
視先種禾玄黃若瘢痏甫田穫每遲地力有恆理僕
人望速飽輒歎鄰疇美　漢水幾千里潁洞奔潛湄
導川昧禹經捧土以塞之滂雨增濤怒長隄爛于糜
哀哉漢南北魚遊升高枝吾土匪善防偶爲馮夷私
小人屬無厭股引灌枯陂夜半驚漉漉操鍤立中泥
鄰壑艮用媿垂堂安可嬉蘊隆雖云虐念彼孑靡遺
曷忍値胥溺翩翩獨抱爲　先秋糶新穀闤闠塞隍
數公私已多逋爭出聽所估憶當春耕乏斛米千錢

取辛苦安足論祁寒有懸釜列肆操奇贏廉賈亦十
五嗟我愚農夫豐凶竟歲苦　羣鵲遠飛來止場聲
咿喔短翅越洪波此馬卜有粟稚子亦慈豪爵絲斷
不續吾生何豐嗇寡欲恆止足雀鼠貞壯哉廪高囷
每縮　少年尚游俠爨無欲清人彊仕行已過干祿
猶積薪憒不辨穜稑惰安給昏晨尸饔每色喜歲事
百斛盈酒甞報蜡祖父昆及諸鄰雞塒頗狠藉鷺塘
亦幽清把鐮采土芝垣槿護霜橙形勞志未辱文隱
道豈貧疑鼻語兒曹淵源安足論



三原孫枝蔚詩并序　僕久客潛江復值大水孤城
塊土如海中一小島然殆矣邑中莫大岸進士居於
月滸得倖免水患弄釣洄上甚樂也貽詩見嘲因次
韻相調　曾過采石弔李白更讀楚辭中不懌蒼龍
露角復露牙對此罷琴兼罷弈也知死生原有命全
家衣食待區畫雀噪天晴鳩喚雨物性眼前各自適
如何顧洄老釣徒笑人不監狒披格情恕理遣古所
難何以報之用惡客名畫竟污寒具油巧偷豪奪到
書籍對酒輒醉醉輒舞使汝無繇談老易然後卻借

釣船歸歸坐高樓晚霞赤回頭笑看顧洄翁何異千
金遭一擲
又效皮陸雜體簡大岸　垂楊厚意隱黃鸝多謝莊
鄰酒滿巵懶費詩篇題甲子買田文券手須持　兒
曹植果婦栽萱愁報深江淹樹根十丈塵高適何處
分甘宜可守諸孫　屋梁寓燕鳴清晨車馬周流夏
接春閒左思歸歸未得蕭條行李白頭人　拄杖尋
山簡古藤看花騎馬異時會高張良夜清琴罷重列
朝班固未能



邑人朱載震懷洄翁詩　旅人間最得闢戶有誰來
酒醆盧詹把芋苗活火煨綠回原上草香達隴頭梅
卻憶洄東叟臨風過釣臺
網臺　邑知縣李既讀書處李氏遠祖業于魚臺故其
曬網處在縣城南帶郭臨隄盛夏綠楊荷芰掩映澄
陂頗有幽致既歸里後結屋貯書為終老計示勿忘
祖德也
邑人劉逵俊詩　曬網臺邊業未殘閒身乞得把魚
竿自將綠蟻浮三雅不為丹砂戀一官躡屐幾探嵩

少勝揮毫曾汲海門瀾先生舊任柘城丹徒兩縣令 白頭獎引心
偏切插架陳編許借看
李旣次答遐矚詩 留滯南徐爲局殘卻同來伴子
陵竿源從洞口尋偕隱夢渡江濤險似官長夏疏籬
搖老綠短衣曲檻俯迴瀾此中著述渾閑事偏耐幽
人冷眼看

義阡

月令二月掩骼埋胔攷洪武三年諭禮部示官司擇近
城寬閒地爲義塚俾之葬埋天順四年命郡邑各置漏



澤園
本朝順治九年命埋骨置冢澤及枯骨憲典所載冥漠
君之宅例得附焉
北郭義冢四區其在東嶽廟後者知縣曹珩買施計田
四十畝其在水府廟傍者一爲知縣王念祖買施一
爲知縣羅萬象買施共計田二十九畝有碑其在東
嶽廟左者邑人朱之佩施計田十畝
西郊義冢二在西門外一爲邑人劉垓施一爲邑人陳
大田施

南郊義冢在南門外橫隄頭邑人劉寅施計田五畝
夜汊義冢在縣西渡夜汊河邑人劉寅施計田十畝
河東義冢在黃漢垸計田一十三畝五分邑人李崇信
施
按義冢地與壇廟基址例同除科王侯羅侯所施二
區田凡二十九畝曩以地近水府廟看守之任諭令
廟僧禁踐毀防隱佔也康熙九年清丈竟混以僧名
攤租賠納莫告二十七年郡丞鄭公潤中來攝潛篆
僧普憫具陳本末公曰奈何以前令捐施瘞骨之地
陷禍子以寃賠乎然頗以版冊更除爲難會邑士楊



昌慨然願以己名代輸公亟爲稱善尤不忍以好義
累昌命清查他處漏田以補之遂除僧名入衿戶公
之仁昌之義前侯之遺愛均得之矣昌本吳姓邑庠
庠生文學吳柙之子孝廉袞之姪大參公從誠之從
孫少孤貧力學敦行爲士林所重此其一節云

物產

穀之屬 稻有早稻六月熟紅稻白稻晚稻九月熟 糯有黃殼糯芒糯晚糯 大麥廣雅曰麰立夏熟 小麥廣雅曰麳 蕎麥赤莖白花秋藝冬成 粟有糯 黍稷芝麻

有白黑二種豆有黄豆黑豆赤豆蔓豆蠶豆豌豆

蔬之屬　白菜青菜萊菔俗呼為蘿蔔卽蕪菁也有黄白紅三種　油菜芥菜莧菜有紅白二種　甜菜苦菜萵苣芫荽蕻蒿苘蒿菠薺芹葱蒜韭薤王瓜西瓜北瓜南瓜絲瓜茭笋茄匏瓠芋有水芋旱芋二種　藕山藥茳豆扁豆

果之屬　梅李桃杏枇杷櫻桃梨栗木瓜柹棗銀杏梧桐石榴葡萄橘橙柑柚香櫞康熙二十九年庚午冬氷雪奇寒凍殺無存者

菱芡蓮荸薺茨菰

木之屬　松柏桐梓杞桑柘楊椿楮槐柳榿櫟楝樗楓



槿皂莢烏桕冬青

竹之屬　筀竹慈竹鳳尾竹淡竹苦竹紫竹斑竹水竹

草之屬　蘆葦蒿稗

花之屬　牡丹芍藥紫薇芙蓉葵木槿薔薇海棠鷄冠罌粟麗春菊木樨薝蔔山丹百合水仙山礬紫荆鳳仙茶蘼萱洛陽花石竹玉簪木筆玉蘭臘梅紫藤木香寶相姊妹長春花卽月月紅

藥之屬　半夏香附益母蒲公英豨薟韋牛車前子紫蘇薄荷枸杞瓜蔞草麻桑白皮地骨皮艾旱蓮草金銀花桑椹楮實子茱萸花椒五加皮蒼耳

貨之屬　棉花紅花䔍麻苧麻靛蠶絲蜂蜜

羽毛之屬　鷄鴨鵝雉鴉鵲烏鴿鴒鳩燕鶯鵓鸛鵁鶄鵝鴿牛羊豕犬貓獾驢兔獐

鱗介之屬　鯉鰱魴鯽鯖鯿鰍鯮鰻鱔鱖鮰鰕鼈螺龜蚌蛤

蟲之屬　蠶蚓蚱蜢螳螂蟬蝴蝶蟋蟀螢蛙蜻蜓蟈蠅蚊蟻蠓蝸牛蝌蚪

潛邑土田中下布帛菽粟而外無他産也世宗朝有



巨家以偶得香稻餉太府因獻上遂為額貢民疲於奔命者數年賴京山王御史宗載疏罷之今小民日用青布最上者不及蘇杭之下帛乃謬得潛青之名當道不時檄取布戶倍償無以應有司拮据而購諸他方豈布粟亦民害耶萬歷舊志

御史王宗載疏　畧曰興都地瘠民貧諸凡土產皆四方所有自嘉靖四十一年守備張方希恩賚于越分逢迎凡果餚魚米粗重之物皆派州縣責令里長甲戶買辦以充上貢雖非其地之所出時之所有而

一概取派州縣無敢違者令小民百倍其値而不恤也且其充上貢者猶有常品充私饋者漫無紀極本地之出辦既竭其膏脂沿途之轉輸又急于星火所過驛遞無不騷然蓋不止于一方受病而已夫國朝歲貢之制載在令典俱有定式此既不係舊例又未奉明旨是亦不可以已乎合無查將前項進貢方物俱行停止不許守備仍假此名妄差官校需索州縣騷擾驛遞違者聽所在官司一體參治如此則阿奉無由而希冀之途塞取用有節而催科之患除矣

隆慶元年四月十一日具題奉旨張方著同京司禮監另差一員前去守備其餘事情行彼處撫巡查處奏請該部知道

按潛多沙壓曠土貧民間種北瓜其形較西瓜稍長而味亦無大異曩曾有以充中秋餽遺者後竟著爲成例計凡應餽之處自百枚以至數百枚始猶價買於市鎮既則派取於各垸甚且不問其人之種瓜與否按戶派取胥役恣意需索以飽其私囊豈知在上者直以微物視之往往卻而不收而民之受害已莫



可勝言矣部陽王侯又且深知其害痛爲懲革嗣守此土者復惑於胥役之請民之害也滋甚劉侯煥力除陋規禁沿村採買之役民咸德之夫至人不貴異物況未必異乎述土物之宜上之天府非其民者勿相督責昔人防微之旨甚深且遠焉先儒有云東南民力竭矣攷昔日香稻青布之貽累觀近今北瓜之流弊尚敢侈言方物爲導欲之具哉

潛江縣志卷之九

知縣事劉　焕纂修

知縣事史致謨續纂

賦役志　戸口　田地　稅糧　起撥　存留　俸役　驛站　均徭　走遞　祭祀　賓興　典禮　支備　裁解　雜稞　藩租　班匠　附裁關稅

則三壤而成賦九州皆然三代之制民受田於官食其力而輸其賦秦以天下奉一人始捐田產以予百姓守宰之任驟更數易而土田之還受其姦敝無窮過此創因有增無減言利以亂成法者紛紛日盛矣商鞅隨田之在民者稅之而不復問其多寡楊炎隨民之有田者稅之而不復視其下中二人之政君子羞稱焉唐貞觀定租庸調法孟氏所云粟米布縷力役三征是也宋之經總制錢以及告緡征榷其名不一而悉謂之賦明初因仍元制賦稅輕重弗倫潛受漢委土惟塗泥厥田惟下中地瀕窪渚變遷靡常昔之經界明辨者不踰時而肥瘠紊淆飽豪猾以魚肉孱弱不均之害孰甚乎自明萬歷間朱侯清丈均賦利賴至今我

國家混一區宇稅糧徭役有定制尤屢沛



渥復勤邮之恩本固邦寧矣守兹土者虐我撫我小往大來民生休戚殊焉其間利興害除爰得臚列而詳紀之因事附書勿敢忘我長牧之克盡乃心庶予遺餘幾其永堅哉作賦役志

戸口

潛江戸口宋元籍無可攷明洪武至萬歷舊志亦失載自萬歷七年朱侯熙洽清田均賦役額戸四千一百零三戸軍一千五百七十二名匠八十二名額丁五千五百四十七名男婦三萬七千二百八十二丁口遞年分別優免起科則例不等每丁額銀二錢五分二釐三毫一絲九忽四微九塵五纖六渺四漠共應徵并新加顏料丁派銀一千三百九十九兩六錢一分六釐二毫四絲二忽三微四纖四漠內奉文豁免一十六丁除豁免故夫丁銀四兩三分七釐一毫一絲一忽九微三塵二渺四漠實在人丁五千五百三十一丁實丁銀一千三百九十五兩五錢七分九釐一毫三絲四微四纖一渺六漠

國朝順治間新增人丁一十八丁實徵丁銀四兩四錢八分二釐

十一年新增人丁一十二丁實徵丁銀二兩七錢七分五釐五毫一絲四忽四微五塵二纖四漠康熙二十一年新增人丁一十二丁實徵丁銀三兩二分七釐八毫三絲三忽九微四塵七纖六渺八漠康熙二十五年

新增人丁六丁實徵丁銀一兩五錢一分三釐九毫一絲六忽九微七塵三纖八渺四漠

康熙三十年新增人丁五丁實徵丁銀一兩二錢六分一釐五毫九絲七忽四微七塵八纖二渺

按周禮大司徒掌人民之數孟冬獻於王王拜受之登於天府所以重邦本也徐偉長中論曰人數者庶事之所自出以分田里以令貢賦以造器用以制祿食以起田役以作軍旅國以建典家以立度五禮用修九刑用措其唯審人數乎潛濱河土浮衍耕者無常業其人性輕而易徙男子丁恒不足額前有司患



之定額戶口人丁五千五百四十七丁分別優免起科則例不等厥後兵革流離稱耗困矣其版籍不致羨縮者口食有額限故也舊例丁田分兩稅無田之家每苦空丁嘗攷周制五十不爲甸徒所謂優老敬士特其名耳其實是陰汰文弱暗減老罷之法康熙九年清丈平圖歸并田畝合父兄子弟田而并之又必紳士的名不許另立戶頭於以清詭寄杜冒濫良善第多石共一戶名田多丁寡不生不耗勿論版冊無人充實抑且大造徒爲懸舉甚且外籍紳士借名求免眞僞莫稽紛擾徒甚邑人向大觀有言以五千有羨之丁分之一萬有零之石每糧兩石各戶下應立一丁俾買丁之家糧增而丁生鬻產之人糧盡而丁絕每年徵收或總比戶頭或散比戶丁民自由之而不自知是亦通定法於活法之一道也至於優免冒濫揑造假名莫可究詰相沿已久三十二年劉侯煥清查積獘示諭冊書云眞正本籍鄉紳舉貢監生及紅案有名并眞正告給衣頂生員造定印冊入免其有本籍外學者免雜徭不免丁以優本縣之士子



外籍本學者免丁不免雜徭以遵　部冊之額載外籍外學者另冊徵糧姑存名器其丁銀雜差一槩不免鄉紳舉貢監生亦如是焉著爲成例斯尤任人任法兩利之道可守之而無獘焉

田地

原額田一千八百五十六頃三十三畝二分三釐二毫

內官田一頃四畝六分

內民田一千八百五十四頃二十八畝六分三釐二毫

原額地一百九十九頃六十二畝七分二釐八毫
內大麥地八十頃八十二畝七分四釐
內小麥地一百一十六頃一十五畝三分九釐八毫
內桑地二頃六十四畝五分九釐
又康熙十六年于籌餉期于有濟等事案內清出民
賦田地二頃二十一畝六釐七毫

稅糧

秋糧　民米九千九百二十石四斗三升一合七勺五
撮（每畝科秋糧民米五升三合四勺七抄九撮五粒二粟）



官米五十六石九斗一升九合七勺二抄（每畝科秋糧官米二斗七升八合二勺）
大麥四百三十二石四斗二升六合五勺九抄（每畝科夏稅大麥五升三合五勺　每大麥二石折米一石）
小麥六百二十一石四斗二升三合七勺七抄（每畝科夏稅小麥五升三合五勺）
桑地絲二斤八兩九錢八分（每畝科農桑絲一錢五分四釐八毫八絲一忽八微九塵二纖　原于稅糧內代派）
又康熙十六年于籌餉期于有濟等事案內清出糧



二石二斗一升六勺七抄（每畝科糧一升）
以上共額載秋糧官民米夏稅大小麥并籌餉
案內清出稅糧共一萬一千三十三石四斗一
升二合四勺五抄五撮（內大麥二石折米一石　實糧一萬八百一十七石一斗九升九合一勺六抄）

一糧米徵銀　秋糧民米額徵并新加顏料銀九千三
百六十八兩七錢九分一釐七毫一忽七微九纖
三渺（每石民米共該折秋糧銀九錢四分四釐三毫九絲三忽五微四塵八纖六渺二漠）
官米額徵銀并新加顏料銀五十三兩七錢五分四



釐六毫一絲六忽三微五塵七纖二渺（每石照前則例）
夏稅大麥額徵銀二百四兩一錢九分四毫四絲九
微六塵一纖七渺（每麥二石折米一石照前則例）
小麥額徵銀五百八十六兩八錢六分八釐五毫九
絲九忽三塵八微七纖一渺（每石照前則例）
桑絲二斤八兩九錢八分（原于稅糧代派）
又康熙十六年于籌餉期于有濟等事案內清出銀
二兩八錢七分八毫九絲五忽三微
以上額徵并新加顏料銀一萬二百一十六兩

四錢七分六釐二毫五絲三忽七微一塵五纖三渺

一人丁徵銀　原額人丁五千五百四十七丁共應徵并新加顏料銀一千三百九十九兩六錢一分六釐二毫四絲二忽三微三塵四纖四渺內於康熙四年奉文豁免故夫一十六丁豁免故夫丁銀四兩三分七釐一毫一絲一忽九微三塵二渺四漠實載人丁五千五百三十一丁　實應徵丁銀一千三百九十五兩五錢七分九釐一毫三絲四微



四纖一渺六漠

國朝順治間新增人丁一十八丁派徵丁銀四兩四錢八分二釐康熙十一年新增人丁二十一丁派徵丁銀二兩七錢七分五釐五毫一絲四忽四微五塵二纖四漠康熙二十一年新增人丁一十三丁派徵丁銀三兩二分七釐八毫三絲三忽九微四塵七纖六渺八漠康熙二十五年新增人丁六丁派徵丁銀一兩五錢一分三釐九毫一絲六忽九微七塵三纖八渺四漠康熙三十年新增人丁五丁派徵丁銀一兩二錢六分一釐五毫九絲七忽四微七塵八纖二渺

以上共實徵丁銀一千四百八兩六錢三分九釐九毫九絲三忽二微五塵五纖九渺二漠詳見戶口志

一地畝徵銀　萬歷四十六七八年加增地畝九釐遼餉正銀三千一百八十二兩七分一釐三毫五絲八忽每兩京損九釐該銀二十八兩六錢三分八釐六毫四絲二忽連正損共銀三千二百一十兩七錢一分



每稅糧一石派徵銀二錢九分六釐八毫七絲五忽九微五塵一纖六渺

一民糧代編福租銀九兩八錢四分二釐解費每兩九釐該銀八分八釐五毫七絲八忽正費共銀九兩九錢三分五毫七絲八忽每民糧一石派徵銀九毫一絲八忽二微二塵三纖一渺

一南漕徵米　漕糧本色正米一千一百二十石每石耗米四斗該耗米四百四十八石共正耗米一千五百六十八石另正米一石里納盤脚米二升船脚米七升共里納盤船脚米一百石八斗每民糧一石派米連正耗一斗四升四合九勺八抄四撮完漕糧外其盤船脚米原係過淮征給解役自順治二年起至今止未奉文徵不敢擅派又糧道條陳於四斗外加

耗米二斗順治九年楚撫
遲題請免加　戶部覆奉
旨[革除多加二斗耗米]於康熙十一年奉文另正米一石徵給贈
貼米二斗共徵贈貼米二百二十四石[每秋糧一石該派贈貼米二升七勺一抄一撮九圭九粒六粟]又於籌餉案內清出額外米
三斗七升四合九勺四抄一撮
南糧本色正米二千九十六石八斗[每石耗米二斗五升]該耗
米五百二十四石二斗共正耗米二千六百二十
一石[每秋糧一石派徵米二斗四升二合三勺四抄八撮八圭]又于籌餉等事
案內清出米五斗三升三合八勺五抄五撮　三



項共米二千六百二十一石五斗三升三合八勺
五抄五撮[另正米一石里納驢脚米一斗五升]該米三百一十四石
五斗二升[每秋糧一石派里納驢脚米二升九合八抄一撮八圭六粒二粟]又籌
餉案內清出驢脚米六升五合九抄七撮七圭共
米三百一十四石五斗八升五合九抄七撮七圭
[內奉文船驢脚米每石折銀一兩]共折銀三百一十四兩五錢八
分五釐九絲七忽七微[以二錢給解役]該銀六十二兩九
錢一分七釐一絲九忽五微四塵[餘八錢充餉]該銀二
百五十一兩六錢六分八釐七絲八忽一微六塵

起撥

戶部項下

夏稅折色起運

解南農桑絹二疋一尺四寸七分[每疋正銀五錢五分損銀一錢五分]
共銀一兩四錢三分四釐三毫[每兩京損五分]該銀七分一
釐七毫二絲

秋糧折色起運

京庫米五十六石九斗一升九合七勺二抄[每石折銀二錢]
[五分]該銀一十四兩二錢二分九釐九毫三絲[每兩京損]



[三分滴珠銀一分]該銀五錢六分九釐一毫九絲七忽二
微[每兩解官盤費九釐]該銀一錢三分三釐二毫
派剩太倉米三百二十二石六斗[每石折銀六錢]該銀一百
九十三兩五錢六分[每百兩京損銀一兩二錢]該銀二兩三錢
二分二釐七毫二絲[解官盤費每兩九釐]該銀一兩七錢六
分二釐九毫
兌軍折色米一千石[每石連耗折銀七錢]該銀七百兩[每百兩京損銀]
[一兩二錢]該銀八兩四錢
北京富戶三名[每名銀二兩]該銀六兩[每兩京損二分]該銀一錢

二分　減故夫丁銀一釐九毫四絲

鹽鈔折色起運

原額解南戶口鈔本折正損共銀三十七兩一錢四分一釐八毫六忽四微四塵五纖七渺帶閏銀一兩二錢三分八釐六絲二微一塵四纖九渺解官盤費每兩九釐該銀三錢三分四釐三毫　減故夫丁銀六分八毫

本府戶口鈔內扣解昌平州正損共銀一十兩一錢九分八釐　減故夫丁銀一分六釐一毫五絲

秋糧本色起運



漕糧本色卽前漕米正耗共米一千五百六十八石又籌餉案內清出米三斗七升四合九勺四抄一撮里納盤腳米一百石八斗　又糧道條陳于四斗外加耗米二斗順治九年　楚撫遲　題請免加

戶部覆奉

旨革除多加二斗耗米于康熙十二年奉　文另正米一石徵給贈貼米二斗共徵贈貼米二百二十四石

南糧本色卽前南米正耗共米二千六百二十一石又籌餉案內清出米五斗三升三合八勺五抄五撮里納驢腳米三百一十四石五斗二升又籌餉案內清出驢腳米六升五合九抄七撮七圭共里納驢腳米三百一十四石五斗八升五合九抄七撮七圭奉文每石折銀一兩共折銀三百一十四兩五錢八分五釐九絲七忽七微以二錢給解役該銀六十二兩九錢一分七釐一絲九忽五微四塵餘八錢充餉該銀二百五十一兩六錢六分八釐七絲八忽一微六塵

隨漕起運新例奉文歸解糧道充餉開銷



楞木松板銀四兩四錢八分

運糧官軍行月糧米五百六十八石一斗每石米折銀四錢該銀二百二十七兩二錢四分兌糧官領赴水次交兌不派損銀

三六耗帶輕賫銀二百七兩二錢每百兩解淮損銀一兩　該銀二兩七分二釐

兌糧運官盤纏除南糧運官外該銀八兩

淺船銀二十五兩四錢八釐解官盤費每兩九釐該銀三錢一分八釐六毫七絲二忽　減故夫丁銀二分六毫一絲三微

地畝起運

新加九釐地畝遼餉正銀三千一百八十二兩七分一釐三毫五絲八忽每兩京損銀九釐該銀二十八兩六錢三分八釐六毫四絲二忽

康熙十六年奉文籌餉期于有濟等事案內清出民賦銀二兩八錢七分八毫九絲五忽三微

禮部項下

秋糧折色起運

北京藥味正價銀五兩三錢四分三釐七毫五絲每兩京損銀四分該銀二錢一分三釐七毫五絲解官盤費每兩九釐



該銀五分減故夫丁銀一釐七毫五絲

兵部項下

秋糧折色起運

解南江濟水夫九十名每名銀四兩九分五釐該銀三百六十八兩五錢五分每兩京損九釐該銀三兩三錢一分六釐九毫五絲

工部項下

秋糧折色起運

緞疋正銀三十三兩四錢損銀五兩每兩京損九釐該銀三

錢四分五釐六毫帶閏銀九錢一分五釐五毫一絲六忽解官盤費每兩九釐該銀三錢四分八釐七毫減故夫丁銀一分二釐五毫六絲

翎毛正銀四兩八錢每兩京損九釐該銀四分三釐二毫解官盤費每兩九釐該銀四分三釐五毫九絲減故夫丁銀一釐五毫四絲

天鵞正銀六兩五錢每兩京損九釐該銀五分八釐五毫解官盤費每兩九釐該銀五分九釐減故夫丁銀二釐八絲

活雁正銀一兩六錢五分四釐五毫四絲五忽四微



六麂每兩京損九釐該銀一分四釐八毫九絲九微九纖一渺解官盤費每兩九釐該銀一分五釐減故夫丁銀五毫三絲

營膳司料正銀一百九十三兩二分一釐每兩京損九釐該銀一兩七錢三分七釐一毫八絲九忽解官盤費每兩九釐該銀一兩七錢五分二釐八毫減故夫丁銀六分一釐七毫

扣解辰州軍餉民壯二十五名每名銀七兩二錢共銀一百八十兩原奉文改抵沅陵縣屯田司料每兩京損九釐該銀一兩六錢二分解官盤費每兩九釐該銀一兩六錢三分四釐六毫

派剩辰州軍餉米原摘改抵沅陵縣屯田司料銀七

兩一錢七分四釐四毫黔陽縣屯田司料銀一十一兩一錢八分五釐六毫　二項每兩京損九釐該銀一錢六分五釐二毫解官盤費每兩九釐該銀一錢六分六釐七毫　二項共減故夫丁銀六分三釐四毫

夏秋本色起運

胖襖褲鞋七十五副每副正銀一兩二錢水腳銀三錢　共銀一百一十二兩五錢官解領銀製造另給夫馬不必派加損銀　內減故夫丁銀三分五釐六毫四絲

軍器銀四十一兩二錢四分一釐七毫二絲五忽九



微解費每兩九釐該銀三錢七分二釐七絲五忽五微　減故夫丁銀一分三釐一毫六絲

綾紗紙價銀八十八兩四錢五分二釐三毫六絲七忽四微四塵候部文到之年方派不必每年帶徵

光祿寺項下

甲丁庫供應等銀二百兩每兩京損二分該銀二兩解官盤費每兩九釐該銀九錢一分八釐　減故夫丁銀三分二釐三毫二絲

新加顏料銀九十兩六錢九分九釐三毫　減故夫丁銀二分八釐七毫三絲

撥運

各部寺倉口解費銀一十兩五釐一毫六絲五忽五微　減故夫丁銀四釐八絲五忽三微七塵三渺

四瀆

歷日正費銀四兩一錢五分一釐四毫　減故夫丁銀三釐三毫八微

俸役

一經制款目

分守荊西道



聽事吏二名共銀一十四兩四錢順治十四年裁銀二兩四錢　康熙六年全裁銀一十二兩

鋪兵二名共銀一十四兩四錢順治十四年裁銀二兩四錢　康熙六年全裁銀一十二兩

知府

皁隸一十六名共銀一百一十五兩二錢順治九年裁銀一十九兩二錢存銀九十六兩　減故夫丁銀七分六釐三毫一絲七忽六微八塵

斗給六名共銀四十三兩二錢順治九年裁銀七兩二錢存銀三

十六兩　減故夫丁銀二分八釐六毫九忽一微
三塵
禁卒一十二名共銀八十六兩四錢（順治九年裁銀一十四兩四錢）存銀七十二兩　減故夫丁銀五分七釐二毫三
絲八忽二微六塵
同知
薪銀每年四十八兩（順治十四年裁銀一十兩五錢五分六釐）存銀三十
七兩四錢四分四釐　減故夫丁銀二分九釐七
毫六絲七忽七塵五纖



書辦六名共銀六十四兩八錢（順治九年裁銀二十八兩八錢　康熙元年全裁銀三十六兩）
經歷司
薪銀每年二十四兩（順治十四年裁銀八兩二錢二釐）存銀一十五
兩七錢九分八釐　減故夫丁銀一分二釐五毫
五絲九忽二塵八纖
府教授一員
喂馬草料銀一十二兩　減故夫丁銀九釐五毫三
絲七忽七微一塵一纖（奉文充餉）

府學膳夫半名銀十兩（順治十四年裁銀六兩六錢六分六釐七毫）存銀
三兩三錢三分三釐三毫　減故夫丁銀二釐六
毫四絲九忽九微一塵六纖
知縣
俸薪銀六十三兩四錢九分（順治十四年裁銀一十八兩四錢九分）存
銀四十五兩　減故夫丁銀一分三釐九毫二絲
心紅紙張銀每年二十兩奉　文充餉　減故夫丁
銀一分五釐八毫九絲九忽五微
修宅家伙銀每年二十兩（順治九年全裁）



迎送上司傘扇銀每年一十兩（順治十二四年全裁）
油燭銀每年一十兩（順治十四年全裁）
吏書一十二名共銀一百二十九兩六錢（順治九年裁銀五十七兩六錢　康熙元年全裁銀七十二兩）
門子二名共銀一十四兩四錢（順治九年裁銀二兩四錢）存銀一
十二兩　減故夫丁銀九釐五毫三絲九忽七微
皁隸一十六名共銀一百一十五兩二錢（順治九年裁銀一十九兩二錢）存銀九十六兩　減故夫丁銀七分六釐三
毫一絲七忽七微

馬快八名共銀一百四十四兩順治九年裁銀九兩六錢順治十六年裁
草料銀八十六兩四錢 存銀四十八兩 減故夫丁銀三分
八釐一毫五絲八忽八微
民壯五十名共銀三百六十兩順治九年裁銀六十兩順治十六年裁銀
一百二十兩 存銀一百八十兩 減故夫丁銀一錢四
分三釐九絲五忽六微
燈夫四名共銀二十八兩八錢順治九年裁銀四兩八錢存銀二
十四兩 減故夫丁銀一分九釐七毫九忽四微
看監禁卒八名共銀五十七兩六錢順治九年裁銀九兩六錢存



銀四十八兩 減故夫丁銀三分八釐一毫五絲
八忽八微
修理倉監銀二十兩 減故夫丁銀一分五釐八毫
九絲九忽五微奉文充餉
轎傘扇夫七名共銀五十兩四錢順治九年裁銀八兩四錢存銀
四十二兩 減故夫丁銀二分七釐九絲二忽八
微
庫書一名歲支銀一十二兩順治九年裁銀六兩康熙元年裁銀六兩
倉書一名歲支銀一十二兩順治九年裁銀六兩康熙元年裁銀六兩

庫子四名共銀二十八兩八錢順治九年裁銀四兩八錢存銀二
十四兩 減故夫丁銀一分九釐七絲九忽四微
斗給四名共銀二十八兩八錢順治九年裁銀四兩八錢存銀二
十四兩 減故夫丁銀一分九釐七絲九忽四微
主簿一員
俸薪銀三十三兩一錢一分四釐 減故夫丁銀九
釐五毫三絲九忽七微
書手一名歲支銀七兩二錢順治九年奉裁銀一兩二錢康熙元年全裁銀六兩



門子一名歲支銀七兩二錢順治九年奉裁銀一兩二錢 存銀六
兩 減故夫丁銀四釐七毫六絲九忽九微
皁隸四名共銀二十八兩八錢順治九年裁銀四兩八錢存銀二
十四兩 減故夫丁銀一分九釐七絲九忽四微
馬夫一名歲支銀七兩二錢順治九年裁銀一兩二錢存銀六兩
減故夫丁銀四釐七毫六絲九忽九微
典史
俸銀每年三十一兩五錢二分
書辦一名歲支銀七兩二錢順治九年裁銀一兩二錢康熙元年全裁銀

六兩

門子一名歲支銀七兩二錢順治九年裁銀一兩二錢存銀六兩

減故夫丁銀四釐七毫六絲九忽九微

皁隸四名共銀二十八兩八錢順治九年裁銀四兩八錢存銀二十四兩　減故夫丁銀一分九釐七絲九忽四微

馬夫一名歲支銀七兩二錢順治九年裁銀一兩二錢存銀六兩

減故夫丁銀四釐七毫六絲九忽七微

儒學教諭訓導

俸銀每員每年三十一兩五錢二分共銀六十三兩四分康熙四年裁銀三十一兩五錢二分存銀三十一兩五錢二分今與訓導合支



齋夫六名共銀七十二兩康熙四年裁銀三十六兩存銀三十六兩　二項共減故夫丁銀三分八釐一毫五絲八忽七微八塵九纖

門斗五名共銀三十六兩康熙四年裁銀一十四兩四錢存銀二十一兩六錢　減故夫丁銀一分七釐一毫七絲一忽五微

學書一名歲支銀七兩二錢康熙元年全裁

喂馬草料共銀二十四兩康熙四年裁銀一十二兩存銀一十二兩　減故夫丁銀九釐五毫三絲九忽七微一塵一纖

膳夫二名共銀四十兩順治十四年裁銀二十六兩六錢六分六釐六毫六絲六忽存銀一十三兩三錢三分三釐三毫三絲四忽

減故夫丁銀一分五毫九絲九忽七微

驛站

原編驛站撥協

石城驛馬一十四匹銀三十兩帶閏銀五錢又零銀一十二兩五錢九分五釐五毫帶閏銀二錢一分　共銀四百三十九兩八錢五釐五毫奉驛傳道批詳減本驛馬六匹該減馬價銀一百八十三兩永留本縣接濟　實協濟本驛馬八匹正閏零銀



共該二百五十六兩八錢五釐五毫

豐樂驛馬六匹每匹銀三十兩帶閏銀五錢又零銀二兩帶閏銀三分三釐　共銀一百八十五兩三分三釐奉驛傳道批詳減本驛馬二匹該減馬價銀六十一兩永留本縣接濟　實協濟本驛馬四匹正閏零銀共該一百二十四兩三分三釐

郢東驛馬六匹每匹銀三十兩帶閏銀五錢零銀一十二兩帶閏銀二錢　共銀一百九十五兩二錢奉驛傳道批詳減本驛馬二匹該減一馬價銀六十一兩永留

本縣接濟實協濟本驛馬四匹正閏零銀該一百三十
四兩二錢
代編沔陽州原編豐樂驛支應銀五十三兩
郢東驛支應銀七十二兩
郢東驛水夫一名工食銀六兩帶閏銀一錢
石城驛站船水夫四名每名銀六兩帶閏銀一錢共銀二十四兩
四錢本驛支應銀九十五兩奉驛傳道批詳留縣入後腳馬項下
驛站現今起解錢糧
原編江濟協濟等項協荊門州工料內除撥抵經制
轎傘夫並充餉外餘存補解正項銀一千六十七



兩二錢二釐九毫五絲 減除故夫丁銀一兩一
錢一分四釐九毫五絲七微六塵八纖四渺五漠
九茫
奉撥原編驛站夫馬協濟江濟等項撥補各衙逢買
備倒馬價值及奏補災傷等銀五百八十五兩

走遞

原額排夫一百四十四名每名工食銀七兩二錢帶閏銀一錢二分內除本縣轎傘
夫六名工食扣抵新制外實存走差排夫一百三十八名該銀
一千一十兩一錢六分後奉文裁減止設排夫三
十名每名歲支正閏工食銀七兩三錢二分該銀二百一十九兩六
錢又奉
恩詔開復夫五十名該工食銀三百六十六兩
二項共該銀五百八十五兩六錢餘銀裁解
腳馬二十七匹每匹銀二十四兩帶閏銀四錢共銀六百五十八兩
八錢又奉驛傳道批詳減石城驛馬六匹豐樂驛馬二匹郢東驛馬二匹共該馬價正閏銀三百五十五兩又批詳減石城驛支應銀九十五兩二項永留本縣接濟實共腳馬銀一
千五十八兩八錢後奉文裁減止設馬三十匹該



工料醫藥銀六百八十五兩二錢又奉
恩詔開復馬十匹該工料醫藥銀二百二十六兩
二項共銀九百一十一兩二錢餘銀裁解
代編沔陽州原編協鍾祥縣馬一匹正銀三十兩帶閏銀五錢又零銀七兩二分五毫帶閏銀一錢一分七釐
共銀三十七兩六錢三分七釐五毫 入驛站錢
糧款內起解

均徭

各鋪司兵徭編四十二名每名銀四兩帶閏銀六分六釐六毫永充一十

七名每名銀一兩八分帶閏銀一分八釐共銀一百八十九兩四錢六分三釐一絲　減故夫丁銀一錢四分一釐七毫五絲八忽一微一纖九渺內縣前鋪徭編八名永充二名陶朱鋪徭編五名永充二名權頭鋪徭編四名楊湖鋪徭編二名永充三名七丈王家白伏三鋪各徭編二名三條車老二鋪各徭編三名劍潭鋪徭編一名永充一名白湖稅家班家總口柳樹五鋪各徭編一名永興鋪徭編二名永充六名北池鋪徭編三名永充三名

協濟龍灣市巡司應役弓兵七名每名銀五兩帶閏銀八分三釐三毫共銀三十五兩五錢八分三釐三毫順治十四年奉裁銀一十七兩七錢九分一釐六毫五絲存銀一十七兩七錢九分一釐六



毫五絲　減故夫丁銀一分四釐一毫四絲三忽九微八塵九纖五渺四漠一茫

各河渡夫五名每名銀一兩八錢帶閏銀三分共銀九兩一錢五分順治十四年奉文裁半實征銀四兩五錢七分五釐　減故夫丁銀三釐六毫三絲七忽

各河渡修船銀二兩二年一次每年該銀一兩順治十四年奉文裁半存銀五錢今全裁充餉

迎送皁隸十名每名工食銀三兩六錢帶閏銀六分內除裁五名扣抵新制外實走差五名正閏共銀一十八兩三錢　減故夫丁銀

一分四釐五毫四絲八忽

祭祀

龍亭儀仗修理銀二兩　減故夫丁銀一釐五毫九絲全裁充餉

文廟二祭共銀四十兩

啓聖祠二祭共銀七兩

香燭米銀一兩二錢六分

山川壇二祭共銀一十二兩

社稷壇二祭共銀一十兩



名宦鄉賢二祠各二祭共銀七兩自文廟起至此止　減故夫丁銀六分四毫一絲八忽

邑厲壇三祭共銀一十二兩　減故夫丁銀九釐五毫三絲九忽七微

賓興

歲貢生員正貢盤纏除徭編外花紅旗匾酒席銀一十二兩其呈詳作興臨期于備用內支給正陪二名赴考腳力銀各一兩共銀一十四兩二年一貢每年該銀七兩先奉文裁解今復支　減故夫丁銀五釐五毫六絲四忽八微

歲貢盤纏銀一十五兩　減故夫丁銀一分一釐九毫二絲四忽六微今奉文停其廷試解司充餉

科舉生員原以二十六名爲率每名盤費銀二兩花紅銀九錢酒席銀一錢共銀七十八兩三年一次每年該銀二十六兩　減故夫丁銀二分六毫六絲九忽四微今奉文充餉

廩生二十名每名歲支米折銀七兩二錢共銀一百四十四兩順治十四年裁銀九十六兩　康熙二年全裁銀四十八兩今奉文仍復三分之一銀四十八兩

新舊會試舉人原以九名爲率每名長夫銀二十四兩該銀二百一十六兩三年一次每年該銀七十二兩　減故夫丁銀五分七釐二毫三絲八忽一微



提學道歲科考生童合用試卷供應給賞卷箱等項每年派銀六十兩臨期扣銀四兩協濟鍾祥縣搭廠除扣算實用銀數造冊申賫學道印發本縣存照除搭廠銀四兩不裁外餘銀順治十四年裁銀二十八兩存銀三十二兩　減故夫丁銀二分五釐四毫三絲九忽今奉裁充餉

府學顯承二衛寄學科舉生員盤費一十兩三年一次每年該銀三兩三錢三分四釐　減故夫丁銀二釐六毫五絲四微全裁充餉

科場對讀生四名每名一兩共銀四兩三年一次每年該銀一兩三錢三分三釐奉文減半存銀六錢六分六釐五毫　減故夫丁銀五毫二絲九忽八微五塵

科舉銀二十六兩四錢五分七釐解費銀二錢三分八釐一毫一絲三忽奉文裁半充餉存銀一十三兩三錢四分七釐五毫五絲六忽五微　減故夫丁銀一分六毫一絲一忽

典禮

鄉飲二次共銀一十二兩順治十四年裁銀六兩存銀六兩



減故夫丁銀四釐七毫三絲九忽九微

門神桃符春牛芒神花鞭酒席開印封印牲醴香燭等項銀四兩順治十四年全裁

本府應朝盤纏銀一十五兩六分三年一次每年該銀五兩二分順治十四年裁銀三兩三錢四分六釐六毫七絲存銀一兩六錢七分三釐三毫三絲　減故夫丁銀一釐三毫三絲三微今全解充餉

本縣應朝盤纏正佐四十兩首領二十五兩該吏一十兩造冊銀六兩共銀八十一兩三年一次每年該銀二十七兩裁銀順治十四年十八兩存銀九兩

減故夫丁銀七釐一毫五絲四忽八微今全解充餉

支備

孤貧四名口每名歲支米三石六斗每石折銀五錢　共銀七兩二錢

孤貧四名口每名歲支布花銀三錢　共銀一兩二錢　減故夫丁銀九毫五絲四忽

供應銀一百二十兩順治十四年全裁

備用銀一百兩內扣除正官明煖轎等銀一十二兩六錢折本縣新定經制外存銀八十七兩四錢　減故夫丁銀六分九釐四毫八絲九微奉裁充餉



裁解

蘆蓆猫竹囤頭蘿扒篩晒等項每南糧正米一石派銀二分一釐六毫

該銀四十五兩二錢九分八毫八絲

部解南糧運官除兌糧運官外該銀二十五兩

宗祿米折銀三百三十二兩六錢四分二釐二毫九絲解費二兩一錢九分七釐九毫

茶價襍項共銀二百八十八兩七錢五分二釐八毫一絲九忽一微二塵解費二錢二分六釐四毫　減故夫丁銀九分一釐四毫八絲

祭署祀薪一十二兩四錢　減故夫丁銀三釐九毫三絲

民校皁隸工食銀一百八兩二錢　減故夫丁銀三分四釐二毫八絲

賦役舊編冗款銀二千四百四十八兩九錢三分五釐七絲　減故夫丁銀七錢七分五釐八毫三絲五忽三微

順治九年會議裁各役工食並修宅家伙共銀二百九十九兩六錢　減故夫丁銀九分四釐九毫一



絲

順治十二四年新裁各官役油燭傘扇并存留供應等銀除廩生米折奉復三分之一外實徵銀三百四十五兩五錢九分四釐七毫一絲六忽　減故夫丁銀一錢二分四釐七毫

順治十六年新裁馬快草料民壯工食銀二百六兩四錢　減故夫丁銀六分五釐三毫八絲

康熙元二年裁書辦工食銀一百八十七兩二錢　減故夫丁銀五分九釐三毫

康熙四年裁訓導齋夫門斗工食等銀九十三兩九
錢二分　減故夫丁銀三分九釐七毫五絲
康熙六年裁道役工食銀二十四兩　減故夫丁銀
一分二釐五毫五絲
一扣裁丁糧優免充餉銀五百二十二兩三錢六分
八釐九毫一絲一忽一微四塵
新裁　科舉半裁銀一十三兩三錢四分七釐五毫五
絲六忽五微　減故夫丁銀一分六毫一絲一忽
府學顯安二儒寄學科舉生員盤纏銀三兩三錢三



分四釐　減故夫丁銀二釐六毫五絲四微
科場對讀生半裁銀六錢六分六釐五毫　減故夫
丁銀五毫二絲九忽八微五塵
提學道歲科二考生童合用試卷等銀三十二兩
減故夫丁銀二分五釐四毫三絲
本府應朝盤纏銀一兩六錢七分三釐三毫三絲
減故夫丁銀一釐三毫三絲三微
本府教授一員喂馬草料銀一十二兩　減故夫丁
銀九釐五毫三絲九忽七微一塵一纖

各河修船銀五錢　減故夫丁銀三毫九絲七忽五
微
科舉生員盤纏銀二十六兩　減故夫丁銀二分六
毫六絲九忽四微
本府應朝盤纏銀九兩　減故夫丁銀七釐一毫五
絲四忽八微
心紅紙張銀二十兩　減除故夫丁銀一分五釐八
毫九絲九忽五微
修理倉監銀二十兩　減故夫丁銀一分五釐八毫



九絲九忽五微
本縣儒學喂馬草料銀一十二兩　減故夫丁銀九
釐五毫三絲九忽七微一塵一纖
備用銀八十七兩四錢　減故夫丁銀六分九釐四
毫八絲九微

雜稞

戶部項下
門攤銀一十五兩每兩京損九釐該銀一錢三分五釐
商稅銀二十兩每兩京損九釐該銀一錢八分

原全書民糧代編福租銀九兩八錢四分二釐（解費每兩九釐）該銀八分八釐五毫七絲八忽正費共銀九兩九錢三分五毫七絲八忽

工部項下

麻鐵漁稞銀七十兩八分五毫五絲四忽五微（遇閏加銀一兩五錢九分三釐八毫六絲六忽五微）

藩租

更名地款項

更名原額上中下水鄉四則共田二百一十五頃一十七畝八分八釐四毫九絲該租銀三百四十二兩二錢六分（原係景陵縣撥歸內上則田一百三十頃七十六畝三分六釐六毫六絲每畝派租銀一分九釐該銀二百四十八兩四錢五分九毫六絲五忽四微　中則田二十四頃五十五畝一分四釐五毫四絲每畝派租銀一分六釐該租銀三十九兩二錢八分二釐三毫二絲六忽四微　下則田二十八頃六十七畝八分六釐二毫九絲每畝派租銀一分四釐該銀四十兩一錢五分八絲六微　水鄉田三十一頃一十八畝五分一釐原派每畝租銀二釐又派水稞共該銀一十四兩三錢七分六釐六毫二絲七忽六微）

加增九釐地畝餉銀一百九十三兩六錢六分九毫六絲四忽一微



更名原額田地二百一十六頃九十六畝五分九釐六毫六絲　該租銀七百八十一兩七分七釐九毫七忽（內明季改撥田一十一頃三十六畝四分五釐租銀四十兩九錢一分二釐二毫歸江陵縣征解外）

本縣實存田地二百五頃六十畝一分四釐六毫六絲　該租銀七百四十兩一錢六分五釐七毫七忽

更名地畝餉銀一百八十五兩四分一釐三毫二絲

更名原額田地併新墾共二百六十八頃六十二畝三釐六毫六絲六忽　該租銀九百六十七兩三分三釐一毫

更名地畝餉銀二百四十一兩七錢五分八釐三毫三絲

更名原額上下二則田一百四頃三十四畝九分三毫　該租銀三百五十四兩六錢三分一釐四毫三絲六忽

更名地畝餉銀九十三兩九錢一分四釐一毫二絲七忽

更名田原額六十三頃六十五畝　該租銀二百二十九兩一錢四分

更名地畝餉銀五十七兩二錢八分五釐

更名原額田地並新收回荆屬江陵共一千六百七十六頃五十四畝二分一釐九毫內除江陵縣民饒學等原地九頃九十七畝六分九釐原租銀一十一兩五分一釐原九釐餉銀八兩九錢七分九釐二毫一絲於順治十三年撥歸江陵縣完納外

實存田地一千六百六十六頃五十六畝五分二釐九毫

實存租銀並柴夫共銀二千五百三十八兩三錢五分三毫五絲

實存餉銀一千四百六十九兩九錢五分二釐一毫三絲七忽九微

康熙十六年於籌餉期于有濟等事案內清出額外

更名地五頃六十七畝八分九釐六毫九絲

清出租餉銀一十四兩八錢八分六釐五毫五絲八忽五微五塵九纖七渺五漠七茫

麻鐵漁課銀七十兩八分五毫五絲四忽五微遇閏加銀



一兩五錢九分三釐八毫六絲六忽五微

班匠匠戶自辦

江南納班匠八十二名除逃絕外實在四十二名四年一班該班每名納銀一兩八錢遇閏加銀六錢每年該征銀二十五兩二錢解司充餉

安顯衛歸併舍餘閑丁三十九名每名折銀二錢該銀七兩八錢征糧道

附優免丁例

優免則例

順治五年三月二十七日戶部尚書巴哈納等題准

一品免糧三十石人三十丁　二品免糧二十四石人二十四丁

三品免糧二十石人二十丁　四品免糧十六石人十六丁

五品免糧十四石人十四丁　六品免糧十二石人十二丁

七品免糧十石人十丁　八品免糧八石人八丁

九品免糧六石人六丁

查以上係在京官員優免例在外官員各減一半其除教官舉貢監生生員各免糧二石人二丁雜職省祭官承差知印吏典各免一石人一丁以禮致仕者

免十之七閑住者免一半犯贓革職者不在優免之
例如戶內丁糧不及數者止免實在之數丁多糧少
者不許以丁准糧丁少糧多者不許以糧准丁俱以
本官自己糧丁照數優免但有分門各戶疏遠房族
不得一概混免今奉
旨止免本身一丁
按舊籍民田五鄉一坊二十三圖民田外有藩田凡
六郢應山福改歸蘄水光澤惠潞官莊郢太府徵解設總甲
七十二有屯田沔陽衛荆州衛有漁田他州縣湖多者制設河泊所收租謂之漁



糧潛江湖狹糧少不便設官西南附江陵倚北湖所東南附監利分鹽所東附沔陽到河所東北附景陵
葫蘆三灣所每歲各所帶徵嘉隆間洋沙夜汊纔決疆畛淤沒有
指別頃田地侵佔民田者有以民田規避於別頃田
地者其漁田舊爲湖後多淤爲田高者反窪而注水
凡之民田內亦自相朘佔貿易推收高下冒亂版籍
莫可憑據又三等起科繁雜弊叢逋賦日積糧日以
不清萬歷五年知縣朱熙洽請清丈除王府太府及
屯田仍舊額不丈外盡民漁田丈之照畝均糧更三
等爲一則而以最不毛之地附之坊廂冊尾完正供

免雜徭亦彷彿荆當京景山場石子永爲下則之例
圖賦較若畫一焉朱侯請清丈民田漁田詳文見前地輿志先是爲民害
者爲官莊原郢王地後興獻王就國安陸以郢梁二
王所遺田屬焉又奏討沿江新淤洲地於縣河東岸
開建王莊世宗入繼大統改稱皇莊遣守備太監於
承天歲差官校下莊督催一有拖欠告爭械拷百出
必至破家乃已民甚苦之御史王宗載有疏略曰弘治七年
分封獻皇帝於安陸州因以郢梁二王所遺莊田屬
焉此固親親之義所宜然也而其時田有定額賦有
定數民未始有稱不便者迨至先帝龍飛乃以其田
改爲皇莊特命守備專理其事遂得憑藉聲勢凌轢



軍民或因經界相連而肆其兼併莫敢誰何或因彼
此相爭而誘其投獻陰爲報復小民既入國儲復徵
莊稞一田兩稅已不堪命而奸書積校多方掊克尤
甚于公家之徵又至有殷富軍民即誣以侵佔莊田
徑行拘禁務罄竭家貲滿其所欲而後僅以身免撫
按諸司稍有分理一被誣奏莫能自明如鍾祥縣民
周章投獻豐樂河田地有包御史據法參治而致謫
戍荆門州民熊尚仁被佔沙洋村湖民田有劉知府
受詞問斷亦竟被中傷此皆往事之可據者而今則
爲患益熾矣臣竊以爲王者以四海爲家尺土莫非
其有另設莊田下同藩國非所以宏聖製而大一統
也今合無查將前項田地係軍者復歸于衛係民者
復歸于府縣一應錢糧或解內帑收貯或留守備府
支用俱令軍衛有田照數催徵徑自起解不許仍差
書辦校尉科索如常惟正之供既不欠于上無名之徵亦可省于下矣萬泰之後加派
日繁追呼益擾糧里科索花戶每石外費數倍惟正

積重難返勢使然也
本朝悉反做政清丈天下地畝一切稅糧徭役率歸畫
一收前代王田封君湯沐邑一體定賦曰更名地順
治九年倣明萬歷四十六七八三年例加增九釐地
畝遼餉正損銀三千二百一十兩七錢一分順治十
年知縣柯賡昌均平圖賦以四十三石爲一里徵輸
用官民細戶單往例官用比冊其點民糧稅未完者賄蠹胥註完寛比官無查核吏得爲
私柯侯用細戶簡明單前開載某鄉某里甲戶某人若干丁若干稅米次開載本戶有無免丁免米并加
餉額數又次開載某年分丁條餉其該派銀若干一年均作四季一季該完銀若干一季均作四限一限



該完銀若干從開載春季一限二限三限四限完數夏秋冬例如之其末註云以上定宜照限完納以免
差拘官執冊比民執單照點戶蠹胥無賄塡賣限之弊
完戶實數無小票墨帖之煩但其實有編審無清丈
畝賦盈虛淆亂仍舊又明皇莊租畝荒多熟少明時
太府徵收租無一定每畝或重至三四分或輕則一
二釐不等柯侯以租銀輕重懸殊比照民糧例將官
莊田地編派里甲革除總小甲爲四十六總每畝一
則攤租一分四釐零內獨朱景艮劉昆曉王倫達陳
悅岐李文叙五總等田坐泗汊楊林外九垸低荒爲

甚邑人朱紱鄒官以災荒極千古之慘等事赴　督
憲祖公呈批安陸府呈略曰潛江河北坐落泗汊湖底額冊編列田地民田名曰外
九垸官田名曰外九總謂其安陸河北三百里直至
黑流渡凡有衝決與各路山水皆會其地水聚則時
浮數丈水去則涸如平地無漁蓮之利無柴薪之售
曠遠無隄塍之固衝流無淤長之利節苦江水山水
十年無一年之收百畝無數畝之熟故名曰外九垸
外九總也明朝朱知縣清田詳云楊林諸垸爲眾水
會聚之所田地永難耕種王知縣踏勘詳云由郭家
嘴而登高塍一望蒼翠非菜非麥可以供燎楊林等
垸之蘆葦也陳案疊疊讀之惻惻是自明及今相沿
寛恤民糧則然也於官莊各總載租七八分者惟王
倫達數總每畝多不盈分少則二釐三釐蓋以地原
係興獻帝奏討湖水連年淹水萬歷二十年清丈天
啟八年冉丈崇禎十四年又丈止閭惻惻逋賦有赦
有蠲未聞議加也是自明及今相沿寛恤官莊又然



矣萬歷五年朱知縣奉文踏驗將樂豐垸王國學戶
折畝減糧天啟七年陳知縣申請將楊林糧一百石
盡行蠲免今以殺戮未盡之遺黎加以操口九年之
水災蘿灘趙林金剛草廟等處連淤一十三年荒湖
賣無承頂子女鬻而無多鬻舊額一倍加之十倍民
堪命乎懇勅安陸守憲踏驗見楊林等垸兩朝不忍
攤派今胡爲乎加苛索江水山水所聚兩朝折畝免
築今何爲與諸垸同赴重役伏乞急除新攤卽復舊
額甦此一方殘黎世
世子孫戶祝無疆矣郡守李公起元札詢潛江闔縣
紳士示諭里耆博采輿情僉謂泗汊湖田實係低荒
將朱景艮五總荒田約計三萬二千畝有奇折作一
萬二千畝有奇仍因各總均攤租銀今歲糧既不缺
額而一方之困可舒詳允　督憲刊入由單旋奉

部駁查再經詳復詳略曰看得折畝均攤久經定案在四十一總業已無言且泗汊湖不毛之地萬無成熟之日與一年災傷原自不同否則前任本府總督豈無一覩之仁而忍為裒益之計應照十三年刋入由單為始輸納為便若更張未免聚訟使錢糧反無居一也順治十六年
知縣葉臣遇更行甲糧法糧七石五斗編提甲首一
名增置甲首三千餘人民大困其爲徭役害者自豪
貴勢要以至上下胥吏皆避役之人所寄坊廂冊尾
冒濫免徭之糧尤甚愚戇鄉氓孑衿世胄偏受毒累
一經里長當年夫馬解運無名外派誅求靡盬日必
至賣產破家死且徙而後已流禍不可勝言康熙四



年邑人朱士尊倣景陵安陽介程一璧工部主事程
飛雲行官當法條議請如鄰邑革除當年里長名色
以杜諸凡苛索議曰為害不極則不必議除利不盡則不必議興謹拧經生管見仰冀仁臺洪慈宜及時以招逃亡宜力行以拯凋弊事書曰民為邦本本固邦盬易曰窮則變變則通今日者民散土荒非窮變久通之會乎而說者每鰓鰓于十年百年之計不知病危者先治其標而後元氣可徐振也舉重者必多其力而後千鈞可立致也潛地四面帶水田狹而瘠人無恒產家鮮素封但先代地稱僻邑少煩費故官可不勞而民自贍　本朝定鼎以來驛遞古道阻塞遂成要衝　王師駐節荊襄閣部坐鎮衡實更戍之卒無歲不臨滇黔之鞘一日數至驛馬之官喂私雇倒斃沿途夫役之官差私覓晝夜不休南漕交兌之留難來往供億之浩煩種種無名差徭攢噬一里尤可痛者上差提催一經錢糧則奇

貨可居嬉笑怒罵風雨不測無非圖滿谿壑有求輒應猶可言也求而不應則扑鎖繼之小子之鞭笞繼之以一里賣男鬻女之膏血而供各差使飲酒包娼之揮洒嗟嗟里長何辜而罹此家破人亡之慘也所以昔之人寸田尺土終訟不休者今則連阡累陌奉之他人豈昔人盡知創業守成之難而今人盡皆喪心失志樂指其墳墓甘棄其家室生為他鄉之人死為異域之鬼哉蓋時勢所在非人力所能爭也況乎水旱疊臻西逆進勦其間之死于漂溺死于刀兵不知凡幾老父臺如傷如子不過割肉補瘡而已何以言之一衙邑之事責之二十二人已憊矣況死者不可補逃者不可追以二十二人之事又責之僅存之數人此數人者鶉衣百結鵠面鳩形人愈少擔愈重能保公餗之不覆乎盬非積羽折軸之勢乎為今之計莫若通權達變大破輪役之例從長畫一計每歲一里之用散之二十二里是有田者均有役而偏累之弊消輪年者不輪役而苛索之弊杜倘慮人百其心不能及時輸納試問里長索費之日紳衿之受辱



若何也小民升斗之糧立傾其家而不敢言烏有救喝不就其陰避雨不入其戶者乎老父臺卵翼茲土已經十載兩朝蒞任之久施濟之深未有過于老父臺者潛之紳衿里甲如家人父子焉有何不相關之痛痒待之呼籲即潛人有不自陳之利弊老父臺先已洞若觀火尊職卑言微曷敢謬干時務然竊見潛之人日涕泣而鬻子女于他國日折卸而賣居舍于鄰邦人舍既盡潛之紳民殆不可問也目今水勢澎湃城郭崩陷官舍民居傾圮過半此中之逃徙又難以億計老父臺矢心軫恤故敢妄陳芻蕘冀採一得老父臺著一人所難一肩者分之以輕其任一里所難辦者合之以養其力一人便則千百人咸便矣一年安則百年數十年舉安矣此後之紳民各保父母妻子各守墳墓田園孰非仁父母之賜哉尊里不過三姓朋役兩姓既逃尊盬無自善之策糧不過十有餘石家徒壁立棄如敝屣此念公而不私不惟見諒于老父臺并可剖示于潛之萬民昭白于天地鬼神者也伏祈申請各上臺革除當年里長活億萬之生靈

造無疆之福利是在老父臺之信之果之及時力行
之也縣批據陳具見留心但慮始最難眾謀須採
卽請通邑紳衿里耆赴公所會議妥確以
憑覆酌詳行本縣興除力任用垂永久此法既行
流亡漸復稍見蘇息民如遠離湯火而被清涼歡呼
達於境內行不數年任人鮮當獘竇叢生詎立法之
不善歟康熙八年知縣王又旦請丈量地畝清尾糧
編戶籍平里賦王侯清丈編審告覈祠文見前輿地志以四十石爲一
里其徵收分六鄉長樂鄉四里長安鄉四里太平鄉
四里太和鄉四里道隆鄉四里畢公鄉三里每里十甲帶轄
尾二甲凡二十三里其更名地凡六更福名福地二萬五百六十



畝一分四釐六毫六絲租餉銀九
百二十五兩二錢七釐三絲七忽更惠名惠地二萬六千八百
六十二畝三釐六毫六絲六忽租餉銀一
千二百八兩七錢九分一釐四毫三絲更光澤名
光澤地上則九千五百五十八畝九分租餉銀四百
四十兩二錢五分五毫下則八萬七千六百畝三毫租
餉銀一千八兩三錢
九分六釐三絲更蘄水名蘄水地六千三百六
十五畝租餉銀一百
八十六兩四
錢二分五釐更潞名潞地上則一萬三千七十八畝
三分六釐六毫六絲租餉銀三
百六十六兩六錢五分八釐三毫六絲四忽八微中
則二千四百六十五畝一分四釐五毫四絲租餉銀
六十一兩三錢七分八釐六毫三絲五忽下則二千
八百六十七畝八分六釐二毫九絲租餉銀六十五
兩九錢六分八毫四絲六忽九微水鄉三千一百一
十八畝九分一釐租餉銀四十二兩四錢四分三釐
二毫一絲
七忽四微更官莊名官莊地一十六萬六千六百五
十六畝五分二釐九毫租餉銀

四千七十八兩三錢八
分三釐四絲二忽四微其收頭福地二十七頭惠地
四十頭光澤地一十四頭蘄水地九頭潞地一十六
頭官莊地九十二頭其水鄉疲地雖設頭無雜徭如
尾糧例役得其平民困以紓邑人向大觀曰官之有
役也自糧始也糧之有
石斗也自田之有畝尺始也止清糧而糧有詭寄雖
無翼能飛惟丈田則田有世守非他帽可頂詭糧之
獘自可不嚴而清王侯苦人民轉徙田疇淆亂賦役
不清毅然申請清丈計畝授石計石授里多寡均攤
各戶易于通曉侵漁之
端絕偏累之害消矣康熙十三年王侯以行取去
時值軍興旁午澇旱洊臻戶口逃亡土田淪蕪哀鴻
嗷嗷聞者心惻邑不可爲矣康熙二十四年知縣張



思俊將踵順治十六年做政圈提里排多至數千餘
人民大譁邑人彭峻齡等籲請各憲禁革里長排
年飭行永遵刻榜勒石良法美政百世勿替可也永
革
里排立碑文案巡撫部院石爲再飭里排之獘以
杜濫派以甦民困事本年八月十二日准總督部
院徐咨開照得民間田地應納錢糧載在全書烜若
日星先年因循前朝舊規設立里排輪值催督豈意
法久獘生刁悍里排夥同糧書戶蠧積保奸胥包攬
充當剝食鄉愚在小民畏於見官迫於農忙只得付
彼完納孰知若輩銀一入手嗜酒酣歌潤宅肥囊及
至年終仍開花戶拖欠責比疊賠號呼莫伸本部院
甫入楚境訪聞各屬有照糧軟抬者有定額硬當者
在軟抬者該縣奸胥積保扶同蠹里覩當年爲奇貨
每年迎春則派有杯盤花紅龍亭春馬之費開徵則
派有立櫃投卯押保鋪堂之費比較則派有上數銹

額總催差頭之費攤派花戶逐一取足有銀者臨比無驚無銀者加刑送禁吏有差役隔年先送經承常規每里或三五兩七八兩不等名曰買票票既到手卽往里長之家一月三催每里先索月規稍不遂欲卽稟發差號差百恐千呼不飽不止在硬當者每里派定米石若干定爲一里逐里均派挨日承當如遇上司往來該地方官求得歡心百計獻媚凡餽送下程禮節與芻草牧馬夫役菜蔬柴炭等項俱皆責令里民承當稍有遲悞嚴行究追此皆楚屬軟抬硬當之積害也至於南漕二糧上關　國計下係民生乃奸胥積蠹不思粒粒辛苦每石漕米包收上船米二石五斗有零水脚一兩六七錢不等南米每石包收上船米二石二斗有零水脚一兩四五錢不等及至漕米臨兌又勒開倉洒倉晝會花紅酒禮淋尖踢斛長夫過淮之費南米起運又有遠解鄉總較斛樣米投文掛號實收批迴之費甚至保戶鄉總通同侵蝕因而告加告賠種種苛派不一而足嗟嗟小民皮骨幾何奚堪如此剝削本部院洞悉斯弊念切痌瘝亟



行嚴革里長止令小民自封投櫃截給印票如有眞正頑戶不依限完納者方許差拘責比其法一行未始無補于萬一近訪聞地方各官以革除里排則雜派無人催督經承積保無由苛斂官旣不能藉雜派以分肥役又不能倚里排爲養贍因而通同里棍奸猾之徒包當里長之輩陽奉陰違巧稱滾單便民每單開列多名遞相催督以糧多列爲單首以額多交付額少勢必私派俱責之單首是有革里長之名而無革里長之實除一弊而百弊叢生甦數十家之困而反遺千百家之害矣更有一等州縣詭言平圖名色定米若干名曰總催米少者將外戶推入米多者改歸他鄉詭計百出希圖于中取利言念及此殊堪髮指除現在訪察參究外合再通飭備牌仰府嗣後民間應納正供若干每季每限應完若干責令經承造立清冊仍將花戶某米麥若干照例起科共銀若干每限該完若干細數刊入截票之首于年終之時先行曉諭次年便于開徵使小民照限自封投櫃截給印票如有逾限不完藐法抗欠卽拔名拿比以儆刁頑至南漕米石每年七月開徵之期亦諭花戶如數運至水次印官卽令交卸上倉發給印劵令其軍家不得仍蹈前弊藉端交兌起運苛索費用如民間米石有散在外戶情願在彼立名完納者聽其自便有昔在他戶應行收入者亦不得阻其推收其里長排年并滾單名色永行禁革以杜派累倘官蠹積里藐法違悖或陽奉陰違更立單頭等項仍前濫派者許爾民據實陳控一經本部院審實或別有訪聞官則飛章參處蠹役立拿枷斃本部院令出如山斷不姑恕愼勿玩忽等因除經出示并飭行各府外合并嚴飭等因除行北布政司守巡糧道外相應移會備咨過院煩請查照會飭施行等因准此合就飭行爲此牌仰該司道府官吏照牌事理卽便轉飭各屬遵照洗除積弊嚴禁里排集保包當咸令小民將一切錢糧自封投櫃南漕二糧自行交倉截給印票令其軍家不得仍蹈前弊藉端交兌起運苛索使費如民間米石有散在外戶情願在彼立名完納者聽其自便有昔在他戶應行收入者亦不得阻其推收其里



長排年並滾單平圖名色永行禁革以杜派累如有刁頑逾限不完藐法抗欠拔名拏比以儆將來愼勿縱蠹滋擾敢有仍蹈前轍卽行密揭以憑參究處如敢狥庇定行併參仍多書告示遍貼鄉村曉諭并州縣前各立石碑永爲遵守仍取勒碑永禁遵依墨刻通報查考勿違須至牌者康熙二十四年八月內

布政司王　督糧道田　荆南道祖

安陸府正堂江　俱奉行申飭到縣康熙二十六年

知縣林晉臣治尚綜覈雖無里排之名而有徵輸之擾道路重足側目幾甚於臨海焉康熙二十九年劉侯煥來務爲寬大與民休息確遵　憲令官解糧餉官養夫馬糧分紳衿民三戶按田歸垸按垸歸鄉徵收不設稱書令花戶自封投櫃截給印票又於楊林

外九垸蝦子湖樂豐蒲潭諸逼口汪二港楊林李文匁郭文祥吳家灣磨盤洲中洲嘴郭家嘴
低荒不毛之區及邊河兩岸外灘光澤洲楊湖彭家灘趙林計家小伏
太平新豐永靖洲白伏官洲粱灘坨埠楊林洲沿江沙洄車墩朱家灣黃灘鄭蒲崩淤不常
新畝盡入疲尾輸正供免雜徭民咸賴之
論曰戶役之爲害在昔爲然已古制鄉長里正與郡
守縣令不同位而皆非役於官者後世虐用其民爲
鄉長里正者不勝誅求之苛各萌避免之意命曰戶
役上之議者其制日詳下之任者其費日重法出奸
生盜知成周之里宰黨長皆有祿秩之命官兩漢之



三老嗇夫皆有譽望之名士乎明初郡縣里長主斷
鄉里間事花戶逋稅輒用刑比非若後之任戶役者
也逮守令催科是急凡爲里長破家喪命凌暴遂至
此極嗚呼其弊豈一日之漸哉潛江自元至正癸巳
遷治於今賦役之事往不可曉由所及見聞者興除
紛紜何可勝道其間賢長吏任法莫善於朱侯熙治
之清田均賦閱八十五年王侯又且繼之又閱十五
年而有禁革里排之令嗣蒞茲土者尚多陽奉陰違
又五年劉侯煥始確實遵行潛民有更生之樂從是

剗量遵守興者勿聽其廢除者勿使之復以盡司牧
一方之職慈父母其有望乎

附　裁關稅

按舊制荆關在沙市主事司之
國初川江稍阻漁獵者遂分設於監利之周老嘴潛江
之蘆洑口梅家嘴非制也初猶病商漸則市儈因緣
爲奸蓋藏莫保居民苦之會河南商人陳順具控巡
撫林公　特疏裁撤潛民祠公於蘆洑口禁約勒石
湖廣安陸府潛江縣爲違　旨虐民籲奔親討事康
熙八年四月二十日奉本府正堂加一級張信牌康



熙八年四月十三日奉巡撫湖廣等處地方工部右
侍郎兼都察院右副都御史林憲牌康熙八年三月
初六日准工部咨工部抄出本部覆湖廣巡撫林題
前事等因康熙七年十二月初十日題康熙八年正
月十八奉　旨該部確議具奏欽此欽遵於正月十
九日抄出到部該臣等議得湖廣巡撫林疏稱荆關
題令荆州府通判管理今判有監兌押運之責應令
該府同知管理應准其交與該府同知再據稱荆關
原設立該府沙市地方因川江未通改移周老嘴等
處今商旅往來漸多仍回原地抽征並安屬之蘆洑
口張么嘴許家口梅家嘴等處俱應裁撤等語亦應
如議等因康熙八年二月初九日題十一日奉　旨
依議欽此欽遵抄出到部移咨過院准此除行布政
司轉行該關仍歸原地沙市抽徵并將蘆洑口張么
嘴許家口梅家嘴等處一并裁撤不許陽奉陰違等
因通行欽遵外事關奉　旨合行勒石以垂永久
備牌行府查照牌內奉　旨事理即將荆關仍歸沙
市抽征蘆洑口張么嘴許家口梅家嘴等處奉　旨

裁撤緣由刊勒石碑竪立通衢以垂永久完日仍具
文報查毋違等因奉此合行勒石永久爲此牌仰本
縣官 查照牌内事理卽將荆關仍歸沙市抽征并
將蘆洑口張么嘴許家口梅家嘴等處奉 旨裁撤
緣由刊刻石碑竪立通衢以垂永久完日具文報府
轉報等因奉此合行刊勒石碑竪立通衢永爲遵守
須至
牌者





# 潛江縣志卷之十

知縣事劉 煥纂修

知縣事史致謨續纂

## 河防志

禹貢敷土濬川九澤既陂九川滌源荆州之域江漢朝宗於海沱潛既道潛故大禹所治也改邑以來去江差遠輪袤延亘規郛七百餘里周環皆漢其東北陬爲景陵西北陬爲荆門東南陬爲沔陽西帶江陵南襟監利內有重湖沮洳暴漲苦墊頻年漢水橫溢城郭田廬悉



委巨浸設隄防編圩頭專官督治顧廼屢築屢潰議洩議障卒無良謀請派請協費不貲而厲滋甚陂且滌神禹不廢矣詎賈讓三策可用一而去二乎夫鄭渠鑿而秦人富蜀堋成而陸海興堅版築以固疆畝分支流以緩狂瀾水利時用大矣哉作河防志

潛舊隸南郡陵原鹵隰形勢與水遷改地名數更易莫紀舊志曰江自出峽而下勢若建瓴至荆州地勢平衍衝嚙始甚明嘉靖以前議於南岸留虎渡郝穴二口以殺江流二口俱眄潛之西南由虎渡入則鐔

子湖三湖爲瀦池由郝穴入則青林蘇湖爲通津利無兩全是以隨開隨築厥後江漢並漲深谷爲陵民且田而廬之故嘉靖庚申黃潭一決瀰漫數百里人烟幾絕（黃潭鎮在虎渡上流）至丙寅十月荆州知府趙賢大議修築凡歷三冬而績乃成立隄甲法爲守自是始無江患焉漢自襄而下水行山間一折入郢經馬良而東夾岸曠夷南接沙洋（荆門地）則潛之西南境也北指陳洪（京山地）則潛之西北境也自嘉靖丁未決沙洋而西南巨壑直走江陵分爲支流者九隆慶元年癸酉



合荆承之力以畢此役其年遂移爲夜汊之決北岸則陳洪楊林泗港相繼而決此塞彼潰潛四境爲壑矣明年甲戌四月巡撫趙賢（舊爲荆州知府）習知水利疏請留決口讓水止於謝家灣西岸沿河修築支隄三千五百丈中一道爲河水患雖仍而西南可收半效又疏請開泗港舊河於北岸直趨景陵漢川出漢陽而沿江之害戢迨萬歷庚辰以後則又爲白鶴車墩之決矣嘉靖以前漢之流爲潛也北決則荷湖黃漢班家灣當其衝南決則縣治爲巨壑顧縣以東舊有沙

口鐔子口白馬廟口以分之而後達於沔自沙洋決而潛流綫諸口遂堙僅以一綫受蘆洑之委今西南日淤以高而縣治將爲仰納之區有司者歲議築隄而開河之議不講此猶止兒啼而塞之口也縣周廣七百二十八里皆爲重湖民多各自爲垸環隄以居明初修築各垸隄塍有鐔子湖泗港乾新口各支河分殺水勢嘉靖三十九年諸垸隄半決而支河多塞民甚苦之議者曰上流之遷徙其害小下流之淤塞其害大襄安之防水惟以修隄爲上策而其遷徙之



勢非人力所能爲也故欲濟民艱莫急於防水患欲防水患莫急於修決隄濬淤河開穴口三者備百千年經久之謀其在是乎

漢水自嶓冢達襄郢經內方（今馬良山）至縣北三十里播爲三汊河入於江（三汊河一名三江口）

其一汊東逕張截港接車墩交景陵境過漢川至大別入江（此漢水入江之正流也禹貢嶓冢導漾東流爲漢又東爲滄浪之水過三澨至于大別南入于江三澨在景陵境）

其一汊西南逕夜汊河過雙鳳直逕其南流過直路至

新口爲江陵境下交監利境自雙鴈下西折一支爲茭芭河歷周家磯直逕其西流至要口分南北汊汊南至枒角交江陵境汊北交荆門境自要口北折一支逕王東港至鰤魚口即荆門界先自枒角上三里東折一支爲柴家河稍下爲楊家河又先自周家磯直逕其南流爲浩口楊家河匯浩口直逕其下流爲江陵境監利境又先自周家磯上一里東折一支爲龔家渠下渠折一支東南逕流深口熊家口二十里爲監利境又折一支西南流過紅碧到交江陵境監利境此漢水入荆江之支流也



其一汊自蘆洑入楊林直逕其南流爲排沙渡又直逕其南流爲縣縣城郭廬舍濱磯岸歲苦河水撼盪過縣爲班家灣又直逕其南流爲總口又直逕其南流爲許家口下出楊林口爲監利境自此下至新潭出口入武昌江先自許家口東西折一支十五里爲監利境稍下至柏口爲沔陽境自此亦下匯新潭口入武昌江又先自總口西折一支爲馬丹河十里出直路河河狹斜尋閼又先自縣河東折一支爲洛江河水屈曲夾古縣城盤繞無駛迅湍駭其排沙渡先爲西河逕巴家套過龍淵入馬市潭南會于鐔子口一入荆州一入沔陽尋閼此漢水由潛東南人江之別流也

五代荆南節度使高季昌自荆門絲麻山繞今縣沱埠淵直接沔陽延亘二百餘里築隄以障江漢之水名高氏隄一曰仙人隄阯尚存

宋乾道七年十月湖北漕臣李燾修江陵潛江縣里社虎渡二隄是時潛江屬湖北

宋紹興二十八年監察御史都民望上言江陵沿江北岸古隄名曰黃潭建炎間邑官開決引江水爲險阻



以禦盜旣而夏潦漲溢荆南潛江以下千餘里皆被此害近因民訴始塞之乞令縣官隨方修補從之

元至正七年承務郎鄭文遲疏築兼行民深德之邑人安惟懷有記記載藝文志

明天順二年高家塲決東衝河卽今縣城外河西河塞

成化六年白洑院隄決一千餘丈

成化七年縣治決縣丞李鏞築隄禦之廣三尋崇二仞袤八百餘丈沿岸夾樹榆柳通車馬往來名花封隄安福張司業有頌華容黎學士有詩

安福張業花封隄頌幷序　荆之潛江蓋以水自漢出爲潛而名邑也其地皆平原低窳江漢交流之所多湖港魚鼈歲五六月間漢水泛濫衝突加以江之支流漲溢一望千里渺無畔岸縣之東古有隄以防漢水民有奠居近年來隄爲洪濤所齧縣治之公私宇舍悉爲淹塌其害甚盛迺成化壬辰之孟冬浙之黄巖李侯崇恩拜命丞是邑首進耆老民吏詢縣之急務咸曰此隄不修民其魚矣李侯可其言卽於是冬操畚鍤輦土石修築斯隄民驩趨之李侯昕夕循行勞來其間旬月落成廣三尋崇二仞袤八百餘丈



是以通車馬便往來公私廩宇稻菽桑麻悉有賴焉名曰花封隄傍咸植榆柳夏以蔭行人冬以禦冽風民甚德之頌聲載道藩臬大臣悉嘉與焉春坊庶子今少詹事華容黎先生大樸來是邑美以詩章四方士大夫賡和成帙而刑曹郎中姚江吳節方判府事甚加奬勵又爲之序引予亦以手足之愛遠至容城道出於潛聞民頌李侯之德政不特此隄防已李侯黄巖故家叔父祖都御史從兄會嘗宰吳安時從弟遜南京粉署大夫皆卓犖有爲此三公者予所接見而其族之衣冠榮貴余所不識者尤衆李侯生長其間漸染薰陶是以出而爲政克知大體而急先務以成此禦災捍患之功民稱頌不已誠可謂能不負家世矣余遂爲之頌以貽潛民頌曰　潛之爲邑漢水所歷沮洳卑溼　歲夏及秋沱江交流爲患甚尤　縣治東蹊古有長隄民賴以棲　夫何近年崩嚙于潛公私患焉　有丞李侯惟民是憂隄首以修　舉之紛紛築之登登鼛鼓弗勝　不旬月終告厥成功



永利無窮　千門萬戸惟冒惟祐頌聲載路　我居昔洳我田昔湖民幾其魚　我居今屋我田今粟民底于穀　石塘名胡徐隄名蘇二賢齊驅　花封隄修成於李侯可以匹休　我經潛水爲此頌美將貽無止

華容黎淯詩二首　隄抱花封十里餘漢庭有吏善河渠遮闌水潦爲城市驅遣蛇龍放澤葅惠及人民裨國政名同草木載坤輿便應採入新圖志特筆留教大史書　旣道沱潛又作災惟君今日獨與哀人

誇少府多能事我愛朝廷得治才保障千年形勝在桑田百里畫圖開四民安堵樂生業會見恩光早晚來

成化八年白洑隄成自六年決閱三年隄始成

成化十年江汉決知縣周相修之

弘治五年夜汊隄決知縣史華督主簿劉正常築之

正德元年夜汊隄又決通判趙景鸞奉文改築新隄三百六十餘丈

正德十二年巡撫都御史秦金檄通判趙景鸞知縣莫



瑚修車壋長隄一千餘丈　莫家潭決黃漢大浸布政使高季鳳築之　太平決布政使高季鳳築隄六百丈　班家灣決布政使高季鳳築隄一百六十丈

嘉靖元年八月水決柘林漂死王恕等九十六人還灌西城洪濤巨輪漂迸有聲官廨民廬盡圮男婦吞納水口無算知縣敖鉞疏請減免錢糧上勑部覆納其所請疏載藝文志　十月知縣鉞胥視濬築奏請於河東岸皇莊新洲地掘河導水東行殺其勢以存縣治上勑部覆又納所請

知縣敖鉞請開新河疏　題為懇乞天恩開挖皇莊淤洲消除水患圖存縣治急救生靈事本縣建治實當襄漢下流地勢最低訪之父老建置之初潛水從排沙口經縣治北西流而南會於鐔子口一入荊州一入沔陽天順年間排沙口淤塞又從高家垱衝開一河流經縣之東亦會於鐔子口而分新河衝開之時去縣不下里許後因高家垱淤洲歲漸高起突出江中激水西射將縣治東北二方隄岸晝夜嚙割即今北隄崩塌尚餘城腳然亦不過二三丈厚東隄近北處則自今年八月初六日以次崩塌僅餘二三丈



而已尚又折裂勢甚難支蓋縣治地位本隘縣之東建學學之前建按察分司學與分司即倚逼東隄隄內因先年取土築牆及陸續取土加隄今已窪下成塘江水平隄之時水面高於城中地面一二丈餘今東隄一決水即內灌一川之瀉勢若天來虛腹受侵豈能吞納首衝學舍次衝縣衙布按二分司以及府館迎浪而倒居民屋廬悉不能存而一邑生靈皆將為魚鼈矣方今冬水消涸暫保目前萬一襄江復漲

冬前卽暫可保明春決不能存臣目覩心憂不遑安處目前之計惟只得將隄內取土幇貼一重但掘挖太深而隄脚愈虛外嚙內盪況是沙土豈能久固臣往復相視惟有將高家壋淤洲挖開取河流順下方可以殺水勢舍此不爲決不能以圖存但沿江一帶淤洲盡屬皇莊掌管不敢擅便臣竊伏思之陛下龍飛當天四海一家尺地莫非其有何少此洲且一洲之子粒視一邑之生靈孰重愛子粒而存一洲視愛生靈而存一邑孰大伏望准臣所言特旨降下許臣



卽於冬前水涸之時併工開挖則水勢可殺縣治可存生靈可保臣等幸甚生靈幸甚若仍循故事委勘覆奏方許動土則來春水發緩不能及矣此蓋數十年之積患以遺於臣今日之事萬分廹切不敢緘默坐視臣敢欺誑臣甘萬死緣係懇乞天恩開挖皇莊淤洲消除水患圖存縣治急救生靈事理未敢擅便等因具本於嘉靖元年十月十二日差陰陽生謝槿齎奏奉聖旨該部知道　戸部復本略云看得知縣敖鉞所奏臣等竊料前項沙洲係近年沙泥淤積低窪者蓄長蘆薪高阜者種蒔雜穀不係册內額數官田收子粒數亦不多苟可救一縣之民何惜一洲之地特在聖心轉移之間耳所據知縣敖鉞建議前因相應准理合無候命下之日本部移咨湖廣巡撫右都御史張琮轉行該道守巡官員親詣該縣督同知縣敖鉞拘集該縣父老從公踏勘要見潛水先年從排沙口而下後於何年又從高家壋衝開卽今城脚有無折裂縣治是否危急如果高家壋沿江一帶淤起沙洲阻截水勢衝射城脚縣治將危生民受害卽令該縣查照見在鄉戸市民僉點夫役及此冬春之



交併工開挖務使潛水順下流之利斯民獲帖席之安而縣學城郭公私廬舍因而保障無虞實爲便益事完通將挖過沙洲開過河道丈尺造册奏繳仍造清册送部查考仍將淤洲新增子粒實數若干布政司就行安陸州轉行管莊內外官員照數除豁初九日奉聖旨是

嘉靖二年二月濬皇莊河四月河成民歌曰轉危爲安兮敖公有江公如可借兮我終無殀名恩江河

嘉靖四年秋大水民多殍知縣周延奏請免秋糧疏載藝文志

嘉靖二十三年水逼北城知縣黃學準建石磯廟祀柟柟學準自撰記見前饗祀志

嘉靖二十五年水決東河

嘉靖二十六年沙洋決播爲支流者凡有九

嘉靖二十九年又決

嘉靖三十一年又決深谷有爲陵者

隆慶元年築沙洋夜汊決其北岸泗港楊林洲決民謠



曰吾鄉本澤國年豐亦樂土家家足雞豚處處開場圃奈何邇年來北溟頻作侮風雲特地興濤浪兼天鼓一決失邱陵四望盡江浦寘身魚鼈中出沒蛟龍藪穉子作釣鈎老妻作網罟雖得魚蝦飡更被征徭苦景物最蕭條胥吏何旁午是年冬通判屠炳督塞綿亘二十餘里

隆慶四年知縣梁棟開小河於梁家灣梁家灣在夜汊對岸七里引出策口河緩漢勢也

萬歷二年巡撫都御史趙賢疏請開穴口復故道上允所奏檄知縣李之珍濬開泗港舊河闊五丈左右岸支隄各延三千五百丈

巡撫都御史趙賢請開復穴口疏　題爲開復穴口故道以殺水勢以保隄防事該本院親詣被災州縣問民疾苦據景陵縣民鄧伸等稟稱該府所屬舊有小河口丁家河泗港口張徽港黑流渡漁泛洚沙口鐔子口等處流入各湖往時二三十年不聞一決隄塍後自嘉靖年間富家侵佔湖地私圖已利陸續築塞止存二三口不能殺水以致三十九年迄今隄塍



無歲不決等情據此爲照沿江兩岸舊有前項穴口以殺水勢故隄塍可保地方無虞乃近歲築塞以來隄塍愈高水勢愈大衝決之患無歲無之則下流不通故也夫加築舊隄則徒勞而無補訪求新口又累議而未定然則爲今日計孰若查開舊口盡復其本有者之爲易哉且各口築塞未久故道猶存稍加開濬卽可疏通況耆民輩生長河畔年老知因其言鑿鑿有據而有司者止是疏通舊口用力當亦不多智巧者既無詞以推避勢豪者亦何計以阻撓之人

情事體似爲妥當續據該道委官德安知府馬文煒承天府同知謝汝韶通判屠炳言及該縣掌印官親詣各口查勘得丁家河張巖港黑流渡漁泛澤沙口鐸子口等六處淤塞已久難以開挖泗港口見今深窪水漲即能疏通不甚費力止有謝家灣決口應留小河口應濬合動銀穀分委官員管理各緣由呈詳奉批覆勘間續奉案驗除小河口照依原議外看得謝家灣倒口中間高低寬狹不一未甚疏通尚當挑濬及兩岸支隄俱未委官督理誠恐漫無責成未免



視爲故事其泗港口原係舊道見今水通其間即有淤塞用工當亦不多而兩岸支隄年久損壞亟宜趁時修補豈容姑待來年及照丁家河張巖港黑流渡等處俱係殺水故道既在淤塞盡當開挖今乃或謂不通別流或謂已爲田廬明屬阻抗難以准信但該道府稟稱地方災傷人力不敷姑候各工完日另議外仰該道會行該府選委的當官員即將謝家灣泗港口各應濬去處並應築支隄再加估勘各要見應挖者若干濶若干幫築支隄高厚若干現有里夫若干不敷錢糧若干作何區處一面擇日興工一面具由呈詳以憑具題等情奉此又經行據承天府申稱准本府通判黃應麟牒稱遵依親詣泗港倒口踏勘得本港現係一河止有河口原日築塞近已衝開尚餘一半未甚疏通必須挖開濶大斜近江水以爲吞納之地而腹內量加疏濬庶不壅塞水自大通丈量得河口應闊四十弓其內止照舊河廣闊自河邊起至居民秦瑞屋後止計斜長三十九弓又自秦瑞屋後起至衝決横隄止長一百八十弓俱應稍濬自横



隄量起長二十六弓中心有六七尺深不必施工又自此至楊湖到口計長七百六十五弓其中地形頗高現今水已乾涸應挑濬以通其流自到口起至居民邱廷蘭屋後止俱要有水直至景陵出口並無阻塞其鄰港支隄東岸趙林垸起至傅家垸中洲垸止該加幫隄垸共計五千八百四十五弓又西岸楊湖垸起至三汊口止亦該加幫隄垸共長二千六百五十五弓又郭家嘴至諸通口止計長一萬三千弓內應築倒口三十八處共長一千五百弓又據潛江縣

申稱知縣李之珍帶同驛丞鄒子賢親詣丈勘得謝家灣西岸支隄東自謝家灣至崔家垸唐林湖口止共計倒口一十九處通共五百六十丈內黃獐垸倒口二處共五十三丈地勢低窪應築高一丈五尺脚寬六丈結面二丈五尺地名石剅烟墩倒口二處鄭蒲垸倒口一十三處馬猖垸崔家垸倒口二處共五百零七丈地勢略高俱築高一丈二尺脚寬五丈結面一丈衝塌低矮舊隄四千四百七十丈高低不等內沱阜垸沿江低矮舊隄四百一十二丈五尺應築



脚寬一丈二尺結面六尺馬猖垸舊隄五百七十丈應加築脚寬三丈高五尺結面一丈其餘石剅烟墩馬市潭等垸支隄共三千四百八十餘丈舊隄低薄不等俱量地形增幇各以高至一丈二尺脚寬至一丈五尺結面一丈為度又該承天府知府趙濬覆議得泗港舊跡橫廣約有五丈今止就中修濬不必加濶惟兩岸支隄仍各去河二三丈謝家灣口係新決河道廣狹尙無定形今當疏濬之處亦各照泗港以五丈為率其二口深淺難以懸測止照深處通流

而止合用錢糧若干數目俱已明白合無一面行委照磨劉繼先專管泗港荆門州同知陳延華專管謝家灣仍委通判黃應麟董理潛江縣知縣李之珍時常親詣工所稽查夫役其二處不敷銀三千六百六十四兩一錢請乞早賜處給等因到臣俱經備行布政司查處前項銀兩隨據該司回呈查得庫貯別無堪動錢糧止有德安倉糧銀八百八十兩一錢九分八釐減存祿米銀一千六百七十七兩各王府備用祿米銀六百五十六兩七錢六分九釐并未完萬歷



元年分原派楚府廣阜倉祿銀五千三百三十一兩五錢俱係作正支銷之數堪以動支據此卷查先准工部咨為廣德意陳民隱稽實效以建永利事該兵科給事中劉鉉題條陳內一款疏濬該本部議行湖廣撫按嚴督各該道府州縣掌印等官即將承天荆岳襄陽等府所屬九穴十三口并泗港鐔子口等處逐一召集耆老查勘要見某處原係洩水處所廣開溝渠或被豪家塡築責令退出務要照舊疏通及查有支渠之應浚塘堰之當開如本官疏內所陳者一

一著實舉行庶下流無阻而隄塍得固等因奉覆欽依備咨前來已經通行查勘及出示咨訪未報續該臣巡歷各該府屬親詣沿江一帶閱視二次節經案行勘議去後今據前因該臣會同巡按湖廣監察御史李栻議照湖省素稱澤國荆承尤屬下流自川陝而來水勢最急每遇泛漲洶湧特甚雖有隄塍勢難保固而往年所恃以爲消導之區者實爲前項穴口且分洩下流在理本爲至順而開復故道於事亦不甚勞今據荆西道議開泗港其畱謝家灣二口以殺



漢水約計工費除起夫外尚少銀三千六百六十四兩估勘明妥業已興工但地方頻年災困兼以各處修隄前項不敷銀兩委難措辦既布政司查有前銀堪動似應允從如蒙勅下該部再加查議准將前項穴口容臣等行令布政司將庫貯前銀并催完祿米銀分發各該道府督率委官雇募人夫上緊修濬不敷之數仍容臣等另處其各附近穴口之家敢有阻撓者聽該道府從重究治完日細加查覈各承委府佐等官督理如法克効勤勞者特加奬勵或怠玩誤事及冒破錢糧者據法懲戒庶水勢得以疏通而隄防可免衝決誠一勞永逸之圖地方千百世之計也

奉旨該部知道

萬歷五年知縣朱熙洽建乾河口石剅（名潘家剅）城流以濬馬猖負郭之田歲無潴者

萬歷七年知縣朱熙洽建朱家灣木剅引輸巴家套委注疏直路便民二河洩東湖白湖七垸之水入大河西陽諸垸始得播種民甚德之

萬歷八年夏五月夜汉水大漲秋七月白鶴寺決



萬歷十一年水漬縣城官民廬舍圯者以萬計

萬歷十四年湯家口隄決知縣王建中築大隄於內地縣治賴以無虞厥功偉焉秋八月十五夜決深江隄民居林木沈爲淵有釣叟爲歌曰深江一釣叟天爲鑿深池一夕風雷迅邱陵俄頃移倏然成大壑雲物望中疑隱隱黿鼉窟蒼蒼江海湄古來多變幻今日始知之風靜魚兒喜泥香燕子知芳春宜載酒清夜好垂絲適與憑魚鳥無心逐鹿麋百花潭上水閒賦白鷗詩

萬歷二十五年車塯垸決知縣曹珩築之高十丈廣倍之袤九百餘丈更名車塯垸爲長塯垸隄八月河水震盪池井俱溢

萬歷二十六年知縣曹珩濬修泗港水道

萬歷二十八年知縣潘之祥濬修泗港水道近港市豪緣閹豎爲奸塞之

萬歷四十一年知縣王念祖邑太僕卿歐陽東鳳上議疏泗港河不果

知縣王念祖議　余嘗親莅泗港閱塞口隄塍見隄



內民船湊集皆自京景運穀而來沿隄而止不知此河所通者遠也復操小船覛兩岸隄皆屹然如山東爲趙林楊傳中州垸西則爲楊湖三汊口二聖寺凡二十里而爲郭家嘴中皆河闊水深由郭家嘴而分爲二支一爲汪二港至張池口出蓮口大江一支由曾賢口至魚星河而又分或由竹筒河出雲口或由線河出團風皆入於江然自郭家嘴而下余不能至焉要以父老所稱合之傳誌所載原委昭然以爲開則由衙決塞由淤漲萬無不可信者也由郭家嘴而

登高埡一望蒼翠南達太平北麗青山非菜非禾可以供燎而不可以供食者楊林等垸之蘆葦也嗚呼鵠立擁車載道言之而哭聲動地慰之而歡聲震天楊林等垸之災民也審其所以昔之高腴自泗港塞而永鎮之淤漸高楊林等垸爲之壑但有水之入而無水之出也能無漂沒乎若是則不宜塞而塞宜開而不開其故何也一由府總之營私當永鎮之未決而塞泗港府總之爲湖池者皆高壤也一由經紀之專利潛江豆多穀少皆自青山來非泗港莫可由也



塞泗港而欲糶者不得不減價有力之猾賤入而貴出之若欲搬運而腳夫百倍悉受其利則其塞而不開者居民壟斷而又假太府以爲之祟也以逐末之賈而防務本之農以一人之私而戕萬民之命不大毒乎使之開而楊林諸垸之水可出也且楊林之田可淤也目今可紓其害而日後子孫亦得享其利此猶以一方言之也蕩蕩漢水承天而下無二道焉築而不疏勢不能驟下則必決自永鎮議築而余已憂之計凡水之故道皆當宜洩洩之必自泗港始今永

鎮將告成而下邑益爲凜凜試開泗港以殺其勢而潛之南北諸垸無不受其利潛之城池倉庫無不受其利者可不再計而決也以其開塞之故言之往者不具論萬歷二年兵科給諫劉亦嘗請濬穴口以殺水勢撫臺趙題請委官開疏動支官銀二千餘兩修築內河兩岸垸隄隄塍至今存所謂屹然如山者是也嗣後二十一年曹知縣開之三十一年潘開之此數公者留心民瘼所傳皆正人君子也使開之不便則當時何不聞有水害也正人君子甫至而即議開



甫去而即議塞其開也以旨以明文其塞也僅奸人一丸泥耳曾不聞有正大之議主持其間而後塞之也爲今之計考之往蹟而議可塞也議塞者曰太平垸受害夫太平在中洲垸以內其地高以中洲受水開泗港而中洲之水大亦或浸及太平然太平自有隄可加而高也自救良易欲塞泗港而中洲以北永無望矣可謂公平太平垸內半係府總歲受經紀之利而假之威故爲是言耳又曰景陵受害夫以鄰爲壑余必不若是但漢自承天而下泗港之河通景陵

夜汊之河通監利蘆洑之河通潛沔如謂景陵塞泗港則監利何不塞夜汊潛沔何不塞蘆洑蘆洑在潛而潛不塞泗港不在景而景不塞潛乃代爲之塞以自貽害也耶且聞之景陵護城隄較潛隄更爲高厚景陵之河尤爲巨浸倍于潛之蘆洑也卽開之何害于景陵又況景陵之病水也自有永鎮青山諸水豈在泗港之一縷乎天下事未有有利而無害者開之利曰殺襄水之勢曰通與垸之水曰守各垸之淤開之害曰費熟垸加幇之功曰減居民壟斷之利相提



而論輕重不較然也哉語云三人謀則從二人余亦欲廣詢之也初詣其地宣言曰疏河之役有言便者自爲一義先竟其說有言不便者亦自爲一義後盡其辭乃言便者數百人而言不便者無一至也意僉謀已合乎及踏勘完還至中途人已散盡復有數輩倡言了無片紙而以塞口始末來投及接閱非書生出位之謀則巽邦請托之東雖經府廳獨斷亦含糊而不得其情不知當時何以服人也前縣安亦嘗議開據其立案揣地勢體民情陳利病非不確然井然

迨遠方勢要之言一壓之耳而議遂不行任事之難如此余今查下民剝膚之陳體上司愛民之心據一己耳目之所及將無所顧忌而意在必開豈曰剏非常之原夫亦證故道于水涯景前賢之芳躅耳謹議

邑人歐陽東鳳報書　建議之公私利害之大小多寡洞然又何必贅一辭

邑人劉道隆報書　于道本乎人情此河之開從來稱便非當事者力持之徒使撓者得以申其說耳今條議甚悉至夜汊之通監利蘆洑之通潛沔泗港之



通景陵開則俱開何故爲景陵塞此河以自貽害也尤爲不易之論當路者不得不從矣

邑人歐陽東鳳與太守議開泗港書　郡縣江漢間一澤國也上流澎湃下口壅塞水一入潛永無出路而泗港一河原爲宣洩故道適奉按臺批詞方在勘議尚無定論乃景陵士民遂從旁阻撓大都謂泗港淤塞多年一旦議開則永鎮之害未杜泗港之水又來乞請就其言而爲景陵謀之夫景陵之害莫大于永鎮然必下流疏通吞納有地而後永鎮可築築亦可保若水口壅塞則萬里奔流之水束於一縷之河洶湧衝決何所不至恐永鎮之害終無了期矣該縣士民知永鎮之害而怯于夫力之費遂置永鎮而專議泗港若曰永鎮之費既省而泗港之水不來則計莫便于此耳夫水必有所歸不來于景則往于潛矣景陵亦當平心設處我阻其來誰肯獨當其往乎況其來也不過以景陵應洩之上流還洩于原有之故道非潛江之水而以景爲壑也亦非先本無河而創議自今也又不過假道景陵以達于江非如潛江之



入而不能出也來而有所洩即來何害開而于永鎮有濟則開反爲利不急講于人已兩利經久可行之完策而謬執其損人自便苟安目前之頗論其于利害大小之際抑何忞忞也泗港自萬歷初年奉旨疏濬屢塞屢開河身依然船賈通行而詭稱淤塞多年以抹殺明旨此其咎不專在景陵蓋近港居民豪有力者以塞港而後京景穀船緣隄住泊賴以致富恐開則船隻徑行無由得利故璫熖方熾則倚太府爲祟璫勢稍衰則借景陵爲援多方鼓動百計旁撓景

陵士紳居處遥遡不知該縣所關係政不在此故墮其術中而莫悟耳敝邑縉紳硜硜自守溪谷小民亦皆樸野遜懦本不欲妄有陳說但彼旣吸吸求勝義不得無言而處此伏乞老公祖轉行勘議疏排與曲防孰公孰私泗港去景陵與潛江孰遠孰近潛江北城一帶沿河街市有無崩塌而土田與城池孰重孰輕開故道以自救與塞水口以病隣孰是孰非潛江四面皆洿池與景陵半壁皆沃壤者孰苦孰樂從公分剖力爲主持以解倒懸以息囂爭合邑幸甚



又與兩院議開泗港書　嘗聞水無全利亦無全害通之則利壅之則害分受則利獨衝則害去而有所洩則利來而不能出則害故神禹先疏瀹而霸王禁曲防此利害得失之大較也敝邑泗港離縣治纔二十餘里有古河一道分洩上流以達于江蓋水必由地中行而後勢無橫逆民免昏墊所從來舊矣曩者潛景之議嘗出于一故趙大中丞題請疏濬亦據景人鄧伸等之條陳原任兵科給事中劉鋐之疏議非專爲潛江而開也其後附港市豪有利于築口以停商船而私壟斷者賄緣太府持議閉塞無何而曹尹開之已復塞而潘令再開其塞也實藉太府司校爲祟其開也亦由敝縣官民主持未聞景陵出一言阻之也三四年間豪民見太府虐焰稍衰遂改而倚景陵爲重復藉漢川爲援該縣士民墮其術中而潛景之議始岐而爲二矣然亦自知病隣甘言僥求未嘗顯然詆潛江之爲非也至今日而是非愈淆囂競益甚潛江以塞爲病潛而景陵亦以開爲病景夫使水而果由潛以入景也則潛江何敢損人以自利然而



水之經行自有故道也由承天而下一支從泗港通景陵一支從夜汊通縣西而通監利一支從蘆洑徑通潛江河道見存邑乘具載今潛江旣已自受蘆洑夜汊之水矣而應通景陵之水必欲障之以注于潛不知潛以景爲壑乎抑景以潛爲壑乎不知疏故道者爲病隣乎抑曲防者爲病隣乎何其不自反也又使果有利于景無損于潛也潛江亦何苦過分畛域浪費唇舌然而今之潛江非昔之潛江也十年以前宣洩有路猶可代景受水今監利沔陽豬水諸湖俱

已淤塞一入于潛永無消除之期致令楊林中洲黃漢等數十院田悉成沼閭殫爲河夫假道景陵以達大江景陵猶不肯受乃驅其來而有所洩之水以注于入而不能出之潛豈景陵田土有稅糧而潛江獨無稅糧乎景陵士紳有廬舍墳墓而潛江獨無廬舍墳墓乎何其不恕也泗港密邇縣治一隄橫亘水流迅直每逢夏秋水漲由蘆洑直衝北城迤東一帶逐年崩塌迫近城腳相去纔十餘丈耳年復一年不知將來作何景象田土爲輕城池爲重故潛江士民憂



在眉睫乃景陵遠在百餘里外以由泗港迂迴達江亦藉口衝城冀以聳聽何其不情也十年之內曹尹潘令目擊潛民困苦兩次既開河身如故而曰淤塞年久何其誕而無稽也頃者按臺謁陵道經敝邑連名控訴批縣查勘王令親操舴艋詳察水勢復稽考舊牘詢訪輿論從實具申批道覆勘正待議定通詳而景陵士民遽爾張皇阻撓蓋景人言景潛人言潛令景者爲景令潛者爲潛此人情所必至無足爲怪若景人既越境以防川又先人以防口居己于利而嫁害于人則義之所不出也況潛景同爲臺憲賜履之地如天之無不覆如地之無不載有何軒輊雖以景陵之膚愬致煩憲牌然止禁居民之盜決不禁通國之公議則其一視之公痌瘝之念亦可覩矣鳳自忘葑菲粗陳梗槩伏乞臺憲委官查勘同一澤國也水自承天而來景陵何以不當分洩而潛江何以獨當並注同一赤子也景陵何以防水病隣而潛江何以代隣受病同一水也兩縣俱有近港田土涓滴入景陵既曰莫大之害而潛江何以獨有淤田之利相



去百餘里之景陵既恐衝城而二十餘里之潛江何以獨無牖戶之憂如一詞無驗鳳當與父老子弟同受斧鉞之誅臨啟不勝激切不勝惶恐

知縣王念祖濬河議　詩云漢之廣矣漢之於江可見其勢尤浩漫乃今之漢水兩涯相距不過一二里而已所稱廣者何在孟子亦言決汝漢治漢水者利用決謂其壅塞之易必衝決而爲害也乃今則以隄爲命眞所謂止兒之啼而掩其口耳上古之時不聞有隄水至則均受之極淺淺耳自有隄而水勢反居

上田反居下一決而害不可勝言矣河形若之水勢如瀉數百里內積歲月之久能無蟻穴乎寸瑕而萬丈爲墟當水至之時東救而西已崩上圮而下乃緩概潛之地歲築而歲浸亦可歎也稽之典籍自郢以上至於內方以達漢口有大別諸山爲門戶之鍵入江必不能捷設有支流以分之有湖堰以瀦之如小河口泗港黑流渡諸口夜汊湖諸窪皆以通漢水之脈而使之不波也近皆一切塞之惟獎獎焉以隄爲事余自壬子冬至楚迄于丙辰未見有能自全者每



太息言今之治水當一疏而一塞不當專務畚鍤惟譚京山以余言爲然餘無不掩口笑一日有道尊問及築隄何法乃得長保余言保隄無法今當議疏道尊咋舌曰此非吾所敢聞蓋各口與湖地皆爲豪家腴產必不肯復爲水道而上官多北人亦未能親履其地故往往爲目前之計非眞念百姓之利害也倘有洞悉原本者必從吾言矣

太府丞鎮決徵役修築知縣王念祖揭之乃止

知縣王念祖揭　潛江之于丞鎮不當築也不必築也不能築也亦不暇築也奚以明其然漢之廣矣不可遏也上流下塞不決不止決丞鎮而水出京景其勢旁殺潛之隄尋常能禦之矣是丞鎮之災乃潛之利也若築丞鎮而下決之水潛將不可保豈有興工築隄以自速其害者乎故曰不當築丞鎮決而潛之受害者豈曰無之然東北一衣帶耳於潛之城邑無故也若丞鎮築而一帶可免西南則已亘地矣拒虎進狼何利焉況以一方而疲一縣之力又何異以一指失肩背故曰不必築潛民築潛不出門庭極急而亦極易若赴役於二百里之外將派之於田乎而民



不堪命將雇之自官乎而公廩皆虛故曰不能築潛有七十一垸無一隄不增加無一人不戮力若爲丞鎮助將兼而舉之無此力也將舍而就之無此理也且丞鎮築而水勢將倍於昔緣江者靡不有戒心而工亦將倍之故曰不暇築後又云自古以來無有與水爭道者障之不若疏之今不議疏而議障障之丞鎮能不決之京景障之京景能不決之潛沔蓋自太府言之丞鎮多太監府地則保丞鎮而已利合荆西

而言則有一方受決卽非生民之利烏在其爲全築也況永鎭之役旋築旋潰亦無必固之方若聽其鈌陷以殺水勢而於決口兩岸築隄以防爲壑之田築隄之費亦足相當然而永鎭安潛江亦利矣此則本縣所願協力者也意者地勢人情有所不可乎永鎭工成本縣急自爲計築隄之外更當濬河查嘉靖間知縣敖鉞奏請縣河東岸掘恩江河隆慶間知縣梁棟開新河一道於梁家嘴以洩夜汊水萬歷初年知縣李之珍開泗港金河今故道猶存而皆淤塞大使



江水汎濫自爲衝決不若先爲之地以洩之揭之上上以爲然

太府議築趙林知縣王念祖持之堅止不築

知縣王念祖議　趙林之役全以爲景太府之於潛有分土無分民也安得舍景而全責之吾民乎且此役費力多而成功寡成則景受其利而敗則潛當其害不若姑待之府以爲然遂不築

萬歷四十三年總口歲苦決沔委役於潛知縣王念祖力持不可上以責沔沔乃全役築之

知縣王念祖議　隄實潛之地也潛之隄固不能令沔人代築然既爲潛之隄沔人何能强潛之必築乎如以爲不相關則於沔無與如以爲相關則止論利害何分彼我沔人自貽伊戚於本縣何尤守巡駐沔會議者以沔害實甚責沔全築

崇禎四年排沙決經沔陽羊皮白麻出黃荆口會仙桃鎭河過漢川至大别入江此漢水東南由潛入江之截流也

崇禎五年築排沙尋決

崇禎六年築三月尋決



崇禎七年築尋決

崇禎八年築又決

崇禎九年巡方御史荆西守大參蠲夫價六百六十二兩檄薛主簿築之隄最峻六月尋決

崇禎十年造木排障水歲稍稔明年夏尋決

崇禎十二年巡方御史林檄沔陽景陵潛江各捐夫價銀一千兩遣鄭巡哨築之

崇禎十四年決野貓塌

崇禎十五年築又決

崇禎十六年李自成攻陷潛城民多死亡止築隄河水平歲有秋大率疏則利築則害止不築則平語曰前事者後事之師也可逆覩已

本朝

順治元年至四年止築河水平連歲大稔

順治五年築邊江隄

順治六年築邊江隄成

順治七年景陵沔陽與築排沙荆西觀察使以徐旗鼓督築名旗鼓隄是年楊家灘決蘆洑決茉莉灣決



順治八年築茉莉灣

順治十年景陵沔陽顧築楊家灘成更名騎馬隄高家垴決

順治十一年分巡孟僉事築高家垴成因立碑名孟公隄是年傅家灣決河西諸垸盡決

順治十二年傅家灣築成高家垴決佘家灘決河西諸垸盡決守巡兩道會集州縣議留野貓塌以殺水勢不果安陸府同知馬逢皐知府李起元詳議公築知府李公詳 看得潛隄築洩之議三州縣士民各挾私見聚訟紛紛前議留野貓塌一口以殺水勢蓋因權利害之輕重不得已而爲此通變之說景沔人先不執爭而後有繁言屢控不已情詞亦極迫切計惟變通之中更思變通誠如戎廳所議不若仍舊增新加幇兩岸潛江自修護城隄沔陽與潛江協修傅家灣景陵與潛江照原派分數協築佘家灘其上下危險處倍加高厚以遏怒濤以聽水勢之自循故道而職府于此猶有過計者潛隄既關景沔安危一築之後欲潛人代爲保護潛方自顧不暇利于疏洩而乃



責其培葺補救此必不得之數也請于築後酌分汛地以重責成如傅家灣佘家灘野貓塌一帶隄内既有沔景之田自有沔景之人令受利諸紳與潛人之同受利者公議設立隄長數人量給養贍方春水發時則于隄上造蓋草房每隔一里則住一家率附近烟戶往來守護見有薄削處所卽自行培補州縣水利官不時巡視若大勢危急卽飛報該州縣率夫並力救助凡隔年農隙則通行加幇脫有疎虞隄長同當治罪州縣分汛當官與坐視不救之正印均受參

罔庶幾責成重而人心自爲守庶得同舟共濟之誼
矣　總督部院祖批三屬利害攸關允宜酌永久之
方使各㮣樂利安戎官詳議至當至公可以排衆論
而決羣疑而安陸府所云更爲善後要著仰行三屬
一一遵照秉時急築若再偏執阻撓當以留患殃民
題究地方官不職矣　撫院林批三屬各執其是終
同築舍府廳兩議既稱可行可久仰卽嚴飭各屬遵
照務期永絶異議　撫院張批如議速飭行繳
順治十三年築高家塲尋決滎家塲決郡同知馬更議



驗隄分築以專責成
順治十四年滎家塲築成黄家灣決何家套決劉家灣
決
順治十五年築何家套尋決莫老潭決汪家剅決秋七
月綠麻黄家灣決
順治十六年沔潛大苦水害沔潛會請築蘆洑河以塞
上源
順治十七年潛江荆門江陵監利荆衞會築綠麻黄灣
兩隄守荆西參政顔敏刻石紀成

守荆西參政顔敏碑記　記曰環郢皆水也惟沙洋
下至綠麻黄灣三江口一帶當襄河下流害關荆潛
江監衞屯爲尤甚五代時南平王踞江陵荆邑盡屬
轄沿要害百餘里築隄捍之自沙洋至三江口統名
高氏隄距今將千年民猶稱焉王權無分制故垂利
大且久也嗣是修築數十見皆江監荆門衞屯與潛
均任之遣無論卽明正德丙子嘉靖癸卯丁未萬歷
丁酉成例具在
今上戊戌仲夏綠麻黄灣兩隄先後決余時廵荆南一



日者百姓譁呼籲道僉言水至城不沒者三版同時
監利亦告災余訝而未得所以越數日始知兩隄決
爲江監害至此郢太守丞暨潛令相繼請協荆前太
守哀民窮執不可然水害更一年矣新太守耿君來
荆紳衿士庶見必言及君性溫厚不作意見乃從民
志具詳於余適從荆南移守荆西因得盡兩屬官民
而告曰若苦綠麻黄灣之害乎將惜勞一日而貽患
無窮乎抑盡力此時而垂利百世乎將偏執私衷而
民命嘗試乎抑和平相濟而造福斯人乎衆曰惟公

命余遂率詣兩隄相度估算計綠麻水旱隄共長四百五十九弓用夫二十二萬六千一百六十名黃灣水旱隄共長三百三十三弓用夫一十萬六千四百一十四名率以十分潛汛隄也獨出夫四分五釐荆門出夫一分五釐江陵監利各出夫一分七釐荆衛僅出夫六釐按隄計土按土計夫按利害主協計分數請之太保李公少保張公直指李公報如余議爰命郡丞林君督其役君慘澹經營罔辭勞怨起去年季冬成今年仲夏凡六越月雖度歲不歸署迨法古



之過門不入者歟思相度估算時黃泥流水野無居人曾幾月日而來牟蔽野村舍成林耕者釣者桑者牧者比比而然向非兩屬官民同心共事將譁呼塞道告災請協無日得休矣民則誠愚官茲土者其忍焉否乎郢太守馬君逢皋與荆牧薛君繼巖潛令葉臣遇江令戴廷講監令韓望荆守備周兆賢均有功于斯役得同荆太守耿君拱極郢丞林君文學並書諸石以志不朽若上而太保少保直指諸公明德豐功所在皆是無待余言爲頌下而趨事胥役例得刋碑陰不敢與郡縣等示鼓勵且不忘勞云

沔會潛築蘆洑河尋決沔陽詳報本年正月內潛沔兩屬紳衿士庶議塞水源以爲一勞永逸之計卑州巳經移會潛江知縣葉臣遇并兩屬紳衿士庶于地名拖船埠公同商酌彼時照受害之多寡定修築之分數沔認六分潛認四分衆議僉同士民咸服擇取十月十六日告土二十日興工合具詳報

康熙五年景沔潛大苦水害分守荆西副使以修隄不如修河議請濬旗鼓隄以殺水勢允之更名旗鼓隄爲通順河

康熙六年楊旺屯營隄決荆安兩郡大興役尋決



康熙七年兩郡復大興役知縣王又旦作屯營隄歎

知縣王又旦屯營隄歎三首　四月怒濤高奇相亂南紀圻岸無餘基茫茫盪風水麥豆入渺漫樹杪躍魴鯉沱潛稱澤國民力素窳呰至今千里外道路多逃徙隄塍不永固忌醫養瘡痏遂乘三冬涸驅策薄修理總總饑寒人挾畚到江涘斟酌啖餱糧袒裸宿荒菑殘黎能幾何性命賤如蟻　漢水注東南勢危如建瓴蟻壤啟禍穴汎濫擬東溟鄙人寡聞見祗役始揚舲登城看江皋上下照列星西北多崇山巑岏

入望青或言移作障永使波濤寍愚公願力堅神人
亦有靈此策無乃奇荒誕不可聽　一日築一寸十
日築一尺校計尺寸間民力無輕擲北風起枯楊凍
雪黯沙磧非不懷偷閒長吏有促迫防舟不惜枷防
馬不惜軛嗜爾河伯心堅忍有如石

康熙八年四月隄再決知縣王又旦作後屯營隄歎

知縣王又旦後屯營隄歎并序　歲戊申漢水決潛
之屯營灣十一月興築余既作詩以紀其事時荆人
郢人議協築郡縣會勘互有推委各持一論甚堅工



既興屢促荆人不應至八年四月二十九日又決而
荆亦爲魚矣此隄數年已三潰因悼居人之逃散且
棄成勞也作後屯營隄歎　四月月晦北風急十日
淫雨地軸溼隄上人家愁相向渺瀰一陷嗟何及須
臾圻裂雲散亂蛟龍震怒波濤入寧芟沈璧吾不能
低頭墮淚江頭立　號屏乘勝白日伏大麥萬頃看
將熟欲穫不穫付馮夷老蛟得意上高木嗚呼一隄
潰三載有田不勞植嘉穀流亡獨厪官長憂今年隄
決無人哭　漢水淡漫聲亦太郢中荆南共利害前
年爭論何齗齗養虺成蛇理已昧遂令兩郡値百罹
坤維震爪鼉龍會請君試登龍紀山平疇到處聞擊
汰龍山紀山在荆州

邑人朱載震後屯營隄歎五首　晦色凝羣木冥濛
連曉昏颶發催急雨雷霆相追奔老蛟挾怒濤滾滾
上高原砉然坤軸裂極目巨浪翻瞻望隴與陂瀰漫
類胚渾頹屋息游鱗盤渦狎鼇黿累土難爲障下竹
難爲楗吁嗟流離子千家幾人存天未憐此方理勢
安足論　蕩潏如觸山氾濫疑無地白日照四野高



天但仰眎修築冬徂春豈謂失預備力役兼力嗇農
人形神頹引領冀麥熟將刈無一穗犁鉏空在手安
問及健犉哭聲向水涯哭罷轉長喟聖人有遺訓進
止在一簣由來螘穴微足爲成功累　漢水東注江
委折亦何紆荆爲沮洳地潛亦藪澤區長隄百餘里
一簣皆足虞兩兩勢相倚害豈獨潛隅歎薄走鶩湍
陸沈祇須臾有田不可耕有賦日以逋如何逞異議
致令驕天吳潛人憊已甚荆人何其愚失計嗟莫及
負手立踟躕　湯湯悼河廣浩浩揚碧波平明無牧

唱中夜有鳴鼉昨拾壠上鼈餉饁互答歌今聽斷岸
雨相對歎無家黑雲震將合大風捲白沙飢鳥向人
啼長林無靜柯苦樂易倏忽爲時曾幾何還念版築
勤積土高峨峨一尺既不成千丈未爲多安得移山
力轉石塞岷嶓　剗極竟不復慨焉發咿嗄廿年無
樂土獨立怨荒邱方幸巨功成汙邪或滿篝盂知狂
瀾逞不辨渚與洲合回勢益猛海若走平疇勞農生
計盡辛苦蓐不收可憐幼兒女吞聲棄道周有郊應
可念忍作他鄉流會看南來雁勿復稻粱謀



八月水平合兩郡役與築知縣王又旦作決可塞篇
知縣王又旦詩　草枯水涸決可塞大吏小吏齊徬
徨策馬驅車蔽原野議定皆云事已臧是時凍合天
地閉大雪三尺同雲黃有時霰下大如雹懍悷當是
陰搏陽役者一百四十萬挾鍤欲舉不得將無衣無
食何能存磨集猸叫徒倀倀或云此地有龍湫不遠
五里當祈禳時迫從俗且尚鬼奉以美酒五木香有
羹盈登粟滿豆沈璧色粲如截肪祝曰康熙八年夏
屯營失守羅禍殃老羸轉徙樹木拔極天搖漾波濤

光值茲農暇操版築役人背裹百日糧雪深見雪不
見土十旬黯黮雲低昂爾神靈否來應之無爲徒與
鰍鱔藏宿留波起如人立龍湫龍出遠徊翔答言此
事乃天意扶顛當知策須民河隄逶迤一千里龍身
豈有千里長滔滔于今萬斯年喧豗久已困荆襄南
紀有山不足用西北徒攢如劍芒若遣五嶽禦四瀆
諸峯以次羅成行如何偷安在別域闐餑無益失紀
綱請觀大河南北流衆星亦在水中央古來任人不
任法漢武封禪塞宣防嗚呼神龍言止此郢南何日



安耕桑

康熙九年五月屯營隄築乃成郡同知劉餘霖刻石記
之更名新豐隄

郡同知劉餘霖記　新豐隄者舊爲楊旺屯營二隄
濱于漢水介緣麻黃灣之中實切荆安兩郡之利害
自康熙五年始兩郡分築民不得休息以至于今其
間人事先後之不齊工力堅瑕之不一或未竟而輒
壞或甫成而卽潰魚鼈驕于南畝鷗鳧浴于東郊室
廬蕩析流離滿道上壓飢溺之憂更五載矣八年夏

六月撫院林公以勘災舟緣潰隄之下時維潛江荆門合築之隄尚存率荆安兩屬官民登馬狂濤怒號魚龍出没茫無畔岸猶如大壑于是備詢修築利害得失之宜兩郡民生疾苦博訪先年沙洋綠麻黄灣故事遂謀于本藩劉公命餘霖鳩兩郡之工合力築成之檄兩府率所屬會度地勢建立形式計算夫役屯營水旱隄今名上新豐計九百四十五弓楊旺改口隄今名下新豐計八百九十六弓月隄計七百二十二弓共計隄二千五百六十三弓主協分數悉遵



綠麻黄灣舊例八年十一月興工九年九月念五日大隄告成八月二十日月隄繼竣歷冬春夏秋四時爲日二百八十有奇雖祁寒暑雨歲時伏臘餘霖未嘗一日去是隄也隄成之日綠隄上下畝入數倍流離之民漸歸故土父老以楊屯之名數不利于隄五歲以來徒勞我民未底厥績今新隄甫竣豐年應之請更其名爲新豐之隄從民望也餘霖曰嗚呼大利大害之所在誰不欲速成之以安其民而謝厥責然非有大公而無我至明而不蔽者爲之主張而綱維之雖日勞于下日瘁吾民徒以自困而已安能冀其尺寸之獲于萬一也耶所以古人成功之日必歸功于其上豈皆好諛哉誠審于事勢之必然者爾是隄也數年之間兩郡之民交相諉亦交相訌寔惟交相害靡有寧歲官兩郡者未嘗不思旦暮蹟之衽席之安未嘗不平其心和其氣與爲親睦與爲救寧究之築室道傍謀不得其術撫藩二公鑒因循之原除嫌疑之迹委任責成獨斷而力行之雖兩郡之民大兵大役大荒之餘四五年間必不能成之功不終歲而



成之何其神也何其偉也餘霖思授事之初凍雪兼旬雷電非時棲宿于白沙黄水之原雨暘風霾倏忽異態日與操畚鍤者同作息卽一飰之間不忘祗懼也幸寮寀之同心役不再檄工無間時雖雨雪得以弗輟疇昔之日其交諉交訌且交害者今一旦而交勸交勉交助矣噫非甚盛德何以格民心有若此耶是豈吾兩郡寮寀所敢冀其萬一者歟而餘霖竊有厚幸于其間矣今日之功不可以不知其所自爰識其始末以貽後人

康熙十年白湖決鄭浦決知縣王又旦皆有詩記事是
年六月班家灣大決沔陽不救潛岸圻磯裂波撼城
垣
知縣王又旦塞白湖詩　塞白湖六月三日河伯怒
河水直下一千尺隄內隄外無乾土負薪兮薪不屬
舟船不敢近兮乃停于滸斬茅根兮爲楗纚纚微弱
兮難撑拄田中止有十老夫十老夫飢餓自朝至日
昃扑之不畏仆於路側白日西舍將昏黑波濤一夜
安所極噫吁戲白湖汎流何時塞



王又旦歎鄭浦詩　噫嘻吾見鄭浦之水駭犇而趨
于田也蕩激天地何沖瀜大水傾欹鳥不下嚙桑淮
泗將無同君不見前年屯營隄潰口長十里三年無
有一年豐今年農人學插秧交塍纔受黃雀風陽侯
難測讖矍鑠久稱雄擊鐘考鼓入鄭浦亘田盡屬蛟
龍宮歎鄭浦鄭浦南下一十有三區畔隴舊與此區
通一區之田一萬畝坐令十餘萬畝嘉禾失青葱噫
嘻危哉我行隄上望蒼穹媿乏昔人畫地撮土法甯
冥無由致八公鴻寶枕中有奇術至今不復傳神功

兩月以來旱已甚千村登薦祈𩆊霳雨師不至天昊
至火旗照入波濤紅歎鄭浦版築又歌澤門晳役人
哀怨無時終
康熙十一年班家灣大決沔陽西湖黠民豪家利其淤
生相約不築盪嚙城壖郊關市肆悉墮蛟宮縣治僅
存其半知縣王又旦作民居今已壞詩
知縣王又旦詩　民居今已壞民力誠可惜如何桑
柘野三年爲泛宅南郡方全盛此地屬沮澤高氏與
花封五季時始築高氏花封諸隄版築勞區畫一自城斗隄蓄洩



寡良策金錢委蛟鼉突竄走蜥蜴里人狎駭浪寘然
卒被格有如抱貞疾偷生戀茵席小吏議防禦筳撞
亦何益無能叫九閽頫仰愧夙昔
康熙二十一年吏科給事王又旦疏請禁協濟隄工之
害民永賴之
吏科給事中王又旦請禁協濟隄工疏題題爲敬陳
湖北隄工協濟之害伏乞
勅部速行禁止以甦殘黎事臣竊惟湖北荆安諸郡負
漢水以居百姓以隄爲命一經潰決各官處分照黃

河之例革職督催立法亦綦嚴矣然黃河隄工歲支
國帑有一番費用則有一番報銷而湖北諸郡縣隄工
則皆問之百姓水利諸臣派夫議價遂得任意以爲
輕重百姓既竭其力復竭其財本境既勞胼胝他邑
又復告協嚴檄之下分身無術其厲民爲最甚者也
臣查安陸府自鐵牛關以下皆係鍾祥汛地又拔潛
江景陵矣潛江自長老垸以下皆其汛地又拔江陵
監利沔陽矣關廟係荆門州汛地又拔潛沔江監諸
州縣矣臣以爲拔協之不便其害有五天氣寒凝春



築斯與百姓裹糧數百里之外多有凍餒而死者一
害也夫役上隄到工完工不得不假于胥吏之手包
折需索勢所不免二害也舍己芸人致使本境之隄
一概廢弛三害也協夫不便因議協銀水利各官未
必清白自矢苞苴既入私橐上司無從稽查四害也
文牒紛紜彼此爭辨動需時日致悞修築之期五害
也而水利諸臣不肯毅然而去之者爲其利在于己
耳臣七年楚吏備悉此情誠有見荆安百姓之苦大
半由此臣查各州縣隄工多寡有七八十里者有一
二百里者惟荆門州屬地隄工纔十餘里耳該州向
有水利州同一員關廟一隄年年加幫是其耑責臣
在楚時見其一簣不施必俟其潰決而始告協于鄰
邑曠官廢事
朝廷亦何樂有此坐視成敗之人使之虛糜俸祿乎臣
請
皇上勅部永禁協濟之例使州縣各築汛地不得彼此
拔扯一有潰決照例處分庶免推諉其于兩郡之
國賦民命不無小補也



康熙二十年九月二十六日題十月初四日奉
旨該部確議具奏
工部議應請
勅下湖廣　督　撫逐一確查明白具題到日再議可
也奉
旨依議
附　巡撫都御史王復疏　該臣看得荆安田地依隄
爲保障遇有潰決渰没不止一州一縣歷有主協公
修但協修隔屬路遙夫役不無凍餒互相紛爭不無

貽誤此科臣有請禁扳協之條議部咨行臣逐查具
題再議遵行布政司確議詳稱荆屬隄工並未扳協
安屬安屬隄工嗣後俱照各州縣衛本汛各修各隄
不許協濟關廟一隄並未潰決日後應修亦應該州
修築等因前來臣查隄工扳協實爲民累似難拘執
成例所當據詳具
題請
勅部議照科臣條議各修各隄永禁協濟庶不致推諉
貽誤矣臣謹會同督臣董合詞具　題奉



旨該部知道
附工部復疏　該臣等查得先經吏科給事中臣王
條奏疏稱湖北荆安諸郡隄工使州縣各築汛地不
得彼此扳扯一有潰決照例處分庶免推諉至關廟
一隄荆門州水利州同必俟其潰決始告協於鄰邑
何樂有此坐觀成敗之人使之虛縻俸祿等因具
題臣部行湖廣督撫逐一確查明白具　題再議去
後今據湖廣巡撫王會同總督董疏稱除荆屬隄工
並未扳協不議外其安屬隄工嗣後俱照各州縣衛

各修各隄永禁協濟之例庶不致推諉貽誤等因具
題前來查荆安兩郡隄工該督撫既稱照各州縣
衛本汛照依科臣條議各修各隄永禁協濟庶不致
推諉貽誤等語應如該督撫所　題如有不肖官吏
借端科派等弊該督撫卽行　題參以憑從重議處
至關廟一隄既稱自順治十二年重修以後并無沖
決告協之處則荆門水利州同應無庸議者也奉
旨依議
沔陽黄里禁止協濟隄工碑記　楚之荆安兩郡介



江漢之間江流帶荆漢派繞安而江之東南過安屬
之沔陽漢之西支入荆之江陵監利是皆有分土矣
自隄工協濟之議行勢豪借以扳扯則主客易位而
多寡勞逸之分殊矣且有風馬牛之不相及而驅之
往役賦工者矣奸蠹因而牟利則徵派無藝而侵蝕
包攬之弊滋矣此舍已而營人彼安坐而計功文移
往來日月虛縻有辯爭之口卽有調停之術觸事增
長爲變百方病民虐鄰莫此爲甚此給諫王公禁止
協濟隄工之疏所爲兆民永賴者也公久爲潛令凡

水道之所經過提封之別境壤較若列肖其築防固圉興事勸功靡有盜處而協夫之議荆安兩屬東西交訌公每攘袂抗爭迫于權要未能猝奪已乃奉督院判安兩不相協之諭而其他之扳扯如故也荆門州沙洋之關廟隄僅十餘里在漢水之西于安之漢東各屬與遠而荆之江陵監利皆無當也昔年借口興陵外護扳害四及今江監舊派之隄工三分已不相協遂以其一分加于潛江一分有半倍加於沔已之所取纔得餘分之半耳各屬趍沙洋如拱王畿而



荆門之於各屬曾不得一舉畚鍤視漢東交協之困抑又甚矣既而公以考最晉列省垣痛念往事遂歷舉安屬協濟五害敷陳入　告而於荆門之扳協尤三致意焉隨奉　允覆勒爲明禁由是潛之民安而通郡各屬之民舉安在昔漢詔有云與我共治天下者其艮二千石乎蓋守令者親民之率也後世重內輕外視令長若傳舍日闕而已如公之痌瘝在念必欲使一夫無不獲而後已是眞能任天下之重者也昔之循吏以通溝洫障陂澤修隄防正經界爲首務然時過則已未有惓惓屢事後之思爲將來立善後經久之計以斯列於循吏又出召杜之選矣公之治潛一以實心行實政其作興文教則立傳經書院審丈量別里賦則置淸田册載之縣志他屬鮮能行之者今又有禁止協濟隄工之疏以甦積困公之德施溥矣沔人以釋沙洋重負感激尤倍於他屬將舉公疏合各上臺詳覆遵行禁諭鐫諸樂石以垂不朽里以沔人從諸紳衿之後竊喜而僭爲是言以記公名又曰陝西西安之郃陽人順治戊戌進士



康熙十九年五月李漢平灩江汊後灣張家湖蘇湖諸處齊潰六月新洲決衝嚙護城隄七月霪雨水驟漲北城崩陷五十丈東南二譙樓盡圮居民溺死者甚衆邑人朱士尊莫與先作水上謡蓋紀實也

邑人朱士尊水上謡并序　歲庚申歷夏如惔如熏五月杪漢水大漲李漢口爲奸民盜掘浸我東浦田廬嗣是馮夷益跋扈潛之上游爲新洲寺乃千里巨津之所注圩人不戒遂訇訇瀰漫城郭立圮人畜死者無算余巢居嗷嗷作水上謡紀之凡目之所擊身

之所歷與夫方言里語雜成十六絕用寄泗上釣叟莫與先進士別字之同病者　去年旱魃已非常泥淖翻成沆瀣漿浩浩儵從天上至卻嫌無禹有襄襄　六月凝寒敵暮秋彌旬霪雨作洪流不須河伯頻驅浪報道高原已蕩舟　民力民膏殊可憐無窮谿壑待金錢試看雨雪臨門日貴賣夫簽賤買田役夫以簽爲記潛夫派至七十餘萬工房鬻其强半　西成滿目赴東流易子析骸何日休一寸隄工一寸血祇將畫餅飼陽侯　旬日狂風海颶同一湖茅屋似浮艘家家露處無生計不獨騰蛇



是鄧通　諄諄綸綍飭河防莫遣其魚遍楚疆蟻穴有人曾祝網刀頭危蜜即爭嘗有庇盜決者民遂爭相決以致胥溺百雉惟將三版懸改逢井邑有誰憐人如屋鼠緣甍棟三日無炊血淚漣新洲隄決潛城圯人畜漂沒甚衆　一葉傳聞破浪來家家兕女哭聲哀貪生畏死須臾裏鎩羽籠中祇自裁越二日始有操舴艋入城渡人者　匿身風露敵炎蒸盡似千鈞墜一繩頹屋聲高魂九逝茫茫彼岸共誰登男婦悉穴椽而出伏屋頂者三日　百載譙樓似蜃樓一經紅日即全收可憐人作窮林鳥集向高樓葬海漉登樓避水者與樓俱

盡　連朝風雨夜鳴鼉公勿渡河公渡河骨葬蛟宮君莫怨幸從此地避催科里排渡河舟覆溺者甚衆　街頭滚滚捲洪波看盡城闉櫳櫸多編筏何人哀蟻命歎揚無計奈秋何有編筏市米者無地可置炊遙望鳴咽而已　幾年辛苦事花農余別字東浦花農　桃塢梅岡香正穠何事靈胥翻涸盡只餘臺砌夜喁喁　獨坐愁亭思悄然東流恨水已連天茫茫禾黍須臾盡忍看化血出龍淵用第五橋東流恨水皇陂岸北結愁亭之句　村村比屋素封居雞犬桑麻儘自如瀰漫一聲天地晦萬家煙火赴歸墟墊沒亘二百餘里死徙殆盡



五月南風擁怒濤厲民喙爪出山巢習流邪得三千士射卻翻雲倒岸蛟

邑人莫與先水上謠和韻　天吳憑怒驟非常申酉無從乞酒漿嶓冢荆山留禹跡曲防計左屢懷襄　其雨其雨夏兼秋洑澤犇於竹箭流蘆洑夜澤皆邑左右水旁地名遶邑東西南流經監利沔陽境入于江　月沜坙湖爲一壑秦人胥溺越人舟月沜吾鄉地名坙泥湖在監利一決而吾鄉廬墓蕩然水自南侵北故有秦越之歎　中泯棗處影相憐元叔何曾囊一錢女魃應龍仍歲降具區悔棰陸生田用天隨子事　潛流不任尾閭流萬壑

乘高怒未休計較改田無改邑何妨書社也稱侯新洲
寺決邑中岌岌遂用棄田保城之計掘白鶚灣水自沱浦南趨平豐壞田十萬畝　水弱盜
知火烈同城傾夜半兇呼艘白中水出難東走敗堞
封屍雜馬通七月十七夜霪雨如注水驟漲五六尺衝颷霾霧邑北城崩陷溺死者甚眾數
百年未有之變也　祇防民口莫川防顧役錢乾費井疆昨
夜陽侯惡作劇攀牆縛柂太郎當　漂蕩塡淤利害
懸誰歟私庇若爲憐庇決見石戸詩白頭遶老瘖吞檗浦上
愁吟淸且漣李漢口決石戸翁所居東浦田廬蕩析　宜莊瀟灑絕炎
蒸露井梧桐見玉繩但料螘封難料鼉小樓倉猝抱



書登宜莊石戸翁園名　隣父踏災匹馬來沉沙掩埋不勝
哀遺歸正色辭厨傳蠲賑文書勸速裁竟陵令君錢公至潛悉除
踏災諸舊例有宜報十二分之語且力諍申文稍緩云　海市曾傳蜃結樓築
華滿眼掉頭收何如萬井維魚夢平土爲淵岸作淲
旱愁鼕鼓樹靈鼉發帖繁於瓠子河夫發見石戸詩流冗
轉多徭轉亟邑逃戸入官田計二十餘萬畝凡夫役悉攤入見存糧石兒憐隨毋
雉憐科隨兒科雉見丹鉛錄　賣犢操船試逐波給家鮮食飽
無多塋湖遂作歸墟地薺麥之茂將如何　陳椽焉
能學計然行藏由興不由天申申老婦無㫰歎便了

何由戀子淵　東園家弟亦花農積絲呆不恩桂欲穠
酤酒分甘讀樂府不殊津涸聚魚喁從弟名與頑東園其自號也貴
西僉事之翰季父園居竹樹罨窋水上爲余設安榻日哦誦其間　南村不見黃夫
子環堵皋比祇自如欲往決筮來歲美潦深泥滑阻
前墟沔陽黃天山先生名里字君晦易學最邃　翫儵狎鷺對晴濤敗屋
猶勝因樹巢願采汝南黃鵠語漢汝南翟氏陂興復事　不饑渴
虎與饑蛟

康熙二十六年郡同知鄭潤中檄潛水利主簿陳堯典
築棠林院隄二十餘里增築新豐月隄一百四十二



丈

康熙二十七年郡同知鄭潤中攝潛事督主簿陳堯典
增築黃獐鄭浦隄又於南城外元眞觀傍接泰豐垸
至通會門築禦水隄一百三十八丈修木到二以洩
繞城積水

康熙二十八年水溢潘家到護城隄漬倉舍民居圯

康熙三十二年河決鍾祥之新庵潛江楊林外九垸盡
沒

護城隄　潛江城東西北皆帶河惟南隅平臨原野

周環一隄袤延十餘里爲城障護其西北新洲寺朱家灣勢居襄河建瓴西南夜澤口白鸖灣趙家臺當入荆支流衝要北瀕水府廟河東距潘家到河南則與沱埠黄獐泰豐崔家垸共利害邑治地形低下每値漢水泛漲高與隄平偶失防守城堞浮洪濤巨浪中鄽肆傾圮漂流殆盡曩徵役於市半巨室紳士及豪猾胥吏要免者什之七赴工者皆編戸羸稚不習版築但挾畚掩土應故事而已欲不屢潰其何可得康熙二十九年劉侯煥來以城池倉庫文廟壇壝重



地政教之所由出乃合治内鄉區之役以捍一城計各垸地畝多寡差等投工除要免陋弊增築高厚猶人周身以手足衛頭目罔弗效力爲數年來始無潰決之虞

分區 鄉之有區辨以畛域之近遠别以疆井之方隅其大勢則界以河岸之南北東西南之不必及北東之不必及西土田各有攸屬斯利害各有攸關潛境以内沿河爲隄名曰邊江大隄隄内居民復畫疆各自爲築名曰各垸于隄河水横溢邊江一潰各内垸灌頂至踵縱欲自衛勢已不能有田在垸固當赴本垸之役尤當合同區之力以赴邊江大工如所居鬥庭不蔽風雨則必急先自葺未有坐視其傾而諉他人代爲者亦未有置已之害不防而預爲他人防之者境内之隄恒有利害絶不相及工房蠹胥借端倡派公協動輒估派夫宜用至數十萬名以恣行其買垸脱垸到工完工賣夫簽賣夫票之弊又且冒濫避役通同包免小民徒有力役之繁苛而終年無版築之實效更於各垸宜亟修築之處令其姑置以從公



協水大漲則顧此失彼同歸於潰甚至玩不加修希圖屢決屢築以爲奇貨當事者往往不察惑于工垸成例陷民悮 國爲害甚大劉侯煥立分區之法增修護城隄合邑通派不在分區之例凡有修築區分各垸惟令受害地方嚴汛隄修築之責其隔河隔隄利害無涉者永禁扳協於各區内計畝出役槩除免例以杜諉卸給册各垸因時核工俾小民各自爲急忘力役之苦享豐登之樂良法可垂遠久焉

附 分區總目

**沱埠區**沱埠垸直橫垸東雀家垸黃獐垸紅花垸外鄭浦垸平豔垸泰豐垸茭灣垸丁家垸古隄垸東湖垸白測垸陶和垸垸灣北耳垸**木頭區**木頭垸直橫垸西垸灣垸西范家垸東紅花垸西河汊垸虱祖垸**洪水區**洪水垸茭芭垸中務垸磚橋紅莊垸永豐垸長亭垸長湖垸范家垸西**義豐區**義豐垸荷湖垸仁和垸邋遢垸**河西上區**長老一垸長老二垸長老三垸長老四垸坦豐垸新豐垸栗林垸獐湖垸白洑垸清洋垸粱灘官洲黃景垸毛陶中洲雙家垸董家垸南湖垸社林垸**河西下區**官莊垸古埠垸沱埠中洲感林垸彭仲墈三台垸丁捲垸長泊垸蘆花北耳垸花藍垸陳王垸荷花漁池大小白湖淌湖垸**鄉林垸區**鄉林三岸龔家渠返灣垸**河北上區**楊



湖垸欒豐垸諸通口蝦子湖蒲潭垸吳家灣中洲嘴李文忽檢子湖三汊垸楊林垸郭文祥中泗垸克成垸新藍垸泥茯垸**河北下區**車墩垸唐家湖沙洄垸沿江垸汪二港中洲垸馬家垸楊洑垸太平垸計家垸小茯垸趙林垸**垸灣區**垸灣垸長溝垸夾洲垸團湖垸牛角垸牛埠垸東淌垸南東淌垸北蘇湖垸後灣垸上江汊垸下江汊垸垸灣東耳垸**河東黃漢區**黃漢上耳垸中垸中耳垸下耳垸柴林垸道仁垸

**其不列區內者為獨垸洲灘**各自修築不在赴工之例

**河東兩岸獨垸**在城馬猖垸董家灘何家套葛柘垸粱泗白水垸涅泥湖張家湖雙鳳垸羅揚垸沙磯長河**河南獨垸**沙窩垸楊林柑子垸

官湖方灘邊江垸紅花垸東涂家洲**河西獨垸**上光澤洲下光澤洲新豐外垸永靖洲田家洲棠梨垸七里垸**河北獨垸**顏家灘彭灘小觀垸

請將潛境仙人古隄照荊門州一例動項興修稟

各憲啟　乾隆十七年七月　邑令杜汝愚

竊查漢水自嶓塚發源歷襄郢而下至荊門沙洋地踞上游水勢橫激安屬之荊門潛江沔陽荊屬之江陵監利皆仰納於下秋伏二汛洶湧漫溢害不可言是以前朝合五邑之民力協建邊江一隄自關廟起至與潛江接壤之蕭家灣止隄長二十里濱江受擊



口盐刷削險不可恃於是又於隄內自新城毛家潭起至朱家橫隄止另築內隄一道長二千七百餘丈包羅外隄諸險誠為五邑民生之利嗣因荊不協安繼又安不協安且荊門之民又山不協湖以三十里歲修之大工止委諸近隄有限之居民力不能支而斯隄廢矣迨乾隆七年外隄鄭家潭潰口害及五邑前　制憲孫親臨查勘相視形勢以為非修復古隄不足以資捍禦　奏請動項興修在案緣工程浩大未及興舉歷任　大憲或暫修補外隄或仍飭興復

仙人古隄總無非防關廟以下外隄之險以保護五
邑之田廬民命非爲潛江而設亦非爲荆門而設也
今蒙　上憲念切民瘼仍飭照案動項修復古隄實
爲一勞永逸之計經荆門州舒牧查估自新城毛家
潭起至何家巷大樹止長二千一百五十六丈動項
興修其自何家巷大樹以下至朱家橫隄止長四百
九十八丈飭令潛江近隄居民按田役土修築職敢
不凜遵督辦嚴飭速就惟是同屬一隄同爲赤子而
有動項役民之分愚氓無知終懷覬望且舒牧領帑



興工剋期告竣易於爲力潛民枵腹從事督率雖勤
鞭扑難加若欲勒限與荆門一律告竣挨諸民力實
勢有所不能若聽其從容率作不能與荆門一起成
功恐來年二汛泛漲設有不虞則全隄皆潰以二萬
七千之帑金因惜此四百餘丈之工以致前功盡廢
實非萬全之道蓋附近此隄潛民止十八垸田少賦
微兼之連歲收成未豐民力艱窘且現在歲修工程
孔亟再令急趨大工民力難堪職目擊情形再三籌
畫惟有仰懇　憲恩俯念同此百姓同係一隄一視
同仁飭令自何家巷大樹以下至朱家橫隄一體估
報動項全修不惟潛民免向隅之泣而最要險工得
以同時報竣保障無虞五邑民人莫不共慶安瀾頂
戴千秋矣再自何家巷大樹以下隄塍既經動帑興
築而以後歲修應專責之附近各垸業民照歲修之
例每年九月查估應修之處業民照田派土協修該
水利官照例督率以垂永久職爲民生險工起見不
揣冒昧據實稟陳伏惟慈照

重修沙窩垸騎馬隄碑記　　署邑令　曹　鑾



環潛皆水也隄爲障其東沙窩垸騎馬隄尤要民之
廢且久歲庚午余奉檄勘隄入境艤舟蘆洑登岸憑
眺悚然曰此天塹也未幾余代潛篆以重修請於
大中丞唐公　觀察李公　太守張公　司馬黃公
許之經始於乾隆十六年二月癸未以本年三月乙
丑訖工長一千四百丈面寬一丈腳濶六丈捶以碓
容以杵護受湍處以木石縻銅錢九十萬有奇出民
樂輸董其事孝廉鄧師虞國學王文炳楊應國庠生
鄭擅釆彭光烈相與勞勸孝廉張肇元國學余士毓

鄭克揚庠生劉心元鄭宏焯調度其間者少尹山陰景文王公也既成河以下三十有八垸城以內二千有百戶扶老攜幼額首相慶曰今而後皆墊其庶幾免乎潛使者顧而樂之於是援筆而爲之記

修築沙窩騎馬大月隄碑記　　邑令　杜汝愚

潛邑城北十五里有地名沙窩三面距水懸如孤嶼其西北瀕江古騎馬一隄綿亘十里勢扼漢流障水東之綏入縣河凡坨埠等三十八垸之田廬與夫縣治之城郭倉庫胥恃以捍禦而無恐此其所關誠至



重也署任　曹知其要害詳請派費加修甚利賴焉歲癸酉季秋之初漢水氾溢潛境沙窩隄塍衝嚙崩潰數百丈並他垸決口凡七處被災者四十餘垸維時譁呼塞道告災請協了無虛日迨半月後大水方退而急議修築則沙窩之役誠首宜亟亟矣無如工程浩繁非尋常堵塞可比且任大責重必得端方諳練輩共勤厥事庶保盡善

各憲念切民依檄催如雨予亟蒿目躊躇間適各垸士民楊明濬等合議呈請照舊於利害相關之三十八垸起費募夫並公舉紳士鄧師虞鄭擅釆涂廷桂楊應國歐陽錫勇等督理議頗妥協實獲我心但區內如仁和荷湖邋遢義豐四垸同時被災本垸大工甚多民力難支因議暫緩其費惟向坨埠下耳垸灣黃中等三十四垸按田議費每畝派錢二十一文通計徵錢三千八百串有零詳明

各憲擇期於冬月初六日告土興工彼時民情踴躍輸納爭先而紳士鄭擅釆等栖宿工所晝夜督催罔辭勞怨予與少尹王君亦不時循行勞來其間自冬



徂春閱四月而工乃竣自黃獐隔隄起至雷家水埠頭止計隄長九百八十弓一望宏整屹如山立前之汪洋巨壑狂濤怒號者今則我疆我里而繡錯如故矣人物熙熙咸歌樂土

制憲開　道憲李　府憲張親臨閱視深爲嘉嘆顧予而言曰美哉磐石之固允堪資保障而全賦命顧五紳士之始終勤勞諸垸士民之急公趨義不可不勒石誌獎以爲後來者勸予竊惟巨浸稽天自昔爲患坊庸表畷古禮所垂予不德忝任茲土不能弭變

防災以致重困吾民而猶幸斯役之付託得人令不
煩而功大集也因承
各憲之命遂濡墨而叙其梗槩如此云

新築沙窩大月隄告成紀事三十四韻

邑庠生　朱　撫

禦坎重隄防修築有成軌潛邑本澤國隄防尤急倚
從昔賢令來誰弗事於此癸酉九月秋浩浩浮天水
疊漲不肯休人力難爲耳天意災斯氓沙窩失堅壘
沙窩抵漢流要害關諸里　杜母號能仁宰潛歌樂



只當此心愴然水落彌難已賑恤周窮鄉處處春風
起臨隄屢徘徊重築方爲美工程苦浩繁一人難爲
理　河丞王公賢勷事力不委遍召邑士民琴堂同
議擬議築詳文申捐費傭夫使卜日工役與糾督煩
五士五士吾知之行已素有恥仰體　使君心日夜
勤揮指分段責夫頭爭先各奮已撥沙豈徒然試錐
艮有以執鍤與擔虆紛紛無停止鞭杵間飛礮耶許
喧遐邇鼛鼓豈能勝庶民來若子看看累如山頂凸
平於砥　諸憲考成功畫舸後先艤休哉推
顧之而色喜周詳勘視明僉曰斯可矣既高而且堅
永爲吾邑祉從茲慶安瀾農夫快耘耔百世障波濤
矗矗江之沚要知此舉艱心力竭終始　撫　也村落儒
湛恩身亦被未効胼胝勞徒茲汗流泚願言恭紀之
並待垂青史

論曰漢水出山悍疾雷犇轂轉汗漫無垠自襄陽大
隄而下蜿蜒千里漢以後歷代增築兩岸原田即禹
治水故道也潛江適當其委境內長隄數百里頻困
春築尺寸不堅民其爲魚流移逃亡繼之賦且無措



垸編圩頭大者三四人小者一二人設水利主簿專
治其事與水爭地不勝增庳倍薄之勞其間隄防匪
一處歲潰築無寧日浸淫流弊議派議協包折濫免
圖飽私橐貽害無窮康熙二十年前邑侯給諫王公
又旦　特疏條禁協濟著爲令甲大害永除顧治水
之道疏與築不可偏廢但議築而不議疏一綫長隄
障千里之溯湃欲其萬全得乎下洩則上無橫溢支
分則流必平緩川壅而潰理勢固然明嘉靖元年敖
公銑奏開皇莊淤洲新河潛民以恩名江三十六年

沙洋決於西而大河以北爲樂土隆慶元年築沙洋
夜汊旋決北岸盡爲淵海而河西轉成膏沃四年梁
侯棟開小河於梁家灣萬歷二年中丞趙公賢疏請
濬開泗港舊河是時又有永鎮決於上以殺洪流潛
雖免漂沒之禍各垸之此築彼潰猶且無歲無之迫
泗港永鎮繼塞水勢衝激莫禦王侯念祖邑人歐陽
東鳳議疏泗港不果厥後潰決之害不可勝紀
本朝康熙五年濬通順河導水由沔之黃荆口仙桃鎮
出江此雖與水爭下流孤城猶得暫保至十一年班



家灣大決沔人因以爲利堅止不築蕩我城垣數百
年縣治僅存西南半隅矣爲河防之說者疏之爲策
既未敢輕議不得已而爲苟且補苴之計邑有賢侯
革一切陋弊行分區畫守之法嚴加修築聊以固吾
圉滄桑迭更盡人事以俟之安在今湮淤而病淪漂
者不轉而成甌窶汙邪之沃壤今沈溺而宅蛟鼉者
不轉而表疆里以生齒一方乎因時勢以善治法致
往蹟以收新效任人尤其要已

# 六秩官選舉

# 潛江縣志卷之十一

知縣事劉　煥纂修

知縣事史致謨續刊

## 秩官志上

知縣題名　縣丞題名　主簿題名
典史題名　驛丞題名　教諭題名
訓導題名　訓術　訓科　僧會道會

先王建邦分職疆域人民惟官是守禮樂教化惟官是司作君作師凡以為民也周制四百里為縣縣有正以掌其政令而賞罰之曰宰曰尹曰令曰長曰公曰大夫制殊而職則一春秋時上大夫受縣綦重矣晉制大縣



令有治績報以大郡不經宰縣不得入為臺郎宋初以朝臣知縣事除監察御史必兩任縣令乃膺選豈非以制使郡守董成於上佐貳守領式範於下為甸宣為表帥得其人則民賴以生不得其人則漏脯療饑鴆酯解渴而已乎邑之有丞不常置漢多以本部人為之晉以後無丞至唐乃有專官亦因時為制爾主簿則令長得自調用其由銓除以為品官自唐高宗始明制令簿尉悉如開寶制漢尉大縣二小縣一並四百石黃綬大冠主追捕盜賊伺察奸邪與令丞並重梅南昌孟溧陽陸渭南曾居之唐用士人宋亦間差使臣後沿猥途遂委之韎韐之隸矣明初改典史去尉名而職之所司則仍如古若乃師儒博士漢已置科魏晉以下郡國文學即博士助教之職慶歷以後州郡置學又置教授三年一任以經術行義訓導諸生掌其課試之事而糾正不如規者元世祖置州縣儒學官教授諸秩外復有山長院長之屬明初因之立法益詳期於士之行修德成而可以為世用以勿負朝廷崇儒之典若僧營一瑣為進身之階覷講堂齋舍為養老之地模不模而範不範詎先



王設官初意哉潛建縣以來其在宋元未經播遷時邑乘散亡失記延祐後長吏而下若丞若簿若尉若師儒姓名里爵可考而知也其間之不負厥職功德在民不能忘者傳之僅得若而人餘但書涖事之前後而已先以題名嗣列宦蹟景循良者開卷瞭然焉作秩官志

### 官制

知縣一員　知縣事始於宋以京官知縣事治民政凡事皆掌之潛設知縣自宋乾德三年治元初知縣用蒙古人曰達魯花赤達魯花赤猶華言總管也元貞後間用漢人又縣尹一員號為司判正官兼勸農事明則設知縣一員　今因之

縣丞一員 明嘉靖十三年裁

主簿一員 順治元年裁順治十三年以典史不能兼攝水利復置主簿

按主簿之設專司隄防邑之民命繫焉前倅之見長者寡矣豈無留心民瘼矢公興築之賢者固潛囿於金湯不負水利命官之意者乎

典史一員

白洑驛驛丞一員 明萬歷七年裁

按白洑水驛舊有專官唐大中間置征科巡院于白洑屬荆南節度水陸要衝其來已久明隆萬間承平日久驛站無譁故於萬歷七年裁革驛丞復撥豐樂石城郢東三驛協濟馬匹驛站水夫

本朝初年兵燹未靖三驛道阻荆郢駐師衡寶坐鎮吏戍之卒漁點之使轄轂連騎悉出潛境邑遂應接不暇矣縣令奔走不遑驛站凋瘵難起順治十七年康熙三四年里老籲請復驛丞還協濟不果蓋屬職雖微所係頗重焉

儒學教諭一員

訓導二員 明崇禎初裁一員

本朝康熙四年全裁康熙十六年復設一員

陰陽學訓術醫學訓科僧會司僧會道會司道會各一員

明嘉隆以來陰陽醫學並其地失之萬歷二十八年知縣潘之祥各擇地爲署復圮於水康熙三十二年知縣

劉煥重建



## 知縣題名

元

阮伯顏 延祐間任有傳

鄭文運 至正中任有傳

舊志以鄭文運爲宋人成化志載元人次阮伯顏後今考元青儒安惟懷德政碑作於至正七年內紀甲申之日乃至正四年當以元爲是

明

明正統間令潛江者舊志載陳敏政省志荆州府志俱作陳敏之今依舊志天順間潛江令呂文省志作吳文其誤無疑餘凡年籍無攷者今止存其名

史純一 洪武元年任祀名宦有傳

戴謙 洪武間任

張嚴 永樂中任

馬繼宗 洪熙元年任山西人

陳敏政 正統二年任進士浙江錢唐人

程翺 正統間任

王訓 正統間任

李楨 正統間任

李堅 景泰三年任舉人

徐　純景泰間任監生禹州人
李視遠景泰間任監生舞陽人
吕　文天順間任舉人延津人陞沔陽州知州有傳
汪　志成化六年任監生休寧人
蕭　纘成化間任舉人江西安福人
姚　紀成化間任監生桐廬人
周　相成化十三年任監生江西廬陵人
胡　璘成化十五年任進士濟陽人有傳
王顯宗成化間任舉人武功衛人



張　昺弘治二年任監生長洲人
史　華弘治十四年任監生渭南人祀名宦有傳
郭秉中正德二年任舉人眉州人
張作襄正德八年任舉人內江人善書
范　高正德間任監生無爲州人
莫　瑚正德十三年任舉人懷集人
敖　鉞嘉靖元年任舉人高安人祀名宦有傳
周　延嘉靖三年任進士江西吉水人祀名宦有傳
蕭廷達嘉靖六年任舉人潮陽人有傳



周洪範嘉靖九年任進士漢州人行取御史祀名宦有傳
高應經嘉靖十三年任舉人閩縣人
姚　普嘉靖十六年任舉人重慶人
許　鑑嘉靖十九年任舉人廣西人
黃學準嘉靖二十三年任舉人南海人有傳
夏　泗嘉靖二十九年任舉人大足人有傳
戴　綬嘉靖三十二年任舉人江西金谿人歷陞工部員外
侯　恩嘉靖三十五年任舉人壽州人
劉　圭嘉靖三十六年監生青州人



馮　鏜嘉靖三十八年任舉人武進人
揭思孔嘉靖四十一年任舉人餘姚人
蔣仕學嘉靖四十三年任舉人灌陽人
黎一龍隆慶元年任舉人貴州人
粱　棟隆慶三年任舉人四川銅梁人陞嘉興府同知
李之珍萬歷元年南御史調任進士什邡人
朱熙洽萬歷三年任進士崑山人歷陞貴州副使祀名宦有傳
趙之卿萬歷九年任貢士揚州人
王建中萬歷十一年任舉人歷陞大理府知府有傳

楊　銓 萬歷十六年任舉人酆都人
曹　珩 萬歷十八年任舉人石阡府人有傳
潘之祥 萬歷二十七年任進士婺源人有傳
曾可立 萬歷三十二年任舉人四川人
安尚禮 萬歷三十四年任舉人河南通許人
傅相殷 萬歷三十八年任任進士四川潼川人
王念祖 萬歷三十九年任進士江南武進人以讒謫調有傳
徐　熙 萬歷四十五年任舉人江西南昌人陞北監察御史祀名宦有傳
陳夢琉 天啟三年任進士山東蓬萊人陞南考功司員外有傳



李自問 天啟七年任舉人山西祁縣人陞鎮安州知州
文應時 崇禎四年任舉人廣西馬平人
王應元 崇禎六年任舉人江西東鄉人
冶孟鉉 崇禎七年任舉人四川銅梁人以憂去
唐士標 崇禎八年任舉人廣西全州人
羅萬象 崇禎十年任舉人江西南昌人陞南戶科給事中有傳
經應台 崇禎十五年任舉人廣西全州人

國朝

韓國璽 順治三年任舉人山東茌平人祀名宦有傳

柯賡昌 順治七年任進士福建晉江人陞禮部儀制司主事
葉臣遇 順治十三年任教習浙江臨海人
葉學元 康熙六年任貢士福建順昌人有傳
王又旦 康熙七年任進士以推官改授陝西郃陽人行取吏科給事中歷戶科都給事有傳
周元愷 康熙十三年任監生正黃旗遼東人
韓可興 康熙十七年任太僕寺七品筆帖式正黃旗遼東人
張思俊 康熙二十年任監生鑲藍旗奉天遼陽州人
林晉臣 康熙二十五年任監生江南武進人
楊光訓 康熙二十八年任舉人陝西長安人



劉　煥 康熙二十九年任監生陝西清澗人

## 縣丞題名

明

沈彥深　洪武元年任

沈罕傑　洪武間任

游謹　永樂間任

賈艮輔　洪熙間任

堯輔　正德五年任

包偉　正德間任監生武進人

蕭彥魁　正德間任監生四川邛縣人



李鏞　正德間任監生浙江太平人

張聰　景泰間任監生河南汝州人

黃南輜　景泰間任監生四川富順人

李海海　景泰間任監生泗州人

徐節　天順間任監生越焦衛人

戴清　天順間任監生臨安衛人

王丞　成化間任

趙瑞　成化間任

米世榮　成化間任吏員平原人

姚玉　成化間任監生大名縣人

李敬中　成化間任監生

胡鑾　成化間任監生桂林人

蔡黃　嘉靖間任

楊裕光　嘉靖九年任陞白河縣知縣馬湖人

丁璋　嘉靖間任

朱邦宜　嘉靖間任

## 主簿題名



錢貞　洪武元年任

孫怡　洪武間任

方潮　洪武間任

徐禮　洪武間任

曾振　正統五年任江西泰和人

張和　正統間任監生淮安人

胡烈　正統間任吏員江西南昌人

陜通　正統間任監生五台人

景思齊　景泰三年任監生五泉人

范　侁景泰間任監生姚皐人

吕　謙景泰間任霍邱人

楊　善天順間任監生武進人

黄　忠天順間任吏員龍溪人

鄭　杰成化三年任監生閩中人

汪文炳成化間任監生婺源人

戴　璧成化間任監生德化人

劉止常成化間任監生德陽人

劉秉學成化十三年任吏員江安人



盧時中成化十五年任平南人

凌　霄成化間任監生泰興人

嚴　鰲弘治八年任監生慶符人

王芝蘭弘治十四年任吏員四川人

張　錄嘉靖間任監生四川人

朱　魁嘉靖間任

王友潤嘉靖間任

董　智嘉靖間任監生浙江人

史成甫嘉靖間任監生浙江人

李　璧嘉靖間任　四川人

王上元嘉靖間任　山西人

鮑世用嘉靖間任　江西人

馮　濂嘉靖間任監生雲南趙州人

毛　珠嘉靖間任　沐陽人

陳　忠嘉靖三十七年任吏員達州人

姚　苣隆慶元年任監生浙江山陰人

周　誥隆慶四年任監生延津人

李遇陽萬歷二年任監生石泉人



劉　鵾萬歷五年任監生河南新野人

張尙忠萬歷十一年任監生郭城人

顔　正萬歷十三年任貢士梓潼人

魏　泉萬歷十五年任吏員漳浦人

谷　鎰萬歷十八年任吏員臨川人

于國佐萬歷二十年任貢士潋江人

何　湖萬歷間任　順慶人

喻守愚萬歷間任　定遠人陞莊浪衞經歷

曹　懋萬歷間任選貢江南歙縣人

葉德魁萬歷間任　晉潤人
李承謨天啓元年任　江南婺源人
劉吉士天啓四年任　河南密縣人
翁繼常天啓六年任　福建莆田人
薛所愛崇禎元年任　廣東人
喻光憲崇禎六年任　浙江山陰人
徐泰弘崇禎間任　浙江龍游人
裘應時崇禎間任　直隸遷安人

國朝



趙沫順治十四年任貢士江南常熟人
白濱怡順治十六年任吏員陝西清澗人
張漢康熙元年任吏員直隸宛平人
孫再振康熙十二年任吏員江南石埭人
黃玉奇康熙十七年任吏員陝西耀州人
陳堯典康熙二十五年任吏員山東濱州人奉職[illegible]慎尤悉心隄防潛民稱之在任八年以病[illegible]
劉麟趾康熙三十三年以臺灣府鳳山縣典史[illegible]能薦陞任吏員山東濟寧州人

## 典史題名

明

陳崇洪武間任
侯爵洪武間任
璩福永樂間任
陸渺洪熙間任
王用正統五年任
陳訓正統間任
佘清正統間任吏員鉅鹿人
董宣正統間任監生蒲江人
徐敏政景泰間任潛山人



田驄景泰間任監生高密人
張京天順三年任江西臨川人
林福天順間任福建莆田人
龔諤天順間任江西南昌人
歐鳳成化六年任藤縣人
姚臻成化間任浙江山陰人
田自重成化間任金堂人
陳昇成化間任江西豐城人
尹慶成化間任墊江人

石　珍成化間任江南臨川人
王　翰弘治間任四川巴縣人
栗解旺弘治間任融縣人
陳　表嘉靖間任四川人
劉時仁嘉靖間任四川人
宋　國嘉靖間任四川人
熊　侃嘉靖三十四年任四川人
毛　厚嘉靖間任鄞鄉人
王宗傳嘉靖四十三年任六安人



任思賢隆慶三年任會稽人
應　橲萬歷三年任鄞縣人
費懋光萬歷九年任龍游人
楊　楷萬歷十一年任江西臨川人
葉　勝萬歷間任祁門人
高　科萬歷十七年任江南蕪湖人
馮明世萬歷二十年任江南滁州人
鮑　漢萬歷二十一年任江南池州人
劉啟業萬歷二十六年任四川彭縣人

金守仁萬歷間任餘姚人
顧承都萬歷間任江南華亭人
林大潤萬歷間任福建莆田人
林春寧萬歷間任福建人
高登庸萬歷間任
姚佳賓天啟間任山西人
周學懋天啟間任江西泰和人
趙應梓崇禎間任浙江人
傅國相崇禎間任江西吉安人



詹希聖崇禎十三年任吏員北京人有傳

國朝

張之英順治三年任浙江海寧人
陳階升順治六年任蘇州長州人
陳三先順治十三年任浙江定海人
錢國昌康熙元年任吏員順天宛平人勤於辦事才亦足以濟之旋以憂去
魏應韶康熙八年任吏員直隸栢鄉人
王之傑康熙十九年任吏員山西澤州人
解天澄康熙二十六年任吏員直隸滄州人

郭嘉瑢康熙二十九年任吏員河南安陽人

驛丞題名年籍多缺不可考依舊志第書之

明

方　熊莆田人承差

胡　洪宜賓人承差

郎　進彰德人承差

楊永鑑西充人承差

王　佐南昌人

李星中樂昌人



張　關

鄭好學胙城人

董　浩代州人

趙　愷咸陽人吏員

倪　　聞縣人

孟　瓚寧陽人

楊　濬江安人

吳　寶商河人

陳　榮江寧人

薛承恩宜山人

曹福壽揚州人

鄒子賢江寧人

傅　寧麻城人

許　御金壇人

教諭題名

元

楊磬濱儒學草創之始

李惟中



明

吳必聞舉人貴池人

萬時傳儒士南昌人

陳　昂舉人上海人

魏克潤舉人上虞人

朱　慶舉人豐城人

詹士本監生建德人

王　禎舉人江西安福人

曾　愷儒士江西泰和人

方崇年 莆田人
莫　魯 舉人靈川人
葉　復 監生同安人
汪朝宗 監生安福人
周　艮 監生德清人
張　諒 舉人高安縣人有傳
蕭　斌 成化十五年任舉人江西泰和人
崔　崟 弘治七年任舉人江西豐城人有傳
劉　佐 弘治十七年任舉人四川巴縣人有傳
尹　元 正德十三年任監生烏程人有傳



任艮幹 嘉靖九年任舉人桂林人祀名宦有傳
歐陽國光 嘉靖間任貢士彭澤人
陳　倫 嘉靖二十三年任貢士同安人有傳
譚世美 嘉靖二十九年任舉人金州人陞知縣
郭　宏 嘉靖三十五年任貢士宣城人
涂　堅 嘉靖三十六年任貢士邵武人
蘇希章 嘉靖三十八年任貢士保寧人
趙澤桂 嘉靖四十年任貢士瀘州人有傳

陽孝通 嘉靖四十五年任貢士瑞昌人
羅汝卿 隆慶三年任貢士松藩衛人有傳
唐延燦 隆慶五年任舉人全州人陞知縣
鄭　价 萬曆元年任貢士簡州人
黎　奇 萬曆五年任貢士興業人
金　桂 萬曆七年任貢士江西廬陵人
戴　容 萬曆十二年任貢士南陵人陞撫州府教授
冉舜智 萬曆十五年任大寧人陞貴州宣慰教授
鄭元龍 萬曆十九年任舉人南漳人陞浮山知縣
賀延洲 萬曆二十一年任貢士江夏人陞靖州學正



林　澍 萬曆二十五年任貢士施州衛人
朱鳳儀 萬曆二十六年任貢士永昌人
張世孚 萬曆間任貢士石首人
吳士奇 萬曆間任
熊泰亨 萬曆間任貢士歸州人
王大猷 萬曆間任舉人安福人
張以忠 天啟間任貢士河南人
文希俊 崇禎間任舉人公安人

蔣時盛崇禎間任貢士廣西柳州人
徐振民崇禎間任貢士江南鳳陽人
文可紀崇禎間任舉人江西豐城人
國朝
王多驥順治元年任
金先聲順治三年任貢士江陵人
方師誨順治七年任舉人興國州人中壬辰進士
駱驌順治十三年任舉人蘄水人陞富川知縣
馮雲傳康熙四年任舉人黄岡人陞國子監學錄歷戶部司務



余世羽康熙十六年任舉人黄岡人陞安陸府教授
劉在和康熙二十二年任舉人以知縣改授祁陽人卒於任有傳
王沂生康熙三十二年以平江訓導陞任貢士武陵人

## 訓導題名

明
陳瑄監生南海人
文祥舉人南溪人
張昂舉人德興人
邱達舉人大足人

康進宣德間任經明行修江西泰和人
孫寶宣德間任經明行修江西廬陵人
牟泰正統五年任江油人
張宗正統間任監生犍爲人
馮榮正統間任監生岍陽人
陸頤正統間任監生富陽人
趙奎景泰間任舉人彭縣人
王徽景泰間任監生江西安福人
郭尚景泰間任監生四川銅梁人



朱衍天順間任監生南昌人
劉宗周天順間任監生裕州人
郭鳳天順間任監生臨桂人
程艮杰天順間任舉人彭山人
黄南轍天順間任監生富順人有傳
費頤成化間任監生合州人
任全成化間任監生曲充人
田鳳成化間任監生睢陽人
周爵成化間任監生成都人

陳　芳成化間任舉人樂至人

葉　善成化十四年任監生樂平人有傳

陽　景成化十　年任監生湖口人

吳　英成化間任監生巴縣人

賈　通弘治間任監生新都人

王　昇弘治六年任監生眉州人

胡鍾英弘治八年任監生江西金谿人

鄒　儒弘治間任監生溫江人

何　裕嘉靖間任監生河南汝州人



張　相嘉靖十七年任貢士鉛山人

楊勉仁嘉靖十九年任貢士新津人

袁　奎嘉靖間任貢士涪州人

周　文嘉靖二十六年任貢士保寧人

達　綱嘉靖三十一年任貢士麗水人

劉　賢嘉靖三十三年任貢士簡州人

周文鵷嘉靖三十七年任貢士安仁人

趙重郎嘉靖四十一年任貢士禹州人

諸餘福嘉靖四十四年任貢士浙江錢唐人

王三槐嘉靖四十五任貢士江南丹徒人

張永昌隆慶二年任貢士蘭陽人

楊　忭隆慶五年任貢士酆都人

李嘉種萬曆元年任貢士海門人

周尚賢萬曆四年任貢士栢鄉人

盧　宸萬曆五年任貢士南海人

田萬井萬曆八年任貢士漢陽人陞廣昌教諭

蕭懋功萬曆十一年任貢士江夏人陞羅田教諭

李陽遂萬曆十四年任貢士桂東人



徐　采萬曆十六年任貢士開縣人

龔　縉萬曆十七年任貢士龍游人陞應山教諭

朱　紳萬曆間任貢士錦州人

左臣啟萬曆二十一年任貢士井陘人

孫應雷萬曆間任貢士清平人陞平和教諭

唐　仕萬曆二十六年任貢士九谿人

鄭　舉萬曆二十八年任貢士監利人

施有政萬曆間任貢士河南人

江　秩萬曆間任貢士安鄉人

熊應期萬歷間任貢士郢西人

李艮楫萬歷間任貢士雲夢人

唐鑑天啟間任貢士廣西海康人

劉彰卿崇禎間任貢士龍陽人

侯之屏崇禎間任貢士河南人

李敷賁崇禎間任貢士陝西鳳翔人

楊初泰崇禎間任貢士雲南人

李開先崇禎間任貢士雲南人

毛琚崇禎間任貢士石門人



王士龍崇禎間任貢士黃岡人

國朝

余象賢順治七年任貢士咸寧人

胡一鉉順治十年任貢士羅田人

王命新順治十三年任貢士九谿衛人

劉應環順治十三年任貢士房縣人

張文鏡康熙十六年任貢士江夏人陞武陵教諭

宋一俊康熙二十五年任貢士黃岡人

## 僧會

祖扁崇禎甲戌年　祖興崇禎戊寅年

嗣選崇禎壬午年　嗣造順治甲午年

嗣高順治丙申年　祖裔順治己亥年

嗣延順治庚子年　宗儒康熙乙巳年

嗣純康熙丙午年　嗣道康熙庚戌年

宗俊康熙丙辰年　宗韶康熙戊午年

慧祥康熙庚申年　宗演康熙丁卯年

慧琦康熙庚午年　慧熹康熙癸酉年



## 道會

王高科崇禎甲申年　楊元宗崇禎壬午年

林地澤順治丙申年　楊功庠順治戊子年

李功應順治庚子年　謝元明康熙壬寅年

劉地昌康熙丙午年　劉功倫康熙壬子年

王高詮康熙丙辰年　龔元旨康熙戊午年

董玅元康熙辛酉年　李元慈康熙癸亥年

魏玅珖康熙甲子年　朱高榜康熙丙寅年

隗高明康熙己巳年　彭儀俓康熙甲戌年

醫學訓科

萬國泰　天啟甲子年

夏逢時　崇禎乙亥年

萬天錫　順治乙酉年

萬天鑑　康熙癸卯年

夏　曉　康熙壬子年

陰陽訓術　缺



# 潛江縣志卷之十二

知縣事劉　煥纂修

知縣事史致謨續刊

## 秩官志下

知縣宦蹟傳　縣丞宦蹟傳　典史宦蹟傳　教諭訓導宦蹟傳

孟堅傳循吏言守而不及令蓋令之難難於守也至蔚宗乃亟稱卓茂魯恭惟親民之吏功德不能忘本輿論以託紀載自世常在耳目焉竊怪陳思之言曰後世誰相知者夫緯惜而知嫠婦名徇而識烈士豈征南登峴之涕沈碑之舉遂謂後世竟無相知可乎嘗從父老口



仁賢遺澤如稱其祖考美斯愛斯傳要皆原於奉法循理之指令民無遺訾將歷久無窮也前代大賢過化時移事改美政無徵故宰闕弗書其蹟載舊志者備錄之

### 知縣宦蹟傳

元

阮伯顏

阮伯顏延祐間為潛江令為政有方立學造士學自至元癸巳隨縣遷建至伯顏時三十餘年已傾圮伯顏能

復建之

鄭文遲

鄭文遲至正間知潛江公正廉明能導揚風化撫字黎元迎事而決獄無留滯既去民立碑頌之耆儒安惟懷撰記記載藝文志下二傳見一統志

明

史純一

史純一洪武初除舊志稱其有幹才邑當兵燹凋殘之後官署學校與壇壝祠廟皆所創建草昧更革時而能



如此可以知其志矣萬歷初祀名宦

陳敏政

陳敏政錢塘人第進士正統二年除知潛江處已儉約臨政寬和尤篤意學校仕至南康知府

呂文

呂文延津人天順三年以舉人知縣事秉公勵勤臨政嚴衛吏民信服陞沔陽州知州

胡璘

胡璘濟陽人進士成化間授監察御史調知潛江廉以律已公以治事立冰玉堂以自勵去之日如始至焉

史華

史華渭南人監生弘治間除勸課農桑葺理學校諸所廢墜罔不振興尤敬神恤民誠意篤志一時訟簡盜息號稱治邑九載致仕去人追思不置萬歷初祀名宦

敖鉞

敖鉞字秉之高安人嘉靖初以舉人除果敢任事甫蒞潛治大水爲災鉞疏于朝得免民租之半疏載藝文志又疏開新河以殺邑治水疏載河防志號曰恩江邑有强横者力



爲芟夷民甚快之至今感思祀名宦

周延

周延字南喬吉水人進士嘉靖三年知潛江守嚴而吏畏會大水賦逋特疏于朝疏載藝文志得賜蠲免未幾以才調繁民遮留不得立祠祀之

蕭廷達

蕭廷達潮陽人舉人嘉靖六年知縣事平易近民政尙寬簡築石磯以固縣治置學租以厚生儒敎民禮讓囂譁寖衰云邑俗爲之一變

黃學準

黃學準南海人嘉靖中任文學飭治愷悌宅心政尚恬夷閭閻帖席莅潛六年去之日橐餧蕭然清風高節歷今士民猶能頌之

夏泗

夏泗大足人舉人性爽直遇事敢爲有利便于民者卽議行之雖抗忤當道不計也尤雅意作士歲凡數校商権討論一如父師又時覘其勤惰而進退之自是士爭向學壬子以來科目滋盛矣今學宫齋堂多所創建云



朱熙洽

朱熙洽字鴻甫別字明山崑山人進士萬歷三年除清惠彊直求民之瘼雖禍告無所怵而能大剏革以必伸其志潛固漢委大患莫若水水數變而賦亦畸輕畸重公毅然以清田請于上豪猾數撓之法卒行無敢尺寸隱者其賦役率取高下均爲一則雖滄桑屢變而裒益相權自然平準潛舊無城熙洽始創爲百雉泯諸勞怨浹歲而功成二者皆非常之原潛百世之利也累遷貴州按察司副使祀名宦 公清田自記載輿地志修城記載建置志

論曰朱崑山沒八十餘年康熙乙巳潛人思公功德復建特祠祀公於忠義廟左是時令潛者爲臨海葉虐焰正熾邑久苦荼毒憚其暴狠詐惟動以令名庶幾感發改轍稍戢殘喘以緩須臾之死因奉臨海配崑山大署其門曰崑山朱公臨海葉公合祠吁其用意苦矣夫吏治若臨海乃與崑山同尸祝豈非安石可以駕顏孟魏璫之生祠可以列成均亦何異於馮道之謚文懿秦檜之謚忠獻耶今猶崑山臨海并祀祠宇巋然不表而釐正之則崇報之義有不可憑者



矣朱崑山之孫曰爍舉前壬子孝廉仕至叅政元孫而錡康熙壬戌第進士今爲臨淄令以異等行取待試食報如此安見循吏之必不可爲乎

王建中

王建中上饒人舉人性沉毅寡言無赫赫之威有恂恂之政左右無所私寄遇事緣情據法屹然不可動故強畏弱懷史稱德讓廉平君子于建中再見之

潘之祥

潘之祥字伯和婺原人進士萬歷二十八年除下車之

初稅璫煽焰邑里騷然之祥括贖應之暴益甚民將不堪之祥縛不逞數人投之陽侯之波羣兇歛跡涖任四年均徭役理學校修邑乘建浮梁掩遺骼有保釐之實無更張之擾循聲著聞以徵召去越數年後令安尙禮紀其績而勒諸石

王念祖

王念祖字孝先武進人初第進士同年咸有清華之想念祖曰余志在令聞者頷之退謂人曰余尙無子爲官可以種德有如令者哉一意爲民冥必報焉萬歷三十



九年任潛後果生一子小字曰郢昭其報也潛大患在水地又多盜念祖嚴毅明辯凡有利于民者必竭力以圖至侮豪紳意開古河禽巨盜皆大有造於潛者而卒以受過民咸以爲寃邑徵君張承宇贈行詩有躬還吳下名還楚罪在官中功在民之句可以知循吏之概已開河議諸篇載河防志

徐　熙

徐熙字文穆南昌人舉人治潛五載清慎有爲難者易劇者簡殷阜之風實熙爲政基之擢北京監察御史祀

名宦

曹　珩

曹珩字佩廷石阡人舉人萬歷十八年除賦役有法聽斷精敏士民信而安之作守官箴勒石于迎賓館之廣益堂眞可爲作吏之範焉

陳夢琉

陳夢琉字充孟蓬萊人進士天啟三年令其先世爲尙書廸卿靖難時斷舌不屈者也琉爲政尙簡易視民所安而爲之處度甲子分校楚闈一時名宿如夏雲鼎曹景參輩皆出其門後遷南京考功司員外郎邑人爲立



祠勒石以志之厥後水嚙祠碑無存者康熙丙午其受知士莫若玉更建祠于元眞觀左

羅萬象

羅萬象字仞庵南昌人舉人崇禎十年除下車試士所拔盡名宿蒞政之暇卽葛巾野服分韻賦詩藹然師弟一堂士論咸歸之會邑大祲饑民聚眾相奪勢不可止萬象取巨魁周肖何孫貞宇二人立斬之揭竿以示餘黨皆雲鳥散大亂以定復建北關以固城圍創教場以

習騎射徵糧之法則立連環票三紙一存圖一應比一存執杜奸里包嚥之弊至今遵行焉擢南京戶科給事中

國朝

韓國璽

韓國璽字晴嵐茌平人順治三年以舉人除潛江令當定鼎之初驚鴻甫集禁旅大師疊至軍之所需難以億計國璽身當荼苦必不以無名之費取諸民故三年之內潛人不知兵恬澹樸躬簡易爲政雖屢遭上官挫辱



竟不改絃去之日行李半肩而已觀者無不感涕康熙三年從紳士父老請崇祀名宦蓋由後觀前其德更不可忘云

葉學元

葉學元字元長順昌人貢士康熙六年除是時民朘之後動輒肘見且胥吏因緣爲奸凡田賦版籍悉付祖蠹徵輸茫無可考學元一意休息持己廉慎甫數月有以非道干者拒稍峻遂啣之竟以誣去民遮道攀轅不能留然枉直已讞盛德終未可泯也

王又旦

王又旦字幼華別號黃湄郃陽人進士當授推官後例改爲縣性廉謹善治威儀與人接言笑一無所苟雖久侍莫能揣摩意向其爲政綜密而不苛慈惠而善斷凡施行必期永利先是潛江有甲首之禍逋逃幾盡歲復倍征以償逃且日踵而行之弊將安極始至下令盡蠲積逋詳請清田先期爲文告於隍祠規畝均賦期月內歸者接踵墾田二十餘萬畝築長隄扞漢水決嚙衝寒觸暑必躬歷預治雖案牘倥傯呻嗶不廢尤工書最能



詩暇則延士大夫置酒聯吟恥同俗吏建傳經書院說詩臺操縵軒興起逢掖以禮讓居六年擢吏科給事中遷戶科都給事旦既爲言官卽疏湖北隄工協濟之害其盡心於所職雖去猶不忘其民也如是康熙甲子典廣東鄉試畢還京師以疾卒於官至今潛民思慕之

論曰春秋之衡人也或因所美以例惡或因所惡以例美例者擬而議之咸於其行事徵之也無徵而書匪誣則諛誣與諛烏可以傳信漢章帝詔曰俗吏矯飾外貌似是而非安靜之吏悃愊無華蓋以安靜爲

治雖無他畏亦始近之乃有祖鈞鉅以察淵魚嗜搏擊以問狐貍鈞奇衒采以著望頻釐數革以榜才爲察吏治者所賞識而艷後不知三代之直在於斯民惡之有不敢怨之勞愛之有不可諠之德自元迄今凡數百年大畧可數至若嗣薾絲而際盤錯轉危殆而措衽席顯名久遠者前有崑山後有郃陽洵匆媿歟

## 縣丞宦蹟傳

明



李鏞

李鏞太平人正統間以監生授潛丞舊志稱其奉公約己教民耕作雅意文事潛甚賴之迄今考其建戟門神厨神庫庫房有功學校築花封隄以禦水有功民社蓋一時之能吏也

## 典史宦蹟傳

明

詹希聖

詹希聖北京人崇禎十三年任謹敏有畧時百里內有盜魁黨甚熾人不敢問出沒三澨間商賈幾絕希聖乃同健丁數人行乞左右伺其便突擁盾入盜不及避遂就擒遠邇以靖民至今稱之

## 教諭訓導宦蹟傳

元

楊磬濱　李惟中

楊磬濱里居未詳至元三十年癸巳遷建縣於今治磬濱於治東創立儒學雖規制未備潛人駸駸知有文教矣後延祐六年己未李惟中同知縣阮伯顏修建禮殿



兩廡惟中爲之記二公其作師之始乎

明

趙奎　陳芳　任艮幹

趙奎四川彭縣人舉人景泰時訓導卒于京士哀之設像立祠以祀陳芳四川樂至人舉人成化時訓導卒于任士慕之立祠以祀任艮幹廣西臨桂人舉人嘉靖時教諭陞信陽州守祀名宦教思無窮澤所漸者遠也三公皆方直有雅望趙陳一卒于旅一卒于官邑士爲屋以祀之任則從祠名宦肅拜瞻依永無替矣

朱慶葉善崔崟

朱慶江西豐城人舉人宣德時教諭葉善江西樂平人監生成化時訓導崔崟江西豐城人舉人弘治時教諭三公俱出江右先後振鐸皆博學多識綜練經史朱以文章名世葉以詩賦擅場崔丁成化間纂修縣志潛江新遷後至是始有志焉

康進孫賓

康進江西太和人宣德時以經明行修授訓導孫賓江西廬陵人以經明行修授訓導二公皆宣宗朝辟舉淬



勵諸生能以身教士之重行誼自二公始

張諒黃南轍胡鍾英

張諒江西高安人舉人成化時教諭黃南轍四川富順人監生天順時訓導胡鍾英江西金谿人監生弘治時訓導成弘間儒學九年無科目者教官降調張以贍博之才一時交譽黃胡雖起家國學雅意經史課士以反躬實踐隆萬以來科名駸盛矣

程艮忝尹元陳倫

程艮忝四川彭山人舉人天順時訓導尹元浙江烏程人監生正德時教諭陳倫福建同安人貢士嘉靖時教諭三公皆以纖介之性磨世勵俗若陳倫之嚬笑不苟尤爲士所敬慕云

劉佐趙澤桂

劉佐四川巴縣人舉人弘治時教諭趙澤桂四川瀘州人貢士嘉靖時教諭書以廣聽知之術也世儒安其所習傖耳劉以尙書日授生徒而書乃有傳趙接諸士必多設問端反復窮理論難移日不休以老乞歸士大夫致把袂不忍別至今稱清溪先生



羅汝卿王士龍

羅汝卿四川松藩衛人貢士隆慶時教諭王士龍黃岡人貢士崇禎時訓導十室之邑必有忠信羅出衛士負異材嘗署邑篆卻暮餽金盡心舉職風裁著聞王則學行兼懋卓然不羣一時出其門者必首推行誼而文藝足錄者無取焉洵冰鑑也

國朝

方師誨

方師誨字忠能興國人舉人教諭矩步規行味道腴以

爲樂幾不知馬之幾足與諸生講論嘗曰晏不倦士鼓舞其教恒敬愛之順治壬辰成進士去

駱　驌

駱驌字伯超蘄水人舉人教諭與人以誠循循善誘於士之貧乏者周之其有值試期而抱重疾或遠遊未卽歸者皆曲意成就而不責其報陞富川令去至今憶成人之美者猶稱駱先生不置

劉在和

劉在和字發之永州祁陽人舉人例授縣令和喟然曰



欲正人心當先端士習請改署廣文康熙癸亥除潛江諭課士尙實行厭浮薄不責脡脯盛德克勤樂易有容癸酉以疾卒窮不能治任劉侯煥聘之其甥劉光漢始得扶櫬歸葬於乎廉以守已和以與人如先生者可以爲師矣

論曰士者民之表也士習端斯風俗正矣明隆萬之間士行質樸故立朝表建卓然一時先正典型具在也其後習俗移人以猖披爲曠達以悁忿爲意氣以傲睨淩轢爲高稚餘潤可藉何計枉於尋尺寸進可干何嫌由於徑竇間有敦倫篤行之子辭而辟之勿使投足揆厥所由當事亦有責焉古者教養合爲一官司徒之職卽統庠序漢唐制猶近古令長兼理學校至宋元學有專司而民事文教判然二矣易曰君子以教思無窮容保民無疆語曰經師易得人師難逢有民牧師保之任者挽卑靡之氣一變至道以身教者從詎不信然哉

# 潛江縣志卷之十三

知縣事劉　煥纂修

知縣事史致謨續刊

## 選舉志上 薦辟　進士　舉人　貢士

人文蔚起王國之楨歷古迄今上之取士不一途士之進身不一轍周官大司徒以鄉三物教萬民而賓興之王制命鄉論秀士升之司徒曰選士兩漢魏晉以來取士之法初攷之以里閈之毀譽復試之以曹掾之職業然後俾之入備王宫出階清顯其間德行之舉才能之



士豐功鉅筆獨行異等接踵輩出至于隋煬帝設科專以摛詞王安石貢舉始以專經上之命官所拔于銓曹者以資格爲升沈士之發軔悉由科目所挾以希榮進者詞章之末技而已其於古選賢與能之意寧復存乎明初制科未定人材類由薦辟既則歲貢多致通顯後始一其途于鄉會二科試以四子五經之蕤與其選者謂之中式事同射覆捷比呼盧蓋欲束天下之瓌材傑士而耗磨其悍黠之氣耳亦知科甲之外別類而區分焉有薦辟有歲貢有恩拔有例監有封廕有武職有吏道皆天子臣也譬諸梓材川輸嶽貢所由雖殊其裨于作室則一李德裕曰好驢馬不入行李杜豈必皆進士昌黎豈必待及第乎潛邑建置自宋舊隸荆嗣隸郢境內雖無名山巨鎮可表南服而潛水所匯逶迤百折或環或滙靈秀鍾于文物代不乏人科無關士名業懸炳彬彬然施于社稷側席有光焉考世類稽諸所登選者皆表著之他如漢唐以前王侯師相會志兩郡非一邑所專概不附列以蒙疑似獵美之誚作選舉志

### 薦辟題名



按漢制郡國舉士其目有三曰賢良方正曰孝廉曰博士弟子三者各自爲科目去鄉舉里選之義猶爲未遠明初蒲輪四出廣至二十四科取士之法視唐宋加詳蓋以求天下豪傑恢聖業而共治功俾閭巷之士爭自濯磨以求當于君相雖不無近於矯激好名不猶愈于後世之不好名而相習於空言貽譏者乎故志選舉首列薦辟焉

明

陳　庶 洪武十二年以經明行修舉任湖口縣縣丞 陞廬江縣知縣

初進忠洪武十七年以懷才抱德舉任衛輝府推官調沙縣知縣卒於任

杜應榮洪武二十四年以人材舉任宣城縣水陽驛丞陞永涪縣武羅縣巡檢卒於任

左輔成永樂初年以人材舉任湖州府大錢湖口巡檢

初　灝宣德七年以賢良方正舉任清河縣主簿致仕

張承宇崇禎十三年以賢良方正舉

## 進士題名

按唐李肇國史補曰進士爲時所尚久矣俊乂實在其中宋蘇軾有言爲士者知其身必達故自愛重而不肯爲非天下公望亦以鼎貴期之故相與愛惜成



就以待其用明洪武三年始下開科詔凡鄉試中者行省咨中書省判送禮部會試旋行停止既復革諸科而存進士科與鄉舉歲貢爲三途以並用會試中式天子御朝制策策之賜進士訖羣臣皆賀典至重也然上以詞章求而下之所習者以記誦勦襲應挾無以大相過之實而冒不可加之名朝廷設科至意將遂如是而已耶邑多聞人以進士顯者行業卓然代固不乏斯亦可謂勿媿科名矣

### 宋進士

畢　漸狀元祀鄉賢

### 元進士

林士淵舊志翰林學士

### 明進士

永樂二年甲申狀元曾棨榜

劉宗孔

宣德二年丁未狀元馬愉榜

章　瑛任行人陞戶部員外郎

天順元年丁丑狀元黎淳榜



張本濟歷任鳳翔知府

成化五年乙丑狀元張昇榜

嚴　賓歷任南廣西道御史

正德十二年丁丑狀元舒芬榜

廖　嗶任翰林院庶吉士

正德十六年辛巳狀元楊維聰榜

初　杲御史歷任雲南參政解元珍子舉賢良方正灝孫推官進忠曾孫祀鄉賢

嘉靖二十六年丁未狀元李春芳榜

張師載歷任巡撫都御史祀鄉賢

嘉靖三十二年癸丑狀元陳謹榜

郭　嵩歷任兵科給事貢士世朝子祀鄉賢

嘉靖三十五年丙辰狀元諸大綬榜

胡　鑰御史歷任廣東叅議知州拱明子祀鄉賢

嘉靖四十一年壬戌狀元申時行榜

隗邦衡歷任濟南知府贈工部郎滋子

隆慶二年戊辰狀元羅萬化榜

歐陽栢給事歷任雲南副使贈徵仕郎綸子祀鄉賢

隆慶五年辛未狀元張元忭榜



劉　垓歷任雲南提學僉事運同勳子

袁國臣給事歷任山東參政贈徵仕郎紀干臨桂知縣珣孫鉛山知縣允行曾孫祀鄉賢

萬歷十一年癸未狀元朱國祚榜

劉應同歷任漢中知府

萬歷十四年丙戌狀元唐文獻榜

劉道隆給事歷任通政使知縣緣曾孫舉人道盛兄祀鄉賢

萬歷十七年己丑狀元焦竑榜

李之皡歷任四川兵備道封戸部郎鳴子同知崇信孫

劉應鈳歷任太平嘉興二府知府

歐陽東鳳歷任兵備道廷推公廉卓異陞南太僕寺少卿副使栢姪祀鄉賢

柴　恪歷任兵部職方主事祀鄉賢

萬歷三十二年甲辰狀元楊守勤榜

樊王家歷任湖州知府陞川東道

萬歷四十一年癸丑狀元周延儒榜

何薦可歷任南廣東道御史祀鄉賢

萬歷四十四年丙辰狀元錢士升榜

許　都歷任山東叅議

天啟二年壬戌狀元文震孟榜



李師沆歷任吏部文選主事陞河南參議

天啟五年乙丑狀元余煌榜

劉若金歷任刑部尚書運同勳孫提學僉事垓姪祀鄉賢

崇禎元年戊辰狀元劉若宰榜

雷應乾歷任兗州知州

崇禎四年辛未狀元陳于泰榜

劉杜國歷任惠潮巡撫

崇禎十年丁丑狀元劉同升榜

歐陽烝歷任吏部文選主事

崇禎十六年癸未狀元楊廷鑑榜

劉肇國歷任國史院掌院學士祀鄉賢

國朝進士

順治四年丁亥狀元呂宮榜

朱士冲任國史院庶吉士封刑部郎宗望孫知府之玉訓導之瑚姪

順治六年己丑狀元劉子壯榜

劉　環任隴西知縣補金縣知縣知府應同姪孫

劉廣國歷任陝西漢羌道通判孫子通政道隆孫

順治九年壬辰狀元鄒忠倚榜



陳世第任西河知縣

順治十五年戊戌狀元孫承恩榜

向大觀任懷遠知縣

莫與先任高邑知縣

歐陽焯任樂安知縣

順治十六年己亥狀元徐元文榜

朱士達任常州府推官訓導之瑚子刑部郎宗望孫知府之玉姪

彭峻齡任龍川博平二縣知縣致仕歸里

鄒先民任館陶知縣

順治十八年辛丑狀元馬世俊榜

黃金鑲未仕卒

康熙九年庚戌狀元蔡啓傅榜

莫之翰任上高知縣以卓異陞泗州知州歷刑部河南司員外禮部儀制司郎中今任貴州貴西兵巡僉事

涂　銓任昌化知縣以行取補兵部督捕主事歷職方司員外戶部浙江司郎中今任山東東充兵巡僉事

方　來候補內閣中書未仕卒

## 鄉舉題名

按鄉大夫三年則大比考其德行道藝而興賢者能者周里選漢計偕近之明初制科無常洪武四年詔各行省連試三年自後三年一舉著爲式宣正以後漸定解額在郡邑自列曰貢士而人之美之則稱爲孝廉夫設之以至密之法與之以至美之名使其得與此者匪徒爲急官爵計耳顧名思義詎可忽歟

元舉人

歐陽權 舊志省舉第二至正中潛隸河南行省



明舉人

洪武己卯科

劉宗孔 中永樂甲申進士

永樂乙酉科

陳　庸 任教授知縣庶子

彭　倫 任同知

曾　旭 任訓導

永樂戊子科

周以清 任主簿

朱　瑜 任縣丞

永樂辛卯科

劉　正 任教諭

永樂丁酉科

章　瑛 中宣德丁未進士

周　鎰 任知縣

王　智

永樂庚子科

余　敬 任浙江布政司經歷



王　銘

永樂癸卯科

曾　寶 任同知

朱志和 任主簿

王　禱

宣德丙午科

昌　安 任訓導

宣德己酉科

范　英 任訓導

正統丁卯科

袁允行 任鉛山知縣祀鄉賢

景泰庚午科

馮溥 任教諭

景泰癸酉科

張本濟 中天順丁丑進士

天順己卯科

李鑑 任教諭歷國子監學録趙府長史

成化乙酉科



張海 任渠縣知縣

嚴賓 中成化己丑進士

成化甲午科

張本濬 任同梁知縣

胡珏 任袁州通判知事伯祥子

成化癸卯科

初珍 鄉舉第一名舉賢良方正灝子推官進忠孫

胡瓚 任國子博士知事伯祥子

成化丙午科

袁珣 任臨桂知縣知縣允行子

弘治壬子科

聶晁 高縣教諭

正德丁卯科

廖曍 中正德丁丑進士

正德庚午科

胡拱賜 博士瓚子

正德癸酉科

嚴詔 御史賓子



初杲 中正德辛巳進士解元珍子舉賢良方正灝孫推官進忠曾孫

正德丙子科

嚴詢 任臨邑訓導御史賓子

正德己卯科

初芳 任靈璧知縣照磨昇子

李崇信 歷任漢中同知

嘉靖乙酉科

初旦 任大竹知縣祀名宦御史杲弟

嘉靖戊子科

劉　勲任河東運同祀名宦鄉賢

嘉靖辛卯科

田　助任淮安夔州二府同知贈知縣大用子

嘉靖丁酉科

郭　岱任鄧州知州贈給事世朝子

張師載中嘉靖丁未進士

嘉靖壬子科

郭　嵩中嘉靖癸丑進士贈兵科給事貢士世朝子

喻　曉任海豐知縣



胡　鑰中嘉靖丙辰進士知州拱明子

嘉靖乙卯科

隗邦衡中嘉靖壬戌進士贈工部郎滋子

嘉靖戊午科

李　鳴鄉舉第二名任西鄉知縣同知崇信子

張懋仁

初　言知縣芳子

袁國臣中隆慶辛未進士贈給事紀子臨桂知縣掄孫鉛山知縣允行曾孫

李　譽任安州知州復姓吳

嘉靖辛酉科

歐陽栢中隆慶戊辰進士贈給事綸子

張　夔任戶部司務

嘉靖甲子科

何　棟

劉　寅歷任監察御史知縣廸曾孫

初學易任邠州知州贈知縣言子

隆慶丁卯科

歐陽東昇彬子與通判東光同乳生



劉應同中萬歷癸未進士

隆慶庚午科

劉　垓鄉舉第四名中隆慶辛未進士運同勲子祀鄉賢

萬歷癸酉科

郭之幹歷任慶遠知府推官嵩子祀鄉賢

劉　孚任遂寧知縣

萬歷己卯科

柴　恪中萬歷己丑進士

吳從道任南宮教諭

萬歷壬午科
劉道盛 知縣緣曾孫
彭鳳翀 歷任肇慶知府
郭　銑 任河間通判知州岱孫
萬歷乙酉科
劉應銁 中萬歷己丑進士
李之暐 中萬歷己丑進士封戸部郎鳴子同知崇信孫
歐陽東鳳 中萬歷己丑進士副使栢姪
劉道隆 中萬歷丙戌進士知縣緣曾孫舉人道盛兄



劉貞吉 順天鄉舉知府應同子
萬歷戊子科
方　登
吳從誠 歷任雲南叅政祀鄉賢
歐陽東白 任宜山知縣陞德慶知州
郭之家 任鄧州知州訓導崙子
萬歷辛卯科
方　盛 舉人登弟
關宗彥 任銅城教諭

樊王家 中萬歷甲辰進士
萬歷甲午科
李之煌 叅政之暐弟
萬歷丁酉科
李登龍 知縣光祖曾孫
高如嵩
萬歷庚子科
何鷹可 鄉舉第三名中萬歷癸丑進士
萬歷癸卯科



郭之祐 歷任鞏昌知府給事嵩子
萬歷丙午科
朱之玉 歷任桂林知府封刑部郎宗望子
萬歷己酉科
許　都 鄉舉第二名中萬歷丙辰進士
姚亂選 任曹州知州
歐陽熺 歷任雲南洱海道封刑部郎中東白子
李師沆 中天啟壬戌進士
萬歷乙卯科

何　翰御史薦可子

萬歷戊午科

雷應乾中崇禎戊辰進士

天啟辛酉科

劉若金中天啟乙丑進士贈都御史埏子運同勳孫提學僉事垓姪

周廷彬任鳳翔推官陞保寧同知

天啟甲子科

歐陽烝中崇禎丁丑進士

劉宗辰任萬縣知縣



崇禎庚午科

劉桂國中崇禎辛未進士

崇禎癸酉科

劉肇國中崇禎癸未進士贈學士采子知縣孚姪舉人道盛通政道隆姪孫

許　位任濟河知縣

李善篤任廉州推官吏部師沆子

黃鳳文任青州通判

崇禎丙子科

朱士完封刑部郎宗望姪孫癸未以罵賊死

崇禎己卯科

劉昌吉任黃陂教諭知府應同子

劉　瑨任永平推官陞南康同知教諭昌吉子知府應同孫

劉　璹任長葛知縣教諭昌吉姪

劉　莒應天鄉舉第六名任遂寧知縣

崇禎壬午科

劉賓國鄉舉第六名任河間知縣

國朝舉人

順治丙戌科



李尚隆鄉舉第一名任荊州教授

劉　環中順治己丑進士知府應同釗姪孫教諭昌吉姪

朱士沖中順治丁亥進士封刑部郎宗望孫之玉訓導之瑚姪

順治戊子科

向佶賢任襄陽教諭

李　晛任柘城丹徒兩縣知縣通城訓導之珣子封戶部郎鳴孫參政之暐姪

劉廣國中順治己丑進士通判蓀子通政道隆孫

彭峻齡中順治己亥進士

順治辛卯科

余增逵任通州學正

陳世第中順治壬辰進士

歐陽垣任神木知縣訓導煌子

鄭先民中順治己亥進士

張緯之任東安教諭陞文昌知縣未任卒貢士翼孫舉人懋仁曾孫

莫與先順天鄉舉第四名任雲夢教諭中順治戊戌進士

黃祚昌任教諭

順治甲午科

朱士達中順治己亥進士訓導之珊子封刑部郎宗望孫知府之玉姪



劉儻知縣孚孫學士肇國姪

袁向諫任公安教諭通判昌子給事國臣孫

向大觀中順治戊戌進士

嚴範任巴縣知縣本姓何

順治丁酉科

龔弘毅任興國州學正陞婺源知縣

歐陽焯中順治戊戌進士

黃金鑲中順治辛丑進士

何之翥任武陵教諭知縣嚴範弟

順治庚子科

姚開祚

劉洸任沅陵教諭大司寇若金嗣子

吳奭參政從誠子

唐之弼

康熙癸卯科

李侚貞鄉舉第六名解元侚隆弟

龔起燦任蘄州學正贈僉事起鵬弟

聶之翰任黃陂教諭陞辰州府教授

方來中康熙庚戌進士



康熙丙午科

張旦生任大成知縣卒於任

康熙己酉科

莫之翰中康熙庚戌進士知縣與先姪

涂銓中康熙庚戌進士

康熙戊午科

毛詩選授公安教諭未任卒

康熙辛酉科

高元傑由沔陽學中式本姓晥

康熙庚午科

李世兌鄉舉第四名知縣旣子訓導之洵孫封戸部郎鳴曾孫

何自懋

康熙癸酉科

何　郇教諭之翥知縣巖範姪

趙衍洛



貢士題名歲貢　選貢　拔貢　恩貢

按明經設科始于漢之學道行修經中博士自王安石以經義衡進士而罷明經岐二科而低昂之明洪武十六年詔天下府州縣學明年爲始歲貢生員各一人不次擢用繼定京省歲貢之額與科薦並爲三途羅網所及勳猷爛焉厥後漸重科名則沿習安石之太過也大抵明經與進士二科自隋唐宋元以迄今日歷久莫廢其間豈無經學名儒彬彬蔚起以應國家之求施當世而傳後世者哉書曰學古入官易曰利用賓王于二科又奚分焉然貢士之目歲薦恩選副拔其轍匪一矣故類列之



歲貢

明

洪武年間

李宗信歷任交趾副使

李　謙任松江府推官

沈學禮任蒲州知州

石　巖任順德府經歷

何淮 任禮科給事中
余克禮 任西安府推官
永樂年間
謝晃 任潯州府知事
龔新 任嘉定州學正
張子鴻 任金吾前衛知事
孫繼文 任遂安縣教諭
蔣銘 任豐城縣主簿
李宗 任衛輝府推官



鄭俊銘 任貴州按察司照磨
鄧仲修 任臨安府經歷
楊楫 任溧水縣主簿
劉廸 任貴池知縣
朱眞 任英德縣知縣
梅鋐 任大使
謝復 任四川安縣知縣
張顯 任四川資縣知縣
關儼 任武進縣知縣

張信 冠帶不仕
全性 任彭州學正
夏寅 任湖口縣訓導
洪熙年間
胡紳 任永壽知縣
宣德年間
李本洪 任成都府推官
鄭璟 任四川眉州吏目
李本 任四川忠州州判



陳京 任雲南大使
朱巡 任茂州州判
正統年間
周智 任楚雄府知事
董克已 任饒州府知事
隗憲 任廣西宜山縣主簿
王瓚 任廣西太平府照磨
景泰年間
竺潮 任銅仁府推官

謝　宣任四川芒部府經歷
章世繹任福建歐陵縣河伯大使

天順年間

別　紀
胡伯祥任雲南金齒衛知事

成化年間

郭允忠任四川布政照磨
李　琇任四川彭水主簿
邱汝敬任四川簡縣主簿



陸　昆任南安府經歷
王　明
胡　璉任延平衛經歷
柴　蘭任新蔡訓導
廖　鍾任合州通判孝子安定子
謝　珪任撫州千戶所吏目節婦朱氏子
郭彥鈴
謝復濤任東川府判加五品俸

弘治年間

程　鏞任績溪縣訓導
樊士奇任潯州府推官
章時選任蜀府審理員外瑛之子
王　濟
雷　迅任雲南知事
隗應奎任四川德陽訓導
王　蘭任應天府經歷
張本洛任上高縣丞
劉　緣任南陽知縣



諸　紳
鄧　貴
張　貫任廣東吏目

正德年間

杜　金任思明州吏目
朱　鴻任奉化知縣
張　森任雲南衛經歷
初　昇任南雄府照磨
周大經

李光祖任羅山知縣
嚴謨任南昌訓導長史鑑子
李秀華任慶符訓導長史鑑子
李鑾
嘉靖年間
程凌霄訓導庸子
何偉孝子瓚子
胡拱明任平凉府通判歷麻哈知州祀寧夏名宦
田大用



呂廷臣任主簿
郭堂任新都縣教諭
胡拱旦任商水知縣
董廷相任姚安府經歷
謝詔任涪安主簿
隗滋任教諭贈工部員外祀鄉賢
郭世朝
廖廷楨任歙州訓導
嚴春化任融縣知縣訓導謨子

郭世臣
樊顯謨
陳大本任内江縣教諭
周南任邛州訓導
趙可約
郭嵓任廉州府推官贈給事中世朝長子
趙棠任羅江知縣
唐邦瑞任北流縣知縣
謝嘉言任黔江知縣



吳山任吉安府經歷
陳廷鳳任鄭州訓導
方懋任崇明教諭
彭軾任眉州學正
龔勳任楚府紀善
郭崙任平湖訓導
隆慶年間
劉泗任吳江縣主簿知縣緣孫
魏楫

劉堯臣 任夔州府經歷

萬歷年間

何大可 任彭澤訓導

歐陽楷 任太平府通判

魏應桂 任柳城知縣貢士楫

何獻可 任合州訓導

初　莘 任吳縣主簿參政未子

蔣　崑

李之翱 任龍門教諭



章之句 任元城縣丞

朱宗泰 封刑部郎弟

蔣　纓 冠帶不仕

周士昌 任澄邁知縣

歐陽東藩 任嚴州府通判陞獨山州知州

歐陽東岱 任荊州府學訓導

劉　芬 任江西東鄉教諭

劉應舉 任寶慶府教授

劉　豸

李　躍 任丹徒縣丞

李　官

張　翼 廷試第一名舉人懋仁子

柴一真 任穎上知縣兵部恪子

袁　晃 任南寧府通判陞葭州知州

李　奐 任無極知縣參政之暐子

劉定國 任通城訓導陞漢州學正轉潮州教授以母老請養致仕

袁　昌 任贛州府通判參政國臣子

泰昌年間



劉同炎

天啟年間

黃鍾英

劉弘公 任崇陽訓導

歐陽熿 任簡州同知知州東白子

方　益

朱之瑚 任南康訓導封刑部郎宗望子

崇禎年間

歐陽燧 任盱眙知縣舉人東昇子癸未死事

李　庚　任蘄水訓導叅政之暐子

邱志伊

何鳳翽　考授推官

柴應辰　任興國州學正

張承宇　戶部夔子

劉達善　知府應鈳子

鄧師臯

袁來聘

孫承邦



鄭命光

彭祺年　任燊陵州學正

國朝

順治年間

陳一奇

涂起鵬　任不樂知縣死難贈按察僉事

劉信國　任林桂知縣學士肇國弟

李之洵　任通城訓導知縣鳴子

歐陽焯　候選知縣吏部主事烝弟

劉維國

劉鬭國　任武昌訓導

歐陽煌　任羅田訓導

郭都賓

羅似錦　任嘉魚訓導

劉　珏　順治十三年考身言書判上等引見授聞喜知縣知府應鈳孫貢士達善子

張延聲

孫　立

劉復吉　歷任臨湘黃梅訓導



劉　琨　知府應同孫舉人昌吉子

關道正　任沅江訓導

康熙年間

陳三極

張蘭茂　選授大冶縣訓導日任卒

龔之鳳

歐陽坪　臨湘訓導衢州同知熿長子贈刑部郎中東白孫副使姪

平世賢　任左州知州

張蘭馨

許承祜

袁世法

魏燭

黃克友

姚恭 知州亂選子

劉效曾 任咸寧教諭補穀城教諭以卓異陞懷寧知縣陽君泌如子工部員外勳元孫提學僉事垓曾孫大司寇若金姪孫

向光宁 知縣大觀子

許懋祖 選授武昌縣訓導辭任養母以孝聞武德參議都孫



郭春澆 任龍陽訓導卒于任通判鋐子

朱士麟 刑部郎宗望孫翰林士冲弟

鄭之彥 貢士命光子

歐陽蓮 吏部烝子

歐陽墀 簡州同知爌次子贈刑部郎東白孫洱海道烜姪

陳用宿

朱載震 補國子監正黃旗教習考授知縣貢士士曾子刑部郎宗望曾孫翰林士冲推官士達姪

陳大佐 推官其美子

龔雲官 選授衡山訓導未任卒

歐陽玫

羅紳 任通城訓導

彭一清

劉佾 訓導關國子

李長灤

蔣欽

歐陽堅 吏部烝姪

柴鏞 知縣一貞曾孫兵部恪元孫

郭春詠 貢士鋏子知府之祜孫



劉儀 候選教諭貢士充國子通政道隆曾孫

歐陽翥 候選教諭知縣焯子

莫其遇 候選教諭僉事之翰子

彭述憲 選授安鄉教諭知縣峻齡子

涂宗濂 候選教諭僉事銓子

朱學素

朱學洛

朱學閫

蔡維綱

趙　煥

謝君隣

李嘉楹 任瀘溪教諭

王心悅

劉　先 知縣效曾子提學僉事垓元孫

袁俊龍 知縣調子通判昌孫參政國臣曾孫

張先瑞 知縣締之子舉人懋仁曾孫



選貢

明

弘治年間

尹　組

正德年間

李恒倫

隆慶年間

謝嘉會 任上高縣丞陞宿州衛經歷

郭之藩 任分水永安二縣知縣推官嵩子祀鄉賢

萬歷年間



廖　瀾

朱宗望 任四川江安知縣以征播功加四品服俸封刑部員外郎祀鄉賢

天啟年間

劉杜國 中崇禎庚午科鄉舉辛未科進士

崇禎年間

劉　佺 任歸德府通判教授定國子

國朝

順治年間

朱士尊甲午恩選由荆州府學之珮子封刑部郎宗望孫

李善承甲午恩選吏部師沆子任潛山縣丞

拔貢

明

隆慶年間

歐陽東光丁卯副榜任合州通判

莫汝嘉庚午副榜

崇禎年間

劉萵中崇禎己卯科應天鄉舉



黃大同

張承宇己卯副榜

郭昱己卯副榜

劉環己卯副榜中順治丙戌科鄉舉己丑科進士

國朝

順治年間

廖燧考授通判未任卒

歐陽瑊任成縣知縣補高客縣知縣卒于任通判墉子副使熸

劉倖任華州州同知縣信國子學士肇國姪

莫與先進士考授通判中順治辛卯科順天鄉舉戊戌科

劉儼知縣賓國子

高明任中牟知縣

康熙年間

唐虞際壬子副榜考授州同

余銛學正增達子

陳文炳知縣世第子

歐陽錫疇庚午副榜知縣瑊子通判墉孫副使熸曾孫

恩貢



明

萬歷年間

郭銳考授通判

許國忠任袁州府通判

劉蓀考授通判運政道隆子

崇禎年間

劉南金提學僉事垓子運同勳孫大司寇若金弟

郭鋕任兖州府通判知府之幹子

歐陽熷候通判副使熸子

袁來聘任慈州學正

何睢旂御史薦可孫

劉洵如貢士南金子提學僉事垓孫工部郎勲曾孫大司寇若金姪

郭鎡知府之祜子

郭鈇知府之祜子給事嵩孫

國朝

順治年間

袁調任懷遠知縣通判昌子參政國臣孫

歐陽壂吏部丞子



劉伉初任滕縣知縣補蒲城知縣貢士維國子

劉于陛任興安知縣

劉充國通判蒔子通政道隆孫

謝昉任澤州州同

郭待徵鎡子知府之祜孫

劉謙

# 潛江縣志卷之十四

知縣事劉　煥纂修

知縣事史致謨續刊

## 選舉志下

監生　武胄　封贈　恩廕　召試
賓書　吏員　義官　武科

### 監生

按太學爲培養賢材之重地舉貢入監而外有博士俊秀新舊例原皆朝廷網羅至意詎流及於雜濫而多端乎例貢昉自明弘治入貲拜爵則嘉靖之季始

國家廣儲旁收得援例入成均者不一其途由之而登



甲第致清華游歷公輔趾踵相接其起家外吏以才能顯膺保舉而陟方面蔚爲王臣亦不乏其人蓋欲使毛髮絲粟之才得盡效於盛世士之列名太學者砥行勵名以無負作育雅化而免雜濫之誚則幾矣

明

周麟附監

李相附監任上林苑錄事

歐陽彬附監

李鴿附監任楚雄府經歷同知崇信子

初　芸附監御史杲子

周　鯨附監任光祿寺署丞

謝嘉謨附監任都事

李可衡增監

劉繼賢附監任州同

李可嘉附監

歐陽柟附監任德興主簿

劉繼志附監任鴻臚寺署丞

劉　宗附監任雲南吏目



謝嘉儲附監初任鴻臚寺序班陞詹事府錄事大理府通判

劉爾宇附監任四川吏目贈刑部主事

謝嘉元附監

郭之垣附監任南陽主簿知州岱子

柴廷釆附監任襄府奉祀

劉繼武附監任邛州吏目

歐陽東儒附監鎮撫

朱　伸附監任樂府典寶

初　章附監奉祀

劉繼恩附監

袁　昱附監任鴻臚寺序班副使國臣子

余一化附監王府典寶

袁　昂附監副使國臣子

袁國棟附監奉祀

郭之屏增監知州岱子

郭之相增監知州岱子

郭之佐廩監知州岱子

初　亨附監任潞府典膳



張志學附監任光祿寺監事都御史師載子

謝嘉修附監

謝嘉材附監任福建理問

蔣　化附監

蔣　倫附監任兵馬司指揮

田東興附監同知助子

隗事堯附監知州邦衡子

歐陽東銘廩監

歐陽東奎附監副使柏子

郭　鉞附監知州岱孫之相子

郭　鏘附監任武英殿中書舍人知縣之藩子

郭　鉉附監任鴻臚寺署丞知州岱孫之屏子

劉三策附監任山西布政司經歷御史寅子

張邦彦附監都御史師載孫光祿監事志學子

歐陽東夏附監主簿柟子

劉　埏附監運同勳次子贈刑部尚書

歐陽東鰲附監主簿衲子

廖正學附監



廖正心附監

廖正中附監主簿瀾子

隗建章附監知府邦衡孫

張繼光附監

張道光附監

劉　哲附監

涂應祥附監

涂應元附監贈廣西平樂知縣

謝　炳附監太醫院吏目

謝　焰附監

國朝

朱士鼎廩監封刑部郎中宗望孫知府之玉子

李　須附監知縣鳴孫訓導之洵子知縣睍兄

李世咸附監參政之皞孫知縣奐子

歐陽墩廩監考授縣丞太學生東奎孫副使柏曾孫

朱時夏俊秀候選州同推官士達孫訓導之璈曾孫刑部郎中宗望五代孫

劉　提附監候選知縣大司寇若金子贈資政大夫埏孫朝列大夫勳曾孫提學僉事垓姪孫

李詵劬附監候選縣丞參議師沆孫潛山丞善承子



劉　俛附監候選州同贈通議大夫釆孫翰林學士肇國子

李應蛟俊秀初任山西臨汾縣丞陞山西太谷知縣

龔戴銓俊秀初任江西上饒縣丞補任河南商城縣丞陞任四川成都知縣

康　玉俊秀知府正吉子初任福建同安知縣補任陝西崇信知縣

康　珏俊秀知府正吉子

康　玠俊秀知府正吉子

康　滋俊秀知府正吉孫

劉行翼附監舉人儻子知縣孚曾孫

李　壟附監訓導之洵子知縣睍弟封戶部主事鳴孫

朱時行附監推官士達孫訓導之瑚曾孫刑部郎中宗望五代孫
楊熾附監考授縣丞
鄭縈附監知縣先民子
歐陽璋附監知縣垞子訓導煌孫
涂鎬俊秀僉事銓弟
彭述賢附監
王之里俊秀
朱仕任附監考授州同
劉行敏俊秀考授縣丞知縣伉子貢士維國孫



丁國與增監考授縣丞
陳宗鼎附監知縣世第子
劉錫附監考授州同
趙士升俊秀考授州同
陳士敬附監考授縣丞推官其美孫
鄭穮附監
涂銳俊秀
鄭繹附監
陳昇俊秀知縣世第孫

歐陽琬附監知縣焯孫
歐陽瑄俊秀知縣焯孫教諭翥子
歐陽璐俊秀知縣焯孫
朱國柱附監
郭循俊秀
郭棨俊秀貢士春詠子貢士欽孫知府之祜曾孫
郭粲俊秀貢士春詠子貢士欽孫知府之祜曾孫
袁滌世俊秀
許蕃曾俊秀訓導懋祖子參議都曾孫



許蕃詢俊秀訓導懋祖子參議都曾孫
許蕃衡俊秀訓導懋祖子參議都曾孫
劉侍聖俊秀
黃開肅俊秀
吳之班俊秀
劉爍俊秀知縣效曾子提學僉事垓元孫
朱時健俊秀推官士達孫訓導之瑚曾孫刑部郎中宗望五代孫
李世解俊秀知縣覞子訓導之洵孫封戶部主事鳴曾孫
闕臨高俊秀

闞以都附監
朱啟昌俊秀
劉文培俊秀
郭可傑俊秀貢士待徵子貢士鎰孫知府之祜曾孫
劉　偉附監僉事廣國子通政道隆曾孫
闞　堯俊秀
郭春泉俊秀
楊元勳俊秀
王　錦俊秀
朱　贊俊秀
劉濟時俊秀
朱有芋俊秀
趙　焯俊秀
歐陽琡俊秀知縣埏子訓導煌孫
彭述聖附監
李嘉柱俊秀
莫其濩俊秀僉事之翰子
徐　都俊秀



龔之任俊秀
李廷楹
李廷柲
吳善淮舉人湲子參政從誠孫
嚴一遴
蔡明任授直隸良鄉縣縣丞
朱宗聖授江南金壇縣縣丞
謝　璋授武清縣主簿
莫彥京考授縣丞發川委用署古藺州巡檢

## 武胄

按漢興六郡良家子選給羽林期門以材力爲官名將多出焉軍功多用超等大者封侯卿大夫小者郎歷代以武胄顯者開國承家史不絶書潛之武臣唯佘鄭兩氏兄弟祖孫著名於明太祖之世過此罕聞焉豈此邦之人技工雕蟲乏車右之選歟
本朝如歐陽少保奏膚功而賡晃冝仰庥流光奮迹以思報稱天之生才豈可量哉

明



佘　隆　太平鄉人義勇後衛指揮使吳元年任大梁衛指揮僉事從明高皇帝屢戰有功歷福建都指揮僉事洪武八年歿於海奉勅欽葬

佘　威　隆之弟隆無子威襲指揮僉事洪武十四年征雲南陣亡奉勅欽葬

鄭　忠　道隆鄉人洪武初屢戰有功陞彭城衛指揮使奉勅欽葬

鄭　臣　忠之元孫調營中屯衛指揮僉事

本朝

歐陽鋼　累功誥授光祿大夫太子少保義勝大將軍

歐陽起鳳　襲廣東東安縣守備

## 封贈

按國家愼重封誥故事五載殿陛始膺榮命不及年者久而不進朝臣奉封勅必趨闕下稽首拜手然後馳入里門所以榮君恩光先德也有以匹夫而紆青紫以幽魄而賁鸞章酬庸馭貴推及所生膺斯寵者其敢忘捐糜之報歟顧褒綸獲邀於一命追崇反靳於顯秩又覃恩之遇不遇其間有幸有不幸焉乃有被命方新議奪旋及名仍附列者亦以曾沐
國恩紀載無可畧爾近奉
新例捐給勅誥或請或復悉如文武品級
聖主錫類之仁與天無極已



明

佘應祖　佘隆父　誥贈宣武將軍都指揮僉事

章居仁　章瑛父　誥贈奉直大夫戶部河南清吏司員外郎　張氏　瑛母　贈宜人　馬氏　瑛繼母　封宜人

張魏貞　張璉父　勅贈徵仕郎永清左衛經歷　韓氏　璉母　封孺人　趙氏　璉妻　贈孺人　祝氏　璉繼妻　封孺人

朱　眞朱廷父敕贈文林郎府軍右衛經歷　張氏廷
嫡母　劉氏廷生母俱贈孺人　氏廷妻贈孺人
孫氏廷繼妻封孺人
初　珍初杲父敕贈文林郎四川道監察御史　袁氏
杲母贈孺人　陳氏杲妻封孺人
張　洪張師載祖誥贈通議大夫都察院右副都御史
孟氏師載祖母贈淑人
張永祥張師載父誥贈通議大夫都察院右副都御史
胡氏師載母贈淑人　羅氏師載妻贈淑人　曾氏師載



繼妻封淑人
歐陽綸歐陽柏父敕贈徵仕郎刑科給事中　陳氏柏母
贈孺人　任氏柏繼母贈孺人　劉氏柏妻封孺人
初　言初學易父敕贈文林郎四川重慶府榮昌縣知縣
易氏學易母贈孺人　郭氏學易妻贈孺人　郭氏學易
繼妻封孺人
胡拱明胡鑰父原知州誥贈進階奉直大夫　劉氏鑰
母贈宜人　熊氏鑰母封宜人　雷氏鑰妻贈孺
人　王氏鑰妻封孺人

田大用田助父敕贈文林郎河南襄城縣知縣　李氏
助母贈孺人　嚴氏助妻贈孺人　陳氏助繼妻封
孺人
李　鑾李崇信父敕贈文林郎直隸徐州豐縣知縣　馮
氏崇信母贈孺人　劉氏崇信妻封孺人
劉巨秀劉勳父敕贈承德郎四川清吏司主事贈奉直
大夫工部虞衡清吏司員外郎　李氏勳母累贈
宜人
郭世朝郭嵩父敕贈徵仕郎兵科右給事中　柴氏嵩



母封孺人　蔣氏嵩妻封孺人
陳鳳來陳大田父敕贈徵仕郎武功左衛經歷　李氏大
田母贈孺人　本生父陳鳳池母胡氏贈同前
歐陽氏大田妻封孺人
袁　紀袁國臣父敕封修職郎行人司行人加封徵仕郎
吏科給事中　李氏國臣母贈孺人　梁氏國臣妻封
孺人
劉廷貴劉寅父敕贈文林郎四川成都府華陽縣知縣
呂氏寅母贈孺人　李氏寅妻贈孺人　蔣氏寅

繼妻封孺人
劉　清 劉道隆父 誥贈中憲大夫通政使司右通政　李
氏 道隆母 封恭人　郭氏 道隆妻 封孺人
張廷鑾 張夔父 勅贈徵仕郎户部司務
劉爾順 劉應同父 勅贈承德郎刑部廣東清吏司主事
郭氏 應同母 贈安人　戴氏 應同妻 封安人
劉爾宇 劉應鈳父 勅贈承德郎南京刑部陜西清吏司主
事　歐陽氏 應鈳母 贈安人　謝氏 應鈳妻 贈安人
歐陽檄 歐陽東鳳父 誥贈中憲大夫直隸常州府知府



許氏 東鳳母 贈恭人　李氏 東鳳妻 封孺人加贈恭人
柴廷杰 柴恪父 勅贈文林郎直隸常州府無錫縣知縣
余氏 恪母 贈孺人　郭氏 恪妻 封孺人
李　鳴 李之皞父 勅封承德郎南京户部陜西清吏司署
郎中事主事　趙氏 之皞母 贈宜人　劉氏 之皞繼母 封
宜人　劉氏 之皞妻 封宜人
劉　勳 劉垓父 原奉直大夫晉朝列大夫以孫若金官
贈資政大夫閩廣都察院右副都御史刑部尚書
王氏 垓母 累封宜人加贈淑人　金氏　馬氏 垓
繼母 俱累封宜人加贈淑人　王氏 垓妻 封孺人
歐陽模 歐陽東白父 勅贈文林郎廣西宜山縣知縣　趙
氏 東白母 鄭氏 東白繼妻 俱贈孺人
郭　嵩 郭之祜父 加贈中憲大夫陜西鞏昌府知府　蔣
氏　嚴氏 之祜母 俱贈恭人　徐氏 之祜妻 封恭人
歐陽東白 歐陽熺父 誥贈奉政大夫刑部廣西清吏司郎
中　劉氏 熺母 贈宜人加贈恭人　郭氏 熺妻 封
宜人加封恭人
郭之幹 郭銑父 加贈中憲大夫



隗　滋 隗邦衡父 誥贈奉直大夫工部屯田清吏司員外
郎　何氏 邦衡母 封安人　何氏 邦衡妻 累封宜人
朱　侃 朱宗望父 勅封文林郎四川成都府江安縣知縣
王氏 宗望母 贈孺人　郭氏 宗望妻 封孺人
李之皞 李奐父 晉階朝議大夫　劉氏 奐母 晉封恭人
歐陽氏 奐妻 贈孺人　張氏 奐妻 封孺人
朱宗望 朱之玉父 誥封奉政大夫刑部山東清吏司員外
郎　郭氏 之玉母 贈恭人　邱氏 之玉妻 贈宜人
劉　埏 劉若金父 誥贈資政大夫閩廣都察院右副都御

史刑部尚書　趙氏若金母贈淑人　張氏若金妻贈
孺人加贈淑人　張氏若金繼妻封孺人加封淑人
吳本賢吳從誠祖誥贈大中大夫　蔣氏從誠祖母贈淑人
蔣氏從誠繼祖母贈淑人
吳　銘吳從誠父誥贈大中大夫前封中憲大夫奉政大
夫　郭氏從誠母贈淑人　田氏從誠繼母贈淑人
何　綾薦可父敕贈文林郎廣西道御史　杜氏薦可母
贈孺人　陳氏薦可妻贈孺人
李　杜李師沆父誥贈奉政大夫南禮部精膳司郎中
游氏師沆母封安人贈宜人



歐陽東元歐陽烝父敕贈文林郎直隸揚州府江都縣知
縣　袁氏　王氏俱贈孺人
歐陽東美歐陽烝生父移封文林郎直隸揚州府江都縣
知縣　莫氏烝母贈孺人
國朝
劉　采劉擘國父誥贈通議大夫內翰林國史院學士
歐陽氏　李氏擘國母俱贈淑人
涂應元涂起鵬父敕贈廣西平樂府平樂縣知縣　朱氏
起鵬母贈孺人
陳思孝陳其美父敕贈文林郎浙江處州府推官　游氏
其美母贈孺人　曹氏其美妻贈孺人　黃氏其美繼妻封孺人
彭顯奇彭峻齡父敕贈文林郎廣東惠州府龍川縣知縣
易氏峻齡母贈孺人　易氏峻齡妻贈孺人
鄭　諫鄭光民父敕贈文林郎山東東昌府館陶縣知縣
萬氏光民母　張氏光民繼母俱贈孺人
李　曉李應蛟父敕封文林郎山西太原府太谷縣知縣
陳氏應蛟母封孺人



康有光康正吉父誥贈奉政大夫山西太原府同知　鄒
氏正吉母贈宜人
莫與頡莫之翰父敕贈文林郎江西瑞州府上高縣知縣
加贈奉直大夫江南鳳陽府泗州知州　王氏之
翰母贈孺人加贈宜人　何氏之翰妻封孺人加封
宜人
涂奠祚涂銓父誥贈奉政大夫戶部浙江清吏司郎中
黃氏銓母贈宜人

恩廕

按漢儀注吏二千石以上視事滿三歲得任同產若子一人爲郎其法始於漢而尤備於唐唐史列傳中凡以門廕入仕者皆備言之故劉毅有上品無寒門下品無世族之誚明沿前代之制武臣多由是選文臣三品以上子孫例許入監

本朝因之近則罷一切任子而獨重難廕勸忠也潛由廕而官者往不多見以罩恩死事襲職補太學者前後五人焉列於左



明

奈　威以兄隆襲長淮指揮僉事

本朝

涂　昜以父贈僉事起鵬死事廕補太學生

劉　兟以父學士肇國膺覃恩廕補太學生

劉　僑以伯學士肇國膺覃恩廕補太學生考授縣丞

歐陽起鳳以父少保鋼廕授廣東東安縣守備

賓耆

按鄉飲酒必立三賓養老必立三老禮曰三老在學是也鄉飲酒之義所以致尊讓潔敬俾之不慢不爭以遠於鬬辨而無暴亂之禍漢初每鄉及縣皆有三老歲首則使人存問賜以束帛酒肉或賜以爵乃古人養於鄉之義故鄉飲酒之禮貴賤明隆殺辨和樂而不流弟長而無遺安燕而不亂足以正身安國而天下安孔子曰吾觀於鄉而知王道之易易故曰三賓者政教之本也潛建邑自宋元來賓耆姓名往不



足徵有明一代豈乏應舉而舊志悉略弗載吁遺其大者矣爰就得諸傳聞之有據者列之勿傳疑也

本朝曾一舉行則歲月備書焉

明

喻　曉舉人海豐縣知縣應舉鄉賓

劉應舉歲貢寶慶府教授舉鄉賓一十有八

李之翺歲貢永定衛訓導舉鄉賓一十有三

劉　爭舉人遂寧縣知縣九舉鄉賓

本朝

李之洵 歲貢逼城訓導康熙十二年應舉鄉賓

涂奠祚 贈奉政大夫戶部郎中康熙十二年應舉鄉賓

張蘭芳 鄉耆康熙十二年應舉



吏員

按西漢以吏試入官自曹椽書吏馭吏亭長門幹街卒游徼嗇夫盡儒生學士爲之賢公卿大夫恒自此出不嫌於以吏發身則所謂吏者豈必皆浮薄刻核之流而後始能爲之乎後世吏自安於俗而顯與儒判登進之途遂不得不輕而抑之欲以收得人之效也難矣吁亦吏之自爲之爾

明

高文俊 歸安縣丞　別忠 長林典史

向聖 富順典史　宋怡 巴州巡檢



張學夔 京倉大使衛經歷　張璉 崇慶州判

張王秀 武强縣丞　王喻 長壽驛丞

聶允成 歸州巡檢　柴一貫 納正八品

李瓚 樂平縣丞　陳大田 瀘州同知

董文淵 福建巡檢　朱宗顏 驛使丞

李倫 滁州判　彭明 贛縣典史

李一龍 巢縣典史　汪眙 枝江倉大使

張本温 德化縣丞　楊世泰 武進縣丞

彭應凰 山東守禦千戶所吏目　劉廷臣 宜君縣丞
朱　愈 酆都主簿　董大愈 雲南經歷
張時偉 河陽經歷　鄭　瑚
吳達道　郭　崴
莊　奇　程　惠
張以賢　向　賢
李　曉　柴一中
張文衡　向　儒
彭學詩　李　註
張文煥　何簡可



袁大和　張　仙
龔仲庠　涂　昊
龔正卿　江　偉 以上俱省祭

## 義官

按衛君謂臣戌曰衛國凶饑夫子爲粥與國之餓者不亦惠乎漢鼂錯亦曰欲民務農在於貴粟貴粟之道在於以粟爲賞罰令天下入粟縣官得以拜爵得以除罪則入粟之有裨於生命久矣酬以虛名不亦宜乎

明

彭　俊 道隆鄉人　王仕恭 太平鄉人
李　助 中港鄉人　郭　芳 中港鄉人
以上正統奉例輸穀千石助賑有司上聞贈璽書旌爲義民



尹俊魁 安福縣人商本縣入籍太平鄉人
天順四年奉例納米四百石助賑奉旨納米的與他七品散官
郭　瑜 中港鄉人郭芳子　琇 長樂鄉人
以上成化二年奉例納穀五百石助賑給以散官
龔志良 長樂鄉人　何　瓚 長樂鄉人
李　剛 下東鄉人　李　縉 下東鄉人

梅　芳下東鄉人　闞文訓下東鄉人

彭　僖新附鄉人　彭　修新附鄉人

江漢顯新附鄉人　劉珂慶新附鄉人

吳禮節新附鄉人

以上成化二十三年納銀四百兩賑濟授以冠帶榮身

劉彥祈道隆鄉人　陳　瓚道隆鄉人

方　圓下東鄉人　張　瓚下東鄉人

余　試下東鄉人　朱廷璧縣市人

劉奇瑞新附鄉人



以上弘治五年奉例納銀四十兩賑濟授以冠帶榮身

李　義下東鄉人　周　紹下東鄉人

左文師中港鄉人　尹　倚太平鄉人

以上弘治六年納銀四十兩賑濟授以冠帶榮身

紫　方中港鄉人　蔣　灝市坊人

蔣仕清市坊人　謝　偉道隆鄉人

周　貢道隆鄉人　陳顯義下東鄉人

彭友鋼下東鄉人　李恒廣新附鄉人

以上弘治十四年納銀三十兩賑濟授以冠帶榮身

# 人物

# 潛江縣志卷之十五

知縣事劉　煥纂修

知縣事史致謨續纂

## 人物志　列傳

地志之志人物史之列傳屬也志其人之賢志其人之事之賢爾志與史異褒而不譏美而不刺善善長而惡惡短春秋之微旨亦風世範俗之先務也古先生之制二十五家之間采其恭敏任恤等而上之或月書其學行或歲考其道德故民之賢能衰惡吏咸與知鄉閭士



女之嫩亦多見於史官厥後急事緩政此制遂廢而不舉潛德隱行非野史紀述則悉無見於時風日漓而俗日卑豈不重可念哉晉書常璩華陽志於一方人物丁盍反復如恐有遺雖蠻髦井臼茍有可紀皆著爲書剏薦紳者士民之望舉前言往行之可師可法以激勵來學老成不遠典型猶存詩曰高山仰止景行行止後有作者法祖之心盍不勇於希賢歟生人大節忠孝爲先貞婦高士履操芳潔咸足表表人倫大書特傳見華袞之榮不以車服爲顯庸也尙義流寓以逮方技緇黃之傳藝成行修世有稱述別爲紀載亦所以彰彝教示節取也作人物志

### 列傳

賢哲克生光我邦邑列其經世者而叙述之文獻足徵紀載之體備矣顧迺曩籍漫漶家乘散佚道古者盍免闕畧之歎爰稽往牒參所見聞鄉先生言行之可傳者各有列傳其傳中或旁采名集以證傳信傳末載其子孫之顯者以昭世德溯源流皆史例也論世而類訂焉後之君子鄉有餘師矣



宋

畢　漸

畢漸宋紹聖初狀元爲膳部員外郎出知荊南府事以文學致身剛介自立時人以其典鄉郡榮之　一統志　元祐八年廷試進士李清臣發策主復熙豐法蘇轍廷諍幾得罪賴范純仁免及進士對策考官是元祐者最等禮部侍郎楊畏覆試悉下之拔畢漸第一遂以是年爲紹聖元年　宋史　明初祀鄉賢

按宋乾德初陞安遠鎮爲潛江縣屬荊湖北路潛固

江陵舊地也漸守荆州卒于官墓亦在江陵界惟狀元坊畢家樓在縣治儒學東南明萬歷初燬於火今尙存其名康熙七年王侯又旦爲潛令痛前賢湮沒不彰於九年編審時易坊廂里爲畢公里使後人口畢公不休其卽與鄭公鄉蘇公隄並著之義與

明

初進忠 子灝孫珍附

初進忠少持方正里人多就之折是非洪武中以懷材抱德舉授河南衞輝府推官直公能斷嫉惡至無所容



數規守不法事守中傷之調福建沙縣令卒於任僅足具棺殮妻子幾不能歸

灝進忠子家貧負母居能以色養宣德中以賢良方正舉授清河縣主簿冰蘗之操初終不渝時人謂之孤松傲雪

珍灝子博學强記成化癸卯以尙書領解養母以孝聞時有不媿孝廉之譽以子杲進士贈爲監察御史

李宗信

李宗信洪武二十二年貢士授監察御史多所建白累賜璽書改大理評事出知保寧府清賦均役驗丁覈實民甚賴之會銓司大計上出特旨曰朕知李宗信廉能不在考列永樂間擢交趾按察使交趾初附宗信忠義激勸吏民畏服以老乞歸賜鈔仍予半俸優養年八十卒 明史人物考 萬歷初祀鄉賢

余克禮

余克禮洪武三十年貢士任廣西南丹衞經歷遷陝西西安府推官讞獄剖析如流人稱神明

何淮



何淮貢士任禮科給事中建白不避權貴憚之

李本洪章瑛

李本洪宣德元年貢士任四川成都府推官理刑獄人無冤抑年八十卒於家章瑛宣德二年丁未進士授行人遷戶部員外郎廉靜剛介之節見重於時

袁允行

袁允行字克修正統丁卯舉人任鉛山知縣吏習民安九載乞歸舟過鄱湖運大石以壓風濤次九江榷關者與允行有嫌見其載重使人啟視惟大石數十片而已

無他物也慚謝而退歸田後杜門讀書蕭然若寒士正德中祀鄉賢子珦成化丙午舉于鄉爲臨桂令以清白承家聲世宰沃邑所居僅誅茅蔽風雨孫紀歲貢士封吏科給事曾孫國臣進士

張本濟

張本濟天順丁丑進士歷任鳳翔府公正清謹百度咸舉有古循良風一統志

嚴賓

嚴賓字邦賢成化己丑進士授南城縣令清介自守人



莫敢犯至於臨民藹如也賓天性嚴毅取予不苟居官布衣蔬食每餐止具一腐南城人有嚴豆腐之稱擢南廣西道御史以抗疏調知盱眙縣復除太平縣卒於任俸餘不能具殮葬子謨歲貢士詔中癸酉舉人詢丙子舉人臨邑訓導

胡瓚

胡瓚成化癸卯舉人署長春延津教諭遷南京國子監博士守官居鄉以清慎稱

初杲

初杲字啟昭珍子正德辛巳進士授四川道監察御史世宗繼統會議大禮引經抗疏同百官赴文華門哭聲徹內上震怒廷杖幾斃後手疏劾都御史席書不當驟轉禮部尚書憸邪側目是年冬巡視山西河東鹽法濬渠築堰鹺政大舉商民便之立祠以祀尋轉河南僉事分巡睢陳擒滅流賊王長子洪輔等數千人遷雲南副使撫綏懷寍民夷戴德轉雲南參政奉表入賀遂上疏乞休歸田惟課農訓子擇邑中有才子弟延塾教之士多所成就林下十九年卒萬歷中祀鄉賢



李崇信 子鳴附

李崇信字貞甫貢士鑾子潛邑侯朱熙洽爲之傳略曰崇信領正德己卯解宰豐縣民甚德之祀名宦詳徐州志歷漢中府丞尋致仕歸閉門課子間與一二文士飲酒賦詩足跡不履公門三十餘年有司造廬欲見之亦不可得其律身治家剛正嚴明子孫凜不敢犯一言一動鄉人引以爲式昔萬石君一言而子孫肅王彥方居鄉而不善者憚其李公之謂也子鳴以尚書魁楚鳴字和載別字瑞塘崇信次子弱冠嘉靖戊午鄉魁九

上春官不第乃就西鄉令奏最入覲值子之皡魁南宮即掛冠西鄉之民匍匐請留則已馳歸里門矣先是鳴赴禮部試母劉卒於家正鳴覽揆之辰嗣逢初度輒縞素哭奠終身不稱壽觴萬歷庚子同給事歐陽柏御史劉寅纂修縣志年八十五卒

唐邦瑞

唐邦瑞字貞白歲貢士初丞錢塘興湖陂之利擢宰北流徭獞安之不忍犯居鄉恂恂樸茂里人無小大見者矜躁盡消有古謹厚長者之風 萬歷舊志



何棟

何棟字孟吉動履有常言笑不苟嘉靖甲子登賢書後杜門誦讀甘貧樂志未嘗干謁有司未仕卒棺衾皆友人爲之治具焉 萬歷舊志

劉勲

劉勲字建伯號北華少負異才內行純備世廟中士大夫崇尚正學海內稱同志者必曰北華先生嘉靖戊子以春秋舉于鄉己丑乙南宮授裕州學正分校四川山西鄉試擢國子監學錄遷刑部主事以親老疏乞終養同列賦詩榮其行有人歸薄海聞之句服除補工部員外郎司節慎庫督修琉璃河橋出納鉅萬無所染遷河東運司却商人賂三歷財賦之地並以清端聞拂衣蕭然飯糲衣垢耄修不倦可謂不負所學矣晚歸安成講學復眞書院年七十卒嘉靖中祀河東名宦萬歷二年祀鄉賢子垓進士仕至提學僉事埏太學生孫若金進士仕至刑部尚書俱以風節著

胡鑰

胡鑰字衞卿知州拱明子嘉靖癸丑進士授行人擢監察御史督河東鹺政奏復南陽爲行鹽地風裁赫然遷



廣東參議以繼母老乞終養疏旨痛切上憐而允之居鄉凜凜持清議人有善輒稱不去口士流有隱行必曰胡公豈知耶其敬憚如此萬歷中祀鄉賢

張師載

張師載字巨坤一字少渠嘉靖丙午舉人丁未進士以宰邑異等擢南吏科給事中時嚴嵩持國柄師載抗疏劾其姻戚居津要者嵩銜之出爲萊州守秘屬私人吹求瑕玼不可得嵩罷相聲譽隆起遷淮陽兵備副使超

拜都御史巡撫真定陝西轉撫浙江以病乞休賜建寳翰樓年六十終諭祭葬祀鄉賢子志學補太學生光祿寺監事孫邦彥太學生負性不羈破產以資豪舉常寄興山水蟲魚片紙流傳人咸重之

邑人朱士尊曰張公師載起家丁未以舫分宜而左遷而超拜而賜宅第而諭祭葬豈庸碌輩所能致此異數哉萬歷舊志既略其實蹟乃孫子式微家乘無矽尋嘗過巴家洲拜公墓尋其墓表竟不可得土人但指荒冢纍纍爲中丞墓而已吁中丞距今曾幾何時而澌沒如斯盜無三歎歟

## 郭嵩 子之祜孫鋏附

郭嵩字叔中號少岡嘉靖壬子舉人癸丑進士授杭州



府推官適倭寇亂境總督胡宗憲擇嵩督餉進軍海鹽倭遁去再逼杭城守者戒扃鑰勿入郭外民民號震天嵩曰郭內外皆吾民奈何棄之以供屠戮悉開納全活億萬倭退擢兵科給事中奏議多讜切時政分宜相憚其戇以風霾更置言官謫華亭丞遷安慶府推官擅政者猶恐其大用仍擠之爲藩相以歸嵩性孝友兄鄧州守岱病劇梟集於庭嵩爲文禳梟願以身代翼日梟斃而岱亦立瘥至性格妖如是卒年五十四人謂嵩有隱德年位俱弗稱也後以子之祜官贈中憲大夫

之祜字篤卿號對岡萬歷癸卯舉人歷任陝西鞏昌府知府祜爲人敦倫睦族好善樂施尋居官有聲至今鞏人猶重修其祠以祀年七十一卒子二鎰鋏俱貢士

鋏字長仲一字蒯緱別號六湖漁人恩貢不仕避闖賊亂移家牛埠重湖闢徑築臺扁舟往來蓮渚頗有幽人之致晚卜居郭南園池樓榭意匠所營爲邑中名勝嘗與文士巨公觴詠倡和曰漫堂雅集鋏所撰指鴻軒律古其最著云子春詠字無崖歲貢士性愿謹好學問蚤卒孫棨棨俱太學生



## 喻曉

喻曉字子義別字望沙其先綿州人過潛江樂其土風而家焉遂籍於潛曉生而穎異早以文學著十四補邑庠弟子員嘉靖壬子舉于鄉授嵊縣教諭遷海豐知縣旋以論罷歸結茅泗河之濱自號爲釣叟年七十應舉鄉賓益嗜酒狂吟日與高人俊流酬唱爲樂不與戸以外事營兆泗嶺題曰止邱自撰墓誌銘八十五卒著有歸來草堂紀年稿若干卷

## 初言

初言靈壁令芳子生而能言故名言字幼嘉廉吏之後負薪自給一日忘歸覓之則手持論語一書臥儒學東廡下始知言之行藏在朱會稽間嗣補諸生嘉靖戊午鄉雋未仕卒其孝行載孝友傳中子學易嘉靖甲子舉人仕至邠州知州贈言文林郎

歐陽柏

歐陽柏字惟承號茂野嘉靖辛酉舉人隆慶戊辰進士初授義烏令時徵兵備倭柏親勾稽閱有良家子領麾幢爲鄉曲害并偷魁十三人跳之尺籍伍符者悉論如



法義烏德之後二十年祀名宦柏自令拜給事中爲刑科左吏科右戶科左封事斟酌民情國體非計久遠不發策如調浙兵禁私鬬論漕運團營便宜遵用不替以忤江陵意出參閩藩未幾奉表入都江陵所暱庭實纍纍柏發幣獨薄因投諸滇寄居滇未二年罷閩報郎襆被出同官不及餞獨御史大夫顧益卿馳三百里外賦松下老人歌送之已歸口不言時事身明農子孫受經當路故交無所造請儲書甚富搆大業樓諷詠日勤所著有樹穀堂稿十藪筆錄年七十五卒祀鄉賢

劉垓

劉垓字達可號肖華運同勳子隆慶辛未進士歷官僉事督學雲南精鑒拔滇士被其風教文運爲之一變致仕歸里睦鄉黨善風俗益以明道爲已任建同仁書院講學以掖後進鄒公元標劉公元卿皆有記置學田設義倉施義冢樂善不倦卒祀名宦鄉賢子南金恩貢士孫泌如高隱樂志曾孫效曾歲貢士歷咸甯穀城教諭以卓異擢懷甯知縣

袁國臣



袁國臣字惟鄰隆慶辛未進士初授行人擢吏科給事奉使楚藩餽金弗受楚王（諱瞻鵠）高其介節贈額曰君正清風建卻金亭於大別山（載漢陽志）歷禮刑左右給事中疏劾江陵出爲嶺嶠兵備僉事勦巨寇劉汝國余孟心等十寨蒙褒賚之賜遷江西副使轉山東參政致仕歸題隨處體認天理六字草書勒石於學宮卒祀鄉賢子三昌歲貢士任贛州府通判昱昂俱太學生孫調恩貢士懷遠知縣向謙甲午舉人公安教諭曾孫俊龍歲貢士

郭之藩

郭之藩字价卿號培岡推官嵓子隆慶庚午選貢士任武進水利武進志載藩修圩若干丈熟本邑田三萬畝並熟無錫田六萬畝覩芙蓉湖德周文襄遺蹟迄今言縣佐之賢者必首之藩遷分水縣令調知永安卒于官祀名宦崇禎壬午無錫高世泰督楚學政念藩築潛之功徵其行實祀鄉賢

劉爾宇

劉爾宇字承甫負氣倜儻豐於貲好行其德爲黎州目未幾棄官歸築一室于荷湖以經藝課子萬歷甲戌邑



侯朱熙洽欲聚畝設堞爲潛興百世之利恒苦豪右掣肘責成分痒甚難其任廉諸眾所推服者惟宇歎曰吾患不得黎州公公來吾事濟矣遂亟采造請宇爲大公正宇矢心竭力當時豪黠之欲避役者飛詭者苞苴絡繹于庭宇但笑謝之不復問亦不以相忤卒之均賦築城兩政畢舉宇之功大矣潛人德崑山朱公不忘而不知宇公正襄事之勞故特表而出之與崑山同不朽云

子應釗進士仕至嘉興知府

郭之幹

郭之幹字宗卿嵓次子萬歷癸酉舉人師事吳悟齋先生文行重於時初任盧氏多惠政祀名宦擢刑部郎出守慶遠府入覲請告居鄉急賑貸設立義學義田年六十三卒祀鄉賢子鋕恩貢士兖州通判

劉寅　子三策附

劉寅字敬甫號直菴嘉靖甲子舉人授鉅鹿學博鉅令倜以他事出辟四反獄越城寅督兵快蹑之擒獲二十七人以權變見器於監司遷華陽縣令時松潘梗化寅贊畫軍機捷聞欽賞銀幣建昌旋叛撫軍檄寅同總鎮李仁宇浪瀘深入取嶺柏印易置之賊以平欽賞如前



行取南山東道御史巡視京營京倉郢屬南米船至河交兑有留難之苦上倉有搬運之艱運役賠累破家莫償寅一清積弊移白虎倉於三十里外濱滸建立南運之困至此一甦子三策補太學生仕經歷

三策字遜庵任山西藩幕事繼母以孝聞出告反面之儀終身不懈性好施予里閈之無告者多待以舉火鄉黨有長者之稱年八十二卒

劉應同

劉應同字襟河萬歷癸未進士官刑部郎疏請開豁疑滯重辟百有六人有手著昭獄錄遷漢中太守值大荒捐俸賑饑不能給妻戴銷簪珥以繼之民歡呼載道所涖監司勉修故事饑民大譁監司忌之欲搆陷同後知其廉乃釋及守保寧時郡有張桓侯廟歲娶婦以巫夜分納幣女家晨啟門視之則黃白紙牘里人大醵錢買女合鼓吹筆帛納廟越三日出其骨里人不應則多水火疾疫橫死者至期太守主之其太守不欲舉行則殃先太守同至先期作表告桓侯臨事則火其廟藁懸其



首一郡震懾妖遂以平郡人戴德立祠以祀邑人朱士尊曰桓侯事大意與河伯娶婦同而投巫于河與藁懸神像則難易霄壤非膽識卓越鮮不爲福禍所動矣竊怪桓侯以千古英雄而爲一妖祟所誣侯果無知則何以廟侯知而不即肆天誅侯亦繞指柔矣公蓋侯之功臣也惜表逸其全玆於人所傳誦得數聯附錄有生爲兄弟殺妻子曾甘心於婦人死留香火祠春秋肯失躬于淫祀又夜午驛亭孤燭汨千秋誰共桃園東西臺畔兩橋思百代徒傷銅雀又無故匿民間女子入官爲奴公請自讀漢律即今斬大王身首火焚其廟臣將謹按天誅之句妖伏辜而郡遂無娶婦之慘公之大德在豁獄誅妖厥後長子貞吉以乙酉雋于北闈季子昌吉與孫增環璹已卯同雋于楚闈堤歲貢學博異人異事應有異報焉

柴恪子一眞一德附

柴恪字子舒號愼庵孝子浩四世孫十歲能屬文十一而孤就學于婦翁郭黃門嵩十七補邑諸生積學累行蔪然自樹萬歷己卯以選貢中鄉試己丑成進士除常之無錫令錫大徭獨長賦最素封之家賄吏免役中人破家者十室而九恪首釐剔更令家不千金田不百畮者不長賦民乃不困歲大旱恪走羣望而禱憂勤至誠雨隨澍秋大風偃禾恪禳之風反禾盡起吳人奇其事五載奏最遷兵部職方主事入省甫十日上以封倭使辱命欲更遣科臣廷議多同異不決上怒罪宗伯司馬



諸郎及給事中媠慢竄逐者十九人恪與焉得添註延州尉歸而楗關謝客於城南蒔花竹構亭顏曰寤言灌園學圃角巾布衣逍遙物外年六十一卒天啟嗣服覃恩議贈恤建言詿誤諸臣恪子一眞時授隨州訓導疏其事遣弟一德詣闕陳情報可贈恪璽丞祀鄉賢

一眞字如卿號夢庵歲貢士授隨州訓導遷穎上知縣清介自持仁明御下一行所無事尋以含射投簪惟攜琴書數篋人皆揮淚相送迄今謳思之穎上縣志一眞艱於嗣壯年即取其堂兄一舉之子應瑗於襁褓而子之瑗性

最孝謹江夏黃正色誌眞墓曰自正色與夢庵瑗交不聞潛之人及柴之門以內有間言不聞夢庵之爲父瑗之爲子恩勤顧復之或疎承歡定省之或怠夢庵之慈瑗之孝當何如瑗之孫鏞歲貢士考授訓導

一德字吉民恪次子穎悟過人補諸生不屑屑以制藝名世博極羣書遊名山大川友天下名士尤與曹能始李太虛爲莫逆交著作甚富惜兵燹後散亡殆盡天啟初詣闕上書爲父恪昭雪詿誤事情詞忠孝愷切因得邺典贈恪璽丞（疏載藝文志）子應參婦劉氏俱罵賊不辱死



（事載女貞傳中）德竟無後嗚呼參雖死有所以不死者亦可以嗣矣

## 朱宗望

朱宗望字遇甫號渭瞻弱冠試高等食廩學使雲巖陳公子魯金公連拔置諸生第一萬歷己卯乙楚榜庚辰應選貢肄業南雍受知于留臺剛峯海公司成霖寰李公與陶石簣郭明龍汪巽蘷李本寧唱和著有鈎玠集行世已而還里歲大祲父侃沒甫殮巨濤撼屋棺幾欹蕩望奮躍水中抱棺號泣波臣爲之退舍遂得牽挽就葬廬墓側手植白楊與身等草沒其頂不忍去越二年授四川江安知縣江安祠祀而紀其德政略曰邑士夙安於鄙公至首遷學延儒文風駸振奉命採木于霄之材蔽江充棟而民忘其勞會播酋楊應龍反破綦江城距江安僅數舍是時承平日久人不習鬭且大兵未集聞應龍先聲無不潰散視江安孤城猶腐鼠耳公知應龍兵驕無制乃密調鄉勇設伏城南谷俟酋薄城伏起夾擊酋大北追奔三十里堅守江安以待劉綎吳廣兩總戎督十八路兵至公輿金輦餉按期給軍元逆成擒



督撫郭公子章上幕府功擬公關中轉粟晉四品服俸錫以銀緞鏹太平宴鼎銘銘曰播酋攖險吠堯助桀三宥罔悛一怒授鉞計蹙投繯是絕是忽讌喜受祉載歌六月旋以疾乞休歿後膺子之玉封晉階奉政大夫年八十二卒江安祀名宦崇禎四年祀鄉賢仲子之玉舉人知府叔子之瑚歲貢士訓導孫士沖進士翰林庶常士達進士推官士尊甲午選貢士麟歲貢訓導士鼎太學生曾孫載震歲貢教習知縣

## 劉應珂（孫珏附）

劉應珂字平叔號衡螺性慈孝事親色養不倦萬歷己丑成進士服官所至以愷悌著由刑部郎出守太平開河振武闢青山書院與諸士講肄其中移守嘉興獄卒列陳刑具珂愴然曰惡忍以人難忍之痛迫白誣服而快長吏意耶盡撤去之並禁丞倅以下泊屬邑毋得用忌者以此中之遂解組歸以歷仕所得祿分惠族人少長無遺訂刻朱子語錄疏聖諭以訓子弟吉水鄒忠介公稱珂勤於檢身疎於防人銳於慕古暗於涉世粹乎穆乎如金未鑛如玉未鑿其行誼可知已子達善歲貢



士孫珏知縣

珏字兩玉號木容歲貢士順治乙未考身言書判上等引見　賜宴　皇極門左楹授聞喜知縣尋以舊令逋累罷歸珏制行寬簡能詩愛清談篤嗜朋友於藝無所不通卒年五十一子遑俊甘貧力學善屬文

## 李之皞

李之皞字克醖號莘堯西鄉令鳴子皞生而蚤慧復得庭授故所爲制舉業卓然名家登萬歷乙酉賢書己丑魁南宮壬辰廷試次當試於理疏言臣不幸有狗馬疾幼鬱於聰懼負驅策請得舊業自矢報可教授宣州擢南國子監博士尋擢監丞擢南戶部主事督揚州鈔關遷郎中有蜀藩之命建昌六衛出蜀西徼阻大渡河即漢忠武侯所渡瀘也巢猓出沒憲臣領兹寄者憚溪箐飛棧率坐卬雅間遙制以故巢猓生心皞次第按行申明賞罰壁壘改觀大帥負橐鞬郊迎嵕峒蠻落率醜類伏道左皞宣朝廷威德約束之終皞之任相戒勿犯皞解組而建昌歲苦邊夋又部徵諸路糧至陪京例曝之三汰之三而後納曠日以須費用不貲皞力請於大司



農得改輸便販爲桑梓造百世之利卒年六十一後以子奐令無極加贈朝議大夫孫世乾風流淹雅惜四十而卒又萬歷三十二年皞篆儒學碑記見金石記

## 歐陽東白

歐陽東白字純之號參宇萬歷戊子舉於鄉再上春官授清河諭補江夏諭函丈講論雖劇不輟一時名賢如賀公逢聖熊公廷弼皆出其門熊公少故骯髒任氣白嘗箴之曰子爲諸生不可使人不知有子子服官不可使人知有子其知人善教如此遷宜山令宜山於粵最

僻蠻煙毒霧之區白下車焚告矢不以操切從事不誤斃一命於杖下樹麥增餽士民歌頌官評有民戴如天政廉若洗贈聯有四年清白有天知之句時白從弟東鳳爲平樂太守粵人稱爲大小歐陽焉及遷守德慶州治狀無殊宜山引疾乞休槖中無鬱林片石年六十卒祀鄉賢賀公銘於墓石熊公表其墓碑皆道其誠正之學孝友之行追憶三十年之德教不可忘太僕公東鳳爲之傳曰出則爲明師爲良吏居則爲端人爲長者蓋實錄也子熻舉人仕至兵備副使爌歲貢士仕簡州同



知孫壚恩貢通判坪墀俱歲貢訓導曾孫瑊拔貢知縣元孫錫疇副榜拔貢

李之翺

李之翺字克升號衡峯萬歷初歲貢任永定衛訓導捐俸修學以教多士永定之知有學自翺始及去弟子慕之於其坐樹下立石曰甘棠所著有逸叟寄言應鄉賓十有三壽九十卒

吳從誠

吳從誠字虛舟别號彤衷才高性樸有古君子風萬歷戊子舉人授陜州學正甲午應四川分較聘兼兩房同考得士十有七人擢袁州推官有良士師之稱遷湖州府丞轉兩浙運同以卓異擢處州太守處民譁於詭幾禍地方誠曉倡亂者以禮法不逞旋戢再守潯州歷鳳翔俱有異績著聞擢長蘆運使會覃恩得移贈祖父母如其官人咸以爲異數遷雲南參政尋解組歸杜門泊如食甘疏糲衣謝華鮮有譏其矯者誠潸然曰吾少也貧吾母無身世一日之懽而伐之年吾服食何忍過腆誠守潯州時父卒於家誠蓬跣奔喪廬墓三載作石人



象已署名鐫其背曰千秋遺恨長跽墓林跪而瘞墓中致有紫荆冬華之瑞時賢作瑞荆篇以美之又自治棺從薄製銘於旁曰下而螻蟻上而烏鳶原以蔽醜豈以飾觀書其首曰雲南大參吳彤衷之柩恐後人以美好者易之以傷厥心終身孺慕如誠者可以爲難矣卒年六十有九祀鄉賢仲子袞舉人孫善滙歲貢士

劉爭

劉爭字巽寰萬歷癸酉舉人授遂寧知縣致仕後屏跡公庭孝友之風人所矜式爭十困禮闈九應鄉賓年九

十卒孫儻舉人曾孫行翌太學生

彭鳳翀補

彭鳳翀萬歷壬午舉人歷任廣東肇慶府雲南旬尋府知府清廉有政聲致仕歸囊槖蕭然不能備貲斧

莫汝嘉 子若玉附

莫汝嘉字從吾隆慶庚午副榜精敏好學重然諾輕施予拯鄉井之危賙遺族姻無倦色凡樹德畏人知者罔弗為也其檢身直方訓子弟以禮讓為一時儒行之宗季子若玉字石伯號鼇峯生而落落不偶踰壯受知於



邑令陳侯夢琉未幾擾攘屋社遂棄帖括𢤱數椽東郊竹樹蓊密怡情奕酒其樂施好善一無異於若翁晚追憶陳侯知遇特建祠祀三原孫枝蔚題詩呈莫翁鼇峯者是也詩載饗祀志玉髦盍耆學暇輒與兄子與先論古得失訂先正制義以授仲孫之翰命酒淡坐亹亹移日與先嘉之孫玉兄若智子字大岸一字銚子順治戊子拔貢辛卯以侚書魁順天授雲夢教諭登戊戌進士令高邑踰年而引疾先總卯贍盛名沈酣六籍百氏之書所為詩歌古文辭必己出奧博之聲誦服徧海內歸田奉毋曲盡孝養結茅月洪之濱蕭然環堵屢空晏如自號顧洄老人年八十愛作蠅頭細楷手一卷不輟廉直好修風流弘獎古萊蕪有道之流與著有南陂詩郤芟讀史樂府今是堂集若干卷之翰字紫來號嵩皋玉孫嘉曾孫康熙己酉舉人庚戌進士授上高知縣以卓異擢泗州知州歷刑部河南司員外禮部儀制司郎中膺才能選遷貴西兵巡僉事翰登第之日玉猶得目擊積累之報尤稱罕覯云

# 潛江縣志卷之十六

知縣事劉　煥纂修
知縣事史致謨續纂

## 人物志　列傳

明

### 歐陽東鳳

歐陽東鳳字千仞號宜諸十四而孤母許臥病彌年晨夕侍湯藥有唾血跪而食之籲天而泣祈以身代居母喪服未闋三日不與縣試後卒以補童子遺郡伯學使



俱拔第一郎以是年萬歷乙酉舉孝廉己丑成進士授興化令賑浸窮鄉一舠渡湖風濤卒起民望而哭者聲震天鳳怡然不動於色與民逋賦獲辜鳳抗疏於朝減浮糧二萬石蠲積逋一萬餘兩擢刑部郎疏斥貪蕩祭酒馮夢禎總督陳大科一時有以嚴見憚之頌出守平樂勸猺獞子弟就學化以禮讓會璫恣行粵西郡邑股慄鳳力折其鋒璫爲易嚮調常州守建先賢祠樹傳是堂撰毘陵人物志四庫全書稱其取常州先哲六十九人採史傳郡志人各爲傳附以頌體例頗謹造高士王時英之廬車載還郡坐論得失侈靡之俗一礪旋備兵潁上勤簡練禁包折清驛遞墨吏望風解綬幡戟所至風霜肅然自潁歸田者數載熹宗朝以公廉卓異特起南太僕寺少卿鳳三疏乞休事跡附見明史顧憲成傳杜門著述干旄所至輒引避之惟事有關邑利害者則不憚力爭請改折兌糧以甦里困議蠲議賑必災黎實沾其惠而後已積僧田守張艮臣計改朱侯熙洽清丈額弓以贏田爲奇貨鳳條陳罣於法民害以除有大盜刼質庫經其門聲相誡曰勿驚我歐陽公異類革面如



此潛俗從墓祭鳳謂委禮於草莽非古也建祠於先世墓左置祭田訂祭約搆一枝齋聚羣從子弟之秀者課耗其中其不習舉子業者誨以曲禮孝經彬彬乎有孝弟力田之風焉鳳仕不廢學讀書無間寒暑著有我乾飛霞閣祉草素風居士集自在居偶筆一枝齋腐譚閒中漫鈔蝶軒漫書毘陵閒話昭州暇筆又傳闡律十卷見明史卒年四十九訃聞毘陵五邑士民奔走請祀名宦邑之人請祀鄉賢兩祀先後並舉三代之直於歐陽太僕見之矣

邑人朱士尊曰公遺命勿溷我以鄉賢事豈公尙有歉於衷與夫崇德尙賢本由民彝寍私其人哉況公之平生世有定論矣翅一鄉乃棺甫盍而鄉人無小大翕然謂當祀是亦可以槩公矣公清望在朝慈惠在野筭僅服官數同伯道造物者尙可問耶又何怪乎庸碌高位薄刻永年者之援以自解也

何薦可

何薦可字替否號具茨萬歷庚子鄉魁癸丑進士初授常州推官按獄必焚香露禱然後具狀置於理者自以不寃以治行異等行取戸部主事擢南廣西道御史疏邊疆戰守無長策經撫異同生嫌備陳失援致衄旁掣紛囂之情痛切千餘言又以留都根本重地久缺司馬宜急簡本兵急議督練專官劾首揆温體仁因循誤國降秩旋復乃引病去著有二戴刪簶定註行世年七十三卒崇禎四年祀鄉賢子翰舉人事載孝子傳鳳翩歲貢士孫暉祚恩貢闖寇亂隨父諤母陳避湖中賊至將遇害暉祚哀鳴乞代賊憫而並釋之未仕卒

劉道隆

劉道隆字麟原號啟南萬歷乙酉舉人丙戌進士授江都知縣下車即杖殺侵帑吏諸蠹不敢因緣爲奸昭雪滯獄范學仁等十餘人鑿陂堰以捄潦困開商籍試士



之例欽縣當國所親多僑居楊介肆行莫問隆以匿盜贓撲其姪擾驛遞奪其壻中書某郵符時相啣之幾不免作令五載約己愛民風裁自砥會詔徵郡縣循良入充風憲擢隆兵科給事轉刑科給事處言路四閱月疏凡十數上補袞闕儆官邪彊項壁立以爭拾遺引嫌家食七年補兵科再轉吏科復去位神宗中葉以來朝宁之間局凡屢變門戸之說紛紜水火工科給事孫善繼拜疏竟去道隆繼之王元翰顧天俊李騰芳陳治則先後去吏科糾擅去諸臣命削善繼籍道隆等各降秩泰昌改元凡老成人悉起田間除隆光祿少卿遷通政參議轉右通政疏薦高邑趙南星德清葛寅亮温旨嘉納次第擢用疏捄熊廷弼謂司馬左袒撫臣王化貞妄引一二不根語欲坐經略逆謀與兵部駁擊不報遂引疾致仕隆居鄉嚴氣正性邑中興除大故不辭艱不避謗如條議濬河築隄事宜一邑永賴於立朝去就間尤有古大臣之風卒年六十七祀鄉賢子蓀恩貢通判孫廣國進士充國恩貢曾孫儵歲貢寶慶府訓導偉太學生

朱之玉

朱之玉字章甫宗望子萬歷丙午舉人授信豐知縣以清恬醕謹得上考遷高唐知州有販金商沉舟於河鄉人爭以網罟取之一郡譁然商不敢問玉聞之單騎至河干盡逐網金者更取黠者一二輩法之擇善水五六人從水底探得囊篋封識宛然盡以還商商跪泣曰微公至幾爲窮途餓殍得還鄉資斧足矣烏冀其他玉曰吾至此恐市人爭奪耳倘自取之何面目對吾赤子商固請曰篋中金計二千餘兩願獻其半以報殊恩玉笑曰與取其半盍攫其全卽發公役十人護送境外商爲



立卻金亭於河干勒碑記其事遷順天司理轉刑部郎中擢桂林知府致仕年八十二卒子士鼎太學生

張承宇

張承宇字幼盈號啟爾戶部夔子孕十四月而生六歲失怙穎異過人篤好經史負爽朗瀟灑之才下筆輒數千言弱冠藉藉儒林累舉不第崇禎間徵賢良方正不應仍就歲貢已卯復入鄉闈已獲雋又以策語觸時諱乙之副榜拔貢宇撫几歎曰吾經世之志不復伸矣遂感疾不起宇爲人骯髒不偕俗貌魁梧豐偉才大氣雄以匡濟自許啟口纚纚霏霏爛然雲錦尤善草書行楷疾將革客至譚笑自若友人柴一德以詩來尚援筆屬和（詩曰爲問長卿病有無牀前數步賴人扶曾非開幔如新婦縱不雕蟲豈壯夫姓字無聞徵盛世文章待捲入冥途煩炎欲得葡萄解千顆來當酒百壺）作葬制自祭文題銘旌曰大明高士張啟爾之柩絕筆以終著有牆東樓集四十以前詩集二十一史醻三傳合鈔歷代詩文選秋爵集唐百首振古奇哭魚腹鬭龍舟雜齣

歐陽熠（子墉孫珹附）

歐陽熠字誠夫號湘茹德慶守東白長子年十六三試



有司咸冠中萬歷己酉鄉試赴天官試第一除乾州知州乾衛痞而囂訟熠至攜長孫珹誓於衆曰有不潔已自愛以一事累乾民者殃及此孫聞者輒加額歎其廉棘撤蔀伐菝拔薙凡利乾民不憚心力九膺薦剡移駐涢郡丞擢南刑部郎中上有盤錯益利雷電合章之襃遷廉州太守以平海功調守部州尋簡兵備副使移鎮姚安以防土司之變蒞政期月屢疏稱疾上猶曰某善自攝將需後用異數也歸搆滄浪閣日偕其弟[illegible]集宗黨朋游琴樽嘯詠崇禎癸未秋闖賊入郢焚陵廟熠憤

甚命酒賦詩有澄清若是爲期杳蒲質何須更假年之句擲筆而逝年六十四

堉字若木號雪崖燿子恩貢通判不仕堉壯貌魁岸炯雙眸美髭髯性豪邁善與人交所收藏古法書名畫甚富每延佳士品題酒籌歌板夯夕移日不極興不休晚結廬父觀察墓側遂終老焉

珹字他石號介菴堉子順治戊子拔貢授成縣知縣道過乾州去其祖燿爲政之時三十年父老子弟咸來拜且泣指其祠前所樹石曰天實昌賢刺史後也願使君



自愛珹蒞成值地震山崩壓死人丁數千地裂沈田糧一百二十餘石珹力請除亡丁蠲絶糧災民戴之爲誌於石嗣補高密令密最苦逃人流毒珹獲逃即親爲解送杜窩家扳連之禍尤工詞翰退食之暇不廢詠觴尋以病卒舁櫬奠送者千餘人子錫疇中康熙庚午副榜拔貢

朱之瑚 子士達附

朱之瑚字仍樸號瑤碧宗望子博學敏才生平以聖賢自律言動不苟凡諸昆季家政悉就裁决以歲貢廷試第一授公安訓導視躬範士咸式以爲人師再補南康訓導南康俗有男女踰三十未婚嫁者一家有纍纍數棺累代不營葬者瑚至進諸生耆老切責誨諭其或家貧無力則設彼此資給通融之法著婚儀葬儀二卷婚葬以時直指嘉其事膺薦當遷力辭歸里白首纂修不懈尤善臨池子士達進士

士達字顯公號亦巖崇禎丙子副榜順治甲午舉人乙未副南宮己亥成進士授常州府推官嘗與諸生講藝一時巍科多出其門丙午以禮記分校南闈得知名



士四人常有寓客陳有量妻海氏姝麗漕猾林二思漁之賺量出遏海不涅以死匿骸漕糧中又募人刃量於途達適監兑夜恍有嗚咽聲似訴漕艘者驚起明炬人清米得海屍廉得林狀林以大利求逭竟置於法時方炎夏踰十日乃殮色如生常人建海烈婦祠有銀管集以頌其事旋奉裁缺改補歸年六十四卒孫時夏太學生考授州同時行時健俱太學生

李師沆 子善篤附

李師沆字靖源號畏蒼萬歷己酉舉人天啟壬戌進士

除安肅知縣安肅爲畿輔衝繁近地供億日夕無寍晷沉毅練慈惠事無廢而民享安和甫報最擢吏部文選主事旋以母老乞假林下十年崇禎乙亥詔起才能補大理丞遷南禮部郎中轄河南參議尋罷歸結茅潭河督耕屏迹卒年六十四子善篤性孝友績學砥行一時有謹厚之稱崇禎癸酉鄉舉授廉州推官卒於任善承順治甲午選貢士任潛山丞孫詵劭太學生考授縣丞

## 李庚

李庚字君義號筠城參政之嫡子歲貢士授蘄水訓導



會賊犯蘄庚設伏浠水上賊宵遁蘄人上其事於撫軍直指庚曰吹劍者一吷耳豈以是希進哉遂拂衣去蘄人官撫極有迓庚出山詩曰不泝流光便擊空烏紗時在釣船中東方大隱堪游戲何必冥飛天外鴻又曰紩鞈曾將儒服删幺魔泣遁笑談間而今玉匣藏霜刃忍聽頭顱積滿山之句庚歸田後卽無意人間世潛心苾芻絕血味著布衲蕭然一老頭陀二十餘年著有松篁館詩草

## 劉若金

劉若金字用汝號雲密性剛介嚴整喜分別倫類面折人過爲文以清眞淡健爲矩彀好苦思名其制義曰渴日草天啟辛酉舉人乙丑進士授古田知縣海壖瘠邑羣盜聚叢篁灌莽中梗驛劫旅若金至蘇鄭弭盜臺使交薦調補浦城令古田攀留不得與浦城爭訴於建寍太守守曰朝命也應與浦城閩人傳爲美談浦苦旱若金甫視事卽廉得巨蠹榜殺之應時澍雨以平斗斛賊功擢南吏部主事轉郎中出爲淮海兵備僉事淮右爲濠泗門戶流寇方熾餉鈌卒驕脫巾兆變若金剔釐訓



練清冒額擢將才羅舉於伍授以方略置堡設邏賊相戒不敢犯境淮多勢豪大猾叢奸害政若金摘發鋤擊逾年而淮大治河工因循成習若金搜求水道悉心疏築所開淤河與劉兵憲隄今猶稱之奏績晉一級賜白金文綺益爲當事者所忌投劾還里已而上知其忠幹優詔起南通政司右參議特簡副都御史督撫閩廣中原賊焰甚張若金保海上歷遷刑部尙書賜贊襄補袞銀印致仕歸杜門謝客題當所讀書屋曰喟然軒自號蠡園逸叟景陵孝廉吳驥贈以詩曰兵戈間道入燬陳

追憶深恩顧老臣留得黃冠依故里占來白社託先民
蔭松息竹俱流韻積雪鑿冰益爽神自有龍門難望見
勞生猶作路旁塵其推挹若此若金草書最佳不輕爲
人作故流傳者少善攝養精研軒岐之書耄耋精神不
衰著本草述二十四卷行世年八十一卒祀鄉賢子洸
順治庚子舉人沅陵教諭湜太學生候選知縣

歐陽熿

歐陽熿字弢夫一字澤涵東白仲子少受知於學使葛
公屺瞻長益肆力於文章聲譽日盛以歲貢士除簡州



同知遷廣東都閫參軍旋乞歸熿性爽逸以山水友朋
爲樂所在焚香掃室羅花竹陳圖史著盌琴樽吟咏移
情蓋隱於吏者也解組後葛巾野服嘯傲林泉每佳晨
勝賞必招邀文士呼子弟環坐飛觴人謂蘭亭西園風
宛在年八十二卒卒之日命酒別戚友陶然自得若舉
手謝世人者然

柴一舉　張佐

柴一舉字霞卿號鴻瀛邑諸生性恬靜蕭散志行湻慤
當明季寇亂舉一舸往還江湖間順治二年天下大定
返故廬柳陰河畔者英歎嘯皓首兒孫環坐傳舉郡太
守李公起元公安袁彭年江夏黃正色長沙陶汝鼐俱
有壽舉九十詩又四年卒 郡伯李起元壽霞卿九十詩聞昔使臣過雲水皤髮親逢
排奕壘兩行林立皆鶴顏仙侶儼然圖畫裏比來劉子
向余言柴翁九十友東園精光皎若冰壺濯會茹神芝
吸露繁有時執經能課子有時含飴學哺孫研思猶復
通深渺手探月窟攀天根爲問此翁何所詣躡景崑崙
方高翔地行不必蒲輪徵河上風光偏開霽世人局促
服轅駒羊腸難陟路崎嶇此翁舒嘯常瀟灑留得生來
眉與鬢閱歷幾經陵谷改伐毛洗髓存主宰繼嗣翩然
遶膝前學道既成及親在向說燕山鮮比倫江沱今亦
有靈椿我將憑軾咨高躅寫入鷲溪獻北辰 公安袁
彭年詩先生今年九十春屈指穆廟改元人閱罷七朝
丁改玉炎嶠又見赤幟新柱下乳相百四十逮事高文
上及秦先生之年才强半已見滄海三揚塵策杖高吟



江沱邊何須導引始長年有子賢豪窮宛委孫又生子
及曾元移山莫費愚公力且從衞武手一編春初把酒
待清光鄭莊初見大父行君不見荷葉如錢榴吐蕊張
緖南門舞流水恰是先生嶽降辰膝前四代奏甘旨鼎
沸聲裏憶開元 手書甲子又一紀北窗一臥夢未醒驢
背大笑何年始 江夏黃正色詩荷生南浦小如錢先
生九十猶壯年日坐高隄雲鳥邊行人閱盡千萬千晴
霽歡逢好顏色綠楊淡蕩波光立室中忘却攜筇出遠
人來前恰相及借問先生何以壽少年彈琴琴是友種
菊殷勤列差等有花黃白秋心守兒孫箇箇催我老白
髮雖添亦人早不知時代是何年只覺逢君語言好今
朝滿懷都是春塵埃人更一番人我持匡山一藤杖跪
進先生笑相向 湖南陶汝鼐詩君不見興都自昔雲
氣多老人一宿明江沱柴翁九十神骨如鶴立飲酒尚
記康衢歌平巾淡衣談太古何必涼風之山與縣圃手
持青玉杖坐受萊衣舞不使黃庭換白圭安用紅顏餞
湩乳佀從綺皓圖中見眼底滄桑看欲倦生平抱道如
抱珠始覺韓彭致身賤居然神廟以前人風霜偏得老

龍鱗欲向江潭採雲毋壽公與世留其酯大郎戟手笑相謝里中自有仙史真劉晨

張佐字翊鼎以文學名兩中副車惟以薄福自謝設義塾教後學從遊者多致通顯年垂百而飲啖步履如壯盛一日呼其孫曰吾歷壞刼中得全正寢天也爾輩大道理只向聖賢書中體貼文章世業忠厚祖傳須引伸滋培之清貧是福謹識忍耐二字以俟天道遂瞑目逝年九十八柴翁一舉二子應旌士諸俱邑庠舉卒之日一年七十五一年七十二張翁佐之子三延慶邑庠年八十二延聲歲貢十年七十八延英邑庠年七十六佐卒三子皆鶴



髮童顏繞棺號泣一時人瑞萃於二翁之門異哉

莫若智

莫若智字元達號楚江汝嘉第三子弱冠失怙遭闖獻之變遠贄於東鄉學博劉馨宇署中性多雅游無何自江右適秣陵執經焦澹園之門讀書不事章句惟邊防屯漕諸時務目營手畫焦公知其材適宜大總督某公焦同年友也力薦爲中權以往且佐之辦裝比至宣大而某公已絓黨議去智遂息機戢影教授里中子進士與先自幼及總角以至成名凡所讀書皆智朝夕程課者也崇禎初邑葭州守袁冕聘游上郡袁老而秦寇方熾智義不忍却遂與俱行至則專以城守機宜相委重竟屹然無虞有重囚五六人爲求其生而釋之又有亡賴子馬九霄闔族憚之以勾賊首於官智力爭以爲雖亡賴罪不至死乃免後袁罷官歸此人出死力捍衛抵家而後去智之隱德遠慮多此類晚隱於邑西之長泊湖自號之江樵叟以終

謝國玉

謝國玉字君符先世席豐資美田宅甲於鄉里玉幼警



敏氣岸磊落長好交遊善結納築館舍南益勵志學問恥爲俗下之言四方賓客造訪恒減產奉讌家遂不及中人而才名日著連不得志於有司乃屏迹自放與高士徐適之嶧李雙白曉闕外侯維甸寓情詩酒會亂離避寇湖鄉扁舟載書史壺觴自隨遇柳岸蘆溪輒呼朋儔共飲談論娓娓聽者忘倦嘗作遺懷詩差留古法行吾意未解時妝逐世趨可以知其所尚已後以壽終子昉恩貢士澤州州同

劉卒國

劉率國字端侯一字夢予東鄉諭劉芬之子也少負異敏聲爲文劇目銶心不創獲不止萬歷戊午受知於學使者錢塘葛公屺瞻評其文有風蕭蕭兮易水寒之語遂以新進生拔置歲試第二名食餼益前此未有也自是益務振奇讀人所未見書每談藝論古石破天驚流輩咸敬憚之歲丁卯其姊夫莫若智將遊塞上子與先年十二歲甥舅相依執經問業一日悉取與先趨庭雜誦之篇數百首束而火之姊夫戟手怒詈率國笑應曰吾以純灰三斛澣吾甥胸腑奪螯弧若俯拾地上芥耳



踰一歲果然遠方聞之負笈者益眾如景陵程一璧其從弟劉廣國及與先皆次第成進士丙戌李尚隆解元邑農家子也率國每以元度許之其陶淑衡鑒精審若此他高第弟子淵源濡染多所樹立而率國獨屢試輒蹶終不得一售豈非命耶然葛錢塘偉人巨眼所枠行江漢人文祗今沾被徧海內率國與焉嗟乎足以傳矣癸未甲申間以次應歲貢掉臂弗出杜門講授爨無欲清之人而舒歗展謔之興不少衰年六十卒

國朝

## 歐陽烝

歐陽烝字憲文號繫菴讀書目下數行悉記無遺年十三爲學使華亭文敏董公首拔天啟甲子舉於鄉又十年崇禎丁丑成進士授江都縣令江都稱沃壤衝劇難治烝飭躬以廉馭民以靜理簿書斷訟獄發決如神故得以其餘閒恣覽經史百家之書五載爲令凡四校士每閱卷風發電掣夕掩闈朝署榜文之美惡罔不記憶所決科名有無遲速歷歷不爽士咸以經品題爲榮奏最入覲廷議以燕魯地多殘破令所舉才望素著者十



餘人仍補嚴邑以儲大用烝又知滑縣一載推誠招徠滑民從賊者悉爲良善再名詣都越一日卽有甲申三月之變烝倉卒自盡爲同事者所趣病彌月不起

本朝殲寇定鼎補吏部驗封主事遷文選員外郎乙酉典試河南闈卷五千餘咸先搜閱然後分房細評得士九十五成進士者先後七十人旋以憂奔還乃藉張文昌胡旦之疾一丸泥自封嗚呼其深衷可慼已著儆居文選舜問堂遺藁春詞集唐共若干卷烝嘗言生平作老蠹魚不肖乾死案頭之螢私慽千古少真讀書人從

來儒者皆黨枯護朽保缺守殘以致成見不化持論多謬臚傳發冢則詩書爲梯白晝攫金則科第首禍內寇外賊皆以我輩爲口實而讀書種子似絕矣斯言其砥行礪名之藥石乎卒年六十四子壆堃俱貢士

劉肇國 信國附

劉肇國字敏功號阮仙十歲而孤其舅氏歐陽公燧授之學燧博聞強記忠節君子也肇國親承其教文章行誼爲有本云肇國性樸茂襟度恬雅家固貧食客常滿座上購書不計値每窮交故舊四方士懷刺遠投必竭



情優遇有置驛投轄遺風崇禎癸酉舉人癸未進士選翰林院庶吉士

本朝順治二年乙酉授弘文院檢討典江南鄉試出其門者列史館臺垣掌銓衡登公輔先後相望丙戌典武會試所得多奇士如提督梁公化鳳勳業尤著遷國子監司業首拔熊公伯龍海內文章風氣一軌於醕擢國史院學士教習庶吉士生母李太淑人卒肇國飯素茹淡三年塑母像於佛前長跪膝下誠孝所感嘗有異徵扶櫬歸

欽予祭奠旋請告致仕其述懷詩曰 聖恩放作山林客世業留爲田舍翁載自著芟㴱集中戊戌遊江淮間明年避寇泰郵入寶應以疾卒於廣陵石塔寺僧房康熙十八年祀鄉賢子侁恩廕生未仕俛太學生州同先是肇國艱於嗣以弟信國仲子侁爲後晚娶王夫人於京邸生俛肇國卒俛甫四齡王柏舟自誓茹荼哺孤三十餘年教俛克紹前緒里黨宗族咸稱王有功於劉氏侁恬澹自守棲心白業於城隅舍旁建劉學士祠合祀祖考後造佛閣三楹承先志也 虞山朱允治撰學士劉公祠堂記曰祠堂者何



古祀典也祭祀一也晰之則二祭於家廟曰祭祀於郊原曰祀古名卿大夫沒先定祭禮則以其所當名者名之若考若祖考若曾祖考以至大宗小宗之廟也以報本也既定祀禮則羣公先正之壇壝也以報功也近代以鄉賢名宦從祀先師孔子廟廷而事體更大俎豆與於斯文有司必以奏請人稱崇祀誠哉祀典之極其崇隆者矣吾師阮仙劉公以鄉賢從祀於是有從祀錄而其長公侁意猶未慊謂從祀自春秋丁祭而外木主閟文廟中清廟閟侐非與祭衣冠則不得瞻拜也乃謀建祠堂於宅旁之南又以余小子辱在門牆荷公之恩最厚受公之遇最深而知公者亦最悉故屬余爲之記余竊億公生平如從祀錄中所載持己端方立朝忠謹以及接物和平居鄉雍穆誠不愧聖賢中人即其校士武闈特拔梁公化鳳檢其韜畧有針芥之投後閱幾年海逆內侵梁公以島嶼孤軍挺身出援全東南之半壁迺百萬之生靈功莫大焉所有之功則皆膺賢者之功也捍災禦患民社賴之建祠以報不亦宜乎餘若嘉言懿行可傳不朽者僃不勝書但論祠堂之有合於古且就

知人得士之一端而已不愧於斯舉如此

信國字公允號匡君肇國弟歲貢士授臨桂知縣信國書法秀整工繪事其所作著色花卉風韻絕佳少依庶母郭及郭卒信請於上引繼母例得終三年喪昔宋皇祐間祝紳鞠於兄嫂嘗爲嫂持服又請解官持兄喪羣臣以爲言仁宗曰世有匿親喪而干進者紳雖所服非禮然亦不忘鞠育可勸也信國此舉近之子俸拔貢任華州同知倖恩廕生考授縣丞

周廷彬



周廷彬字孝質號夢漁少擅文名家有寃賦雖多累而力學自若天啟辛酉舉人順治壬辰授鳳翔府推官有山東進士張六部者以劾陷於辟沈獄五載檄彬覆勘廉得其寃狀力白於直指出其罪

張六部獻司理周公詩黃雀投網羅展轉困螻蟻三公未顯時遇物生悲慈措羅驅蟻去養雀成羽儀乃知聖賢心仁愛理不移賤子東魯士賦性狂且痴雖能讀父書不甚愛文詞存軀滄桑後淚藉一無資顧盼笑平原意氣許臨淄執政偶憐材收用及鬻炊本不堪保障且復試繭絲連雲百戰後貪吏那可爲而所持鄙念良莠定別釐燥菸更悞急無功禍卽隨憲典方執法下吏漫蹙眉紙上傾人命吁咨動天撰勅下詳刑者非經術不宜其時周夫子清風灑鳳岐八傳今定國爭說漢釋之幸値上官介檄予來公塀公塀何所見絲草自委蛇是日看夫子顧予淚交頤纓領直指符究詰予情辭宿牘舊雲黑彤管初日曦虛明公畏間平反剖劂時五載案沈淪一朝得矜疑行將達司寇入告聖明知安得天下獄司理盡如茲嗟予泊失怙十年無嚴師今者内罟獲生我復是誰迫聞星軺發涕泗泣漣而不如華陰鳥翩翩傍車騎欲憑寸草心答報三春遲

凡所讞決清愼平允矜全者衆遷保寧郡丞兩分校秦蜀鄉闈辭疾致仕牒未下而解綬載道矣彬澹於仕宦生平以聚書爲樂寒暑憂喜悉寄於中昕夕讀聲琅琅達戶外尤好括奇遇輒手鈔自少至老不間凡數百卷宅倚鄉林之三湖春夏挐小艇攜酒載書維柳陰荷氣間繙校彌旬不返沈酣筆墨不知老至辭世之日手古詩一卷與客論往事忽長歎



端坐書屋而逝詩猶在手遂舉是編以殉年七十有七

邑人朱士尊曰同死生之域而無怵惕於胷中亦出而思歸耳而或者專以爲務則流於二氏誕漫迂怪之文非聖賢所以教也蓋馬革裹屍與匡坐書屋武士文人各有死所彼戀戀闉闠縷縷身後徒增愚瞎惟心有老死有怵惕故然

劉昌吉

劉昌吉字李長漢中守應同子崇禎己卯科與仲子瑨姪璹同登楚榜楚悼烈王公謙訊及隱德昌請給楮墨卽席賦獻七律四首王益奇之賚予尤厚昌幼失怙爲清白吏子家無贏貲侍母張恭人食貧自力有詩云一

晝子與母一燈讀與織反復吟之泣下霑襟張卒昌哀毀骨立姑素三載嘗於鄂城買饈賈人誤投一饈內有百金昌還之其不苟於利類如此順治壬辰授黃陂教諭有高生某被誣坐以逆議發兵勦昌毅然以百口保之密諭高生自縛來見事得白尋請老賦歸裹足城市日與田夫野老課量晴雨鄉人習之亦忘其爲薦紳也著拙畝集年七十卒子瑅歲貢士訓導瓚同榜舉人仕至同知

朱士冲



朱士冲字雲子號澹齋宗望孫性穎敏志嶔崎揮霍人有急慷慨署券濟之不計其後償遇不直輒義形於色才大行疎時有洛陽年少之目順治丙戌舉人丁亥進士授翰林院庶吉士尋假養南還次維揚卒時年二十八大業未竟同聲惜之

李之洵

李之洵字克恂號眉叟西鄉介鳴仲子生而貌厚志篤寡言笑童子侍塾師時卽巍然端坐日哦一編無媠容無疾趨伯兄之嗅愛之晨夕提命故其爲制舉義卓然名家小試輒冠九赴舉竟困於有司五十以歲貢士除通城訓導期月棄歸益博覽經史百家毛穎丹黃遇魯魚亥豕校正之矻矻窮年不以爲疲與人無賢愚少長見必肅衣冠升降進退秩然禮讓或外侮至不與之校座上客有譏議訕笑者亦未之斥嗒然無語而已康熙癸丑應鄉飲大賓年七十六卒中州呂愼多銘其墓曰高曾規矩唯公守之萬石恭謹唯公有之可謂善言德行已子晛舉人知縣冀太學生孫世兌康熙庚午鄉魁世解太學生



劉廣國

劉廣國字賓生逼政道隆孫順治戊子舉人己丑進士授高平知縣分校辛卯晉闈補岑溪知縣擢刑部主事康熙癸卯分校順天轉禮部郎丙午典浙江鄉試遷漢羌兵備僉事裁缺歸里潛之大患在隄防歟苦隣邑扳協假公者樂其可漁終歲厲民以供人役弛汛防而罔顧潛之儳甚矣歲戊申荆州有石頭嘴江隄之築扳協於潛計工當費巨萬潛人大恐廣國率紳士父老同王侯又且赴荆集議力持不可備陳地勢高下水性逆順

江漢利害不相及之故反復辨難累日卒定荆安兩不相協之案樹德於鄉廣國能繩其祖武焉卒年四十九子豫衡邑諸生偉太學生

張締之

張締之字仲巖世以儒顯曾祖懋仁嘉靖戊午舉人篤實行崇正學祖翼歲貢士萬歷甲寅廷試第一俱未仕締之讜正有祖風而藻翰雅豔卓越一時順治辛卯舉於鄉授東安教諭東安僻介粵徼士習荒陋締之出其弆藏討論指示士喜其樂易被其教思文采丕然可觀



擢文昌知縣未任卒子先瑞歲貢士

廖燧聶之翰

廖燧字言蓀順治戊子拔貢試銓司次當除通判未任卒燧具敏才長於辭賦所居茅屋席門生徒環列嘗和邑明經朱石戸落花長律三十首一夕而成竟陵譚灌村侍講序而合刻其集行世聶之翰字眾藻康熙癸卯舉人授黃陂教諭遷辰州府教授尋乞歸翰諸生時即以師道自任郡人士慕其學行為築館舍延致授經出其門者多以文章科名顯翰晚節益礪為郡伯邑長所

雅重遂家而終老焉二君皆起家作師一以詞賦傳一以科名顯教思之澤無窮哉

劉璔

劉璔字聲玉號岸僧漢中太守應同孫黃陂論昌吉仲子通敏贍學問與物外和而中介孤尚逸情不可得而親疎人也崇禎已卯同父昌吉從弟璹登賢書順治丁酉授永平府推官畿輔要衝俗悍黠動皆掣肘璔廉正不回强禦多所忌憚而民甚德之未幾遷南康府丞私喜得山水勝地可遂卧理臺使夙知其賢檄攝德興令



事比至郤征耗平訟獄清惠之聲徧境內尋解組歸康熙甲辰以攝令時承追積逋應墊銀五百餘兩徵赴興興人聞璔至無遠近來迎忻且哭者千百人且議代償殫力樂輸不踰旬而畢璔父昌吉聞之謂能不辱祖父清慎家傳賦遷吏四絶句紀其事遷吏從來久處難權輕怒重謗無端殷勤傳爾民情厚較勝初時舊愛官可憐公道近唯民恩不能忘怨即徇如客所稱羣戴擁始知官不厭甘貧受罰盜能出彼鄉民難代贖敢相商多金傾國交爭勉況更今年大苦荒行時曾憶哭盈郊如覆慈烏母脫巢待罪來時何許事歡聲帶淚泣鳴梢璔晚憩荷湖紙窗木榻布袍蹇驢蕭然無異寒士嘗自題其壁曰亦然農叟亦然郎官其

高致如此年六十七卒

李世儒

李世儒字雅修一字次山參政之韓孫廣文庚子少孤不逐於嬉長識詩書危坐誦讀經月不出戶庭義所不達研索至廢寢食制舉耕力追先正屢爲司衡所擊賞學詩愛韋左司柳河東嘗所作佳處樸澹韻泠人亦如之素不事家人生產復不耐於劇舉先世業棄之若遺窶困而無怨尤之色已而游大梁登嵩少賦詩益曠逸可觀徙居江陵龍湖以疾卒年三十有九世儒與同里



朱載震爲硯席交每商搉今古砥礪文行各以古人相期規勉不少貸儒疾篤貽震書曰吾有詩一卷君爲我擇其勿渝於法者點定而授吾子他日君爲我鐫一片石書江陵流寓李煉延之墓煉延世儒後所自易名也嗚呼士不得志於時竟幽憂頹放而不能假以學道之年可傷也

歐陽焯

歐陽焯字賓霞順治丁酉舉人戊戌進士授樂安知縣以寬簡爲治尋乞歸樂安之人扶攜泣餞者越境外卒年五十八子喬歲貢教諭孫琬璐瑄俱太學生先是焯父東暹年逾五十未有子焯嫡母張性嚴毅生一女頗慧有勸暹納貳室者難爲言旣而聘景陵張氏女匿別館去嫡母所居才數武舂杵刀尺之聲相聞凡七八年嫡母不知也暹五十九生焯兒熇六十三生焯焯兒弟孩提時數過其家嫡母以爲隣家兒撫慰飲食之歎曰此佳兒恨不生我家其女與僮僕皆竊笑然卒不以告及暹卒議爲之後者宗族故暹回無所屬而訌徵以其事聞諸嫡驚且喜曰此大事胡弗早告我使我負不賢



名遽起攜二子及母張入而成禮焯時五齡未幾嫡母卒生母張撫二孤子捍門戶課以成名焯捷南宮歸衣宮綵爲母稱七十壽宗黨榮之年八十二卒母雖危養晦苦節四十餘年若子若孫若曾孫世列冠裳獲報厚矣其女能左右調護以全嫡母名成張節而庇歐陽氏宗祊君子謂賢矣哉求諸古不多得也

涂奠祚

涂奠祚字小康號孝齋爲學以篤實爲宗志勤而行方少有聲黌序崇禎己卯闈卷江夏郗公首薦格於式竟

乙之以尚書教授里中嘗攜其子銓侍學奠祚課諸生因材督程啟廸誘掖必學者豁然有得而後已以故士多所成就而銓之業益日進銓成進士奠祚猶隨諸生應試學使武塘魏公禮而慰之休與人坐論終日貌恭而容粹神斂而氣凝環席側侍者皆肅然傾嚮欽其素履之端也康熙癸丑應舉鄉賓年七十卒以子銓官贈奉政大夫銓字遴士號湘崖康熙己酉舉人庚戌進士授昌化知縣丁巳科分校浙江文武兩闈以行取補兵部督捕司主事典四川甲子科鄉試歷兵部職方司員



外戶部浙江司郎中遷東兗兵巡僉事次子銳季子鎬俱太學生孫濂歲貢教諭

向大觀

向大觀字望湄號遹舫順治甲午舉人乙未會試副榜除桂陽教諭大觀舉止莊雅議論崇閎禔躬範士一以古賢爲則葺修濂溪書院館貧而力學者於廡洞庭以南嚮風者不遠數百里執經來學戊戌成進士授廣西懷遠知縣懷遠與猺獞相錯地險而俗陋大觀剔從前爲猺病者盡革除與民更始科必按畝丁必隨糧請復烟不舊法勸民耕桑教之植桐蓄魚獲自然之利村爲置社社立官廳旁建塾遣社師分峒設教取豳風七月流火詩演爲俗詁名曰懷豳歲仲春按行峒野命社師升席講說童子歌詩耆老擊鼓爲野農行酒侑勸禁蘆笙互答以別男女之嫌嚴抵償法以儆同類殘殺移建學宮於邑中朔望集民耆苗長率各峒師生於明倫堂教以拜跪閱其優劣行賞變猺苗獷悍鄙野於聲名文物之中大觀以經術爲吏治之效也丙午分校粤闈峒苗擁妖僧顛巫惑衆犯順大觀請兵申討檄觀隨營監



紀督運糧草勦撫並用三閱月猺苗以平遂乞歸苗民爲祠生事之牽羊擔酒挽衣泣送者數千人壬辰與修邑志癸丑與修楚志會軍興未及授梓甲寅築萍野莊於邑東南六十里移居六載卒卒之日手一卷立水亭倚檻吟曰水上魚鷗稱社侶山中木石認居人吟罷隱几而逝著遹舫文集五卷禮記纘朱周易體象古序詩經楚辭解漢魏樂府題解金剛經相解史論西掞詩說共若干卷子光宀 歲貢士訓導

朱士尊

朱士尊字偉臣一字石戸花農其別號也同里進士莫與先爲之傳曰朱君少負異秉於書無所不讀極博而好沈湛之思君大父比部渭瞻公建擁萬閣貯經史百家以授君父止園先生止園隱君子所居池館蕭森牙籤疊架購藏益富君因得恣其涉獵年逾弱冠遭亂知事不可爲遂吐棄帖括其學惟以明體達用爲務凡經世大典如杜鄭馬邱諸家所紀而未備者蒐不源端竟委一一可見諸施行雖號稱聞人與朝夕研席者莫闚其崖略焉順治初學使天錫王公崇尚實學徵耆舊通



儒講藝江北書院君爲所羅旋辭去幽屏著述甲午選拔入成均一鼓篋遂歸會軍役繁興里甲重困君倣隣邑公當法力請于邑侯除當年名色爲權宜補救之計（條議載賦役志）甫行流亡漸復閱幾年而禾革里排之令下顧其解倒懸緩須臾以覩厥成君開先之功父老猶誦述之壬子王侯劝華延君與望湄向君次山李君及長君載震輯修邑志論斷多出君手已而卜築南郊東浦距邑五十里移居惟載書十餘車耳蓋君生平多千里客又急然諾輕施予不靳斥腴產美宅佐人之緩急故雖世華膴而家益中落然終其身不少變晚號花農老人識者稱其得桃椎隱士漢上先生家法云年七十八卒凡所著書有治平要錄史略遇鈔異鈔編柳堂詩集則商邱中丞宋公牧仲所論定序而傳之者書法蒼妍尤爲時所重子載震拔貢教習知縣

## 李晛

李晛字君右號書城西鄉令鴞孫廣文之洵仲子天性樸雅敏於學與人無畛畦而有特立之操順治戊子舉於鄉年才二十二數困公車遂除知栢城縣晛廉靜與民宜臺使已列剡應循良徵會以父憂去不果補丹徒



知縣丹徒爲南北水陸要區又時軍供繁劇晛從容措置民德而事亦無廢尋絓吏議罷愛潤州山水有家焉之志僦屋北固之陰焦山當戶每春夏風日恬霽或雪積木落月波浩蕩招友携小艇載酒登臨累日忘返興至輒吟詩揮翰僧舍酒樓墨蹟尤多嘗往來吳會與名流文酒縱橫清言獻酬咸謂有晉人瀟散高風晛僑潤州十數載未肯以私干謁人尤不喜與俗接佳客至必命酒移日分夜愁釁恥不愁飢塵也康熙庚午子世覓

以禮記魁楚榜往迎還鄉終非所好邑城南綱臺爲李氏先業覔歸欲誅茅終老焉因以爲號未及營而卒年六十有六著有含桃軒詩稿百城煙水集行世

彭峻齡

彭峻齡字又房號戒菴爲人孝友誠篤遇事剛直能任順治戊子舉人己亥進士初授龍川知縣剔弊除陋請復食潮鹽以息商害重建學宮月率諸生童子課藝文教漸興康熙乙卯潮閩報叛大兵出征龍川爲水陸必經夫船供億甚苦峻齡單騎護送往返上下稱便大炮



度嶺索民過山錢泣訴不允峻齡忿激投河衆援出之始免時城守卒檄充援勦隣寇蠢起峻齡捐募壯士二百人訓練授以方略賊至設伏斷歸路禽斬殆盡龍川人以其功德即宋丞相吳毅夫東山講學地建書院生事之每逢生辰咸來稱祝以志不忘十五年丙辰海逆陷惠潮文武官吏率棄城迎降僞都統洪羽領數萬衆犯龍川峻齡禦戰不利遂抱印赴贛州軍前乞師恢復事見龍川縣志事聞補授博平知縣尋致仕歸里捐金置產均分其愛弟爲其姪營家室課以有成置墓田訂宗譜邑數百年大害無如里拼峻齡力請於上詳載前賦役志勒石永革歷今遵守而利賴之是又其大功在一鄉也年七十二卒子述憲歲貢士安鄉教諭

張蓮璧

張蓮璧字仲維號述齋庠生孝友天成當親喪未葬適水漲以身衞棺月餘泣血不輟有弟某浪蕩成性祖業罄空璧以己私分之屢空屢分調持者五十餘載卒全手足情好焉生平膽識卓越不信醫藥不迎佛道喜施與儉歲捐穀賑飢活人無算邑令題其門曰枌榆仰澤



蓋義之也康熙甲戌乙亥年荆潛之間有大盜猖獗白日夥伴劫搶民間財物鋭不可當一夕至璧門璧與之敵連傷渠數人餘黨竄迹後以其事聞之有司稱義勇者再又潛有長泊堤爲西區數十垸總會璧激於義率邑紳縉呈請竅剅每陰雨流連則開剅洩水至今人人享耕作之利述齋之力也著有家訓略言最足曉世卒年九十三歲子承寵歲貢生贈中憲大夫篤行工文著作甚富常捐金助婚尤爲克體先志次子承鋆邑增生聰穎好學與兄齊名孫先名貢生與國訓導先端吏員

先皋增生先昇庠生封中憲大夫先會貢生先拱太學生先立舉人曾孫代巡舉人代守進士代梅代理代與俱庠生代宣進士侍衞代言代鑾監生

論曰名者世所競趨而實足以副恒難三物六德之義袁立爲官箴以東之著爲月旦以儆之繼以董狐之筆大書特書衮鉞並昭使爲善足以興而不肖知所誡斯亦知令名非倖邀托紀載以垂不朽者爲可尙已夫獵名而浮誇溢美簡陋而有善弗彰君子謂其失均焉邑乘自萬歷庚子至康熙甲戌凡九十四



載其間奇人挺生名臣大儒類出世胄勳業文章淵源授受有以也啟禎之際尙廉隅恥詭行卓然以潔身持世自命者炳炳洋洋聲施汗簡

本朝崇實絀浮禮教漸被涫厚成風以循良著以德行文學顯霞起雲烝彬彬乎筆不勝紀匪以侈一邑人材之盛葢使覯曩牒所畧與今所詳核而傳信者詎曰上備輶軒之采將以俟異日執筆之有所徵其庶幾乎

# 潛江縣志卷之十七

知縣事劉　煥纂修

知縣事史致謨續纂

## 人物志　忠節　孝友　隱逸　義行

### 忠孝傳

人亦有言三代以下之士所不足者非才也所有餘者非誠也誠有餘則愚愚則忠孝之性油然以生故能臨大節明大義矢志靡他縱封心玉門不以爲苦又何冀夫汗簡之虛聲孫子之優卹耶雖然死制死



眾若日月麗天之未可隱也百里之內數百年之間有若而人載諸史冊亦足烜烜千古詎獨一邑之光乎作忠節傳

元

明安達爾

明安達爾字士元元統元年進士以宿州判官轉爲潛江達魯花赤至正十二年沔陽之賊逼城明安達爾率勇敢出擊擒其僞將劉萬戶進營蘆洑賊眾奄至出鬭死其家殲焉一子桂山海牙懷印綬去得免時知荊門

州事聶炳字韞夫江夏人明安達爾同年進士城陷罵賊死

明

佘隆佘威

佘隆吳元年任大梁指揮僉事從明高皇帝屢戰有功擢福建都指揮僉事洪武八年殁於海賜祭葬威隆弟隆無子威襲長淮指揮僉事洪武十四年征雲南陣亡賜祭葬

歐陽燧



歐陽燧字見日號岣嶁舉人東昇子少負異才博通經史以歲貢士授黃州訓導遷盱眙知縣廉明有為神奸江胥唉以暮金燧卻之密以聞之直指置胥於法遠近歡呼八角山羣盜負嵎屢拒官兵燧計獲巨魁諭以法令且給與俸錢令買耕具歸農樂業羣盜感泣立為解散以病乞歸盱眙之人鑄像立祠以祀之癸未正月闖賊破荊郢分兵擊潛眾潰走賊追至沱川埠燧被執賊知為紳欲降之燧曰孤城難守故隨眾至此豈能復俛首爾賊求生耶呼其妻廖氏曰毋他往廖拾甎擊賊首赴水死燧亦遇害乾隆四十一年 賜謚忠愍事載一統志

朱士完

朱士完字符禹夙有文譽試輒為諸生冠崇禎丙子舉人揭榜之頃士完夢有皁旗自西北飛來立於墓門上白書亂世忠臣四字時方清晏秘不敢傳至癸未闖賊破郢長驅至潛士完為寇所獲知為孝廉欲官之完不屈械送襄陽闖營路經泗港守者稍疎完嚙指灑血題其壁曰柏臺朱舉人死處遂投繯柏臺朱氏聚族所居地名也是時流寇往來焚殺村里為墟惟此茅屋巋然



獨存閱數月其妻猶得拾骸骨葬之忠貞之士鬼神亦不忍終湮歟之前夢異哉乾隆四十一年 予祀忠義祠見一統志

楊自騰

楊自騰字孟昇以儒生工騎射崇禎癸未春闖賊據郢六月十日賊將陳艮保同偽令趙國珍率兵守潛所過屠掠自騰率所練鄉勇迎戰於京山之喬旺口凡三晝夜深入無援猶手刃數十賊被執奮罵賊裂其口潑其體以死時子奐甫生一月後補荊門州弟子員妻張徐

俱苦節終身

游鵜

游鵜邑南鄉民崇禎末闖獻充斥將軍左艮玉奉命討賊不勝反縱兵殺掠甲申左兵至潛郊鵜與其子文琪被執鵜抗言曰將軍簪纓世胄朝廷倚爲長城不戮力勤王殄滅逆賊乃長寇流毒殘及赤子將軍何面目見先帝乎艮玉怒縛鵜文琪并其幼子若孫殺之嗚乎鵜父子慷慨赴死距今五十餘年幾無能道其軼事亂離之際明大節以致命遂志曷可易覯匹夫慕義如鵜者



焉忍聽其湮沒而不傳乎

國朝

涂起鵬

涂起鵬字當世歲貢士授廣西平樂知縣撫字殘黎遠邇咸歸新定之邑漸致殷庶以上考列薦剡順治十年賊犯平樂孤城堅守援師不至遂陷鵬被執不屈與副使周永緒知府尹明廷同日遇害事聞順治十七年勅贈鵬廣西按察使司僉事廕一子入監讀書予祭一壇給與造葬銀一百一十兩遣官諭祭子昜難廕生例

得爲介痛父死事遂無意於仕幽貞處困以殁亦可謂賢矣嘉慶六年補給恩騎尉世襲罔替見一統志

論曰忠者臣下之高行然其道不一大忠以道覆君而化之次忠以德調君而輔之下忠以是諫非而怨之周公管仲子胥其人也若夫遭世不幸肝腦膏液之弗恤非灼見於危微幾希之介未有不逡巡瞻顧而謬引明哲之句以自解免者也儒者傒談節烈或推見至隱而不病其苛或畧舉行事而尚嫌其忽亦未可與尚論也已



孝友傳

孝者百行之首也漢元朔元年詔曰不察廉不勝任當免不舉孝不奉詔當以不敬論故污巷之人伏節循孝則朝廷敬謝而升諸朝服官涖民有求忠於孝之義焉後取士一於制科而孝弟之行曾不得見褒於州郡豈非名實之異升降之辨哉爰自士大夫以及傭販鄙齒以至壯年孝行表著者核實備錄以勵俗而立教作孝友傳

明

初　言

初言字㓜嘉嘉靖戊午舉人父芳性最嚴言左右盡養無不得其歡心父卒京邸訃聞言徒跣就道扶櫬歸廬墓三載繼母王氏疾躬侍湯藥寢食俱廢與異母弟同居絕無私訾經淮上見水濱女屍詢之居人謂母利客金強女不從而死言曰有是哉其天地之正氣乎市棺埋葬而去未仕卒門人私謚爲文孝先生

柴　浩

柴浩中港鄉人年十五父仕英病篤浩籲天割左股肉和粥以進父病卽愈弘治舊志



廖安定

廖安定太平鄉人母李氏年老臥病安定沐浴焚香割左股母食之病瘥弘治舊志

謝復淸

謝復淸道隆鄉人邑廩庠生成化九年父榮病篤淸徧求醫藥弗效乃於夜深秘叩天祝曰淸乃父之遺體願毀身以救父祝畢割股和羹以進父病卽愈萬歷舊志

何　瓚

何瓚長樂鄉人事親能養志父病革呼瓚至不言瓚泣問曰父不言者得非爲庶母及幼弟乎父頷之父歿瓚事庶母益恭謹不衰與弟同居終身弟名玹萬歷舊志

張　鈞

張鈞方厢鄉人年十二割股救父明邑侯曹公珩旌表之其子文蔚亦以十二歲割股救母順治十二年里中以父子繼孝之詞聞於上兵巡吳公之紀表其閭曰孝鍾一門

何　翰

何翰字扶搖御史薦可季子風度曠夷自強問學事親



以孝稱萬歷乙卯秋闈甫畢卽臥病武昌寓中榜發翰領鄉薦二十九名是時薦可尙任常州司理適有人自常州來浪傳常署有凶問翰知母陳夙疾未瘳疑母不禄大痛病劇旋卒是夕魂游常署母忽呼翰至款語移時聞者以爲譫或以爲囈謂想之所結若或見之母曰兒實在側卒我湯藥爾輩何詫耶逾十數日皆母子相依肰後訃至時日頗符一時驚傳怪事翰妻方氏聞翰卒亦哀毀數日而死學使周公燦具題奉　旨旌表孝

烈

龔本源

龔本源母楊氏年八十病劇思食鴨醫云脾疾不可食源號泣叩天割左臂和糜以進母食就寢覺云我頃夢高冠袍笏大人侍從森列謂爾子孝心延爾齡三載後母病不能起醫者曰糞苦者生甘者死源乃取糞嘗之甘悲痛幾絕母卒年八十三初源父死且葬源曰牲醴之祭豈足盡人子之心嚙指血作饌以奠廬墓三年妻向氏死源甫三十餘終身不娶崇禎間里人以孝義聞



邑侯南昌羅公萬象旌其門孫弘毅順治丁酉科舉人初授興國州學正擢婺源知縣

高如岐

高如岐字文卿文學高魁之子也讀書尚操履兄弟友愛爲鄉曲所推岐爲後於高科科產頗腴悉均之諸弟且取諸弟之瘠者自予安貧力學以所獲修脯供甘旨學使瞿公有孝不遺親產能均弟之褒邑侯王公念祖呼先生而不名蓋重之也孫明順治戊子拔貢任中牟知縣

邱甡

邱甡字兩生邑庠生邱志夔之子少業儒崇禎戊寅母朱氏病危甡默禱於天割股和肉食以進母食而甘病獲起邑侯羅公萬象聞而旌之賜以金帛癸未闖賊之亂母復病甡負母逃與賊遇甡以病母哀告賊爲色動但截甡耳而釋之翌日母死於背甡覓一棺盛之淺殯於土籲天痛哭兩晝夜伏地呼母不絕忽有相應聲自遠起漸至冢中聲益著甡異之啟視則母已復甦如睡初覺然甡喜更負母走出入賊營俱得倖脫



郭鑛

郭鑛邑庠生郭之輅第四子癸未二月闖賊破潛之輅誡諸子領家屬宜分途避倘有變勿俱陷虎口長子鍘隨父之輅母趙氏往賊獲輅將刃之鍘以身蔽且求代不得遂遇害同執者逃以聞於鑛鑛即訣妻子往覓親骨上下百里凡枕骸浮屍內無不抱認終不能獲絕粒七日至屍盡處自沈水死其兄鉀鍾亦被執繫於營焉賊而死一家蒙難唯鑛爲從容就義尤難矣哉

國朝

朱士弘

朱士弘字恢若邑庠生桂林太守之玉長子性謙謹秉禮教門以内肅如也敬事繼母初恭人如所生友愛幼弟父年八十士弘齒亦逾艾承歡養志細大無間順治甲午夏父玉寢疾士弘躬侍牀茵彌月父病革士弘號泣嘔血一慟而絶里人上其事邑侯葉公臣遇轉聞於憲司表其門曰孝思永錫

周淑元

周淑元字皆醇邑廩庠生父耆儒光祚言慤行惇擅博



物洽聞之譽里中以端人推之淑元恂謹有家學祖母楊年六十九患目而矇淑元兒時泣禱於神願減算以復祖母明楊一夕感夢有告以汝孫童稚至孝還汝一目增壽五年之語寤而矇果開壽七十五終父光祚嘗遊秦中淑元侍母朱氏朱爲隱士默石子之孫女性恭慈頗識文義課以誦習母病癱淑元日夕哀號鄰叟張憐而重其行以女妻之長學爲文思密辭贍其伯父保寧守夢漁公最奇愛後以童子試見知於邑侯郃陽王公會學使宜興蔣公合試郡屬首拔食餼爲名諸生益力行善事如其撫趙氏女甥哺亡弟孤兒幼女無異已出解橐金助貧旅歸裝皆爲人所難者康熙癸酉下第歸母朱年七十四忽無疾欠伸而逝淑元慟哭傾倒嘔血數升徵言毋苦苦遂卒古云死孝可勿媿巳里人列狀請旌

歐陽柟

歐陽柟事親孝一日羣盜入室獲其父柟請以身代賊怒斷指流血父賴免後以歲貢官德興多善政 一統志

論曰嘗攷明洪武末定令人子身體髮膚受之父母



小人好奇邀賞乃有割股封心之事倘有不虞反傷親心自後凡有親疾務慎醫藥或情不得已亦聽爲之不在旌表之列大哉王言何一非臨深履薄之意特未可槩爲不學者道也彼顓蒙之子樸茂不散痛親身之危篤計無所之而反以割股爲起死之方至誠惻怛忘其痛楚豈尙有市心於其間哉故於割股諸人俱存其名以表愚孝若初孝廉之廬墓養志何孝廉之遊魂侍疾周文學之以身殉親皆足師表後學而邱牲之呼母再生竟奪鬼神之權事尤特異因

知禮升屋而呼三日而殮當大事者未可具文視也已

隱逸傳

凡物之珍天地寶之明珠產於深淵不劊蛟龍不可得而探也大璞蘊於崇山不搏虎豹不可得而致也鄉嬛宛委之書不百舍重繭鬼神不發其秘也況鑿坏杜門之士豈猶夫處囊中而輕見其末者乎舊志高隱者流鉄而不載果數百年來潛邑盡風雲之士與抑鴻飛冥冥弋人徒矯首層霄也惜乎前之人不



可得而考矣後之君子其忍軼諸作隱逸傳

明

默石子

默石子明永嘉侯朱亮祖八世孫名孔昭字晦之其先自鍾陵徙潛少孤嗜學初應童子科獲後勁以言忤有司遂棄制舉業湛思經史天官輿地及服食導引之書罔不搜討論列而於孫吳尤精焉事母孝力田供甘旨瀕河築室流水遶舍嘉樹千章庭植紫薇一本八榦榦俱二十丈許中可置几環坐吟歗花時鬱若紫霞故名紫霞莊既終養遨遊四方與顧吏部涇陽高總憲景逸爲道學友著聖學正脈二卷播會反大司馬魏養蒙出師禮聘至幕府出奇制勝功上欽賞參謀昭笑曰吾讀書識將畧行天下諳形勝貯胸中無益用助廓清耳豈爲是區區者哉嘗三出山海關著太平畧十卷間語同里黃鳳文曰吾嘗登山海關望東方有異人氣三十年後當出吾去遠矣後鳳文以崇禎癸酉舉於鄉順治間任青州郡倅其前知有如此者邑侯陳公夢琉甫下車就諮利病昭條議數千言惜軼其稿性少諧雖學道豪氣時時溢出如俗客不來無所懟主人對此長浩然獨



立一世外所思千古前皆其自道語晚悟危言之難自箴曰吾今而後其默如石矣遂號默石子好著黃緇冠方幅道氅每理田事雖有鉅卿造訪稼畢乃衣冠延入出麥飯鹽藿諸公不敢不飽與邑太僕宜諸歐陽公友善歐陽公卒昭爲文哭之曰嗚乎先生敏而好學務而不爭二百年來一人而已生平慎交嚴許可類然熹宗甲子二子爲稱七十壽觴適高景逸訃自毘陵至卽辭賓撤筵檢笥中素往還手書詩扇陳於堂拜奠哭五日

不休刻期買舟東下二子留之不可得後四年二子孟麟仲麟走吳越間徧求莫知所之歸經采石於逆旅壁間得默石子別友詩有白雲五嶽之句崇禎末有人邂逅匡廬之麓數語辭別又方士相傳遇默石子於洞庭山寺云

國朝

東岸居人

東岸居人王啟遠字公逸性孤介寡交遊視車馬榮華蔑如也善屬文尤工詞賦列膠庠十餘年未謁官長其



父海雲布衣有孝行啟遠事親亦如之甲申寇兵掠潛啟遠徙步負母避竟以成疾遂不求聞達卜築洛江之濱號曰東岸居人宅三畝環以竹樹種橘千頭名花錯列每清秋霜候橘實纍纍有載酒過者嘯傲其下摘以佐觴啟遠飲不過三升而醉或吟或臥惟意所適嘗謂人曰嚼殘玉汁黨家臛肯相易耶歲以賣花鬻文之直贍其妻子有餽遺悉拒之一日晨起書於几曰浩氣歸虛無悠然脫世情寸心對上帝淸苦一平生趺坐而逝所著有治嬾草橘園後半百詩棄草拾錄素榮軒雜著袁贅菴奕譜

塞翁

塞翁系出安成劉氏翁高祖贈君巨秀徙居潛江生翁曾祖孝廉勳官運同勳有子三仲曰垓進士歷任提學僉事以理學名是爲翁祖明經南金僉事之子司寇若金之弟性狷介不伍於俗時人有於陵仲子之目實爲翁所自出翁少卽厭棄紈綺知世將變亂學制科不成遂有稼圃終焉之意崇禎癸未甲申間司寇奉特召督撫閩廣遣人迎翁攜家同處海濱以恩蔭相屬翁拂然



曰習見臺閣故事雖有黃瓊李固自甘恬退守節豈少季札子臧獨奈何受任子封乎因自號曰塞翁其堅德固性困益甚而守益貞可謂難矣所居常屢遷喜與人飲興至輒吟詩吟成隨手棄去不以示人工寫生其所作竹樹花鳥酒闌歌罷微酣落筆尺號便面筆墨飛動狂呼大叫淋漓滿志得者爭以爲寶或貽書致幣鄭重請乞摩抄縮瑟經時不肯就一紙四方賢公卿造廬就見者無虛日翁唯引分自謝以是逃名而名愈盛年七十一卒翁名泌如字鄰侯子效曾歲貢士初授咸寧教

諭補穀城教諭以卓異擢懷寍知縣介特有爲能不媿其家學焉孫先歲貢士燦太學生

論曰潛德幽光詎以要譽篤實其尙焉出處生人之大端依世則廢道違俗則危殆浮沈進退工持祿保位之術者固勿論已用之無致主安民之學舍之鮮潔身範俗之操習爲貌言詭行侈談高尙盜虛聲以文其媮鄙挾一技一能翺游大人之門輒自詡曰隱士亂德之徒尤君子所惡焉易曰遯世不見知而勿悶樂則行之憂則違之確乎其不可拔如是其人者



而後可以隱逸稱之默石子東岸居人塞翁而外寍易邁止乎

## 義行傳

行已忠厚之風邈以義俠傳者代不數見其輕利好名敦古處以勸薄俗黜稱人口者昔人有銀管之述焉作義行傳

### 明

#### 李本洪

李本洪天性渟樸以躬穡治產遂稱素封弘治間檄監繕學宫估約而費鉅洪斥緡助官無悋容搆椿楸大木爲東西二梁有嘲之者洪曰焉知吾子孫之不見庇於先聖也正德初郡大饑部使畢公議賑洪捐助倍人劄授七品散秩洪家殖而喜施賑艱給困活人尫孳邑中無大小呼爲恩爹葢感之也厥後子鑾貢士孫崇信舉人曾孫鳴鄉魁元孫之皞會魁暨睍世兒皆以禮記魁於鄉科名奕葉信厚德之徵云

#### 朱希顔

朱希顔字少南天啟丙寅歲大饑希顔首倡捐賑邑侯



蓬萊陳公旌其門曰尙義濟民崇禎庚辰歲又饑邑侯南昌羅公勸賑希顔捐倍於衆羅公題額有名行冠邑之褒子登鳳好施予有父風孫國柱太學生

#### 郭鋕

郭鋕字元銘慶遠太守之幹子以恩貢任兖州通判致仕崇禎癸酉歲大祲饑殣徧野鋕首出粟賑貸相率者衆邑有起色尤好慨廓祠廟修治橋彴施堅檮給人以粒溫人以纊貧者德之年六十卒

### 國朝

朱紱

朱紱字方來邑庠生氣宇恢直好立名樂稱人善有大興除雖忤有司禍身破産弗䘏也河北楊林外九垸土田窪下差猺繁重連苦巨浸人民死徙紱披陳災荒疾苦請定折畆減租之案條陳載賦役志至今德之族中困於里排有兄弟鬻身者紱捐銀八十兩贖還有子姪轉徙他方流離失所者紱曲爲招至以近村田廬安處之晩喜與人譚孝友忠厚之言鄉閭多所感化年七十三卒子學素歲貢教諭學洛歲貢訓導仕任太學生州同學閫



歲貢訓導孫有芊太學生

八人物藝文

# 潛江縣志卷之十八

知縣事劉　煥纂修

知縣事史致譔續纂

人物志　女貞　寓賢　方技　緇黃

## 女貞傳

自姆氏之職不立而婦道亦替矣女子處閨閤之中非有詩書之漸摩師友之講習而孝節之事率舉而責之一身甚且名譽未彰非議隨起何天之賦之者既卑而人之督之者更嚴與蓋女子所爲極難耳處



富貴而清白自矢猶曰有所慕而爲善至僻壤單赤紝績以給釜盎乃蓮泛於渠蟬沃於露堅忍之性泠泳雪而偶蹈不測或從容以畢志或慷慨以殞身有學士大夫所徘徊卻步而不肯爲者一女子毅然爲之而皆有當於綱常倫彝之重夫豈可學而致之者哉嗟乎兵燹之際天之至性鍾於巾幗幽貞女士湮没無聞者不知凡幾茲於名家巨族耳而目之者悉載無遺而窮簷蔀屋之子尤加詳焉無使天地之春獨靳於寒谷也作女貞傳

明

### 高氏

高氏朱進妻幼通孝經其舅朱眞任廣東英德縣令同夫隨侍舅姑高年二十生二子隆方二歲盛方六日舅姑與夫俱亡高氏扶三喪歸里以禮安厝孀居六十餘年八十卒弘治舊志

### 柳氏

柳氏李本溶妻年十九生子琇二歲琙甫三月而夫亡柳閉門紡績織紝以爲生業父母憐其年少子幼逼之



再適乃奮然投水鄰人奔救得不死遂以節壽終弘治舊志

### 朱氏

朱氏邑增庠生謝賢妻年二十三生子珪二歲夫亡先是夫與兄弟索居父母憐其子幼家貧旣與諸叔同居令其再嫁朱氏泣抱子曰若爲我計得矣如此孤何不若抱之投河則母子俱安父母不復强乃撫子立家以全其節弘治舊志

### 蔣氏

蔣氏梁宣文妻文病卒蔣年二十六遺孤兩月誓無他

志富鄰厚賄其舅欲强娶蔣聞抱子赴河幾不救遭舅姑喪負土成墳鄉里憐之家貧常不給族人或以再適勸者蔣翦髮斷葷自是不敢復言隆慶三年漢水夜漲鄰舍皆陷獨蔣居無恙晨起亟遷始陷萬歷二十一年奉旨旌表　萬歷舊志

胡氏

胡氏邑庠生劉堪字草塘妻麻哈刺史胡公拱明女御史公鑰姊也夫亡無子泣血勺水不入口者旬日舅工部劉公勲曰如吾老而夫弟稚何勉起營葬夫畢結廬



墓左歲一再歸省時兩叔垓埏方在襁褓胡撫育如子後垓成進士官督學埏補太學生皆敬事之如母家訓雍穆嚴不敢渝會漢水氾濫塋圍如盂負畚鍤障之竟弗潰隣火弗戒叩哭呼天飆返熖熄歲饑盜起家人勸且歸避胡曰吾貧老嫠也卽不測正吾死所何避爲邑侯上其事直指趙公題請萬歷二十二年奉勅建坊表爲貞節之門胡北面叩首呼萬歲曰婦職爾敢如帝命叩已益哭無聲嘔血委頓亟呼弟垓爲志其壙志畢令讀一過首肯而逝壽八十甥進士參政李之皞表其墓

石　萬歷舊志

李氏

李氏初薦妻年十七適薦甫四月薦亡無子倚喪痛哭數日不食誓死以殉姑泣勸曰婦誠烈獨不念吾老曷依唯有俱死爾遂勉起奉姑別處一室自伏臘拜姑外病卧不起食動經旬月族里驚異以爲神人姊妹行有夜叩訪者李曰寡婦門夜何來閉不許見守節二十年如一日萬歷七年病革謂姑曰吾事畢矣姑奈何哽咽而絕闔邑哀之無貴賤少長咸造奠焉萬歷二十六年奉旨旌其門　萬歷舊志



陳氏

陳氏諸生方應奎妻年十七歸應奎生二子曜照奎亡陳哀毁以死自矢父母憐其少微諷之陳引刀劃面得以自全後曜列膠庠孫盛舉於鄉年七十八卒　萬歷舊志

郭氏

郭氏主簿之垣女年十九適郢諸生曾士文三年士文卒郭水漿不入口哀毁骨立既葬復哭其父慟絕粒卒年二十二　萬歷舊志

張氏

張氏戶部夔女徵君承宇姊武英殿中書郭鏘之妻年二十八鏘卒張哀痛誓從姑慰以撫幼子爲夫存後遂強起無何子復夭母劉宜人接之歸家張謂其父戶部公曰婿在日不接而亡後獨接之不厭煩者豈欲我嫁人耶我無子而不即死以無與終三年喪者耳因持斧破一玉硯曰此硯若合則我亦當再嫁服將闋張乃擇期禮殯先數日自題雙主謝其家人不食而死發其笥凡斂服皆鏘舊衣手自改製者萬歷中有司請於朝建



坊旌其門葬南城外馬市潭承宇過亡姊郭貞婦墓詩云別去人間十八年墓門肅肅草芊芊枯枝落葉塡荒徑瀋日寒風湊野烟烈女一書曾暗誦高名百代共誰傳雙雙兄弟行行淚涕泣貞魂問九泉

戴氏

戴氏孝廉劉貞吉繼室漢中太守應同長婦也貞吉卒戴年甫十九二子夭矢志不二嚴整閨範躬率兩婢績紡內言不出於閫叔昌吉詩有夜哭亡兒晝哭夫城爲崩盡海爲枯之句病劇強起延昌吉入陳布縷若干箱泣告曰某不幸所得面翁姑夫君泉下者正賴此耳我生雖窘不敢以市粟爲人衣被之也今且死願以是作佛事言訖遂終年三十六

魏氏

魏氏偉之女文學張侅妻年十六適侅二十二而寡生子延和甫三歲魏痛侅之亡號泣絕粒瀕死者數四時堂上姑趙姑韓亦早孀婉慰之曰吾兩人向唯不輕死乃能撫爾夫今汝決一死豈忍斬夫祀乎死固無益於張氏也魏即起嚙指血灑靈牀誓曰吾今而承夫之志



矣有不善事而母教育而孤貽而泉下憾者有如此日嗣是外侮內患疊至魏悉爲潛消課讀督耕五十年如一日子延和童年補諸生孫旦生康熙丙午舉人授大成知縣張之家聲墜而復振者魏氏力也趙韓兩姑亦俱有奇節焉

周貞

周貞者女貞也父之德襄陽人以貞字吳門李樸第五子夢昌昌年十餘早夭貞雖歸李尚未及笄哀號觸棺欲自絕姑知其誓死防之甚密且徐解之曰汝年少何

得以未字故棄生貞曰女自分相隨地下卽如姑言願終身稱未亡人事舅姑以畢泉下人志後貞以母病歸寍會闖賊破襄城貞遂與弟頌孫相依避地來潛賃居茅舍僅足容膝日惟誦經禮佛而已貞年四十二忽病革强起解衣出夫木主并設翁姑位再拜而卒葬於城南之泰豐院邑進士向大觀爲之立石

廖氏

廖氏盱眙知縣歐陽燧妻崇禎癸未正月與夫燧同日死賊詳載忠烈傳



郭氏

郭氏里民郭表之女太學生劉釆之繼室郭幼適釆不數年而寡持操堅苦矢志不二撫嫡子肇國信國教育無異已子後肇國官翰林學士信國官臨桂知縣敬養亦無異所生郭霜操四十餘年　憲司俱給粟帛旌奬

歐陽氏

歐陽氏文學歐陽爀之女幼時能記前身爲北關賣漿家子背誦塾師所誦書如流父及諸父吏部公每課之以爲歡詑至十歲則不復記矣長適莫文學若芝之子

一杜甲申春流寇掠沔村人盡逃一杜父老且醉去獨後得小舠僅容兩三人一杜强掖父入舟呼婦與俱婦曰舟狹且翁處其中吾寍守禮而死耳父旣渡一杜復牵舟上岸負書簏及襆被婦攜女抱子倉皇走爲賊騎所及一杜被殺欲爇婦污之婦奮起痛哭大罵曰吾名家女當危時尚不肯與翁同舟肯近汝狗賊乎今日賊牵吾臂卽斷吾臂賊識吾面卽剺吾面復何言賊大怒磔殺之

劉氏



劉氏前志節傳內柴孕嵾之妻嵾以募鄉勇禦寇致命氏亦被掠聞嵾遇害誓從地下賊豔之曲誘百端欲移其志廹之而襟帶百結縫紉甚固刼以威卽引頸受死賊怒甚以亂石搥擊解其尸

佘季貞　以下　國朝

佘季貞邑長安鄉民佘嗣修之女生而淑慧動止嚴正年十六許聘庠生劉倣之子行秋締姻後行秋未登佘氏之堂忽嬰羸疾踰年而卒使告凶於佘時貞方食竊聽投筯而起意不欲生然無幾微見於色聞其母詰

得棺狀徐曰病久大累父母止宜如是棺耳若恨其薄然旣而挈其幼姪女謂之曰某兒來吾且抱汝他日勿復望吾抱汝矣家人卒無能喻其意者貞沐浴更衣再拜中堂夜闌伺母熟寢入房反扃戶自經以殉距聞行秋訃後死纔數刻而已嗚呼季貞不識其夫而甘為夫死從容就義斯亦曠世奇烈哉里人請於前邑侯詳報憲司批允有案復合詞列其實請於邑侯清澗劉公候詳請　題旌

朱氏

朱氏邑文學朱之登女年十六適景陵庠生涂士亮越二年亮卒朱年十九遺腹生子紹衣有欲奪其志者朱曰飢餓而死死不辱若攜孤再醮不惟鬼神譴責盍不辱我家聲耶守志不渝撫紹衣亦克有家焉

魏氏

魏氏處士莫若智之生母進士與先之大母也魏以十八歸莫生若智四十稱未亡人時智年甫十七出入家督綜之條致貧窶又十年與先生而釜其速訟家亦落儆居河埂市廛間智受童子書魏昕夕課孫若塾師尊



行數墨稍齟齬蹇吃必泣而笞之與先年十三補弟子員魏訓其子智曰吾辛苦絣縭易餅餌啖孫盍望其有立今若此庶將售爾父賫志倘不釋憾恩不爾福智跪而受教家難以紓賢哉魏母一語養兒弟之和凝子孫之福豈尋常巾幗所能企哉迨與先順治戊戌成進士智棄世已二十年魏年九十有五捷書至未嘗色喜惟焚香禮拜泣謝泉下人而已翌年寢疾與先進藥餌魏笑曰爾必欲吾年幾何而後已卒之日方盛暑忽涼風四起含笑而逝鄉人稱謂百歲媪云聞之浮屠氏屬纊



而發歡喜容者其人當生天以魏生平驗之未為誕說也

朱氏

朱氏文學朱士高女繈褓許聘劉理及長理故侏儒而齇齴膝攣見者以為嬉父母姑舅咸欲以他女易之朱曰彼獨非人子乎若為此是教我以不義而貽我以不安也適劉後事夫以敬奉舅姑以孝克稱婦職里人稱朱德性有大過人者康熙甲辰西山之役理嚮匱具盡且責其媵婢朱不忍分袂理奮梃一擊中其腰脇而死

嗟乎一賢女子而禍不與德齊豈非天哉

鄭氏

鄭氏下東鄉醫士王正善子全壽妻也姑張氏病篤泣籲身代侍湯藥數十日不倦姑竟不起鄭哭踊哀痛不食而死葬之日羣鳥悲鳴集墓里人士以爲孝感鄭氏有子四恬怡恪恂恬妻梅氏年十六歸恬甫二月恬亡欲以身殉姑曲爲慰勉梅誓死茹苦擇立其姪撫育訓課以爲夫後節孝相繼有家型焉

歐陽氏



歐陽氏許應知妻也應知爲副使都之子嗜學工文食餼公卒僅遺庶子懋祖在襁褓中氏矢志存孤顧復鞠育風雨綢繆備極苦辛懋祖性端厚周謹寢膳問視倍於所生許之家學不替箕裘克振歐陽氏有功焉懋祖以歲貢士授武昌縣訓導檄至母老且病懋祖卽陳情辭職侍養以母節賢籲請 題旌給金建坊踰年而母逝懋祖亦哀傷致疾尋卒母慈子孝堪爲坊表明永樂間陳叔達徵至京師懇辭養母上不能强賜宴禮部號貞遯居士懋祖孝養嫡母尤足多焉孫蓀曾蓀詢蓀衡俱太學生

葉氏

葉氏閒喜令劉珏貳室也珏中年艱於嗣順治甲午以歲貢士應身言書判試得上等謁選京師娶金華葉天庸女偕之任生子遴俊逴俊尋隨珏解組歸里見其嫡戴氏敬事如姑不敢與均茵憑戴甚暱之未幾珏卒葉年二十九所生二子一七齡一五齡葉矢同戴勵志苦節珏固清貧僅有瘠產數百畝頻沒於漢又值軍興徭重患侮疊至戴老病不能支悉以家政委葉嚙蘗盡瘁



持門戶營衣食奉戴恭謹無閒言課子讀書雖播遷弗輟業考劉氏家譜論贊於氏有家既貧而教子彌勤年猶少而守節維堅之語宗族之稱徵其實巳年四十一卒子遴俊早夭逴俊能砥行自立有文譽

歐陽氏

歐陽氏邑庠生歐陽烇女文學朱士準之妻準卒氏年二十五擗踊昏地幾絕其姑郭太孺人救之甦遂裂膚墜指誓死撫二孤兒持哲以針績所獲奉堂上甘旨貧不能爲子延師乃自課發其童蒙二子先後有聲黌序

母劉老無所依氏奉養終身拮据治其殮葬叔翰林庶常士冲早歿無嗣氏命次子哲爲之後且語哲曰吾不忍爾叔父之祀命爾承祧爾叔父所遺悉與衆共勿利所有古賢婦義行何以加焉冰操五十五年壽八十卒

陳氏

陳氏巵坑妻文學宿吉母舉人元傑之大母也邑明經歐陽錫疇傳略曰錫疇師事我巵夫子匪莪先生得請問太師母行實甚悉母年十六歸我太夫子仰臺翁諱坑翁素抗直母事之相莊無間翁復好交與賓至開樽



設俎絡繹簾屏母未嘗以恥聲聞於翁母儉約自持相翁支門戶十餘年翁三十不祿母年才二十八爾時先生甫成童母治喪畢拊膺慟曰吾何惜隨夫子於地下奈此孤兒何遂矢志柏舟紡績課讀未嘗以飢寒告輟先生以德行文學重於鄉邦母玉之於成者素矣無何師母鄭早殞母百策技梧爲先生續配師母胡以共晨夕先生無尺寸土惟藉訓習諸生博脡脯供甘旨母享之陶陶然樂也順治庚寅母寢疾詔先生訣曰適見而父云新成一第攜卿偕處我往踐同穴之盟矣遂逝廣文方師誨進士爲之誄後二十年庚戌先生棄世師母胡亦貧苦勵志撫子元傑伯仲成立目擊元傑登康熙辛酉賢書其貞德與大母嗣徽於戲斯亦人倫之典型哉

孫氏

孫氏楊士學之妻江陵貢士孫國光女十八歸楊越九載而夭故父母欲奪其志孫跪泣曰髦年二老溫凊無人惸惸三孫尚在襁褓兩世一身私恩其可徇乎迫之再孫不敢爭但書其主之左曰未亡人孫氏以明其志



無何長子易氏相繼亡孫備衣冠營墳墓聞者無不悲歎姑老疾不能自食孫以口哺之姑卒拮据營葬極哀盡禮二子成童訓以義方咸能克承先業卒年八十九閭里私謚謂孝貞焉

彭氏

彭氏文學周廷椊之妻椊逝彭年二十二老姑賀氏七十餘當賊氛四起彭奉姑遠避湖野賊騎突至彭奮然率僮僕禦擊脫姑鋒鏑有兩孤兒長瑾三歲次珠甫一歲彭守貞耐窶困教育有成瑾列名膠庠後彭屢集諸

昆季若光祚若琯若瓊若燦若鄭輩與瑾課藉呈其伯父保寅公評次優劣尤於和丸畫荻之風有合焉

## 謝氏

謝氏河間令劉賓國季子文學佽妻邑庠生謝振女二十五歲而寡遺四孤茹苦歷辛撫育以次成立姑病嘗籲天求代歿哭絶食隣里聞而賢之性復喜施予而飭身教家以禮儉窮年不踰閫限雖近屬私親罕有覿其面者年六十卒振二女一適劉玕一適佽俱早寡貞潔自完鄉閭稱爲謝雙節云



## 龔氏

龔氏邑庠生劉念國妻貢士龔裒女衡山訓導雲官之姊也衺行誼著於鄉女夙秉家教長適念國氏十九而夫死子偲在襁褓氏截耳自誓蠶績課子其子亦雅率母訓補弟子員亡何子死氏拘兩孫哭於廟所供大士感而淚下羣烏集屋悲號口盡血出死者十數未幾兩孫復相繼夭氏仰天泣曰氏所以不死爲劉氏宗祧計耳今已矣如夫與子廬墓何乃毅然擇族子之賢爲後康熙元年十一月里人以氏苦節請表於上前分守荆西參政王公批詳有貞婦之難不難於始終從一而難於常變弗更尤不難於慷慨以殉而難於從容濟事龔氏矢志松筠至天欲奪之而終不能奪人欲散之而終不能散氏非株守婦節者也應給額免徭以示風勵之踰三十二年氏年八十有二里人復請於邑侯清澗劉公侯詳旌䘏

## 朱氏

朱氏文學朱紱女京山庠生鄒官妻官早逝氏年二十九有三孤長五歲次三歲季甫二月耳氏苦持婦節以



躬紝督耕贍衣食所居河北蒲潭窪渚災荒之區重困徭賦氏竭蹶供輸擇師課子成立長思孔郎陽庠次希孔太學生季宗孔補邑庠氏六十郡邑諸大夫與里中聞人皆爲詩歌以嘉其節壽當陽進士楊州彥絶句云留身原爲此諸孤羅拜衣冠哺就雛萬有一千百六夜寒燈何夜不啼烏其從祖明經朱士尊長律云階峯蠱蠱鐵錚錚庭列三株瑞靄横夜永授書還伴織春明課圃更催耕女師不忝文公族齊聖咸傳仉氏甥苦歷歲時臻甲子待看銀管注芳名尤爲紀實焉　後奉

旨旌表入節孝祠

陳氏

陳氏西河令陳世第女文學劉傪妻氏幼時能讀孝經曉大義歸劉見其夫爲世家子多侍姬處之豁然壼以內有雍肅之風馬氏生子不育其妾朱氏生一子氏撫愛若己出傪遠遊卒于途次氏年二十四得凶問投繯欲殉爲婢妾救免妾所生子旋夭氏節操益勵父憐而接之歸膳以成其志每逢伏臘及舅姑亡夫生忌出紡績所蓄設饌哭薦盡禮康熙三十二年邑人士公請表揚



謝氏

謝氏邑庠生劉玗妻謝振女十七歸劉十九夫喪子僅三月氏翦髮誓死撫孤無何子亡兩月之孫繼夭氏不忍劉氏無後遂告族告廟立姪以承夫祧氏苦節五十餘年今七十三矣劉氏家譜中有家貧守節之稱

李氏

李氏邑廩庠江自岷妻自岷善制蓺有聲諸生中早卒遺三歲孤士顯氏堅操儉勤備歷艱苦課顯名列膠庠年七十五始終如一日云

朱氏

朱氏鄖庠生黄石安妻石安年二十三卒氏有子縮朱紱朱尚在襁褓矢志哺孤以報泉下未幾兩子繼夭氏號泣曰我不卽從夫地下者以此兩孤耳今復何望唯一死以畢吾願家人防之密因曰爾輩以吾子亡而可易吾念耶吾素秉父兄之訓頗諳禮義無子守節此正經也乃引錐刺兩耳瞳聽毀容足不踰閾構廬夫墓之右辛苦以奉祭祀宗族鄉黨咸爲歎異以其狀聞於邑



侯清潤劉公彙詳請旌氏爲甲午明經朱士尊次女松筠貞操蓋有家學焉

隗氏

隗氏邑廩庠劉傪妻年十九傪逝一子甫周姑老勸其服喪後他適隗截髮斷指誓以不渝閉戶力女紅事姑曲盡孝敬孀居三十餘年貞操著於鄉

聶氏

聶氏年十九爲李思孝妻越四載夫亡灑血自矢奉孀姑育乳嬰撫夫齓齒諸弟屏華甘素守婦節甚貞里人

稱之

李氏

李氏邑庠生廖灼妻灼早卒生子晉升晉琦尚幼灼父成仁撫二子謂氏能終守此煢煢乎氏涕泣曰生爲廖氏婦死爲廖氏鬼舍廖安適堅操苦志課升游泮琦亦各有家其舅以老廢疾不良於動履十餘年氏視問始終無倦鄉里以節孝聞於邑侯請奬勸存卹之

曾氏

曾氏生員張昌琳之妻　此以下皆補



鄒氏

鄒氏董玖儒之妻生員董維傑之母

袁氏

袁氏生員鄭孝中之妻二十歲夫亡矢志守節績紡以供公姑遺腹子袋入庠

楊氏

楊氏太學生張尚榮妻榮卒子玠甫歲餘舅姑早逝祖姑易氏八十僅存氏痛幼孤靡托祖姑無依矢志堅守針績營度供祖姑甘旨祖姑病甚氏衣不解帶躬愼湯藥嘗糞卜生及終氏殯葬盡禮子玠舉人竹山教諭

王氏

王氏生員張承宦之妻宦卒氏矢志柏舟逮事舅姑年皆九十有奇每寢疾必躬必親雖臧獲不以貸也先宦卒時生子先會甫五齡事事胥以規矩及就外傅不惜金貲以延名儒後會得邀歲薦蓋氏之力居多焉乾隆二年奉　旨旌表建坊

謝氏

謝氏生員歐陽賁妻氏奉侍孀姑曲盡孝道訓育孤子嚴慈備至不減畫荻高風子賓由明經授宜昌府訓導再任監利學博欣逢貤封復蒙　旌表



劉氏

劉氏張蘭生之妻事姑克孝教子義方張先撰有傳

郭氏

郭氏生員黄開祐之妻武舉黄瑢之母

許氏

許氏儒童鄒時顯之妻

章氏

章氏生員李枝英之妻也年十七歸李孝事舅姑敬相夫子枝英嬰疾三載氏侍藥餌衣不解帶温凉必先嘗夫病篤虔禱大士願以身代及夫亡哀痛幾絶是夜屏棄家人獨伴夫柩且命老僕檢夫書籍筆墨云係夫素所珍重者舅姑好爲收貯次晨歸房門扇未掩遂自經死嗚乎氏不作未亡人矢志篤矣其從容就義斯亦曠世奇烈哉戸隣據事 上聞奉
旨給金建坊

雙氏



雙氏儒童田曰臣之妻年二十八而寡躬親績紡奉養舅姑舅没氏盡哀盡禮以代夫職姑病篤幾絶氏虔誠拜禱請以身代姑甦向氏言曰予夢神感汝虔誠賜予壽三載姑果歷三載而後卒氏夫兄嫂早逝遺姪傳儒氏教養婚娶無異已子氏居鄉村左右果遭火變惟氏室安堵無恐人皆謂爲節孝之所感也

鄒氏

鄒氏謝知琫之妻年十九歸琫閲六載知琫故先是氏夫卧病歲比不登氏典簪珥躬績紡奉舅姑甘旨及夫湯藥追夫繼舅姑云亡氏疊治三喪哀禮兼備茹蘗飲冰數十年如一日卒教其子欽成立年踰古稀目擊三代乾隆十六年十二月內
欽賜清標彤管表宅旌褒云

鄒氏

鄒氏何子章之妻十九歲歸何方十月夫亡苦節四十餘載

李氏

李氏儒童鄭再玉之妻夫亡在外殉節自縊前邑侯朱



撰賜貞節碑文

王大姑

王大姑王天章之女許字高起蛟方納幣而起蛟没遂自縊殉節

歐陽氏

歐陽氏劉元瑄之妻

陳氏

氏陳公鄉飲賓一瓊之女太學生康邦珽之妻也少適邦珽事公與繼姑極得懽心甫六年邦珽殁遺孤以安

氏年二十有五哀慟絶粒舅姑以己老子幼泣慰之始進食嗣後孝愈加教子益嚴勿慈追以安貢入國雍課子奉親不懈雍正丁未歲祲氏罄簪珥內娛雙老外周族戚不辭勞瘁邑侯　杜公據輿論贊曰青年矢志白首完貞孝事舅姑旣以婦職而盡子職撫孤成立更以母道而兼父道噫如氏者其節孝豈可沒耶

李氏

氏舉人張玠之妻也伊姑楊氏少以節著蒙恩建坊入祠氏歸張門雅得婦道夫沒家貧氏以紡績供甘旨撫



幼子不幸子又殀亡氏奉姑益謹姑沒復竭力喪葬不惟慰死者於地下而姑媳後先輝映可謂繼美者矣

郭氏

氏文學郭邦榮之女儒童黃士宗之妻也青年守節教子成名宗族稱其賢鄉黨頌其德尤節婦中之矯矯者洵堪傳世永爲模楷

袁氏

袁氏鄧茂枝之妻

余氏

余氏陳治　之妻

熊氏

熊氏郭春洛之妻

郭氏

郭氏生員孫金之妻

蘇氏

蘇氏孫遂之妻

劉氏

劉氏莫其潮之妻



劉氏

劉氏蕭文煒之妻

楊氏

楊氏張瑶之妻

陳氏

陳氏庠生吳昌龍之妻

張氏

張氏舉人何子釗之妻

劉氏

劉氏莫家檳之妻

蔡氏

蔡氏朱宏之妻苦節四十二年

夏氏

夏氏劉暹俊之妻苦節四十二年

舒氏

舒氏劉心注之妻邑庠生劉雲行嗣毋苦節三十六年

李氏

李氏庠生衞仕倖之妻



李氏

李氏劉行俊之妻十八歲夫亡苦節三十載値漢江大漲行人浪傳行俊墓衝決水大不能詳詢氏號泣自縊

盧氏

盧氏劉恬之妻

劉氏

劉氏貢生吳善滙之妻

嚴氏

嚴氏吳之瓓之妻

佘孟媛

佘孟媛監生佘圻之女許字吳欽臣將婚臣亡孟媛投繯自縊

程大姑

程大姑邑庠生程溶之女許字儒童蔡明益明益沒矢志歸蔡奉養公姑十餘年公姑沒女病不食而死

論曰歴觀女貞或出自閥閱或起自窮簷至有感異鳥退河伯返風產梟之應何天人之相召與蓋危急存亡之際叩頭伏地流血呼號唯恐天不聞也謂天



蓋高旣聞之矣求死得死此固一輕生者優爲之乃天不輕予以一死必試之諸艱之中鍊以耆頤之壽百折不回蓋棺論定而正氣始可長存於天壤焉昔之霜操奇烈聞於
朝詔旌其門姓氏固已垂金石而懸日月矣後來幽貞潛節列狀請於有司標榜以揚之　題旌有待者何惜大書褒嘉勵其終以興起其後見盛世風化之美哉

寓賢傳

古之君子達觀海宇迹其所居令名垂焉丈夫生而有志四方鄉曲之見詎足以限之哉或以宦遊或以避地或愛土風之美名賢萃止流風餘韻歷百世猶將景慕之矣作寓賢傳

## 元

### 姚燧

姚燧柳城人至正十七年除漢中道提刑副使補山南湖北道經遊潛境曰此地風淳俗厚可以卜築遂家焉建藏書樓日著述其間有白鶴巢於上因名其樓曰白鶴樓一統志載樓在縣北今爲白鶴書院元史傳曰燧字端甫三歲而孤育於伯父樞謂燧蒙暗教督甚急燧不能堪楊奂馳書止之曰令器也長自有成爾何以急爲且許醮以女年十三見許衡于蘇門十八學于長安二十四始讀韓退之文試習爲之人謂有作者風稍就正于衡衡亦賞其詞三十八始爲秦王府文學未幾授奉議大夫兼提舉陝西四川中路等學校至元十七年除陝西漢中道提刑按察司副使調山南湖北道按部澧州二十三年自湖北奉旨趨朝明年爲翰林直學士二十七年授大司



農丞元貞元年以翰林學士召修世祖實錄燧與侍讀高道凝總裁之書成大德五年授中憲大夫江東廉訪使移病太平九年拜中奉大夫江西行省參知政事至大五年仁宗居藩邸開宮師府燧年已七十遣正字呂洙如漢徵四皓故事起燧爲太子賓客旋除承旨學士又拜太子少傅燧拜辭明年授榮祿大夫翰林學士承旨知制誥兼修國史四年得告南歸卒于家年七十六謚曰文燧之學有得于許衡爲文有西漢風宋末弊習爲之一變蓋自延祐以來文學大匠莫能先之當時孝子順孫欲發揮其先德必得燧文始可傳信其不得者以爲愧恥每來謁文必其行業可嘉然後許可否則弗易得也生平所著有牧菴文集五十卷子三墉圻城

## 明

### 劉安行

劉安行字澹持號勉及襄陽人萬歷己未進士性廉介骨鯁不苟同俗初知河南登豐縣以清官第一擢吏科都給事中崇禎庚辰避流寇亂來居潛之南郊時有言坊行表之譽子殳字伯前八歲能文舉神童長極淹博

以文學名

徐　懌

徐懌字適之別號酣道人景陵中丞成位孫工草書善畫卜築河濱有古好遯之意焉邑文學謝國玉過適之新居詩削盡浮名悟此生野花深處聽啼鶯支節獨往寍余在隱几無言共爾情道氣已分川嶽勢幽懷猶愧菊松清南華數卷供吟賞門館蕭蕭未易輕可以見風神瀟灑之概矣

陳其美　以下　國朝



陳其美字公彥號靜菴當陽人崇禎壬午舉人順治壬辰進士嗜學通經術力持古道厭浮薄綺靡之習明季闖賊闖當陽急其美諸生時首倡義率衆拒守城賴以完郎以是年獲雋未幾賊再至城陷欲羅授僞職以匿得免會有土寇周國有聚衆殺掠其美謁兵巡石公請勦間道走潛江尋討平之傷故鄉殘破遂家於潛成進士後又四年丙申授處州推官平恕宅心理獄必徐察情僞以期明允而剔奸釐弊不稍優容郡以寍一伐木開道以通駐防置浮梁以便商旅臺使交稱其賢薦剡三上將膺不次之擢忽以疾卒子大佐歲貢士訓導大佑廩庠生孫士敬太學生士枚士敕俱廩庠生

周頌孫

周頌孫字念祖襄陽人避流冦亂結茅泰豐河曲奉貞姊教授自贍篤行力學有人師之稱以歲貢士署江夏訓導遷郴州學正擢昌化知縣

魏繩德

魏繩德字又成沅陵人僑居東郊喜吟詩逃禪嘗乘一舸往來江漢間挈家渡洞庭終老焉



論曰乾坤一逆旅今古此過客何地非主又何地非賓乎晦翁曰自有此宇宙已有此溪山還有此佳客否先賢自姚文公後高賢賁止半由避地潛雖僻壤亦足徵樂土矣

方伎傳

范曄東漢書方伎傳論曰漢自武帝頗好方術天下懷協道藝之士莫不負策抵掌順風而屆焉按史所載兩漢士大夫明方術善伎藝而在士途有至大官者如衞綰周仁虞邱壽王則假方術以進而非他有

文行以取顯貴者也如李郃樊英之徒則雖善方術而本不假此以進身取位者也考東漢書方伎傳所載終身肥遯不求聞達者甚多蓋其賢士也然能以一技自名而弗爲干名徇利之階亦可謂賢矣作方伎傳

明

彭鳳淮

彭鳳淮字芝山江西人明萬歷初來家於潛世精堪輿著有地理直指四卷行世年八十餘步履如飛相人古



墓言其家世歷歷不爽人謂鳳淮雖箕裘亦有異授信然子健元孫周鎰俱邑庠能得其家學健元年亦八十矣會應撫軍中丞董公聘一至都下聲譽益盛方伯徐公惺贈以詩三楚有異人山川毓靈粹鬚髮尚未衰隱居而讀易潛沱溪上居半畝聊可庇衡泌日棲遲技術非其志聞之蓋有年高賢或吾避今夏一往招杖履翩然至世事如浮塵何足爲君試聊以燕雀安爲予風雨意君言本古初竹策宛在笥古之箕穎流質樸艮可企從來明理人曠觀在天地蓋於健元生平最悉云

國朝

康正吉

康正吉原名元吉字康山邑人少補荊門州庠生順治十五年戊戌

召天下明堪輿者相視

陵寢正吉應舉赴

闕下考選異等授欽天監相度一時王侯將相爭禮之

康熙元年壬寅奉

命視鳳台山明年二月封鳳台爲昌瑞山六月六日



孝陵葬畢假歸十三年甲寅

仁孝皇后崩再被

召入　都

賜食六品俸　賜袍帽相視　昌瑞東山

上親詣定造

仁孝皇后地宮十七年戊午大工告成議序以同知用

仍

賜銀緞十八年已未除山西太原府西路偏關同知遷

直隷保定府知府在任三年以疾辭歸年七十二卒

子玉知縣珏玠孫滋俱監生

游文瓏張鳳鳴

游文瓏字雲卿以堪輿名子宸字瞻紫尤能讀書好問所著有地理蠡測一卷張鳳鳴字瑞之子德政字惠公皆能以堪輿世其傳

李光先萬天鑑萬天錫

李光先子庠生廷奇孫郁陽九世業醫萬天鑑天錫俱五世業醫聞古用醫必選姓名之後非仁愛不可托非聰明達理不可任非廉潔湻良不可信如數人者斯亦



近之

戴笠

戴笠字簑雲景陵高士南堂翁祁其從父也多材藝工作眞隸篆書嘗爲郡太守馬公所賞客京師數載歸其學益進年七十一卒

謝封

謝封字遜臣約志勤學工繪事於終南進士圖尤佳其臨摹前人筆眞贋殘莫能辨明邑侯訒菴羅公沔州守于野章公頗相雅重封好吟詩有端居草堂繍林齋諸稿盈笥累牘非所長也終以畫名

萬國誄

萬國誄字藎卿精易學占決最驗日惟以操縵自娛久而得其神理人咸以爲師因自號江上琴隱年九十卒李書城既過藎卿故居詩云月陰松影翠如鬟憶聽仙翁指上閑操罷不知何處去秖今流水咽高山朱石戶士尊題詞曰予老友萬藎卿少篤於學皭然物外雖藜藿不充弗計也惟怡情花木棋酒而於安絃尤有默契予曾師事之終不得其奥翁列數椽於市廛曲逕癯潔



窈窕不卽覓盆魚怪石錯置階砌令人泠然馭風翻思叚干木田子方之爲隘也翁以杖朝之年舉手謝世人鄖君枝蕃過我東浦携翁與名公鉅賢往來手蹟一冊索予題詞爰濡墨而書於左

緇黃傳

儒者守先聖之訓而必斥二氏爲異端遂使艱深刻苦之蹟高奇鴻遠之義概謂不足道詎可以服學二氏者之心而免黨同伐異之誚乎此遊於方之外者固未可以常理思議耳邑無仙釋於毳衲羽衣中得

二人爲作緇黃傳

釋戒敦

戒敦號逼如少武斷爲鄉里所惡一日翻然自痛遂投大佛寺爲僧得戒於華山昧公得法於南獄無學大師歸下河東建法雲律院造請佛像於金陵一木一石皆其手營不數載而成莊嚴精舍迎昧公講演毘尼度千有餘衆亦畸人也康熙癸丑法雲律院毀於水其弟子常維號摩雲移建於故址稍西

楊洞林

楊洞林壯歲棄家及弩游四方居太湖包山數十年後



歸里獨處道院中罕識其面年八十二猶日纂錄丹書數千言所善劉翁年九十沈翁年八十俱有少容其底蘊未可莛測也洞林匡坐簡默偶有言輒侃侃多痛世語人所不堪者笥中藏草書一幅出示人曰此自尾倒書至首者曾遇其人不知姓氏作書但署雪樵云

# 潛江縣志卷之十九

知縣事劉　煥纂修

知縣事史致謨續纂

## 藝文志上　詩　閨秀附

大哉文乎刻之金石與天壤相弊書之竹素與日月並懸者其文傳其人斯傳潛固屈宋故墟濬啟名賢挾册如林懷經成市亦幾琳瑯觸目矣延祐間波臣與民爭土邑乃播遷文獻殘逸碑版沈沒莫考累代傳文遂如牛宮之水螘垤之林不能浮天谷王拂日若木艮可痛



惜故舊牒所載皆百年以內書盦無荒落兼之簡拔弗精莠苗莫辨似非所以清源流而光簡册也爰搜諸國史稽諸家乘歷來詞客賢尹之所撰述若詩若文其隨事因類者已散載各卷茲復採掇往近體什附以閨秀錦文椒頌史不廢書義例然耳奏疏傳記書序雜著有關於興革之數風化之原而言尤雅馴者錄之以備故實盦嚴勿濫盦約勿冗雖有十城之珠不敢紆樓船而過之其亦觀要貴博觀書貴要之意作藝文志

### 詩　閨秀附

漢水傷稼 并序　　唐 許渾 郢州刺史

此鄉雖自夏無雨江邊多穡油然可觀秋八月天清日朗漢水泛濫人實爲災軫念疲羸因賦四韻

西北樓開四望通殘霞成綺月懸弓江村夜漲浮天水
澤國秋生動地風高下綠苗千頃盡新陳紅粟萬箱空
才微分薄憂何益卻欲回心學釣翁

漢水　　宋 蘇軾 眉州

捨棹忽逾月沙塵困遠行襄陽逢漢水偶似蜀江清蜀

江固浩蕩中有蛟與鯨漢水亦云廣欲涉安敢輕文王
化南國遊女儼如卿洲中浣紗子環佩鏘鏘鳴古風隨
世變寒水空泠泠遇之不敢慢詎立整冠纓

贈南華翁林子山　　宋 畢漸 邑人

兒童聞說子山名將謂先生是古人海上偶經仙洞府
巖前猶見玉精神南華久徹逍遙夢兜率重來自在身
攜得新詩天上去不教孤負到全閩

按陳子兼捫蝨新話載畢狀元漸使福建日嘗按部過羅原時南華翁林子山致仕居南華洞年已八十餘以詩迓之有當年春榜首傳名對御如君有幾人之句畢公和贈此篇人言畢狀元眉目如畫詩詞亦自清拔今青瑣集中多載當時諸公贈子山詩而獨無此詩故記于此以補青瑣之闕公潛人也自潛爲新邑舊牒散亡公之文行遂略不可考爰搜別帙得此篇亦鄧林之一枝云

江漢歌五首　　明 童承叙 沔陽

沔陽之水接潛沱撥槳仍銜三澨波行吟詞客遠遊去
卧聽孺子滄浪歌
荆山郢樹照南洲江漢滔滔天際流神女不來雲雨暮
騷人一去蕙蘭秋
漢水西從嶓冢流蜀江東連雲夢洲有時蛟龍鬬風雨
恍惚疑是楚王遊

清江抱村村樹齊水風不動浦雲低嬌女刺船深港裏
聞歌只在芰荷西
漢水東連吳楚中陽翟賈船呼北風船頭帆擁浪花白
柁底纜牽菱葉紅

潛江憫澇　　明 張居正 江陵

水齧平隄沙岸迴野田空見荻花開江濤挾雨秋仍壯
旅鴈銜寒暮獨來歲晚風霜欹客枕夜深燈火傍魚臺
悲時亦有江南賦愁聽荒城鼓角哀

送初幼嘉言孝廉還潛江三首　　前 人

燕子重來二月初翩翩意氣曳長裾金門未獻甘泉賦
宣室何人問子虛太乙夜然東壁火天池時化北溟魚
乾坤歲歲浮春色環佩相將侍禁廬
黃鶴樓中憶舊行白蘋江上此離腸天邊日氣殘鳷鵲
帝里重華照驌驦燕士從來先郭隗漢庭那得老馮唐
思君何處堪情切草色青青滿建章
秋深鴻雁落汀洲嘹嚦西風動客愁月下綠尊同郢曲
天涯青眼對吳鈎蕭關笳鼓驚寒柝澤國芙蓉念敝裘
愛爾明珠羅萬顆逢人莫向暗中投



送張少渠師載之鄞　前人

客路悲千里離旌指四明風烟連澤國秋雨綴王程迢
遞雙鳧遠翩翩一鶴輕碧雲搖落候相送若爲情

潛江阻雨時奉使交趾　明　魯　鐸　景陵

連日南榮足雨聲朝來猶未見朱明親闈引首才三舍
王事驚心第一程文錦被寒迴短夢素琴絃澁負長清
客懷自與愁相值曉鏡真堪白髮生

自潛江登舟詣景陵　明　楊　琚　大參

纜罷荆襄馬上遊寒風御棹沔陽舟蒼波碧浪三灣晚
白草黃蘆兩岸秋日落櫓聲驚宿雁月明笳韻起眠鷗
榜人欲識旬宣意王澤應敎廣布流

舟過潛江白洑驛

日斜月已生一片波光白風氣入夕加滾流響瀨渚卸
帆買魚船投港遠歸客隔水聞漁歌數聲天地窄

丙辰大計爲含沙所中量移而歸途中口占十首

遺潛知己　潛江知縣　王念祖　武進

棄置何須問招尤早自知大都用我法總不合時宜民
事痌瘝隱君門道路迷微臣心匪石百折恐難移



出山各有爲吾意在蒼生飢渴眞由我憂勞豈愛名初
心能不負去國亦爲榮所恨時多難三年績未成
漢水分流遠皇恩賜決排以嘗奉旨開故古今詿異勢昔以景民告開
今以景民議塞遠近故相猜啼口終難掩泗港故道而欲塞癰瘍曷任
開趙林決口而不築讒言別有爲實豈剎膚災榜余罪者以開泗港爲首
萑苻頻受警吾計欲擒王餘黨開三面清謠滿一方情
經百審定勢挾萬金狂狡兔誰爲窟鷹鸇反見傷以寃盜沈
希望爲罪之二
三年甘況瘁兩事擠平生未嘗遷人罪翻成顙吏名憂

兼勞可惜心與跡俱明去去吾何憾飄然兩袖輕
量移灰未冷慚負上人知推轂情方切院司道府一時無不謬舉者含沙事獨奇大權誰得假公論竟難持司府力辯不解破缶何
當惜能無世道悲
倔強流俗駭謠詠楚人風竿牘胡相絕交遊盍稍通民
情差不負身計實非工莫訝悠悠口唯然道合窮
丁時吾獨否作活水波中僅免亡溝壑巡歷隄塍幾沒者再長驚
聚蟻蜂大盜時有報復之謀共憐投吏網自謂脫藩籠欣喜生還
日迂迴路未窮



平生雖百變似此政尋常身外功名幻塵中歲月忙清
華原夢斷閒冷亦途長誰解狂生意開籠放鳥翔
一行爲下吏樂事總相違詩酒情都遠湖山夢到稀浮
雲迷白眼行色變緇衣自此菱溪上茆茨且息機

送王孝先明府左遷還毘陵　張承宇邑人

擬向君門借寇恂胡然頓起庾公塵躬還吳下名還楚
罪在官中功在民一郡淚隨千里水三年恩剩百花春
浮雲寵辱何堪問可奈蒼生屬望身

送柴慎菴恪入計時令無錫　明　王穉登太原

仁風三載徧梁溪陌上甘棠蔽芾齊馬首河山三晉北
日邊宫殿五陵西政分宓子琴中治名共田郎柱裏題
二月春風歸及早蒼生何限望雲霓

天啓二年卹典下柴慎菴先生得贈璽丞讀令子
如卿吉卿所示仁孝錄賦贈　明　譚元春竟陵

六年清白吏幾日部郎官遷客遭何偶明君報已難九
原懷侘傺二聖事辛酸簪履存前詔絲綸煥後觀精忠
依廟社魂魄肅衣冠榮彼墓邊草羨君堦下蘭有情陳
小疏無事答長安五色雲交覆焉知薤露溥



宰豐縣有兄弟訟者會其母以貞節當旌書此論
之見徐州志　李崇信邑人

五倫有夫婦長幼非細故一爲物所移骨肉永弗顧從
一以俟死才然見裙布北堂儼儀型勿俾鬚眉惡

己卯秋闈昌吉與子瑠姪璹環同雋楚王公讌賜
詢先德即席賦獻　劉昌吉邑人

明問恭承內使宣焚薰拜手倚宫傳銜公職父前廷尉
許國臣兄古孝廉家世敬官生事少詩書奉教力田先
自惟聖主賢臣福犬豕捐縻敢負天

癸未舟中聞邑人歐陽岣嶁燧罵賊遇害孝廉宋符禹士完以不欲辱賊死　前人

死生大義抱孤城吾黨欣傳未死名官起專經差不辱謂岣嶁材高異等幸相成謂符禹血流數斗文章在氣蓋千尋海嶽清會向冥途修世好通家慰藉各分明岣嶁歐陽觀泉公子早孤父事先中憲允中憲教訓之以成符禹之先人亦先中憲弟子

大水歎　歐陽烝邑人

水不含和莽傾注下遣天吳非帝怒陰陽回薄自無心萬物遂云爲我故土偶人兼木偶人相惜相嘲無是處



蟻子浮沈杯水間世界寬平了未悟禾黍芃芃給甚須已生已養農夫悞點漆丹砂結實齊豈肯區分勤愛護瞬目張喉闢五行儒者紛紛爭理數有人在下我不輔幾日平章課失度欲笑不得泣不可怨之不敢孰敢訴水火刀兵刼等耳殺人如草誰曾怨開落還隨陌上花沾濡亦有枝頭露蘧然大覺仰視天白鳥漠漠飛過田

老農歎　前人

老農見客不暇哭牽我衣裳語陸續此身幸免走跛䟲有室依然如轉燭我財雖等官家財官家取我無時足汀邊小艇泣明月肥牛原上戀瘦犢人出公門意氣驕近之不敢矧敢觸愛惜田園亦等閒訟入公庭那得出此方之人何苦辛此時之心焉係屬笑而不答我心苦呼兒掩門聽我語兒驚反走掩口啼籬頭肅肅來風雨一樣南人面貌同學操北音咬似虎羣鷄亂叫飛上樹轉手縛鷄恣喧怒主人塞默無顏色亭長牽之使出戶氣息纔通言未了抽刀亂打聲無數塘兵月米持大升官兵曳船要夫去

秋田歎　劉肇國邑人



禾苗猶在田借貸輸官稅積雨失隄堘占天猶望歲風飛羽檄馳星速軍需繼奉法盜浮額急公增協濟隨時巧立名頭會非常例所願西成時水田猶飲穧詎識馮夷心漸爲氾濫勢蓬簷浮芰荷一望天無際餓死復何言幸生亦累贅負逋不得償取索方無藝水面扁舟來里胥色甚厲軍行急預支官長抉雙背入市早爲謀勿致相連繫臨風無一言望若揮長涕時宰邑者臨海棐公臣遇

送別韓晴嵐明府　劉珏邑人

幾載潛陽尹言歸及此時行囊無長物父老有遺思宦

海波原險（公以清廉不合時宜去）冰壺操莫知分襟多少淚揮灑在江湄

康熙甲辰春二月圍丁充西征運夫秋盡未還哀其婦之哭也作征婦吟四首　朱士尊邑人

桃李初華郎遠征蹉跎霜萼又含英筵篿難卜歸人候蟋蟀誰憐永夜聲廟算未陳平治策將軍空築受降城無端頻向江干望但見天邊雁字橫

傳聞水漲南陽河郎渡河當未漲麼天子英同漢武帝將軍勇似趙廉頗三年介冑思歸馬四海瘡痍祝止戈



倘得瓜期人蚤代還家教妾唱鐃歌

思夫千里罷鳴機砧杵聲高月不暉老至難充周爪士人來不寄蜀當歸可憐西去無東作又聽秋殘著夏衣昨日凭橋臨水照不知首上已蓬飛

送郎和淚渡西陂膽落農人伴虎羆縱過豐林難避暑可憐負米不療飢頻看白骨埋青嶂遂使狐衣泣豹皮介士尚須堅百戰窮巖猶未建降旗

甲辰夏六月霪雨連旬軍興未輟既腹枵于輸輓復膽落于追呼漫成西山三首　前人

干戈爲蔓菜爲顏吞紙終難裨食艱楚國悲秋惟宋玉漢庭雪涕有君山雀彈未必非珠墮廏馬誰云與璧還不是弦聲驚隊羽瘡鴻原自怯虛彎

盤溪歷盡此孱顏驟首雲中陟步艱半夜走燐催急雨一軍傳炮欲漂山但聞河漲深無渡遂使征人去不還（聞南陽河水漲連天溺者無算）太息哉生經兩朏茅簷不掛一輪彎

何日相逢一破顏天心此際倍多艱未容狐鼠潛秦地又見欃槍照楚山（西寇李闖之竄）石燕每思將雨至土龍常恐帶珠還荷鋤縱切同仇意鑄得金弓不可彎



前題次韻　張締之邑人

暑雨何關慘阻顏邊庭供億轉輸艱貧村煮水愁通屋倦旅穿珠淚過山數戶殘丁惟老在幾家茅甲望征還泥零負弩傷孱弱爲國寧辭借半彎

前題次韻　廖燧邑人

黃金難鑄一愁顏藉照茅廬海日艱圖寫流亡朝北斗陣開雲鳥駐西山田間點點波瀾折雨裏紛紛檄往還生女驚來輸國賦何曾出閣惜弓彎

河決京山　潛江知縣王又旦

襄樊東下波漸漸高風吹浪幾時恬百川之長背卑謙
五月五日憂如惔二女擁佩手摻摻黑旗阜幢錦作幨
乃與土德有猜嫌欺爾微弱較鈍銛山崩厓圮勢不淹
沔淪瀲瀼驚觀瞻大呼其類無巨纖獱獺鮍鯉魴鱮鰜
六畔三足奉令嚴河伯砐硪衣襜襜湍渃澎湃意不厭
若逼項冥威勢兼乃使神蝘肆誠憸招屏翳遂遣飛廉
望舒離虎警夜占長雲不斷雨霏霺十旬茫昧烏與蟾
地軸圻裂如縞縿泣訴于帝乞光炎帝曰彼勢不可鉗
奔逸不異馬脫柑潛瀧之波冬自潛郢南災祲日益添



有田無歲不菑兼修築徒勞邑中黔㥄㥄忽忽野無蕆
五才遞用亦互殲嗚呼其苦在茅檐

趑趄 時患疾居隄上　前人

趑趄趑趄滯于漢浦十日遘疾有懷自撫塊鞠而宿倚
人而傴不敢告勞猶行中野繁思無方其紛如縷矻矻
榾榾亦莫可補荊棘刺天平路伊拒相彼詰曲手無利
斧譏譏之言孔多于下不任我力實來眾呶求甘食蓼
不如種杜庶幾旋歸志在林莽

五月憩于堂 憩于堂不能退食于室也　前人

煩溽晚未歇城柝無多晷慊慊我何心竟夜頻坐起吻
昕澥日動胥隸侍如壘簿書自回亂倉皇昧憂喜巫馬
庶可學伐檀夙所恥平疇走天吳沈溺到稂秕荒政靳
寬典時艱未堪弭王事重轉輸督責豈得已展我蘄州
簞欲憩還復止薄俗善謠詠紛紛無一是中懷誰能知
請諒荷蓧子

多雨二首　前人

彌望陂塘滿冥濛二月昏神龍驕不去水鳥散還翻
冷全無食籬疎半閉門聖朝憂害稼執政肯輕論



萬慮惟搔首哀歌意更賒高天如有漏積水總無涯野
宿逢枯葦朝飧傍蔣芽最憐防漢漲版築數千家

雨中大水決隄聞王幼華 又旦 明府奔走隄上憂
勞已甚詩用相寬　三原 孫枝蔚 豹人

卑溼潛江縣終朝雨滯淫陽烏常失意神女定何心村
有蛟螭橫堂無燕雀臨裒眞披五月壺果值千金隄決
鄰相報途窮我自尋老看江滾滾愁益病涔涔列子未
能學 鄭子陽輸粟于列子列子不受 武城艮所欽故人百里宰新罷七
絃琴但想蠲租詔如聞解慍音塋篌歌易就精衛力難

任夢訏波濤驗前數日幼華爲余述夢頗以大水決隄爲慮憂兼鐔領深流離悲赤子佻達憶青衿貧苦原從昔勤勞直至今高才一作吏那得更狂吟

雨中聞水漲遣悶二首　前人

陰雨何時霽蛟螭横作威蘇秦金已盡阮籍淚常揮白髮愁中滿朱顏病後非連天惟漢水心怯敢言歸

五月寒如此風聲怒水涯楚天疑有漏澤國半無家浩歎樓中客長啼廟後鴉石榴太輕薄屋角徧開花

漢水　前人



江流闊南紀漢水滯東歸已報長隄決還愁小艇稀黑雲朝不散白鳥夜難飛夏與冬無別何勞製葛衣

大水後呈王幼華明府　前人

年少長安得意人于今憔悴復清貧竟同飯顆山前叟幼華行隄觀水郝歸來亦甚瘦識河陽縣裏春自決新隄詩更怨相逢舊好酒須酤可憐常抱文書寢誰解輕裘覆爾身

水上呈幼華明府　周廷彬邑人

漢水自西下堰檢俾東折艮岨坎勢窮峻崿百重絕出險潛沔合竹箭迅飄瞥至此山將盡怒濤易奔決上潰下則壑同災宜共儆波豪忽吞噬國小易囓蔑版築委一方彈丸新石竭及此再潰時彼此皆魚鼈皇皇我公上至仁伏叐桀修扞今則平成功肆懌悅

潤下稱坎德朝宗紀水治龍門河渠書蘭臺溝洫志古來重其職京縣理無異王臣融畛域況乃皆國事儲胥與民命俯仰于斯寄矢公復矢慎底績萬年賜

田下水身高奔注如騰驤人力與之爭兩岸峻隄防一區防一區人自護其疆澤國誰昔然古謀豈不臧今云保門戶家室委懷襄耒耜載異縣辨瞻懸故鄉正月尙



斥鹵三月桃花浪止者行復流流者復何望溝壑不足恤殿最亦可商君門遠萬里況乎階與堂君子方得輿庶幾速降祥

當年沙洋潰浩瀚彌千里江陵張相國已溺以爲恥沈玉搴長茭功成比瓠子晏然數十年耆崩將告圮賢哉二千石馬公逢皋幹其否楗石築危岸至今巋然峙雙闕亘天中宣房差可擬

清惠林司馬文學蒞事凜冰蘗往時黃灣口數里悼淏沉公日時寻宰黽勉廢眠啜令下懽聲動萬杵雷奮擊役

曾不踰時功與沙隄埒億兆歌如雲兩賢躋峻列今茲
復逢公前後合芳轍

隄再決八首　朱士尊 邑人

餘生當此日幽憂遂終始逸身本無技牛衣泣妻子蚤
知虧一簣何如一簣止

豈不適樂郊何處覓安宅記自戊戌來家家廢襏襫誰
復計三秋今已無二麥

猶然古皤冢浩浩至大別猶然昔潛江赤子化魚鼈拯
溺當有道胡爲罪蟻穴



野雀動成羣息羽簷邊立怪我厨煙冷詫我聲於邑與
爾共長飢羨爾無徭役

習俗謀生計精神田宅裏豈知賴衣人盡是紈袴子嗟
哉連阡陌在在竭人髓

年年事版築窮民趾欲穿河伯何太侈易視此金錢金
錢輸在官兒女已各天

東流何日盡搔首向河湄谷陵非無意滄桑應有期寄
語布穀鳥農夫已流離

四野炊煙斷淋淋雨不休奈何當夏日凜凜似深秋子
遺尙不念視民如蜉蝣

吾生篇　莫與先 邑人

吾生一腐儒抱經兼學穡藭虞迫頹齒母也耄且羸追
惟牽絲年嬰疹動顛躓卧視凋丏民念之腸内熱竊逭
尸位罰懜然籍有黑曰歸稼下地水潦謹坊暇亢暵殊
不料澤腹盡坼裂徂秋埜田空黃雀徒嘈嘈年年汎舟
役潛水南支竭既乏肇牽資孰尋乾餱責揚袂安所如
誑飢謀已拙符訾非土產亦未饒榆屑糜枯胏半灼麪
敗喉全螯此物既充糧踊貴等一切草木幸有根詫見



焓採掘詎諳伊耆經罕究汜勝筴爲毒則已矣無害苟
日月吾廬恒晝拚木落蟬秋咽飢烏啄我屋䴏嘯繞坐
側可笑門東兒劇啼碎盎鬲平頭數百指痛於塞垣客
流迸從所務新主卿審擇顏厚語諵諵緩死指牟麥踐
踐此卒歲種種難具說歲改蟄漸啟野梅香遠浥訪梅
洄東隣乍喜麥穎拆吾弟散朗人來往同步屧老母頗
愛梅一嗅發愉色譽麥向妻兒聊慰忍匱闕匱闕郙可
忍天事有叵測是夜風雨惡礲磹吁可駴霾曀且淹旬
硬雨雹也交積雪朝來田父泣蕲蕲若抽礫縱然及首夏

何以飽蕡麰惜哉青帝權而爲司寒竊三老訝未曾雪
到牛骭沒嚴飆穿緼裔指直不得結樵蘓道復㔸勞薪
遠莫擷冰推中林條稍稍事榾柮苦寒亦蹔爾放愁實
未得僵卧了無營開帙脊兩睫恥逢雛合埽翻憶漢使
嚙遙憐隴頭水千里墟煙歇近聞武谿深鼓鞞方震疊
臺軍上牢屯凍瘃緣嵽嵲蠲條挂廨壁科歛溢符牒哀
哀寡婦哭高扃部罔徹大運自古來吞聲泣勿啜

河上謠四首　劉璇邑人

昨夜決河東今日河西潰三冬謀食役且耕都在別鄉



貸纔得隄成麥始黃一穗不得刈　久謂他人昆久謂
他人父使君溫語招我歸念我流離苦不如生別在他
鄉淚迸落乾土　河水難充飢河水難充稅不忍逋逃
負使君點金殊無計縱使行善及枯骨汪洋何處瘞
急流高一丈白沙淤九尺鼉爲洞兮蛟爲宮豬我田與
宅我生胡爲丁此厄愁死復愁役

流亡歎　李世儒邑人

側徑無停輪危巢有迅翼吁嗟彼流人之去不回惑黃
鳥艮願違北風亦心惻蹲鴟大如斗聊復緩飢色東魯
有遺俗厄父重去國周道倘雲散避地將無亟善學柳
下者可爲智士式

水上雜詩四首　歐陽錫疇邑人

大心未厭亂洚水仍橫流赤日魚龍舞青林蠣蛤遊萍
花依短檣帆影走高樓寥落悲生事無門可訴愁
風雨夜淒淒遙聞四野啼有天難置問無地得安棲兒
女聚盂飯雞豚爭尺隄書生空淚灑何策救烝黎
一峯橫遠岸萬水遶孤村是處橋梁沒誰家戶牖存黿
鼉吹駭浪罔象嘯黃昏租吏偏饞膽追呼夜到門



落落此身在如雲不繫天老人惟一卷窮我是多田東
手但愁坐埋頭姑醉眠還將流水意寫恨按朱絃

維潛贈王幼華明府十一章章四句　黃里沔陽

維漢有潛維江有沱既見君子我樂如何　何川無楫
何阪無車匪駕匪游胡爲徐徐　山不能高澤不能深
山澤之氣膚寸觸陰　有碑在輿有典在册我誦我吟
未嘗間隔　我之懷矣云胡不歸敢以愆期負此艮媒
夫子之惠羣黎爲德子弟田疇是訓是殖　夫子之
寸不違其柔匪茹彼剛不吐　夫子之文爲章于

天寘諸周行清風穆然　帝奏韺韶王陳豳雅洋洋嘉言歙笙酌竽　載紀循吏爰重儒林瑟彼玉瓚匪楚之琛　野老所欣實維稼穡願受一廛憩此樂國

附　閨秀

閨中雜詠選六首

憶母　張　氏邑人張徵君承宇姊

執手別來歲幾周白雲親舍夢悠悠異鄉恨少書魚雁故國愁多風馬牛淚雨相隨枕畔夜鬢霜獨對鏡中秋近來添得心頭苦聞說離家更遠遊



燈前

愁來夜永未成眠挑盡殘燈檢舊編班女繼兄成國史木蘭代父淨烽煙懶將脂粉同兒女恨不鬚眉學聖賢奄奄藥餌惟多病踽踽閨中了百年

感燕

九十春光去庭前看燕飛啣泥辛苦意感激憶慈幃

讀詩

病廢機梭老廢蠶牙籤煙墨性偏躭唐詩元曲都收捲且向紗窗讀二南

慰夫

香山集裏常稱病子美詩中屢歎貧斗酒百篇猶自足何須屑屑苦吟呻

讀史詠子房

子房稱病藏機早只待功成辭漢家已復韓仇無所事此心原自在煙霞

題閨中雜詠後有序　張承宇邑人

閨中雜詠者吾姊之所作也姊幼慧工詩適荆門王生伯每有事筆硯輒焚之年五十始寄余



詩一帙余卒讀爲題其後

杜陵有妹在天涯姊亦荆門少見時三載素書惟寄淚兩頭白髮始傳詩誰知閨閣能高適翻覺鬚眉愧左思天壤王郎殊足賴莫因咏雪便相欺

# 潛江縣志卷之二十

知縣事劉　煥纂修

知縣事史致謨續纂

## 藝文志下　疏　記　序　書　文　雜著

### 疏

### 水災乞減錢糧疏　　知縣　敖　鉞

爲重大水災決隄灌城渰死人命漂流房屋渰沒田地倉厫浸倒公廨牢獄懇乞特恩減免錢糧以甦殘命事臣叨由舉人先任直隸安慶府宿松縣知縣丁毋憂起復本年二月十九日欽蒙除補前職八月初三日到任入境之初看得民間田禾茂秀黃豆木棉各皆豐盛可愛竊爲潛民大喜奈何本縣地方實居襄水下流最是低窪襄江水發於本月初五日衝決地名柘林隄岸灌入鄭家沱阜崔家等垸泛濫橫流四十八垸田地俱被渰沒前項禾稻豆棉盡行渰死初六日夜二更時分衝倒本縣西門土城脚灌入縣市頃刻之間高屋封簷矮屋沒脊臣聞水勢人喊隨即開監將囚犯送譙樓以全其命未旋踵間本縣牆垣盡被衝倒縣廳衙舍俱各渰



沒吏舍牢房盡行浸倒官吏皁卒只得升屋逃命延至天明纔得小船渡救臣就乘舟行市踏勘民患看得夜間水至倉卒無備人家男女止是奔命升屋米粟貨物俱各渰浸預備倉止有稻穀二百七十五石水封倉簷盡數渰沒布按分司並府館儒學等處牆壁及文廟內東西廡屋教官衙舍俱各浸倒祭祀器皿大半被其壓爛漂流城巾之中蕩漾若湖鄉村之外瀰茫似海人迹不得相通一十八日方纔退落臣於本月初九日具申合干上司請官踏勘并權宜處置將浸溼稻穀給散窮民以濟其饑至九月初七日蒙委通判趙景鑾臨縣督同臣沿垣履畝踏看得通縣四十八垸田地除官民陸地已納過夏稅不開外官民田共二千四十一頃九十九畝五分六釐該秋糧米九千九百七十五石一斗三升一合一勺七抄五撮低窪者決隄全渰無徵計八分三釐該田一千六百九十四頃八十五畝六分三釐四毫八絲糧米八千二百七十九石三斗五升八合八勺七抄五撮二圭五粒高阜者漫隄泛浸薄收計一分七釐該田三百四十七頃一十三畝九分二釐五毫二絲

糧米一千六百九十五石七斗七升二合二勺九抄九撮七圭五粒又勘得渰死老幼男女王恕等九十六丁口漂流柴永洪等草房屋三百零五間急遞鋪屋舍七間生員號房屋五間射圃亭三間六房吏舍屋一十七間取具通縣里老甘結在卷造報間隨奉本布政司糧儲道會徵派收本年秋糧劄付到縣遵照詔旨減免五分外本縣該徵兌軍米一千七百七十九石八斗臣查得踏過薄收田内止有米一千六百九十五石七斗七升二合二勺九抄九撮六圭於兌軍米數尚不敷八十



三石五斗有零其京庫折銀米三百石南京倉米一千二百五十石襄陽倉米二千一百六十三石一斗本縣倉米五十一石二斗本學倉米五十七石二斗四升五合八抄七撮五圭俱各無徵臣竊伏思之秋水爲災慘於春夏蓋肅殺之氣已嚴發生之意不敷水落之後無可種藝止種二麥熟在來年四月本縣庫藏既空倉儲又竭無可賑濟秋冬及春存活尚難前項京庫折銀南京襄陽本縣本學等倉米何從辦納況本縣自正德十一十二十三連年遭水前該縣官未曾與民申奏因是

錢糧併累小民逃移者至今未歸田土荒蕪者至今未闢今此非常重災陛下若不寬宥之則催徵之令一出荒殘之民舉逃非惟臣不能爲陛下催科臣亦無所於催科也事至於此則縣雖設而無其民虛名而已於國家何益糧雖徵而無其實虛文而已於國計何補臣又查得災傷事例秋災不得過九月終蓋以過九月則會計已定難復蠲免但本縣水災八月初五日方遭九月方得委官踏勘又且程途遥遠奏報不及難以常例拘之伏望陛下憫憐民瘼一不以常例爲拘二不以兌五



爲惠特賜恩恤將前項京庫折銀南京襄陽本縣本學等米盡數蠲免甦救荒殘仍乞勅撫巡等衙門設法賑濟潛民庶幾得生臣非敢負國欺天干譽百姓實不忍此遺黎重又逃移瘠死而爲陛下以培植夫元氣也伏望俯察臣愚不勝幸甚

戸部咨略附

看得知縣敖鉞所奏懇切爲民詞非虛飾固應准理但賑濟蠲免事宜節經有行再難別議合咨前去煩行布政司轉行該道守巡官員照本部節次題奉欽

依內事理先將淹死男婦之家加意賑恤或多發賑濟銀兩分別極貧人戶等則給散或將京庫折銀南京襄陽糧米俱改派災輕州縣代納以候年豐派補守巡官員務在着實舉行使墊溺窮民均沾實惠以稱朝廷軫念災傷地方至意事完希由咨報

## 水災題減錢糧疏

知縣周延

奏爲水災事臣待罪茲邑因見連年災傷極力撫恤詎意四月內陰雨連旬河水暴漲將各該圩垸盡行衝倒水退之後臣亟行檢踏照得潛江地勢有如鍋形一缺



其口不能復出必俟其自乾而後已今已月餘水退未盡其間地勢高者淤泥盈尺苗失其巔低者蓄水成湖殆不有其根矣百里之內顆粒無收該年秋糧將何所出又況連年水災雖不得苗尚已收麥今年之水至自四月苗旣不有麥且無成較之往歲災加數倍今雖欲復種旣失其時又乏其資潛民之命不過寄生於柳皮茭葉之末而已臣亦何所庸其力哉臣又照得水自夜至倉卒無備有升屋逃命連屋漂流而死者有住居曠野無舟救渡而死者有舟小人多載至水中而死者啼哭之聲入耳寒心困苦之狀觸目奪魄事至於此民不但逃而已也逃必至於盡而後已不但死而已也死必至於盡而後已臣不忍萬世太平之民至於逃移死亡之盡遂竭力撫恤以培植國本然臣但能撫之亦不能以無收之田而爲有徵之糧且又各年拖欠派辦一時併徵其何以聊生哉伏望陛下察臣言之不妄憫民困之益深勅行戶工等部將本縣該年秋糧毋拘兌運盡行蠲免其各年未徵未完額辦歲辦等料暫且停徵仍乞發內帑銀數萬兩前來賑濟庶幾垂斃之民尚有更



生之望奉

旨該戶部覆題准免秋糧十分之七歲辦等料依擬停止

## 爲父請卹典疏

邑人柴一眞

奏爲皇恩誕被朝政聿新比例陳情懇祈贈恤以廣聖慈以隆聖孝事職父恪貫係湖廣承天府潛江縣人由萬歷十七年進士授直隸常州府無錫縣知縣歷薦二十八次叨陞兵部職方司主事邑人至今尸祝之職不敢瑣述以聒天聽惟是六載淸苦博一邸署到任甫七

日會廷議東封仰觸神廟震怒波連禮兵部科官被斥者十有一人職父與焉欽降陝西延安府延川縣添注典史彼時職父新進下寮初議雖不與聞既事何敢獨辨兢兢守官竟成罪去在被譴諸臣皆情有可矜而職父視諸臣尤爲無辜自後官奏者以遷謫卑秩五列薦章官楚者以地方遺賢屢揚奏牘言路每請起廢亦數齒及姓名而環賜有待河淸無期賫志以殁僅崇鄉祀此職終天隱痛寢食於懷者也去年以明經教職守選都門忽遇神祖賓天伏讀遺詔一欵又皇上登極恩詔



二次皆惓惓軫念廢棄礦稅詿誤諸臣竊思職父之廢棄也雖非以建言而棄廢之情可原職父之詿誤也雖非以礦稅而詿誤之實宜察七日樞曹一朝並逐例覺相符恩宜概叙當卽具揭投部以俟採擇嗣投今職出都門而原任吏科右給事中降典史尋爲民王佐以尙寶丞推今歷陞太常少卿矣迨抵隨數月而原任禮部儀制司主事爲民王宗蔡以原部推隨轉尙寶少卿矣原任兵部職方司主事降山西和順縣添註典史郝名宦以南部推隨轉光祿少卿矣以上三臣皆與職父同

事蒙降者職每披仕籍且痛且愧痛先臣之不祿奄奄九泉不及與同事諸臣聯班輦轂奏効桑榆以報答神祖四十八年作養之恩愧卑職之不肖碌碌一氈不能如在廷小臣依光日月微榮雨露以發明先臣二十六年約結之苦中夜反覆不知涕之何從也嗣從邸報見臺省疏催起廢有分別存殁之議奉旨下部職乃痛極而思思君恩之曠蕩枯朽不遺愧極而喜喜父志之沈淪闡揚有路然猶未敢造次陳乞也無何而原任刑部山西司主事降廣東潮陽縣添註典史已故孫如法蒙



贈光祿少卿廕子入監矣原任禮科給事中爲民已故孫羽侯蒙贈光祿少卿矣如前所引三臣則職父詿誤同事廢棄同日存殁原無差等如後所引二臣則職父郎署同品遷謫同官身殁又恰無異雖如法之贈廕乃破格異數職讀父書何敢以生者干澤而佐等之優叙羽侯之贈邮正同一體職亦人子也躬逢盛會千載一時忍不爲死者請命乎緣匏繫一官不敢擅離謹齋沐具疏遣弟生員柴一德代訴倘蒙憐恤下部議覆果於例合復職晉階獲沾半通之綸以賁一抔之土寧惟先

臣踴躍地下追侍二帝之靈在卑職啣結此生有世視萬年之祚而已微臣冒瀆天恩曷勝惶悚待命之至

乞恩終養疏　邑人　劉勲

臣本一介菲材濫叨仕籍適遂遭逢之願每深感激之私正宜勉効及時以圖報稱切緣臣有父劉巨秀在家見年八十有五老病侵尋日益衰弱臣母氏早喪二兄俱亡更無以次一人可堪倚託迄今違曠已幾六年隔越三千餘里臣父亦緣念臣成疾望切倚門臣近得家報心如焚灼思若顛迷誠念臣一父一子相依爲命効



忠之日猶長承歡之日苦短臣若隱忍不歸恐風燭之人致遺終天之恨則臣不孝之罪何所容逃仰惟皇上以仁孝化成天下凡蠢蠢有生咸使各適分願如臣情悃似可矜憫伏望聖慈恢天地生成之仁憐父子煢孑之命放臣回籍終養俾烏鳥之私少伸於今日而狗馬之力圖報於將來也臣無任悚慄懇切祈恩之至

記

鄭侯德政碑記　元耆儒　安惟懷

任而至守令者蓋親民之重任也昔漢明帝曰郎官上應列宿出宰百里任非其人民受其咎然則是官者司平於民任牧民之責不亦重乎潛邑前宰承務郎鄭公文運荆人也世有令德幼而學壯而仕備歷清顯及其來治潛也導揚風化撫字黎元敦四民之業崇五事之利審察冤抑勞形案牘公正廉潔剖決如流可謂至清徹底至明燭物在易旅卦之象曰山有火旅君子以明慎用刑而不留獄則公之心君子之心也其明慎用刑片言折獄使訟者平賦者均歸於無訟而後已然潛之爲邑當江漢二水之衝前人以修理隄防之制不明達



導溝瀆之事弗講所以或秋而大水或夏而大水以至於無麥無苗農夫失望而困於飢寒及公之下車視民之溺如已之溺躬督隄防以爲已任盡心盡力始終不倦民不勞而隄成克免水患疏開溝瀆以爲民便公之力也此非所謂愛百姓如己子處公事如家事者歟甲申之旱年穀不登民皆缺食老羸仆壯者四散流離塗炭深可憫焉我公以不忍人之心行不忍人之政備申所屬轉聞朝省發倉廩賑貧乏之人得以全活者不可以數計斯公愛民之心救荒之政自不逃於當世之公論

前宋熙寧中福人有鄭俠者因時亢旱其間所見轉徙之民扶老攜幼飢寒困苦之狀呼畫工列爲流民圖上獻之朝神宗覽之下責躬之詔越三日大雨切惟二事先後一轍均出於鄭公之一門可謂仁人之用心繼志述事者矣比以歲荒所在盜賊公以計謀尋蹤追捕方其未獲也運籌畫策廣布耳目誓在悉擒及其既獲强竊各伏其罪盜息民安花村月明夜無犬吠詩云愷悌君子民之父母其惟我公乎公之來於潛三載之久矣道以政而民興行齊以禮而民心服若夫以道治以德



化則前古亦莫之過也揆之於昔時苗爲壽春令去而留犢何武爲九江守而人有去後之思今公之美媲也潛人能不以其實而鐫于石宣武李帥來請於予愚辭不獲敢叙公之梗概以備觀風者之採擇云時至正七年

## 隗公還券亭碑記

知縣　王建中

余分符南來蓋在萬歷癸未之秋甫入潛即觀風問俗採民謠詢巷議以期毋負聖天子之命邑耆彥往往爲余言隗公月潭邦衡還券事甚悉余竊喜之謂縉紳如此編氓可知拾遺者且然何有牙角之爭哉余固可鳴琴而理也居閱歲獄訟繁興强掩弱智詐愚時蓋有之俗豈盡湆耶此其空谷足音矣夫利令智昏故取非其有公以陜令方爲國保障而其範于鄉者又卓哉可爲典型唐之裴晉公無少遜也無何邑中里役輩久而憶公之德請碑以記之余曰還券何歲父老曰公成進士時也余又問曰昔胡不碑曰雖德之實忘之也今何以碑曰還券者陽春之調和之者寡故碑之也余又問曰太守公勳業在朝聞望在野余晉接間其平恕有陳大



邱風其卻饋金後先關西畦族黨比范文正施義塚有掩骼之仁給貧困有涸轍之惠諸博士以賓禮舉于鄉焉何以不碑曰公大節不勝書今俗施鈞筒設機穽者日益甚閭里所欣豔者此還券事耳余重其請故爲之序蓋欲彰德以揚休亦得師世而範俗耳得遺券者誰鄉民任大邦也例得并書于左云

## 秀野園記

張承宇

吾邑苦無山西郊縣志以爲有山而實無其卑下反甚焉凡築室者慮無不有事於畚锸高高焉下下焉而後

可居而其間最後築成之最易亦最盛者曰秀野園園之主人則吾外兄劉伯芳也先是舅氏納言公有園距西城數里引水環屋尋橋而度亭樓錯峙竹樹陰森尤廣種桃春深雨霽照野蒸霞舅氏常自喜曰吾已有千樹桃花但少萬年藥耳辛酉夏大水潰防頹垣仆木嗟乎使西郊而果有山也亦奚以至是舅憮然曰吾已近七十園獨不能少相待邪客或勸以復搆舅又曰亦恐吾不能待矣是冬舅被召入司銀臺而園益荒伯芳揣舅意厭圭組不久當歸歸必悵然於此園欲預修之而



又慮去城少遠高年人不能常往還遂買得西闉外地數畝亟治之歲餘草創可觀也舅歸而樂之遂錫以佳名曰秀野蓋取東坡詠獨樂園花竹秀而野之句也意且修洛社故事於此而未幾逝矣其園左挾流水盈盈一㵎故其軒顏之曰枕流軒之腋復爲精舍舍後又有著廚西南甚空闊大隄在望疎柳映帶亦復不減山林隄內有巨沼漁舟唱晚牛背笛聲可不越枕上而得之碧光盤繞掩映几席軒西有茅屋數椽顏之曰蒙碧齋其前亦疊石爲假山雜植海棠芍藥及玉蘭松桂棗杏之屬西去數武俯臨小池架木其上爲一亭狹而長僅類一舟顏之曰定舫定舫以南桃榴沿溪爲建一亭園亭以竹涼風時至蕭蕭可聽自亭而東遙對蒙碧枕流之間復置一草亭環植梅暑月竟日坐亭上覺襟帶間俱有清香襲人沼中荷氣爲之也不必製芰荷衣矣伯芳遂大書竹風荷氣四字于溪側短牆以當二亭之額城樓卽在園之東北坐此二亭間垂柳搖風隱隔樓臺宛宛如畫矣西北去半里許卽大佛寺夜靜鐘鳴眞足令人發深省也園中種樹雖多而楊獨衆問其故則曰



楊易成林復不畏水余戲曰詩有楊園亦可名此矣位置雖有致而軒亭几案皆具體而已問之則曰治園而過於精善則吾與遊人俱在此不如草草爲之主人卽不在客可竟日觀僮僕卽有所損無足惜常大雪集客園中回視城堵盡爲雪掩懸壁嶙峋森然峻險伯芳揮如意指屬客曰君輩何以目此客未對伯芳笑曰此卽志所謂西郊之山也諸君大噱伯芳爲人修長白皙天資過人少爲諸生有聲四困棘闈乃始棄去放遊白下者數年歸而學益富識益堅然性寡言笑常製私印曰

歎叟余最好譚亦有印曰譚豪識者謂各記其實而亦各相賞癸亥冬日圓成余賦詩曰我有疎慵性多君出世腸閒身匿別墅逸興貯清塘有客翻成靜無花亦覺香寒林落日處四野總蒼茫是時納言公尙在公沒數年而乃爲之記

序

朱渭瞻屈申解序　知縣　羅萬象

屈申解者朱奉政先生作也先生方食貧時博極羣書慨然志窺中秘而竟崎嶔一第人或代先生搤腕者先



生曰休矣幻界浮生屈申何定彼懵識者之虛憍氣爾者之歎恨徒爲造物所姍耳大夢匪覺漫漫長夜此古賢之殷心閔世者委曲罕譬多方誨掖以爲不得之莊語冀必得之寓言也然而憤激生懟怨誹易亂卽才如孟堅子雲猶以嘲戲滑稽貽議則著作誠難矣哉獨先生此解其持理本于六籍而摛藻藍于三都其顯白坦易庸孺亦應首肯而淵泓奧渺卽耆宿亦未敢心慕曩先生之在蜀也布之膠宮傳之郊坰訓之黌士義命之旨申而繆巧之智屈矣齊物之旨申而遲分之見屈矣三巴人士顧化斌斌愼忮不生訟獄衰止孰謂先生此解不與長卿諭檄後先競美乎蓋先生深于老易老子所云天之道其猶張弓易云虧盈而益謙學者參互而觀之其于先生惺世之意思過半矣謹以數言弁其端

柴氏仁孝錄序　京山　李維楨

職方柴公立朝不數日而以同舍郎株累謫邊邑尉沒身不復收會光宗紹天闡繹悉召諸逐臣生者超擢沒者贈卹而公子廣文以請天官宗伯具如奏今上報可於是公得贈璽丞廣文輯其先後書疏與名公卿贈言



爲帙而納言劉公名之曰仁孝蓋神宗遺詔固已眷眷登進遺佚光宗因之今上成之協風旁駭施侔造物使白骨爲肉夜臺如晝仁莫大焉神宗五十年光宗纔匝月久者易忘速者易畧而導揚玉几末命推恩錫類繼明代照述祖則蹈宗軌孝莫大焉在職方公宜冥報相詒其爲子若孫者世篤忠貞以彰君錫紹家慶則是錄也琬琰之珍鐘鼎之勒也不佞辱在世好書此以弁其端

歐陽千仞崇祀鄉賢錄序　邑人　劉道隆

歐陽千仞臨終謂子弟曰身後無他囑唯勿溷我以鄉賢事夫祀於鄉一鄉稱不朽矣千仞何以若將浼焉蓋俎豆宫牆繫籍聖賢歲時祭祀致使守土者明禋而將事祝史以告虔此豈私其人哉崇德尙賢本由民彝之好下有所舉而上難其事上有所覈以求定論而下益難其事迺今吏胥得操淹速之權而故爲留難子弟欲成父兄之美而曲事周旋此不惟觀聽不雅而且於盛典無光宜自好者之厭而勿居也千仞惓惓致誠於臨終者其謂是歟顧千仞生平之槪世有定評不翅一鄉



今蓋棺未幾鄉之人無大小翕然謂爲當祀邑侯採公論以祀事言之當路當路不俟復覈朝上牘夕報可事下之日人人稱快是舉也光明直截盡去曩昔文移往復之敝固一旹在事者主持公論亦千仞之孚於人心者有自來也不啻是也千仞嘗守毘陵去而備兵潁上歸卧田間又自田間起今官越廿載矣訃聞而毘陵五邑士民奔走籲當路業已從祀彼中名宦一時兩祀後先並舉茲豈有所强而然哉不佞嘗謂宇宙勵世磨鈍之大權生有名爵沒有祀于官祀於鄉之典斯兩者人所嚮往焉顧名爵可榮亦可假惟是畏壘之尸祝恩怨難諧梓里之蒸嘗是非莫掩苟得其人則明惠足式而盛典可風卽百世而一人猶接踵也蓋祀以人重如此歐之先系出文忠之派徙潛僅四世而兩地並祀者前有憲副公後有千仞何多賢也此可以識淵源之有自矣後來者其勉旃

## 書

### 辭兩臺建坊書

邑人　歐陽東鳳

病廢之夫蒙臺下特達之知如枯株朽荄一被春陽頓



爾昭蘇頃復承下訊建坊所以光寵下走者備矣繼至冥頑不靈亦當俎豆五內惟是憲臺表宅本以樹聲施及不肖盛典爲虛雖是藉光一時未免貽慚歿齒況敝邑以昨歲稼穡之無秋米價翔貴今春霪雨連月二麥難望萬口嗷嗷莫必其命下走旣不能仰贊當路振困扶傷何敢儼然受此隆施以空帑藏而勤里旅不寧惟是縣城西南一帶城脚塌陷危于壘卵而北隅有捍水石磯亦漸次崩頹離城不滿二十餘丈失今不治將來金湯必爲洿池蓋自朱明山父母修城至今已幾四十

年百事廢弛所從來非一日矣今令君銳意興除亦千載一時曩者浮橋之役得請發棠功德無量而城磯關鎖更大所費更多令君雖已估計經營恐難無米而炊願台下主持于上俾令君得展布于下共成此千秋之業下走同邦人世世受其賜較之建坊不亦普且遠乎生平不敢爲貌言況知己之前安有飾詞虛讓者除呈縣轉達外專馳一价申以衷言惟台慈垂亮

再辭建坊書　邑人　歐陽東鳳

老公祖表宅之令一下里族騰懽況在東鳳身受襃顯



有蒙眷遇而不知感被光榮而不知喜必冥頑不靈者而後可也乃不避吊詭之嫌不懼方命之罪奏記懇辭者非但行能淺薄受之有媿如前所云而已也緣鳳歸田以來疾疢纏綿屏居荒寂如蟲在葦無論三黨姻交酬往俱廢慶弔不舉雖至親如妻子亦經年不數會家事大小一切勅斷蓋自知叨冒逾涯福過災生故竄逃之冷淡寂寞之鄉欲謝絕人世之穠華以希延草木之歲年耳忽承台命益恐濫叨愈甚災難必生每一念及不覺頰赤而顙泚蓋其一腔不自安之真情不敢當之真愧由犬馬衷曲達于面目雖不肖無能自遏耳有賜猶曰御爲不恭況編戶之于祖臺厥有等威且盛典不概施而首被不肖何等鄭重何等光寵倘非此中真有一段萬萬不安處鳳亦何苦硜刻自處頻瀆威尊以辜隆施而取譙讓也霜臺清嚴欲再遣力既覺非體而邑大夫誰能諒其血誠又不敢代爲申懇使老公祖而非鳳知己也何敢瑣瑣聒聽然生我者父母知我者老公祖也敬三薰三沐百叩百禱佈此鄙悰伏乞俯察曏昔無違心之言收回成命以曲全硜硜小哉之微尚則初



志以遂夢魂俱安古人薄感恩而重知己皆是物也情迫詞蹙自知無所逃罪惟台慈垂亮

與王孝先明府書　邑人　歐陽東鳳

士大夫生長是邦受廛宇下維桑與梓利害相共或從溪倪谷耄偶有見聞言之雖足效忠而不言亦足明潔此好修者之所引嫌自全而交淺者之所括囊無咎也若下走蒙臺下故人之遇國士之知何敢援斯二者過爲遜避故破其硜硜之愚欲捧撮土以益泰山惟臺下可否之倣縣自朱父母奉旨清丈而後田有定畝賦有

定額卽有神奸欺隱不過一二家止耳卽有淤長亦不過邊江則有之耳此外非從天降非從地出安得有多乃聞數月以來有告必丈有丈必多臺下亦嘗察其多之故乎蓋朱父母清丈弓口以五尺五寸爲則通縣皆然非有此短而彼長也有田之家以此攤糧亦以此徵租非有官大而私小也賣田者初以此丈後以此賣非田多而賣少也規則一定告爭永息王信南父母繼之恪守肅規萬戶安堵至曹公始短弓式而開告訐以自營其私凡有氣力善夤緣者雖有奸如山弗問而良弱



之家無不多之田矣乃申報日增而額賦不減身名俱喪詬辱至今潘父母初任幾陷覆轍曾未數月痛悔前非仍遵舊式載其清淨民以寍壹臺下神明豈弟包朱跨潘而頃者丈田之使何其紛紛四出也告狀者譁言補價而以丈田爲奇貨承委者喜於多事而以增畝爲小忠隨賂輕重任意多寡每狀一出可不丈而知其必多矣何也通縣總此田耳總此五尺五寸所定之畝耳朱父母以五尺五寸均攤而臺下以五尺覆之有不多者乎已告已丈者旣多而未告未丈有不多者乎無論

被告卽告狀之人田豈盡賣亦必有餘田在戶試取其餘田而以今弓丈之有不多者乎無論通縣卽下走田較諸縉紳最少然亦幸而不見告耳告而以今弓丈之有不多者乎旣與通縣同多乃幸其未告而不與通縣同增鄙心寍能獨安乎臺下如因某一人而概疑通縣必欲懲法外之遺奸以補朱父母神明之所不及則請凡有告者當以五尺五寸之弓丈之果有多田而後追論其欺隱責以陞科彼復何辭如欲損朱式而用曹弓則與其告而始丈丈而始增徒以長市棍告爭之風而



塡積猾某某輩溪壑之欲莫若總計通縣田若干畝共該弓若干不論士民亦不論已告未告每弓比朱父母減五寸共該多田若干照所多之畝均攤萬石之糧此可不煩委丈特一書算之力耳如是則田增而糧減雖增猶未增也雖變朱父母之成法而猶不失均攤之美意也下走亦知臺下與民休息必不肯取朱父母良法而紛更之但以爲較之爭端蜂起委役鴟張通國騷然物情鼎沸者猶爲愈耳況楚人重離鄉井專以田爲業故雖甚貧亦有田數畝其賣產遊蕩藉告狀爲騙局者

不過千百之一二此端一開遊棍攘臂人人自危縉紳猶可控訴小民惟所魚肉下走抱茲愚款欲吐不敢欲茹不能遲回數日如有物在喉中故不得不卒吐之雖然知人不易知心實難安知下走非陽爲效忠而陰圖自便者乎惟老父母姑置鄙言博詢而審思之通邑幸甚下走亦幸甚

### 答譚友夏書

邑人　張承宇

歐湘茹由廣歸日夕謀薦弟且欲專疏於朝廷破格以言路詞林相待弟求已不獲而先落章裒手矣兄我全



不同局兄雖無此正恐不免而弟則全非舊境矣胸中憒憒正欲待咨到時具呈按院求爲代題避舉就貢而忽奉手札藍滋之惑也然當各思其近理而無害者行之可耳不必皆同也海內諸公料亦不盡應也聖天子神威莫測而連坐之法國朝自未經見豈敢草草相應然既不敢應以草草之人則其人或亦未盡草草以應也弟姑草草奉復想此局當在秋冬之際或可面議耳年家字仍摘奉還此事正不知何究竟山中人當此甚驚之

## 文

### 祭歐陽太僕文

邑人　劉若金

昔子瞻之哭歐文忠也曰公之在世君子有所恃而不恐小人有所畏而不爲嗚呼其信然耶憶宜翁先生之守海陵也海陵戴之已而昭州毘陵所在不忘先生焉迨先生歸矣蘿煙薜雨將終老乎其間而需先生者未肯予先生以隱也嗚乎使先生無與於斯世安知不以陳人覩之又前此宦轍之所至安知不以萍逢遇之耶今先生一死矣泰山頹梁木摧矣君子以爲無與爲善小



人以爲沛然而得時嗚呼子瞻之言信然耶其不然耶如世可以無先生曾日月之幾何土偶亦能爲祟尺波遂致鼎沸耶嗚呼先生逝矣蔓草縈木荒葛罥途城狐野鼠風嗥雨嘯徒令人憑而弔之曰歐陽先生不起也能不痛哉能不痛哉

## 雜著

### 姚文公謚議

天地眞元之氣一會則聖神代作揚熙秉耀乘華協瑞以開太平而必有不世出之臣挺生其間攬結粹精敷

爲制述于以增煥盛德大業而聳之三五載籍之上蓋數百年而得一二人焉其有關于氣運者如是豈徒乎文哉乃若先正魏國許文正公之在吾元實當世祖皇帝恢拓基圖之始倡明道宗振起來學一時及門之士獨稱集賢大學士姚公燧爲能式纂厥緒以大其承然觀公之言而考夫文正之學則其機籥之相須殆不啻山鳴而谷應雲起而龍翔也故大德至大皇慶之間三宗繼照天下乂寧而公之文章蔚爲宗匠典册之雅奧詔令之深渻固已抉去浮靡一返古轍而銘志箴頌之



雄偉光潔凡鏤金刻石照德麗功者又將等先秦兩漢而上之以闖夫作者之域排沮詆訾不一二而家傳人誦已千百雖欲揜之孰得揜之哉他日良史執筆以傳儒林則公在文正之門豈直儕之游夏而已也易曰黄裳元吉文在中也然則擬之節惠公奚慊焉謹按謚法博文多見曰文敬直慈惠曰文請謚曰文

盗儉說

邑人 劉勳

予嘗申盗儉之說以飭吏治矣今復欲昭是說於比閭族黨或者曰禮者中而已矣質過則陋文過則靡聖人謂盗儉之矯奢匪大中不易定禮也予是之說不已陋乎予曰儉者質也質者本所在也夫子傷文勝者之無本乃曰利而巧文而不漸而于林放之問乃大之而示其本曰盗儉使末世皆本之務則朝廷之典章聖賢之禮制可得而守風俗惡得不厚教化惡得不行廉恥惡得不興惟儉是陋而習於奢將縱欲敗度踰節陵分敢於無忌者何所不至噫古者宮室車馬冠服飲食往來交際尊卑貴賤各循其分而不敢踰儉也亦禮也今世俗則陋儉而崇侈庶民牆屋被文繡少年騶從擁道塗



越羅蜀錦照耀輿儓山珍海錯膾炙綺筵餽遺候贈靡不獻奇貢珍名紙儀帖率皆金紅長連噫豈皆取諸宮中而用之哉强取諸弱貴取諸賤巧取諸愚奈之何民不窮且盗耶且吾儕大夫士齊民之表率也而城中大袖四方匹帛非卓然豪傑鮮能不漸染於奢此士之所由失恒心民之所由失恒産又奈之何民不窮且盗耶或又曰俗獘於奢也久矣子以儉挽之是欲以冰糵而易肥甘吾懼其難入也予曰否冰糵固不可入肥甘之口敢問肥甘者獨能舍菽粟而爲饔飧哉儉民之菽粟

也鄉之長老家之父兄孰不有子弟羣從哉吾未見賢父兄長老率之而子弟羣從有不從之者挽澆漓而還湻厚是惟君子之德有以風之耳儉固不可行哉故曰儉德之共也侈惡之大也驪事旋馬視第宅連雲者孰與敝車羸馬視流水游龍者孰與布衾澣服視擁貂衣狐者孰與一盂一粟視日食萬錢者孰與苞苴盈門視庵中荒寂無人者孰與今詩書衣冠之輩談則詆奢之非行不顧儉之是及其詰之則曰是禮也噫此而爲禮古所謂忠信之薄而亂之首也夫子論三歸之僭禮則



斥其非儉論麻冕之合禮則喜而從儉他日又曰與其不孫也寧固知寧固之意則知寧儉之意矣知寧儉之意則知禮之本而所謂文之以禮者在我矣故曰國奢則示之以儉國儉則示之以禮此聖人用中之微權知此然後可與語寧儉之意

## 講學對

邑人　歐陽東鳳

楊少宰復所許少司馬敬庵講學金陵從者如雲余曾一再赴旋以不得于心罷不復往或曰子之不講學也何居余曰昔莊周比舜于卷婁蓋以舜德羶而人附之今少宰司馬之羶于勢甚矣其似卷婁也其徒各竊緒論以分門角勝猶可言也藉摳衣執經之名以竊處囊彈鋏之實不可言也大抵講學明道本窮而在下非公卿之責若公卿則蒐訪人材詳求民瘼以毗化贊理迺恒夙夜奚暇抗顔坐席爲人師耶昔漢孔光自爲尚書則止不教授陳寵自任樞機輒謝遣門人黄瓊教授于家徐穉從之咨訪大義及瓊貴穉不復交劉安世于司馬溫公義訂師友恩猶父子然平居問詢不絶及公登政府則未嘗有書蓋造經席則師于諸弟候政府則相



于庶僚固自不同愚願今之聞公先達寧爲孔公陳寵後進之士當爲徐穉子劉元成也